대학에서 글쓰기를 어떻게 할 것인가

최 규 수 지음

책을 내며...

대학에서 우리는 글쓰기를 통해 생각하고 표현하고 학문하며 성장한다. 우리에게 글쓰기는 지적인 창조 행위일 뿐 아니라 생활 그 자체이며, 글을 쓰는 능력은 따라서 생존 능력이나 마찬가지이다. 물론, 대학 생활에서 지속적으로 부딪치는 글쓰기는 창작을 전제로 한 글쓰기는 아니다. 오히려 대학 생활에 필요한 글쓰기라는 점에서 누구나 써야 하고, 자신 있게 잘 쓸 수 있어야 한다. 재능이 부족하다거나 관심이 없다는 이유로 피해갈 수 없는 게 대학에서의 글쓰기이기 때문이다.

그렇다고 실용적인 글쓰기라면 무어든 필수적인 것은 아니다. 우선적으로 요구되는 글쓰기는 학업 생활을 제대로 뒷받침할 수 있는 것이어야 한다. 대학생의 위상이 변하고 대학에서 해야 할 일들이 예전에 비해 상당히 다양해졌다고 해도 대학은 학문을 하는 곳이라는 인식이 여전하기 때문이다. 이는 이 책의 제2부에서 학술적 글쓰기와 친해질 것을 권하는 이유이기도 하다. 학술적 글쓰기의 세계를 이해하면 대학 생활에서 부딪치는 글쓰기의 막막하고도 막연한 어려움이 사라지게 되며, 글쓰기의 영역을 확장시킬 자신감도 얻게 될 것이다.

글쓰기는 자신의 자유로운 사고를 문자 언어로 표현하고 전달하는 의사소통의 중요한 방식이다. 한 편의 글을 '제대로' '잘' 쓸 수 있다는 것은 상황과 목적에 맞게 자신의 의사 표현을 명확히 할 수 있다는 것을 의미하며, 이는 학술적 글쓰기를 제대로 하기 위한 기본 전제이기도 하다. 이 책의 제1부에서 한 편의 글쓰기를 위한 기초 다지기의 문제를 꼼꼼히 다루는 이유가 바로 여기에 있다.

또한, 자기를 드러내는 글쓰기의 세계로 관심을 돌려야 할 필요도 있다. 누구나 한 번쯤 써보는 글 중에 자기소개서가 있는데, 가장 가깝게는 자기를 드러내는 글쓰기의 범주에서 다룰 만하기 때문이다. 어떤 이는 글쓰기가 우주 탐사와도 같아 장차 무엇이 새로 발견될지 이 글이 어떻게 되어 나갈지, 글을 끝마치기 전까지는 아무 것도 알 수 없다고 말한다. 한 통의 자기소개서를 준비하면서 나를 들여다보는 작업에 이런 의미가 있지 않을까 생각한다. 이 책의 제3부에서 자기소개서 작성을 목적으로 연습하며 이에 관한 이야기를 풀어나가게 될 것이다.

중요한 것은 우리에게 쌓인 내공이 좋은 글을 쓰게 도와준다는 점이다. 글쓰기에 대한 이론을 안다고 해서 연습 없이 좋은 글을 쓸 수 있는 것은 아니며, 한 번 좋은 글을 썼다고 해서 언제나 좋은 글이 거저 만들어지지는 않는다. 꼭 받아들여야 할 운명과도 같은 글쓰기이지만, 그 작업은 매번 어렵고, 잘 쓰려는 욕구에 비례해 글쓰기에 대한 고민도 커지게 마련이다. 글쓰기 경험은 자기를 내던짐으로써 얻어지는 것이기에, 자신의 글쓰기 습관을 새롭게 정리하면서 대학생활에 밀착된 글쓰기에 도전하는 자세가 무엇보다도 중요하다.

이렇게 이 책은 3부의 큰 틀로 이루어져 있는데, 실제 강의현장에서는 무엇이 급하고 필요한지를 따져 순서에 구애받지 않아도 되리라 생각한다. 개인적으로 대학생활을 시작하며 시급한 부분이 학술적 글쓰기의 이해라 생각하여 2부의 내용을 우선적으로 강조하는 편이지만, 글쓰기의 기본기를 다지고 싶어 하는 이들도 의외로 많아 이를 1부의 내용으로 먼저 잡아놓았다. 또한 자기를 드러내는 글쓰기의 이해와 활용이라는 주제는 최근의 지속적인 관심사이기도 하여 3부로 독립시켰지만, 그간의 시도와 성과를 모두 반영하기에는 지면의 제약이 커서 의욕만을 보이게 되었다. 이는 대학에서의 글쓰기가 한 학기 수업으로 갈무리될 성질의 것이 아니기 때문으로, 〈글쓰기〉를 시작으로 〈리포트와 논문작성〉·〈비판적 읽기와 쓰기〉·〈명작명문 세미나〉까지의 글쓰기 로드맵을 제시하여 꾸준한 글쓰기 연습을 강조하게 된 데도 이런 이유가 있다.

중요한 것은 '대학에서 글쓰기를 어떻게 할 것인가' 하는 물음이 대학생에게 절실한 것처럼 '대학에서 글쓰기를 어떻게 가르칠 것인가' 하는 물음도 교수자에게는 매우 절실하다는 점이다. 대학에서의 글쓰기 수업은 다양한 성원들이 그들의 삶과 사고를 표출하는 역동적인 장(場)이다. 2001년 명지대에 부임하여 바쁜 일상의 여정을 달리면서도 화두는 한 가지, 오늘날 대학사회에서 글쓰기는 어떤 의미를 지니는가의 문제였다. 이 책의 구성은 이러한 시간들에 대한 내 나름의 결론이라 할 수 있지만, 하나이면서 여럿이고 여럿이면서 하나인 우리네 삶처럼 그러한 결론 역시 잠정적일 뿐이다. 그렇기에, 이 책은 필요한 핵심만을 골라 설명하고 연습이 될 만한 예시를 덧붙였지만, 현재적 삶의 맥락을 가져와 제대로 성찰하고 실천하기 위해서는 다양한 수업성원의 기대치에 맞춰 조정하고 보완하며 교재의 내용을 넘어서는 것이 반드시 필요하다.

다시 한 권의 책을 내며 새삼 일상의 힘을 깨닫는다. 강물 같은 노래를 품고 사는 사람이라면, 내내 어두웠던 산들이 저녁이 되면 왜 강으로 스미어 꿈을 꾸다 밤이 깊을수록 말없이 서로를 쓰다듬으며 느긋하게 정들어 가는지를 알게 된다고 하였다. 거미줄처럼 얽힌 세상에서 바람에 나부끼는 나뭇가지처럼 흔들리고 넘어져도 글쓰기가 힘이 되고 삶이 되기를, 조그맣고 메마른 씨앗에서 내일의 결실을 바라보듯 마음의 열매가 맺혔으면 하는 바람을 보태본다.

2008년 1월

崔 圭 穗

차 례

제1부 한 편의 글쓰기를 위한 기초 다지기

[제1장 한 편의 글쓰기와 친해지기]

1. 대학생과 글쓰기의 관계

대학생이 되면 더 이상 글쓰기를 안 해도 될 것이라 생각하기 쉽지만, 우리의 경험을 돌아보면 결코 그렇지 않다. 오히려 대학 생활에 제대로 적응하기까지 글쓰기와 관련하여 겪는 어려움이 크고, 그 어려움은 피해갈 수도 없다.

우리가 대학에서 경험하는 글쓰기는 매우 다양하다. 책을 읽은 후 서평을 쓰고, 영화와 연극을 보고 나서는 감상문이나 비평문을 쓴다. 답사를 다녀온 후 답사 보고서를 쓰고, 설문과 인터뷰를 토대로 탐방기를 쓰기도 한다. 시험 때마다 답안 작성을 해야 하는 것도 중요한 글쓰기의 하나가 되었으며, 과목마다 부과되는 다양한 주제의 리포트를 써야 되는 경우는 보다 더 흔하다. 자기 소개서나 편지, 일기 쓰기도 빼놓을 수 없다.

대학에서 우리는 숱한 글쓰기를 통해 체험과 지식을 정리하고, 생각하고 표현하고 학문하며 성장한다. 그러니 우리에게 글쓰기는 지적인 창조 행위일 뿐 아니라 생활 그 자체이며, 글을 쓰는 능력은 곧 생존 능력이나 마찬가지이게 된다.

물론, 대학 생활에서 지속적으로 부딪치는 글쓰기는 창작을 전제로 한 글쓰기는 아니다. 오히려 대학 생활에 필요한 글쓰기라는 점에서 당연히 누구나 써야 되고, 자신있게 잘 쓸 수 있어야 한다. 재능이 부족하다거나 관심이 없다는 이유로 피해갈 수 없는 게 대학 생활에 필요한 글쓰기이기 때문이다.

그렇다고 실용적인 글쓰기라면 무엇이든 대학생에게 다 필수적인 것은 아니다. 우리에게 우선적으로 요구되는 글쓰기는 대학 시절 내내 부딪치는 학업 생활을 제대로 뒷받침할 수 있는 것이어야 한다. 대학생의 위상이 변하고 대학에서 해야 할 일들이 예전에 비해 상당히 다양해졌다고 해도 여전히 대학은 학문을 하는 곳이라는 인식이 깔려있다.

이 책의 제2부에서 학술적 글쓰기와 친해질 것을 권하는 이유가 바로 여기에 있다. 대학생의 기본 임무 중의 하나가 다름 아닌 공부에 있고, 그러한 공부는 단순 암기나 반복적인 베끼기가 아니라 다양한 유형의 글쓰기를 통해 검증되기 때문이다. 학술적 글쓰기의 세계를 이해하면, 대학 생활에서 부딪치는 글쓰기의 막막하고도 막연한 어려움이 사라지게 된다. 오히려 그 안에서 우리에게 주어진 글쓰기의 영역을 제대로 해결해나갈 자신감을 얻게 되리라 믿는다.

학술적 글쓰기의 형식과 절차를 이해하는 한 편으로, 한 편의 글쓰기를 제대로 잘 해낼 수 있는 기본기를 다지는 것이 필요하다. 글쓰기는 자신의 자유로운 사고를 바탕으로 자신의 감정이나 생각, 의견 등을 문자 언어로 표현하고 전달하는 의사소통의 중요한 방식이다. 한 편의 글을 제대로 잘 쓸 수 있다는 것은 상황과 목적에 맞게 자신의 의사 표현을 적절히 할 수 있다는 것을 의미한다. 이는 곧 학술적 글쓰기를 제대로 하기 위한 기본 전제가 되기도 한다. 이 책의 제1부에서 한 편의 글쓰기를 위한 기초 다지기의 문제를 꼼꼼히 다루는 이유가 바로 여기에 있다.

또한, 자기를 드러내는 글쓰기의 세계로 관심을 돌려야 할 필요도 있다. 누구나 한 번쯤 써보는 글 중에 자기소개서가 있는데, 가장 가깝게는 자기를 드러내는 글쓰기의 범주에서 다룰 만하기 때문이다. 어떤 이는 글쓰기가 이미 발견되거나 알려진 진리에 관한 것을 전달하는 통로라기보다는 차라리 새로운 것을 탐사하는 것과 같으며, 장차 무엇이 새로 발견될지 이 글이 어떻게 되어 나갈지 끝마치기 전까지는 아무 것도 알 수 없다고 말한다. 한 통의 자기소개서를 준비하면서 나를 들여다보는 작업에 이런 의미가 있지 않을까 생각한다. 이 책의 제3부에서 자기소개서 작성을 연습하면서 이에 관한 이야기를 풀어나가게 될 것이다.

중요한 것은 우리에게 쌓인 내공이 좋은 글을 쓰게 도와준다는 점이다. 글쓰기에 대한 이론을 안다고 해서 연습 없이 좋은 글을 쓸 수 있는 것은 아니며, 한 번 좋은 글을 썼다고 해서 언제나 좋은 글이 거저 만들어지지는 않기 때문이다. 꼭 받아들여야 할 운명과도 같은 글쓰기이지만 그 작업은 매번 어렵고, 잘 쓰려는 욕구에 비례해 글쓰기에 대한 고민도 커지게 마련이다. 그래서 어떤 이는 우레 속의 피뢰침처럼 영감에 자기를 맡겨 빠르고 사납게 휘갈겨 쓰고, 손으로 낱말을 버무리고, 아이디어와 춤을 추면서 상상 못한 뜻밖의 세계를 발견할 때 비로소 좋은 글을 쓸 수 있다고 하기도 하였다. 글쓰기 경험은 자기를 내던짐으로써 얻어진다는 의미일 것이다. 그러므로 자신의 글쓰기 습관을 새롭게 정리하면서 대학생활에 밀착된 글쓰기에 도전하는 자세가 무엇보다도 필요하고 중요하다.

이제 다음에 제시한 〈예시1〉을 읽고 대학에서 글쓰기를 어떻게 할 것인지 스스로 방향과 대책을 찾아보기 바란다. 물론, 자신의 입장에서 글쓴이의 생각과 같고 다른 점을 찾아보는 것도 중요하다.

〈예시 1〉

경제 방송을 오래 해온 덕에 많은 사람들을 만났다. 그 가운데 가장 인상적이었던 사람은, 구직을 위해 무려 1백 번의 면접을 했다는 청년이었다. 세상에 둘도 없는 불운의 결과로만 봐야 할까? 이 청년을 인터뷰하고 난 느낌은 그렇지 않았다. 취업 과정에 대해 뭔가 잘못 알고 있는 것이 너무 많았다는 것이다. 오랫동안 구직자들의 마음을 사로잡아온 잘못된 신화가 너무 많았다는 사실을 절감하게 됐다.

첫째, 완벽한 일자리는 없다. 대부분의 일자리는 일장일단을 갖고 있다. 모든 면에서 장점만 갖춘 직장은 어디에도 없다. 첫 출발이 안 좋으면 바로 잡을 기회가 없다는 걱정을 할지도 모른다. 그래서 좀 어렵더라도 처음에 마음에 드는 일자리를 잡아야 한다는 강박관념에 시달린다. 그러나 구직은 결혼과는 다르다. 바로 잡을 기회는 얼마든지 있다. 더 나은 회사로 옮기는 일은 이제 능력의 상징이 됐다. 따라서 취업 과정을 돌이킬 수 없는 결혼으로 향하는 맞선처럼 이해할 필요는 없다.

둘째, 기능과 자격증이 만능은 아니다. 많은 구직자들은 학점이나 외국어, 컴퓨터 능력 같은 요소가 취업을 결정짓는 요소라고 여긴다. 물론 요즘 기업들은 전공 성적이나 토익 점수를 중하게 여긴다. 그러나 이런 기능적인 요소들은 무능한 구직자들을 걸러내는 기준이기는 하지만 필요충분조건은 아니다. 기능과 자격증에 더해 뭔가가 더 필요하다. 나는 그것을 '신(身)·언(言)·서(書)·판(判)'이라고 규정하고 싶다. '신'은 신뢰할 수 있는 용모와 바른 몸가짐, '언'은 반듯하고 분명한 언어 구사 능력, '서'는 논리 정연하고 적절한 글 솜씨, 마지막으로 '판'은 복잡하고 긴박한 상황에서 더욱 요구되는 판단력이다.

중국 당나라 시절 관료의 선발 기준이었던 이 네 가지 요소가 재조명되는 이유는 간단하다. 기업이 단순한 기능인이 아니라 전인적 인간형을 뽑고 싶어 하기 때문이다. 이런 요소들은 어느 날 갑자기 얻을 수 있는 것들이 아니다. 학원에 몇 달 다닌다고 획득할 수 있는 것들도 아니다. 대학 재학 중에 부단하게 노력해야 간신히 낙제점을 면할 정도가 된다.

셋째, 튀는 것이 능사는 아니다. 청년 실업 시대 미디어가 만들어 낸 최악의 신화는 살아남기 위해 튀어야 한다는 것이다. 실제로 많은 구직자들 가운데 눈에 띄기 위해서 어느 정도는 그래야 할지도 모른다. 그러나 지나치면 곤란하다. 기업은 회사에 득이 될 인재를 고르려는 것이지, 회식 자리를 빛내줄 엔터테이너를 원하는 것이 아니다.

마지막으로 여전히 구직 활동 중인 대졸자 혹은 대졸 예정자들에게 위안이 될 얘기 하나. 취업이 전부는 아니다. 천신만고 끝에 어떤 회사에 입사하는 데 성공했다고 치자. 이제 불행 끝, 행복 시작은 아니다. 결혼식장에서 빨간 카펫 위를 걸어가면서도 '24시간만 기다리면 더 좋은 상대가 나타날 텐데…' 하는 생각을 하는 신랑 · 신부의 입장이 된다. 자신이 선택하지 않은 다른 길에 대해 더욱 절실해진다는 얘기다. 입사 6개월 차까지는 다른 회사를 선택한 친구들과 비교하게 되고, 3년 차에는 유학과 같은 아예 다른 길을 택한 친구들의 처지를 부러워하게 된다. 5년 차에는 자신보다 승진이 빠른 직장 동료들로 마음이 흔들린다.

취업은 인생의 숱한 과정의 일부일 뿐이다. 다만 다른 과정에 비해 힘이 조금은 더 든다는 것이 다를 뿐, 다른 일들이 모두 그런 것처럼 준비하고 최선을 다하는 사람에게 절대적으로 유리하다. 101번째 면접을 준비하는 청년이 내게 가르쳐준 교훈이다.

2. 한 편의 글을 제대로 쓰려면

(1) 글쓰기 준비는 철저히

① 돌 다리를 두드리듯 하라

글을 쓰는 일은 어떤 문제를 앞에 놓고 그것을 해결해 나가는 탐구와 모색의 과정이라고 할 수 있다. 그런데 어떤 문제인가에 따라 글을 쓰는 방향이 달라지기도 하고, 해결을 하려 해도 자신의 능력으로는 도저히 해결할 수 없는 어려움이 생기기도 한다. 또 글을 쓰는 사람의 입장이 어떤 것인지에 따라 글의 내용이 달라지고, 읽을 사람과의 관계가 어떤가에 따라서 글의 문체가 달라지기도 한다.

어떤 경우에나 상황과 목적에 맞추어 효과적인 글을 써야 한다는 것이 기본 원칙임을 상기할 때, 글쓰기를 제대로 하려면 몇 가지 준비작업이 필요하다

첫째, 글쓰기의 전제 조건으로 주어진 문제의 성격을 파악하는 것이 필요하다. "이것은 옳은가 그른가"하는 문제와 "이것에 대해 너는 무엇을 느꼈는가"하는 문제는 성격이 전혀 다르기 때문이다. 전자는 옳고 그름을 밝히되 그 이유가 제시되어야 하지만, 후자의 경우는 자신의 느낌을 솔직하게 표현하면 된다. 이처럼 문제의 성격에 따라 글을 쓰는 방향이 달라지게 되는데, 다음의 〈예시1〉을 살펴보자.

〈예시 1〉

(1) 문단이란 몇 개의 문장들이 모여서 하나의 중심 생각을 나타내는 글의 단위이다. 한 문단은 글에서 새 행이 시작되거나 바뀌어 다음 새 행이 시작되기 직전까지를 말하며, 문단의 시작은 들여쓰기로 보여진다. 들여쓰기로 문단을 구분하여 표시하는 것은 한 단위의 사고 내용을 다른 사고 내용과 구분해 놓음으로써 글 전체의 구성 관계를 명확하게 하기 위해서이다. 문단이 제대로 이루어지기 위해서는 이런 형식적 표시와 충실한 내용이 함께 어울려야 한다.

(2) 어느덧 장마철이 시작되었다. 마른 장마라고 해서 햇빛이 비치는 날도 있긴

> 하지만, 그런 날도 비가 오지 않으려니 하는 방심은 금물이다. 언제 먹구름이 몰려와 쏴아 빗줄기를 떨어뜨릴지 모르기 때문이다. 비를 좋아하는 이들은 의외로 많은 것 같다. 모두들 비가 오는 날이면 한 줄의 편지라도 쓰고 싶고 한 소절의 음악이라도 조용히 흥얼거리고 싶은 잔잔한 마음의 파문을 느끼나 보다. 나도 예외는 아니어서 가끔 비 오시는 날을 기다리곤 한다.

논리적으로 따져야 할 문제를 다루는 글쓰기의 경우에, 따진다는 것은 논리적으로 해명한다는 말이다. 따져야 할 문제가 주어지는 글은 대체로 어떤 일의 원인을 밝히거나 알기 쉽게 설명해야 하는 글, 자신의 주장을 밝히는 글 등을 가리킨다. 〈예시1〉의 (1)은 '문단'이란 무엇인지를 조목조목 설명하여 그 개념을 밝히는 내용으로, 글쓴이에 따라 글을 풀어가는 구체적인 방법에는 차이가 있을 수 있겠지만 주어진 사항을 논리적으로 밝히려는 데 초점을 맞추어야 한다는 점에서는 공통적이다.

반면, 인상적으로 표현해야 할 문제를 가지고 글쓰기를 해야 하는 경우도 있다. 곧, 논리적인 과정이나 사실의 확인을 통해서 입증해야 할 문제가 아니라 자신의 생각이나 느낌을 표현해야 하는 문제도 있기 때문이다. 이 경우에는 (2)에서처럼 자신이 생각하거나 느낀 것을 있는 그대로 솔직하게 나타내는 것이 무엇보다도 중요하다.

둘째, 글쓰기에 앞서 글을 쓰는 동기와 목적을 확인하는 것이 필요하다. 예를 들어, 정보의 전달을 목적으로 하는 글이라면 알리기 위한 목적에 충실하게 글쓰기를 하는 것이 중요하다. 알리기 위한 글은 1차적인 목적이 정보의 전달에 있으므로 읽는 이가 쉽게 이해할 수 있도록 일관성이 있는 구조로 되어 있어야 하며, 정확한 내용 전달이 생명이므로 구체적이면서 짧고 평이한 문장이 전달력을 높이는 데 효과적이다.

또한, 읽는 이의 마음을 움직여서 진술된 내용을 믿게 하고 나아가 그 글에 동조하게 만들기 위한 글이라면 읽는 이의 공감을 사기 위해 공동의 절실한 관심사에 초점을 두는 것이 효과적이다. 설득을 목적으로 하는 글에서는 같은 문제를 가지고 있다는 것, 같은 느낌이나 생각을 가지고 있다는 것이 이해의 바탕을 이루기 때문이다.

물론, 글은 전달이나 설득과 같은 목적에 앞서 스스로 표현하는 기쁨을 맛보기 위해 쓰이기도 한다. 굳이 누구에게 어떤 목적으로 전달한다는 생각 없이 스스로 즐길 수도 있고, 수필이나 편지, 일기 등과 같이 글쓴이의 정서를 표현하기 위해 쓰이기도 한다.

어느 경우에나 글쓰기의 목적을 명확하게 인식하여 목적에 맞게 내용과 형식, 표현의 차원을 조정하는 것이 필요하다.

셋째, 모든 글에는 독자가 있게 마련이므로 글쓰기에 앞서 읽는 이와의 관계를 따져 보는 것이 필요하다. 자기만 간직하고자 해서 쓰는 글이라 할지라도 또 하나의 자기 자신이라는 독자가 존재하고 있는 것처럼, 한 편의 글에는 항상 글쓴이와 읽는 이가 공존하게 마련이다. 그러므로 그 글을 읽는 독자를 미리 염두에 둘 때, 보다 효과적인 글을 쓸 수 있다.

읽는 이에게 맞는 글을 쓰려면 읽는 이가 어떤 사람인지를 알아야 하고, 그 다음에 그러한 독자를 위해서 어떤 고려를 해야 하는지 생각해야 한다. 독자를 파악하는 과정을 '독자의 분석'이라고 한다. 독자의 분석에는 나이, 직업, 종교, 성별 등이 고려되어야 하고, 그러한 사항에 따라서 글쓰기의 여러 측면을 조정하게 된다. 수준에 맞지 않는다든지 관심과 흥미가 없는 문제라면 읽는 사람이 호기심을 갖지 않을 뿐더러, 읽더라도 내용에 대해 별 반응을 보이지 않을 것이다.

② 독자를 구체적으로 배려하기

때로는 글이 자기 자신의 생각과 감정을 나타내는 것이라는 점만을 내세워 자기가 하고 싶은 말만 하면 그만이라고 생각하고, 그런 입장에서 쓴 글도 있다. 그러나 모든 언어활동은 의사소통에 목적이 있는 만큼 자기만을 위한 글은 일기 같은 특별한 경우를 제외하고는 좋은 글이라고 할 수 없다. 따라서 읽는 사람의 요구가 무엇이며 기대가 무엇인지를 염두에 두는 글쓰기가 필요하다.

그렇다면, 독자에 대한 배려는 어떤 방법으로 이루어질까? 우선, 읽는 사람이 이해하기 쉽도록 글을 쓰는 것이 좋다. 물론, 모든 글이 무작정 쉬운 내용만 담을 수는 없다. 철학적이고 어려운 문제라면 그 다루는 내용도 그만큼 깊이가 있어야 하기 때문에 자연히 어려운 내용이 되기 쉽다. 그런데 글이 다루고 있는 문제가 어렵다는 것과 글의 내용이 어렵다는 것은 다른 문제다. 이런 맥락에서 다음의 〈예시2〉를 살펴보자.

〈예시2〉의 (3)에 비해서 (4)는 보다 이해하기 쉬운 글이라고 할 수 있다. 그 까닭은 표현이 보다 구체적이고 쉬운 데에도 있지만, 이해를 돕기 위해 실제의 사례들을 가져왔기 때문이다. 논리는 개념적이어서 많은 생각을 해야 하지만, 실제의 사례는 구체적이어서 이해가 쉽다. 독자의 이해를 돕기 위해서는 이렇게 알맞고도 풍부한 실례를 드는 것이 좋다.

〈예시2〉

(3) 생물이 산다고 하는 것은 끊임없이 자신과 남을 조정해나가는 과정이라 할 수 있다. 내부적으로는 여러 가지 대사적 조정이 있으나 외부적으로는 반사, 위협, 공격, 경쟁, 방어, 유화, 구애 등으로 나타나며 이를 통해 생물은 개체 유지와 종족 보존을 달성해 나간다. 그러나 동물이라고 해서 의사소통을 위한 매체가 모양이나 소리 등 기본적 신호에 국한되어 있는 것은 아니다.

(4) 생물은 살아가는 동안 끊임없이 내부의 세계와 외부의 세계를 조정해 나가며, 그것을 통해 개체 유지와 종족 보존을 달성한다고 할 수 있다. 자신의 내부 세계를 조정하는 것으로는 여러 가지 대사 작용을 들 수 있고, 외부 세계와의 상호 관계로는 반사, 위협, 공격, 경쟁, 방어, 유화, 구애 등을 들 수 있다. 이 가운데 상대방의 행동을 바꾸도록 유도하는 신호 활동을 특히 의사소통이라고 한다. 이러한 의사소통의 방법은 생물의 종류마다 다양한 모습을 보이고 있어서 흥미를 끈다. 꿀벌들은 춤을 곁들여 다른 식구들에게 꿀이 있는 곳을 알려주고, 개미는 오줌을 누어서 지나간 길을 표시한다. 또한 돌고래나 박쥐는 초음파로 통신을 하며, 전기가오리나 전기뱀장어처럼 전기를 일으켜 서로 의사를 전하는 것도 있다.

둘째, 글을 읽는 사람에게 신뢰감을 줄 수 있어야 한다. 독자에게 신뢰감을 줄 수 있으려면 무엇보다 글을 쓰는 태도가 진지해야 한다. 쓰는 사람 자신이 그 문제를 진지하게 생각하고 있으며, 깊이 있고 신중하게 쓰고 있다는 자세가 글에 나타나야 할 것이다.

자신 있는 태도로 글을 쓰는 것 역시 중요하다. 쓰는 사람 자신이 확신이 없는데 그 글을 읽는 사람이 신뢰감을 느낄 수는 없을 것이다. 대체로 자신이 없는 글은 말을 중언부언하거나 확정적인 표현을 미루는 경향이 있는가 하면, 불필요한 겸양을 보이기도 한다. 신뢰감을 갖게 하는 글은 또한 논리가 명확하고 허점이 없는 글이다. 논리에 허점이 있거나 독단에 빠져 있는 글은 아무리 명문이라도 신뢰감을 주지 못한다.

셋째, 읽는 사람이 이해하기 쉬운 글이 되려면 짜임새 있는 구조와 표현이 필요하다. 글의 내용이 쉬우면 이해도 쉬울 것이다. 그러나 쉬운 내용일지라도 글의 짜임이 잘 갖추어져 있지 않으면 그 글의 이해도가 높아질 수 없다.

또한 읽는 사람의 흥미를 자극할 수 있도록 글의 구성을 짜는 일이 중요하다. 글을 써나가는데 중요한 구성단위를 글의 첫머리에 밝혀 놓는다든지, 생략을 통해 독자의 상상력에 맡긴다든지, 질문을 던진다든지 하여 긴장감을 조성하면 읽는 이가 관심과 흥미를 가지고 글을 읽어나가게 될 것이다. 덧붙여, 짧은 문장과 적절한 접속어와 올바른 지시어는 글의 이해를 돕는 발판이 된다.

이제, 다음에 제시한 〈예시3〉을 검토하여 자신이 생각하는 좋은 글의 요건을 정리해보자. 이 때 정리된 좋은 글의 요건은 앞으로 자신이 글쓰기를 할 때마다 상기하여 실천할 수 있어야 한다는 것도 명심하자.

〈예시 3〉

① 좋은 글은 완결성을 지닌다. 글의 완결성이란 주제를 담은 부분과 이를 뒷받침해 주는 내용을 담은 부분이 긴밀하게 결합하여 글을 완성시키는 성질을 가리킨다.

② 전달하고자 하는 의미를 얼마나 명확하게 드러내고 있는가 하는 것도 좋은 글의 요건이다. 무엇을 쓰고 있는가를 분명히 알 수 있도록 쓴 글이라야 잘 쓴 글이라 할 수 있다.

③ 좋은 글이 되기 위해서는 참신하고 창조적이어야 한다. 자기만의 특성을 보여주는 개성을 독창성이라 한다. 글의 독창성은 소재, 제재, 주제, 표현 방법이나 문체 등 다양한 방면에서 나타날 수 있다.

④ 적은 노력으로 큰 효과를 얻으려는 경제의 원리는 글쓰기에도 적용된다. 의미의 전달에 불필요한 표현은 일절 배제하고 필요한 말을 필요한 만큼 사용하여 필요한 만큼의 길이에서 끝내야 한다.

⑤ 글의 내용이 알차고 밀도 있는 것을 충실성이라 한다. 부질없이 길기만 하고 내용이 공허하거나 무의미한 것은 좋은 글이 아니다. 말할 것이 없으면 하지 말라.

좋은 글에는 '어떻게'에 못지않게 '무엇'이 중요하다.

⑥ 성실성은 자기다운 글을 정성들여 쓰는 것을 말한다. 이것은 글쓴이의 삶의 태도가 얼마나 진지하며 성실한가를 드러낸다. 글쓰기에 미숙하고 솔직하지 못한 사람일수록 자신의 글이 아닌 설익은 문장으로 자기의 교양 있음, 유식함을 과시하고 허세를 부리는 경향이 있다.

⑦ 기교에 치우쳐 내용이 부실한 글은 바람직하지 않지만, 적절한 기교나 방법은 좋은 글의 필요조건이 된다. 이러한 글의 기법들을 통해 글의 효능이 높아지기도 하고, 구체화되기도 한다.

⑧ 자연스러움이란 쉽게 말하여 '가식이 없음'이다. 억지로 꾸며 돋보이려 할 때, 그것은 부자연스럽고 가짜라는 것이 금방 드러나게 된다. 글도 마찬가지다.

⑨ 감동이 있어야 한다. '감동'을 느낄 수 있는 글의 세 가지 조건으로, 읽으면 곧 알 수 있도록 쓴 글, 읽을 맛이 나는 글, 읽을 만한 가치가 있는 글을 들고 싶다.

⑩ 좋은 글은 말하기와 글쓰기의 차이가 무엇인지를 분명히 알고 쓰는 글이다. 일반적으로 말을 그대로 옮겨 놓으면 글이 된다고 하나, 말과 글은 명백히 그 성격이 다르다. 말로는 가능해도 글로 적어서는 안 되는 것이 있고, 글로는 가능해도 말로는 어색한 것이 있다.

(2) 글쓰기를 위한 좋은 습관 기르기

흔히 좋은 글을 쓰기 위해서는 많이 읽고, 많이 쓰고, 많이 생각하는 것이 중요하다고 한다. 이는 글쓰기를 하기 위해 필요한 것이 다름 아닌 '사물에 대한 의식과 감각 → 성찰과 사고하는 태도 → 거기에서 연유되는 그때의 판단과 견해'로 이어지는 정신 활동의 습관이기 때문이다. 그러므로 열심히 보고 듣고 읽고 생각하는 태도는 좋은 글을 쓰기 위한 훌륭한 습관이 된다.

물론, 좋은 글을 쓰기 위해서는 적절한 훈련이 필요하다. 내용과 형식의 측면에서 좋은 글쓰기가 공통적으로 갖추어야 할 기본적 요소가 있으며, 이러한 요소들을 명확히 알지 못하면 실제적인 쓰기에서 결코 만족스런 결과를 내지 못할 것이기 때문이다.

이러한 부분에 대한 훈련 내용과 방법은 이후 이어지는 부분들에서 문장 차원과 문단 차원, 그리고 구성 차원으로 나누어 구체적인 검토를 하게 될 것이다.

이에 이 장에서는 글쓰기를 위한 좋은 습관을 기르기 위해 필요한 세 가지 사항을 따로 강조하고자 한다.

첫째, 대상에 대해 의식적인 관심을 갖고 예리하게 관찰하는 자세가 필요하다. 글을 쓰는 작업에는 다른 어떤 일보다 즐거움이 수반되어야 한다. 억지로 짜낸 글이나 마지 못해 쓰는 글은 좋은 글이 되지 못할 뿐만 아니라 글쓴이와 읽는 이 모두에게 괴로움을 주게 마련이다. 그러므로 평소 대상에 대한 남다른 관심과 애정을 쏟아두면 글쓰기가 더욱 즐거운 작업이 될 수 있다. 다음의 〈예시1〉에서처럼, 일상생활에서 흔히 보고 듣고 겪는 일을 무심히 지나치지 않고 의식적인 관심을 갖고 면밀하고 예리하게 관찰하는 습관을 갖는 것이 필요하다.

〈예시 1〉

"또 시작이구나, 여자들 수다는 끝이 없어."

아내의 전화 통화가 길어져 전화를 기다리던 내 입에서 저절로 나온 말이다. 하지만 이윽고 내 전화가 오고 이것저것 설명이 길어지자, 나도 아내의 전화 통화 못지않게 긴 통화를 하게 되었다. 그러자 기다렸다는 듯이 "남자들 수다는 더 못 봐주겠구먼." 하는 아내의 한마디가 터졌다. 이에 내가 "수다라니!" 하면서 화를 냈음은 물론이다. 어떤 이는 우리 부부의 이 '애들 싸움' 같은 말꼬리 잡기에 웃을지도 모르겠다. 그러나 분명한 것은 나나 아내나 똑같이 그 '수다' 란 말에 불쾌했다는 것이다.

아내의 설명은 전화를 걸어온 상대방이 '바쁜 줄은 알지만 이 얘기만은 꼭 해야겠다' 고 하는데 어떻게 매정하게 전화를 끊어버리느냐는 것이고, 공식적인 일을 담은 통화만이 의미 있고 나머지는 수다라는 생각은 여성의 일상을 몰라서 하는 얘기라는 것이다.

그런데 "그럼 만나서 얘기하면 되지." 하는 내 말에 대한 아내의 대답이 더 걸작이다. "추운데 아이 데리고 이 교통지옥 속에 비싼 차비 들여가면서 여자들이 나오기가 쉬운가." 그러면서 아내는 여자들에게 일상이 무겁게 다가올 때 전화통화가 얼마나 '경제적' 인가에 대해 보따리를 풀어놓기 시작했다.

신문 한 장 제대로 보기 어려운 바쁜 일상, 반복적인 가사일 속에서 아이와 부대끼는 것을 빼고는 이웃과의 교류도 쉽지 않은 이 도시적인 삶 속애서 전화는 여자들이 자기 이야기를 마음 맞는 벗에게 털어놓는 유일한 발언대라는 것이다. 그러면서 아내는 몇 년째 가끔 전화 통화만으로 우정을 확인하는 몇몇 친구들에 대한 충격적인 예도 덧붙였다.

나는 이 수다라고만은 할 수 없는 내 아내의 이야기를 들으면서 여자들의 철저한 '계산속'이 눈물겹게 다가왔다. 동시에 물가에 주름져가는 장바구니와 교통지옥, 콘크리트 벽 속에 갇힌 채 전화에 매달린 주부의 뒷모습이 빠르게 뒤섞여 지나갔다.

(최정현, "여자들의 수다")

둘째, 합리적이고 객관적인 사고방식을 갖는 자세가 필요하다. 이를 위해 대상에 대해 깊이 있게 생각하는 습관을 기르는 것이 중요하다. 주관적인 사고는 자칫 합리성의 결여라는 흠을 낳을 수 있기에, 〈예시2〉에서처럼 보다 객관적인 사실을 바탕으로 판단하고 추론하는 사고과정을 해나갈 수 있도록 힘쓰는 게 필요하다. 글쓴이 스스로 대상에 대해 '왜?', '무엇인데?', '어떻게 해서?', '따라서' 등의 질문을 하고 그에 답하면서 차근차근 생각하는 습관을 갖는다면 깊이 있는 사고를 이룰 수 있을 것이다.

〈예시 2〉

여성해방은 곧 여성의 인간으로서의 해방을 의미하며, 인간이 해방되면 남성이 쓸데없이 신경을 쓰며 남성으로서의 존재가치를 강조하기 위해 해야 했던 여성의 보호를 안 해도 되는 부담의 경감을 의미하기도 한다. 또한 남성은 역할의 구별로 인해 받고 있던 제약에서 탈피해서 하나의 자유로운 인간으로서의 생을 영위해 나갈 수 있다. 즉 남성도 성의 구별로 인해 금 그어진 직업을 얻어서, 과거에 여성의 직업이었던 것이라는 점을 의식하지 않고 선택할 수 있게 된다. 간호학과를 지망한 남학생은 그 좋은 본보기가 될 것이다.

또한 교육을 많이 받고도 가사에만 전념했다가 여가가 생겨남으로써 얻어진 여가 선용의 문제로 고민하던 가정주부들도 그들대로의 능력을 계발함으로써 사회에서 자아실현을 할 수 있게 되어, 남편에 대한 불만 때문에 생겨진 우울증으로만 알던 증세도 없어지고 가정의 명랑한 분위기도 마련된다. 가장으로서의 무거운 짐을 남성이 모두 져야 했던 것을 여성이 나누어짐으로써 남성이 느꼈던 역할 고민 또한 해결되게 될 것이다.

여성해방은 그 자체에 대한 정확한 인식과 이해의 부족, 또는 여성들 자신의 전략의 실수로 남성에게 피해의식을 가져다 준 면이 있으나, 결국 위에서 지적한 바와 같이 남성해방을 의미한다. 즉 여성해방은 여성의 인간 회복 선언을 의미하며 그로 말미암아 남성들도 해방을 얻게 된다는 것을 확실하게 한 것이다.

(김행자, "인격의 자유화를 위한 서장")

셋째, 다양하고 깊이 있는 독서와 체험을 통해 경험과 사고의 폭을 넓히는 자세가 요구된다. 보다 많은 것을 읽고 듣고 생각하면서 견문을 넓히고 간접체험을 쌓는 것이 필요하다. 다양한 독서를 통해 그동안 미처 깨닫지 못했던 문제를 발견하고 숙고할 수 있는 시간을 갖는 것이 필요하다. 그리고 자신이 놓여있는 세계와 역사, 현실에 대해 지식을 풍부히 하려는 노력을 게을리 하지 말아야 한다. 이런 맥락에서 다음의 〈예시 3〉을 흥미롭게 읽어보자.

〈예시 3〉

'사랑의 미로' 하면 대형가수 최진희가 부른 대중가요가 연상될 것이다. 한데, 지금 이야기하고자 하는 사랑의 미로는 노래의 미로가 아니라 17세기 프랑스에서 놀았던 주사위 놀이의 미로인 것이다. 우리나라 승경도(昇卿圖) 놀이가 구품(九品)의 참봉 벼슬에서 우여곡절 끝에 영의정에 이르듯이, 이 사랑의 미로는 남남으로 시작하여 건너야 할 많은 다리와 눈물과 유혹과 질투와 고뇌와 기쁨과 황홀 등 갖은 곡절 끝에 이루어지는 사랑의 기쁨을 게임으로 구현한 놀이인 것이다. 사실 사랑이란 우여곡절이라는 시간적 연장 끝에 얻어져야 값진 것이지, 만나자마자 결합이 된다면 그것은 천한 동물적 결합이 되고 말 것이다. 인생의 시간도 매한가지이다. 선(線)이라는 경과를 겪고서 점(點)을 얻어야지, 시간을 가속시켜 선을 단축하여 점만을 얻는 인생은 사랑 없는 결합과 같은 것이다.

한데도 빠를수록 좋다는 현대 문명은 인생을 초음속의 가속시간에 몰아넣어 혼자 힘으로는 저항할 수 없게 하고 있다. 이 현대적 시간으로부터의 인간해방 운동이 지금 유럽 EC 국가들에서 기승을 부리고 있다. 세기말의 이 반문명 운동을 '천천히, 그러나 보다 좋은 삶을 지향하는 사람들' 이라는 뜻의 슬로비 운동으로, 그렇게 사는 사람을 슬로비족으로 부른다. 이를테면 슬로비족은 오토바이 대신 자전거를 타며, 휴가를 콩코드 타고 외국으로 나가는 대신 시골 별장에서 한적하게 보낸다. 물질보다 마음을, 출세보다 가정을, 명예보다 인간을, 기술보다 환경을 소중히 여긴다.

중세 사람은 자신이 좌우할 수 있는 자기 시간이 최소한 10시간이 넘었는데 현대인은 생리시간과 노동시간, 그리고 그를 위한 예비시간을 제외하면 자기 시간이 3시간으로 줄어들고, 교통 통신의 발달은 이 자투리난 시간마저도 다시 세분화하여 자꾸만 줄여갈 것이라고 경고한 것은 『시간술』의 저자 슈뢰벨이다. 지금 고요한 못 복판에 돌을 하나 던졌다 하자. 파문이 여유 있게 동심원을 그어나갈 것이다. 한데 우박이라도 내리면 못에는 수백 수천 개의 파문이 서로 맞물려가며 서로를 침범하며 난장판을 이룰 것이다. 그러하듯이 현대인의 그 짧은 시간마저도 그 많은 남들의 시간에 의해 잘리고 교란 받고 침범 당하며 살고 있는 것이다. 그뿐만이 아니다. 전화라는 명물은 가족과의 식사나 창조적인 사고나 안락한 수면이나 달콤한 사랑의 시간마저 헤집고 들고, 자동녹음 장치며 통화중 끼어들기 장치며 호주머니에 넣고 다니는 포터블 전화의 출현은 욕실이나 산책길까지 뒤쫓아와 올가미질을 한다.

교통 통신의 발달은 짧은 시간에 많은 이동을 하고 많은 일을 하기에 물리적 시간은 늘어나는 것 같지만, 심리적 시간은 반비례해서 단축돼 나간다. 인생이 종점에 이르는 데 시간적 특혜를 받은 사람은 아무도 없다. 여유 있게 사느냐, 각박하게 사느냐가 다를 뿐인 것이다. (이규태, "슬로비족(族)")

그렇다면, 다음에 제시한 〈예시4〉를 살피고 글쓰기를 잘 하기 위해 어떤 조언들을 하고 있는지 자신의 생각을 이야기해보자. 그리고 자신의 글쓰기 습관을 돌아보고 보다 발전적으로 글쓰기 훈련을 할 수 있게 스스로에게 필요한 조언을 찾아보자.

〈예시 4〉

(1) 내가 하고 싶은 말은 글쓰기에서도 자기가 가진 최선의 능력을 발휘하려면 연장들을 골고루 갖춰놓고 그 연장통을 들고 다닐 수 있도록 팔심을 기르는 것이 좋다는 것이다. 그렇게 해놓으면 설령 힘겨운 일이 생기더라도 김이 빠지지 않고, 냉큼 필요한 연장을 집어 들고 곧바로 일을 시작할 수 있다.

(스티븐 킹, "유혹하는 글쓰기")

(2) 우리가 개인적으로 어떤 결정을 내려야 하는 때조차도 다른 사람의 삶과 관련되어 있는 경우가 적지 않기 때문에, 논리적으로 사고하고 그 과정에 실수나 오류가 없는지를 밝혀내는 능력은 반드시 필요하다.

(트레이시 보웰 · 게리 켐프, "비판적 사고, 논리를 잡아라")

(3) 좋은 글쓰기는 좋은 글 읽기와 따로 떼어 생각할 수 없는 동전의 양면과 같다. '좋은 글이 좋은 글을 낳고, 나쁜 글이 나쁜 글을 낳는다.' 라는 말처럼 좋은 글을 읽고 그것을 본받고 익히면 자연히 좋은 글을 쓰게 마련이다. 그래서 우리 선조들은 옛날에 『명심보감(銘心寶鑑)』같은 좋은 글을 모아 읽고 배우며 글공부를 하였다. 곧, 좋은 글을 많이 읽는 것이 좋은 글쓰기의 첫걸음이다.

(최기호, "디지털 시대, 글쓰기를 잘하려면")

[제2장 문장 차원에서 접근하기]

1. 정확한 문장 쓰기의 중요성

하나의 문장에는 적어도 하나의 발화 내용이 완결된 형태로 담겨 있다. 한 편의 글도 이 문장 하나하나의 의미가 유기적으로 모여서 이루어진다. 따라서 문장 하나하나가 올바르게 구성되지 않으면 좋은 글이 될 수 없다. 이런 점에서 문장은 완결된 생각이나 느낌을 표현하는 가장 작은 단위로, 단어들이 일정한 문법적 규칙에 따라 연결된 의미의 유기적 결합체라 할 수 있다. 그러므로 문장을 정확하게 구성하는 것은 언어생활에서 매우 중요하다. 문장이 제대로 갖추어지지 않으면 자신의 생각이나 느낌을 남에게 제대로 전달할 수 없기 때문이다.

따라서 한 편의 글쓰기를 제대로 하기 위해서는 우선 정확한 문장을 사용할 수 있는 능력을 갖추어야 한다. 문장은 단어들이 일정한 문법적 규칙에 따라 결합된 것이므로, 정확한 문장이란 무엇보다 '문법에 맞는 문장'이어야 한다. 특히 글은 말과 달리 더 많은 정확성이 필요하다는 점에서 글을 쓸 때는 정확한 정서법과 문법 지식에 대한 이해가 필요하다.

(1) 호응 관계의 명확성

① 문장의 구조에 대한 이해

한 문장은 단어로 이루어져 있고, 각각의 단어는 한 문장 안에서 다양한 기능을 하고 있다. 이같이 단어가 문장에서 행하는 기능에 따라 나뉜 것을 구문요소 혹은 문장

성분이라고 한다. 국어의 문장을 이루는 성분에는 주어, 목적어, 보어, 서술어, 관형어, 부사어, 독립어 등이 있는데, 문장은 이러한 성분이 서로 관계하여 이루어진다. 따라서 문장의 구조를 이해하는 것은 바로 이 문장의 성분들이 관계하는 방식을 이해하는 것과 연관된다. 이 장에서는 국어 문장의 기본적인 구조가 제대로 갖추어지지 않았을 때 생기는 비문(非文)을 살펴보고, 이를 바탕으로 정확한 문장 쓰기를 방해하는 몇 가지 요소를 구체적으로 검토하고자 한다.

첫째, '주어+목적어(또는 보어)+서술어'의 관계에 대한 이해가 필요하다. 국어 문장은 '주어+서술어(영이가 웃는다)'의 결합을 기본으로 한다. 따라서 주어와 서술어는 어느 한쪽이 없어도 완전한 문장이 되지 못하는 주요 성분이다. 목적어는 서술어가 타동사일 때는 필수적인 성분이므로 역시 주요 성분이다. 보어도 그 쓰임이 매우 한정되어 있어 다른 성분에 비하면 그 비중이 크게 떨어지지만, 목적어처럼 어떤 서술어 앞에서는 필수적인 성분이기 때문에 주요 성분의 하나로 인정받는다. 국어의 특성상 주어와 목적어가 자주 생략되는 편이기는 하지만, 문맥에 의해 주어나 목적어를 파악할 수 있는 경우가 아니라면 문장의 필수 성분은 생략될 수 없으며, 매우 긴밀하게 결합되어야 한다.

〈예시 1〉

(1) 나는 그가 실의에 빠져 자포자기하는 것을 더 이상 방치할 수 없어 그가 다시 자신을 회복하도록 돕기 위해 여기저기 뛰어다녔다.

(2) 제동은 지윤에게 성경을 선물하였는데 그 보답으로 제동에게 만년필을 선사하였다.

국어는 영어와 달리 주어가 서술어 앞에 오고, 목적어나 보어, 부사어가 주어와 서술어 사이에 온다. 이런 국어의 특성 때문에 자칫 주어와 술어의 간격이 너무 멀어져 의미 파악이 어려워지는 경우가 있다. 〈예시1〉의 (1)과 같은 문장은 주어와 술어 사이에 목적어와 부사구가 여럿 끼어 있어, 주의하여 읽지 않으면 그 의미 파악이 힘들다. 이럴 경우 두 문장으로 나누어 서술하면 한결 그 의미가 분명할 것이다. 또한, 문장 도중에 주어가 바뀌어도 의미를 알기 어려운데, 〈예시1〉의 (2)와 같은 문장은 주어가 도중에 바뀐 경우이기에, 후반부를 "그 보답으로 만년필을 선사받았다."라고 하면 흐름이 더욱 자연스러울 것이다.

그렇다면, 다음 〈예시2〉에서도 문장의 주요 성분이 잘 갖추어져 있는지를 살펴보고, 잘못된 부분이 있다면 고쳐보기로 하자.

〈예시 2〉

① 2000년대의 가요계에 큰 획을 그은 주인공 '별똥그룹'이 해체한 후임에도 불구하고 예외적인 사건을 벌이고 있다.

② 소설 속에서 상징적으로 쓰인 소재들이 무엇을 의미하는지를 독자들이 이해 못하게 되면 자칫 이야기의 흐름을 방해하는 요소가 될 수 있다.

③ 처음에 R은 H를 여자로 알고 편지하다가 H가 자신이 남성임을 알리자 한때 방황하다가 결국 계속 편지를 주고받는다.

둘째, 수식어와 피수식어의 관계에 대한 이해가 필요하다. 국어에서는 '관형어+체언', '부사어+용언', '부사어+부사어' 등과 같이 수식어가 피수식어 앞에 온다. 이는 수식어가 피수식어 뒤에 오기도 하는 영어 등과 구별되는 국어의 중요한 특징 중의 하나이다.

수식어는 중심부를 부연 설명하는 것이므로 없어도 되는 부차적인 성분이기는 하지만 문장의 뜻을 명확하게 해 줄 뿐만 아니라 글의 맛을 돋우는 역할을 하므로, 필요한 만큼의 수식어를 필요한 자리에 쓰는 노력이 필요하다. 따라서 사용된 수식어는 꼭 필요한 것이어야 하며, 피수식어와의 결합이 자연스러워야 한다. 그리고 수식어가 너무 길지 않도록 해야 한다. 수식어는 모두 피수식어의 앞에 오기 때문에 수식어가 길면 핵심이 흐린 문장이 되기 쉽기 때문이다. 수식의 범위도 명확해야 하는데, 수식을 받는 대상이 명확하지 않으면 자칫 글의 뜻이 애매해지기 때문이다.

그리고 한 문장에서 수식어와 피수식어가 결합된 구(句)가 나열될 경우 그 결합 방식이 일정해야 한다. 예를 들어, '새하얀 신부, 분홍빛 만발, 멋진 신랑과 아름다운 집들이 영상처럼 스쳐갔다.' 라는 문장에서 '분홍빛 만발'은 '만발한 분홍빛 장미' 정도로 바꿔야 한다.

그렇다면, 다음 〈예시3〉에 쓰인 수식어를 효과적으로 정돈해보자.

〈예시 3〉

① 여성에게 기대하는 순종적이고 다소곳하며 남성보조적인 행동규범과 다른 진취적이고 도전적이며 독립적인, 전통적으로 남성적인 면이라고 할 수 있는 분야에 더 흥미를 느끼는 여성은 자신을 여성답지 못하고 바람직하지 못한 여성으로 비하시키는 사회의 압력을 받는다.

② 사람들이 많은 도시에 다녀보면 재미있는 일이 많을 것이다.

③ 밤새 귀퉁이가 찢어진 연극 포스터와 대자보가 붙어 있던 자리가 텅 빈 것도 어색하다.

④ 대학을 졸업할 무렵엔 그간의 의식적인 염세적 성향과의 싸움이 어느 정도 성과를 거두었다.

⑤ 소위 유행의 첨단을 걷는 젊은이들의 거리라 불리는 압구정동이나 이대 앞을 서성이는 신세대들의 모습을 보면, 그들은 각각을 구분하기 어려울 정도로 유사하다.

셋째, 성분 간의 호응 관계와 내용 간의 호응 관계에 유의한다. 호응 관계는 문장 내의 성분이나 내용 간에 함께 올 수 있는 것과 그렇지 않은 것이 있음을 뜻한다. 한 문장 안에서 어떤 단어는 어떤 단어와 함께 쓰일 수 없는데, '열아홉 살' 과 '십구 세' 는 가능해도 '열아홉 세' 나 '십구 살' 은 불가능하다. 그리고 앞에서 '비록, 만일, 마치, 가령, 하물며, 모름지기, 왜냐하면' 등의 접속부사가 쓰이면 반드시 '~지라도, ~라면, ~것같이, ~이라면, ~이랴, ~야만 한다. ~때문이다' 등의 접미사가 뒤따라야 한다.

호응의 문제가 단어와 단어 사이에만 관계되는 것은 아니다. 글 전체의 내용이나 흐름과도 호응해야 하는데, 다음의 〈예시4〉를 살펴보자.

〈예시 4〉

(1) 남북 양측 대표들은 구면인 탓인지, 비교적 자연스러운 분위기 속에서 상견례

를 했다.

(2) 과거 여성들에게 교육의 기회를 주지 않은 까닭은 군주가 어리석은 백성을 선호하는 것과 같은 맥락일 것이다.

(3) 엄청난 환경오염으로 이제는 지구가 위태로울 지경으로 만들었다.

〈예시4〉의 (1)과 같은 문장은 '탓' 이란 단어가 쓰일 자리에 제대로 쓰인 말인지가 문제되는데, '탓' 은 '잘못된 까닭, 잘못된 것을 원망하는 것' 이란 국어사전의 풀이 그대로 '잘못' 의 뜻을 함축한 말이기 때문이다. 따라서 '구면인 탓인지' 는 '구면이어서인지' 로 바꾸어 표현하는 것이 좋다. (2)의 문장도 내용 간의 호응관계를 그르쳤기 때문에 잘못된 문장이 되고 말았는데, '과거 여성들에게 교육의 기회를 주지 않은 까닭은 군주가 어리석은 백성을 선호하는 이유와 같은 맥락일 것이다' 로 고쳐야 한다. 또한, 주어와 술어의 호응이 제대로 되지 않아 의미가 불확실하고 비논리적이 되는 경우가 많은데, (3)의 경우가 그러하다. 이 문장의 표면상 주어가 '지구가' 이므로, 술어가 그 주어와 호응하기 위해서는 '위태로운 지경이다.' 정도로 바꾸어야 한다. '지구가' 가 '만들었다' 의 주어가 될 수는 없기 때문이다.

그렇다면, 호응의 문제를 제대로 지키지 못하고 있는 〈예시5〉의 문장들을 정확하게 고쳐 써보자.

〈예시 5〉

① 내가 당신을 사랑하는 이유는 당신은 내가 원하는 모든 것을 가지고 있다.

② 통일이 돼도 그만 안 돼도 그만이라는 사고방식을 가진 이들의 생각에 통일이란 꼭 필요하다는 인식을 심어줘야 한다고 생각한다.

③ 인생은 정답이 아닌 각 개인에게 어울리는 해결책만을 갖고 있다고 결론지었다.

④ 어떤 이유에서든 배반이라는 행위 자체는 우리 사회에서 이미 안 좋은 인상으로 낙인찍힌 단어이다.

⑤ 내 꿈은 훌륭한 의사가 되어 가난한 사람들에게 의술을 펼치려고 한다.

⑥ 컴퓨터가 사람의 건강을 심장과 맥박의 수로 객관화시켜 검사하듯이 우리는 우리 앞에 있는 사람들을 학벌이나 재력, 가족사항 등으로 검사했는가.

⑦ 나는 결코 이 일을 하겠다.

⑧ 이러한 성격 때문에 당하는 손해가 여간 크다.

② 복문의 구조에 대한 이해

국어의 문장은 주어와 서술어의 관계에 따라 크게 두 가지로 나뉘는데, 하나는 단문(短文)이고 다른 하나는 복문(復文)이다. 주어와 서술어의 관계가 한 번만 이루어지고 있는 문장이 단문이며, 주어와 서술어의 관계가 두 번 이상 이루어져 있는 문장이 복문이다.

또한, 각 단문이 결합해서 복문이 되는 방식에는 접속 방식과 내포 방식이 있다. 각 단문이 나란히 결합되는 접속 방식에 의한 복문은 흔히 접속문이라 하고, 내포 방식에 의한 복문은 하나의 문이 다른 문(주문)에 종속되어 주문의 한 성분이 되는 것으로 흔히 내포문이라 한다.

첫째, 접속문에 대한 이해가 필요하다. 접속문에서 접속 어미에 의해 연결되는 두 문장은 형식상 대등하지만, 뜻으로 보아 대등한 것과 종속적인 것으로 나뉜다. 즉 문장이나 성분이 어느 정도 독립적인 관계를 유지하면서 수평적으로 연결되는 것을 등위접속문(예: 산은 높고, 계곡은 깊다)이라 하고, 한 문장이 다른 문장에 대하여 의존적이며 종속적인 관계에 있는 연결 방식을 종속 접속문(예: 비가 오지 않아서, 철수가 오지 못했다)이라 한다.

종속 접속문은 부사형 어미를 적절히 사용하여 연결시키면 되기에 큰 어려움이 없다. 예를 들어, "동생이 오는지라, 내가 기차역에 마중을 나갔다"라는 문장에서는 이유나 원인을 나타내는 부사형 어미 '-은지라'를, "그는 아무리 배가 고프더라도 절대 자신이 음식을 만들지 않는다."라는 문장에서는 양보를 나타내는 부사형 어미 '-더라도'를 각각 사용해 두 문장을 연결한 것이다.

그런데 등위 접속문을 만들 때는 축약되는 부분이 있으므로 조심해야 한다. 등위접속문에서 선행절과 후행절을 이루는 성분 가운데 공통되는 성분이 있는 경우에는 다음의 〈예시6〉과 같이 공통되는 성분 중 어느 한 성분만을 남기고 다른 성분은 생략하게 된다.

〈예시 6〉

(1) 나는 지민과 아침에 만나기로 약속했고, 나는 태웅과 저녁에 만나기로 약속했다.

⇒ 나는 지민과 아침에, 그리고 태웅과 저녁에 만나기로 약속했다.

(2) 태희는 늦잠을 잤기 때문에 지각을 하였고, 경구는 피곤하였기 때문에 지각을 하였다.

⇒ 태희는 늦잠을 잤기 때문에, 그리고 경구는 피곤하였기 때문에 지각을 하였다.

이 때 공통되지 않은 문장의 필수 성분을 생략함으로써 비문을 만드는 수가 많다는 데 주의할 필요가 있다. 다음에 제시하는 〈예시7〉의 (3)은 '지배도' 앞에 '자연을'이 빠짐으로써 필요한 목적어를 생략하여 잘못된 경우이고, (4)는 '도전하다' 앞에 '신에'가 빠짐으로써 꼭 필요한 부사어를 생략해서 잘못된 경우이다. 이들은 모두 '자연', '신'을 동일 명사구로만 이해하여 후행절의 그것을 생략함으로써 발생된 문제인데, 이들의 문장 내에서의 기능은 각기 다르기 때문에 같은 것으로 볼 수 없다.

〈예시 7〉

(3) 인간은 자연에 복종도 하고 지배도 하며 살아간다.

(4) 인간은 신을 숭배하지만, 도전하기도 한다.

또한 병렬로 이루어진 성분의 각 요소는 선행 또는 후행하는 성분과 각각 호응이 될 수 있도록 동질적이어야 한다. 다음의 〈예시8〉에서 (5)는 선행절이 타동사절인데 후행절이 자동사절이기 때문에 동질성이 깨지게 되었는데, 후행절을 '씻는 작업을 한다' 정도로 바꾸는 게 좋다. (6)은 능동문인 선행절과 피동문인 후행절이 하나의 문으로 접속되었기 때문에 어색한 비문이 되었다.

〈예시 8〉

(5) 나는 아침에 일어나자마자 라디오를 켜고, 그 후 십 분 동안은 씻는 작업이 이루어진다.

(6) 따뜻하고 친절한 간호사 언니의 배려가 나의 두려움을 무색하게 했고, 병실 복도에서 우연히 마주치는 중환자들을 보면서 난 얼마나 행복한 사람인가 생각하게도 되었다.

둘째, 내포문에 대한 이해가 필요하다. 내포문은 종속문이 주문에서 갖는 자격에 따라 명사화, 관형화, 부사화로 구분된다. 명사화는 종속문이 명사형이 되어 주어, 목적어 등의 역할을 하는 경우(예: 나는 영이가 학교에 가기를 원한다)이고, 관형화는 관형사형이 되어 관형어의 역할을 하는 경우(예: 나는 그가 책을 산 사실을 알았다)이고, 부사화는 부사형이 되어 부사어의 역할을 하는 경우(예: 우리집은 아이들이 건강해서 걱정이 없다)이다.

내포문이 관형화할 경우, 관형사형 어미가 종속성분의 시제에 따라 다르게 나타난다는 것을 기억할 필요가 있다. 다음의 예를 보면, 동사의 과거 관형사형에 쓰이는 '-은' 대신에 '-는'이 옴으로써 잘못된 문장을 만들고 있다. 종속성분의 서술어는 과거, 현재, 미래에 따라 동사는 '-은, -는, -을'이, 형용사는 '-던, -은, -을'이 사용되는 식으로 달라지기 때문이다.

그는 어제 부인이 먹는 밥을 오늘 먹는다.

그렇다면, 다음에 제시한 〈예시9〉를 정확한 문장으로 고쳐보면 어떨까?

〈예시 9〉

① 시험 발표 후 얼마 동안은 기쁨으로 무얼 할지도, 해야 할 일도 없었다.

② 이번 시험에서 성적이 나쁘게 나온 학생은 방과 후 보충수업을 시켜야 한다.

③ 성장한 후 빈센트는 화가로서, 테오는 그림을 파는 직장인이 된다.

④ 한류 열풍을 타고 한국 영화와 드라마가 대만 · 중국 · 하노이 등에서 인기를 끌고 있다.

⑤ 내가 생각하기에 개개인의 상황에 따라 행복의 기준은 다양하고, 그 안에서 감사할 줄 아는 생활을 해야 한다.

⑥ 차와 사람이 크게 다쳤다.

⑦ 심지어 대학친구들까지도 나를 얌전 또는 말이 없다는 식으로 얘기했다.

⑧ 내 꿈은 훌륭한 의사가 되어 가난한 사람들에게 의술을 펼치려고 한다.

(2) 간결한 문장의 효율성

① 간결한 문장 쓰기의 원칙

첫째, 한 문장 안에서나 이웃한 문장 사이에서 같은 단어나 형태소를 되풀이 사용하지 않도록 한다. 같거나 음이 비슷한 단어가 한 문장 안에서 되풀이되면 잘 읽히지 않는 단조로운 문장이 되기 쉽다. 부드럽게 읽히면서도 효과적으로 전달되는 글을 쓰기 위해서는 단어의 선택 폭을 넓히려는 노력이 필요하다.

우리가 흔히 쓰는 습관어 중에 '것' 이 있다. '것' 은 여러 가지 중류의 실질명사 자리에 대신 쓰일 수 있다. 그러나 어떤 구체적인 단어를 써야 할 자리에 그 단어를 찾아내는 일이 귀찮아서인지 안이하게 '것' 을 사용하는 경우를 자주 보게 된다. 우리가 입으로 말을 할 때는 '이것, 저것, 그것, 아무것, 네 것, 내 것, 아름다운 것' 밖에는 별로 쓰지 않는다. 따라서 우리가 쓰는 글에서 '것' 을 줄이려면 살아 있는 말로 글을 쓰는 수밖에 없고, 입말에 가깝게 쓰면 저절로 해결된다.

또한, 우리말에서는 관형격조사 '의' 를 잘 안 쓴다. 설사 한 번 쓴다고 하더라도 거듭해 나올 때 무척 마음에 걸리고 다른 말로 바꾸고 싶어지는데, 이는 소리내기가 거북해서이다. 오늘날 우리가 온갖 복잡한 일들을 설명하거나 자세한 생각을 나타낼 때 완전히 입말 그대로 '의' 를 거의 쓰지 않고 정확한 글을 쓰기란 어렵지만, 가능한 한 '의' 는 사용하지 않는 것이 좋다.

그렇다면, 다음 〈예시1〉을 살펴보고 되풀이 되는 부분을 찾아 달리 써보자.

〈예시 1〉

① 아기의 이름은 홍철이라는 이름을 갖게 되었다.

② 그러다가 그가 점차로 나이가 듦에 따라 그는 그의 확실한 진로를 갖게 되었다.

③ 연극에 있어서의 언어의 여러 가지의 기능들과 변화들에 대해서 지적해보려 한다.

④ 아마 내 고등학교 3년은 사랑이 굶주린 3년이기 때문이었는지도 모른다.

⑤ 특히 비디오, 스크린 등의 시각 전달 매체들의 급속한 확산과 이에 따른 소위 '비디오형' 인기 연예인들의 등장이 눈에 띈다.

⑥ 다만 깨달은 것이 있다면 인생에는 어떤 정답도 없다는 것이다.

⑦ 수업시간에 배운 것은 수업시간에 다 이해하고 넘어가야지 수업시간에 놓치면 따라오기 힘들다.

둘째, 꼭 필요한 단어만 쓰는 태도가 필요하다. 한 문장 안에 필요치 않은 단어가 끼어들지는 않았는가에 대해서도 주의해야 한다. 다음의 〈예시2〉에서처럼 비슷한 의미의 단어가 거듭해서 쓰이는 것은 경제적이지 못할 뿐만 아니라, 명확한 의미 전달에도 걸림돌이 되기 때문이다. 〈예시2〉를 효율적으로 정돈해보자.

〈예시 2〉

① 내 모자람과 결점인 면들이 그저 세월이 지나 어른이 되면 다 극복되리라 생각했다.

② 그는 무척 순진하고 그의 성질은 내성적이다.

③ 그 비애와 슬픔과 아픔을 하소연할 길이 없음을 알게 된 순간 그녀는 미친 사람처럼 광적으로 날뛰기 시작했다.

④ 내 방은 항상 물건을 제자리에 놓지 않는 덕분에 따로따로 떨어져 다른 장소에 있는 물건들로 지저분했다.

⑤ 이 영화는 제작되기 전에 철저한 관중의 기호도에 대한 사전 조사를 바탕으로 만들어져 흥행에서 성공했다.

셋째, 애매모호한 부분이 생기지 않도록 신경 쓴다. 다음의 〈예시3〉에서처럼 복잡한 내용을 담기 위해 문장을 복잡하게 만들다 보면 문장의 구조가 복잡해져, 결과적으로 그 의미가 모호해지는 수가 있다. 이런 경우에는 문장의 구조를 잘 분석하여 정확한 의미를 전달할 수 있는 방법을 강구하되, 특히 우리말에서는 구조적으로 수식 관계에서 오는 모호한 표현이 많이 생겨남을 주의하여야 한다.

〈예시 3〉

(1) 사람들이 많은 도시를 다녀보면 재미있는 일이 많이 있을 것이다.

(2) 그 거만한 시장의 외삼촌은 그 동안 시장이 애써 쌓은 공덕을 죄다 깎아 내리고 있었다.

(3) 새로운 21세기를 맞이하여 위대한 보통사람의 시대를 창조해 가자.

(4) 한국과 쌍벽을 이루었던 일본은 작년 월드컵 때부터 수준 향상을 보여 이번에 강력한 우승 후보로 꼽히고 있는 중국을 감당해 내기 어려울 것 같다.

(1)의 문장은 어디서 끊어서 읽느냐에 따라서 의미가 달라진다. 어느 쪽으로 해석해도 말이 되기 때문에 어떤 뜻으로 표현한 것인지 정확히 알 수가 없으므로, 쉼표를 사용하여서라도 정확한 의미를 전달할 수 있어야 한다.

(2)의 문장은 쉼표의 사용만으로 간결하게 고치기는 어렵다. 수식어는 가까운 쪽으로 걸리게 되어 있으므로 문장 자체로는 '거만한' 것은 '시장'이 되나, 문맥적 의미로 보면 거만한 것은 '외삼촌'이 되어야 하므로 '거만한' 다음에 쉼표를 찍으면 급한 대로라도 정확한 표현이 될 수 있기는 하다. 하지만 문장 전체가 거칠기 때문에 보다 자연스럽게 다듬어주는 것이 필요하다.

(3)의 문장도 '위대한' 것이 '보통사람'인지 '시대'인지를 잘 따져서 표현해야 한다. 만약 '위대한' 것이 '시대'를 말한다면 쉼표를 사용하거나 '보통 사람의 위대한 시대'로 순서를 바꾸어야 정확한 표현이 된다.

(4)의 문장도 문맥으로 볼 때 '일본은' 다음에 쉼표를 찍어서 표현해야 의미를 정확하게 전달할 수 있다.

② 효율적인 문장 쓰기의 원칙

첫째, 문장의 길이는 가능한 한 짧게 하는 것이 좋다. 문장의 길이는 짧은 경우에는 별로 문제되지 않지만, 정도 이상으로 길어지면 읽기에 숨차고 긴장을 잃으면서 지루한 느낌을 주게 된다. 또한 한 번 읽어서는 내용을 기억하거나 요점을 파악하기가 어렵다. 더욱이 문장이 길어지면 난해하거나, 앞뒤의 호응이 제대로 이루어지지 않아 문법에 맞지 않는 부정확한 문장이 되기 쉽다. 다음의 〈예시1〉을 살펴보고, 보다 적절하고 효과적인 문장이 되도록 정돈해보자.

〈예시 1〉

① 자기의 이익을 위해서라면 남이야 어찌 되건 간에 거들떠보지도 않는다든지 어떠한 일을 남과 함께 해나갈 때 자신의 목소리만을 높이는 등의 일들은 현재 우리 주위에서 흔히 볼 수 있고 특히 어떤 부모들은 남에게 얼마나 불편을 주느냐는 개의치 않고 자신의 아이들만 편하고 좋으면 된다는 식의 행동들을 서슴지 않고 저지른다.

② 이 작품의 기법상의 특징이라고 한다면, 각 등장인물들의 갈등과 불안감 등을 잘 드러내기 위해 여러 화자의 입을 빌어서 쓴 점이라고 할 수 있겠다.

③ 많은 양의 서적은 아니었지만 조금씩 내 삶 속에서 자리매김 하고 있는 책들에게서 가치를 인정하고 나의 가치 또한 점검하고 있는 것 같아 기쁘다.

④ 동화는 옛 이야기나 민화 중에서 그 형식을 취하고 안데르센을 고향으로 하는 상징적인 문학형식으로서, 개개의 인물 조형과 디테일의 진실보다도 소박하게 요약된 미적 표현 가운데서 인간 일반의 보편적 진실을 보다 중요시하는 것으로 시에 가까운 산문문학이다.

그렇다고 짧은 문장이 무조건 좋은 문장이라는 의미는 아니다. 한 편의 글이라는 차원에서 보자면 짧은 문장과 긴 문장, 중간 길이의 문장이 서로 잘 조화되어 있는 것이 바람직하게 보인다. 복잡한 사고를 보여주기 위해서는 어쩔 수 없이 긴 문장이 효과적인 경우도 있다.

그럼에도 글쓰기 훈련에서 간결한 문장 연습을 권하는 이유는 올바른 문장을 만드는 방법을 익힐 수 있다는 점에서 매우 효과적이기 때문이다. 문장을 간결하게 만드는 방법을 소개하면 다음과 같다.

(1) '되도록이면 길지 않게 써야겠다'는 의식을 항시 간직해야 한다. 한 연구에 따르면, 문장의 길이를 글자수로 셈하는 우리나라의 경우 신문기사는 62.3자, 논문은 50.8자, 소설은 31.2자가 평균이라 한다. 모든 문장을 이 평균에 맞출 필요는 없지만, 이 평균을 넘지 않게 쓰려는 노력을 하다보면 자연히 좀 더 명료하고 간결한 문장 표현이 가능해질 것이다.

(2) 한 문장에서는 하나의 개념, 하나의 사실만을 담도록 한다. 한 문장에서 말하려고 하는 바가 무엇인지 그 초점들을 분명히 해서, 한 문장에 초점을 하나씩만 두도록 하는 것이다. 예를 들어, '먹을 것을 전날 모두 준비해 두는 편이라 담아 먹기만 하면 되기 때문에 5분 정도면 아침식사가 끝나므로 머리를 정리한 후 커피 한 잔을 마실 수 있다.'라는 문장은 한 문장에 묶을 성질이 아닌 상황을 한꺼번에 집어넣음으로써 그 문장의 중심 의도가 무엇인지 모르게 만들고 있다. 그러므로 두 문장 내지 세 문장 정도로 만들어야 그 의도가 분명해지게 된다.

(3) 문장구조를 단순화한다. 이를 위해서는 단문을 즐겨 쓰고, 병렬어미에 의한 대등절의 반복이나 수식절이 길어지는 것을 피한다. 그리고 어떤 문장이 다른 문장에 내포되는 복문화나, 둘 이상의 문장이 이어지는 문장의 접속화를 피하는 것이 필요하다.

(4) 표현하고자 하는 이야기를 가장 적은 단어를 써서 나타내는 연습을 한다. 예를 들어, '나는 개인적으로 느끼기를 이것은 고객 편에서 잘못이라고 생각했다.'라고 쓰는 것보다는 '나는 이것을 고객의 잘못이라고 느꼈다.'라고 썼을 때 훨씬 간결하게 의미가 전달된다.

둘째, 조사나 어미의 미묘한 쓰임에 유의한다. 국어의 여러 조사 중 그 용법이 가장 애매한 조사는 특수조사의 하나인 '-은/는'일 것이다. 특히 이 조사가 주격 조사 '-이/가'가 쓰일 수 있는 자리에 쓰였을 때에는 그 주격 조사와 어떤 다른 의미를 가지는지 분명치 않다. 비록 그 용법이 미묘하여 손에 쉽게 잡히지는 않지만 '-은/는'은 분명히 '-이/가'와 구별되는 독자적인 용법을 가지고 있다.

조사나 어미가 잘못 쓰임으로써 비문법적인 문장이 되거나 혹은 자연스럽지 못한 문장이 되는 수도 많다. 예를 들어, '우리 교육이 아직도 답답한 주입식을 벗어나지 못하고 있을 때 스스로 생각하는 법을 일러주는 과학책은 그 소중한 대안이다.' 라는 문장에서 '주입식을' 은 '주입식에서' 로 바뀌어야 한다.

그렇다면, 다음 〈예시2〉에서 조사나 어미가 정확하게 쓰였는가 살펴보고, 잘못된 부분이 있으면 고쳐보자.

〈예시 2〉

① 나뿐만 아니라 대부분의 사람들이 글을 쓰는 것을 어렵고 힘든 작업이라고 공감할 것이다.

② 바둑을 인생과 비유하는 데는 조금도 무리가 없다.

③ 그러나 내가 사진보기를 즐겨하는 것은 단순히 과거의 집착만은 아니다.

④ 이 계획이 성사될 수 없게 되자 큰 피해를 당하게 됐다.

⑤ 진정한 개성이란 내가 스스로를 사랑하고 나 스스로 만들어 가꾸는 것이다.

⑥ 젊은 사람들이나 기성세대나 사랑이란 감정은 일상생활과 분리되어 관념적으로 존재하는 환상이다.

셋째, 접속어의 사용에 주의한다. 접속어는 앞의 말과 그 뒤에 오는 말을 이어주는 구실을 한다. 그래서 접속어는 사고의 흐름을 파악하는 데 매우 중요한데, 종종 잘못 쓰는 경우가 있다. 예를 들어, '비록 그는 가난함이 이 세상에 사는 보람을 느꼈다.' 라는 문장은 '비록 그는 가난하지만 이 세상에 사는 보람을 느꼈다.' 로 고치거나 '오히려 그는, 가난함이 이 세상에 사는 보람임을 느꼈다.' 라고 바꾸어야 사고의 흐름이 자연스럽게 된다.

그렇다면, 다음 〈예시3〉에서 접속어가 적절하게 사용되었는지 살펴보고, 잘못되었으면 고쳐보자.

〈예시 3〉

① 명수는 이 시대의 부조리를 알기는 했어도 이를 구조적으로 분석할 만한 사고의 틀을 준비하고 있지는 못했다. 다만 후배들이 논리성과 정확한 분석력을 기를

수 있도록 학회 단위 조직을 잘 정비하고 운용했다.

② 한 직장 여성이 중요한 일을 제치고 아이의 운동회에 가면서 이렇게 중얼거린다. '남편이 운동회에 오지 않는 것은 당연하지만, 나는 왜 꼭 운동회에 가야 되나.' 라고. 그런 생활을 반복하다 그 여성은 직장을 그만 두고 전업주부가 된다. 다시 말해서 여성이 자아실현을 위해 다른 일을 할 때 아이가 걸림돌이 된 경우이다.

넷째, 지시어의 사용에 주의한다. 지시어는 지시 대상과 너무 멀리 떨어지지 않아야 한다. 그리고 지시어를 쓸 때는 지시 대상이 적절하게 설정되어 있는지 꼭 살펴봐야 한다. 다음의 〈예시4〉에서 지시어가 적절하게 사용되었는지 살펴보고, 잘못되었으면 고쳐보자.

〈예시 4〉

① 우리는 삶을 살아가면서 몇 가지 목표를 세우게 된다. 그러나 때로 그 와중에 중대한 장애물을 만날 수 있다. 물론 그것을 극복하고 목표에 다다르는 것도 중요하지만, 때때로 그것이 정말 돼지처럼 미련한 행동이 되어버릴 수 있는 것이다.

② 환경의 변화에 적응하기 쉬웠던, 목이 긴 기린만이 생존할 수 있었다. 이것이 바로 적자생존이다. 돼지목이 짧은 것도 위와 같은 결과일 것이다.

③ 스타는 영웅이기 이전에 인간이다. 스타는 과거 신화의 주인공들이 가지고 있었던 신통력도 권력도 가지지 못한, 평범한 한 인간에 불과한 것이다. 하지만 대중은 자신들이 만들어낸 스타가 과거 신화의 주인공 이상의 능력을 갖고 있다고 믿는다. 그래서 이러한 인간의 한계점을 의식적으로 감추기 위하여 대중의 스타들은 스스로 인간이기를 포기하고 파격적인 삶을 추구하려 한다.

다섯째, 시제를 일치시킨다. 한 문장 속에서 시제는 하나로 통일되어 있어야 한다. 과거에 경험했던 사실을 기계적으로 진술하는 경우에는 과거 시제를, 미래에 실현할 자신의 의지를 진술하는 경우에는 미래 시제를 사용하는 것이 자연스럽다. 일반적으로 설명문이나 논술문에서는 현재 시제를 사용하는 것이 바람직하다.

그렇다면, 다음 〈예시5〉의 시제를 정돈해보자.

〈예시 5〉

① 정부의 소비자 보호법은 사실상 자유시장 경제의 원리와 밀접한 관련을 맺고 있을 것이다. 왜냐하면 구매자에게 최대의 정보, 기대된 재화와 용역의 제공, 경쟁을 통한 공정한 가격의 보장이라는 소비자 보호법의 세 가지 정책적 목표는 자유시장 경제의 기능을 효율적으로 할 목적에서 비롯한 것이었기 때문이다.

② 창경궁은 1910년 경 일본에 의해 한 나라의 궁으로서의 위엄을 잃어버리고 박물관과 식물원, 동물원이 자리 잡은 창경원이 되어버렸다. 그때 많은 전각들이 없어져버렸다. 전각들 자리에 세워진 식물원과 동물원이 이전되고 남은 빈 자리는 이제 키 작은 나무 몇 그루와 잔디로 채워져 있다. 맨 처음 창경궁에 갔을 때는 복원되고 공개된 지 오래지 않은 때였다. 조용해서 좋았지만, 어물쩍 창경원의 그 시끌벅적했던 분위기를 생각해내고는 방문객을 잃은 쓸쓸함을 느꼈다. 그러나 그런 쓸쓸함보다 과거의 상흔처럼 남아있는 잔디밭이 더 허전함을 느끼게 했다.

여섯째, 애매한 표현은 쓰지 않는다. 문장을 명료하게 쓴다는 것은, 무엇보다도 자신이 말하고자 하는 내용을 분명하게 드러냄을 의미한다. 그러기 위해서는 자신의 생각에 일치하는 낱말을 선택할 수 있는 능력을 길러야 한다. 낱말을 모호하지 않게 사용하는 것, 곧 낱말을 정확하게 사용한다는 것은 결국 자신이 사용하는 낱말의 뜻을 좀 더 좁히고 한정해서 사용하는 것을 의미한다.

다음에 제시하는 〈예시6〉은 전달하고자 하는 바가 애매하다. 이를 구체적이면서 정확하게 고쳐보자.

〈예시 6〉

① 존경한다는 것은 그럴 만한 인격과 품행을 갖추었음을 뜻한다.

② 위로 올린 머리와 귀엽고 조그맣게 달린 링 귀고리와 넓은 통바지 등이 주는 인상은 꽤 좋았다.

③ 그는 좋은 피아니스트이다.

④ 오늘 본 연극은 굉장했다.

(3) 적절한 어휘 선택의 필요성

단어는 그 나름의 고유한 뜻을 갖고 있어 '올바른' 단어, '적절한' 단어가 따로 있는 것은 아니다. 하지만 여러 단어들이 모여 한 문장을 이루었을 경우라면 그 문장과의 관계에서 단어의 선택이 '올바르다' 거나 '적절하다' 는 식의 판단을 할 수 있게 된다. 단어의 선택은 그때그때의 상황이나 글쓴이의 태도, 쓸거리의 특성에 따라 다양할 수 있지만, 정확하고 적절한 문장으로 쓰여야 한다는 점은 우선해서 갖추어야 할 사항이다.

이런 맥락에서 적절한 어휘 선택의 조건을 정리하면 다음과 같다.

첫째, 의미상으로 쓰임이 정확한 단어를 고른다는 것이다. 각 문장에는 그 문맥에 맞게 표현하려는 생각과 일치하는 적합한 단어가 사용되어야 한다. 그러나 잘 모르거나 미처 주의하지 않아서 단어를 잘못 선택하는 경우가 종종 있다.

예를 들어, '같다' 라는 말은 '다르다' 와 대가 되는 말로서, '서로 다르지 않고 한 모양으로 되어 있다', '서로 딴 것이 아닌 바로 그것이다', '전과 변함이 없다' 등의 뜻으로 쓰인다. '비가 올 것 같다', '사람들이 그 과자를 열심히 먹는 걸 보니, 그 과자가 맛있는 것 같다.' 처럼 '…로 짐작된다' 는 추측의 뜻으로도 쓰인다. 그런데 요즘 이 추측의 뜻으로 사용되는 '같다' 를 불필요한 자리에 사용하는 일이 많다. '어떻습니까?' 라는 물음에 '좋을 것 같아요.' 라고 대답하는 것은 분명히 잘못된 대답이다. 객관적 사실에 대한 추측이 아니라 자기 자신의 생각이나 판단을 묻고 있는데 '같아요' 로 대답하는 것은 완곡 어법이 아닌 잘못된 표현이 되기 때문이다.

접수(接受)는 '받는 것' 인데 '내는 것' 처럼 쓰고 있다. '전기 어떤 대학은 접수자가 거의 없다가 마감 시간에 겨우 00명을 접수하는 데 그쳤으며, 어떤 대학은 00명을 접수하는 등 한산한 분위기였다.' 라는 문장에서 '접수자가 없다' 라고 하면 창구 직원이 자리를 비운 것이 되고, '00명이 접수했다' 라고 하면 창구 직원의 인원수가 00명이라는 이야기가 된다. '바라겠습니다' 라는 것도 그릇된 표현이다. 흔히 '즐거운 휴일 되시기 바라겠습니다.' 라고 하는데, '바라다' 란 말은 희망 사항이지 자기의 의지가 아니기 때문에 '-겠' 이 쓰일 수 없고, '바라다' 란 말 속에 이미 미래가 내포되어 있기 때문에 '-겠' 을 써야 할 필요 또한 없는 것이다. '즐거운 휴일 보내시기 바랍니다.' 또는 '즐거운 휴일 되시기 바랍니다.' 라고 하면 된다.

그렇다면, 다음의 〈예시1〉에서 정확하지 않은 단어를 찾아 고쳐보자.

〈예시 1〉

① 우리가 대학이란 곳에 발을 디딘 것도 2년이 다 되어간다.

② 우리 과의 교수님들도 대학교 때에는 영문과나 유아교육과를 전공한 사람들이다.

③ 저희 나라는 계절의 변화가 뚜렷합니다.

④ 바이올린의 거장 정경화 씨에게 사사 받았다.

⑤ 형돈 역시 먼 훗날을 위해 포석을 쌓아 올리는 자세로 열심히 일한다.

⑥ 응원 방법이 틀려 어색하다.

⑦ 준하는 '이전에 한 번도 와본 적이 없어 이번이 처음이다' 라며 감회가 새로운 모습이었다.

⑧ 귀성하는 국민들 각자가 자가용 승용차를 삼가해야 한다.

⑨ 그 집, 아주 결단났어.

둘째, 의미상으로 그 문장에 '더 알맞은' 단어를 찾도록 노력한다. '00동창회는 기금의 이자 5백만 원을 다섯 명의 학생에게 장학금으로 나누어 주었다.' 라는 문장에서 같은 몫으로 갈라주는 것은 '나눠' 보다 '노나' 라고 하면 뜻이 더 분명해진다. '나눠 먹어라' 라고 하면 조금만 떼어줘도 되지만, '노나 먹어라' 라고 하면 분량이 똑같아야 한다.

그렇다면, 다음의 〈예시2〉에서 보다 적절하게 바꿀 만한 단어를 찾아 고쳐보자.

〈예시 2〉

① 식당은 쇠뼈를 12시간 동안 가마솥에 끓여 만든 국물로 해장국을 만든다.

② 굵은 무를 캐 동치미를 담갔다.

③ 생선올 졸이는 일이 처음이라 마음을 조렸다.

셋째, 상투어를 사용하지 않도록 노력하는 것도 필요하다. 단어를 바로 골라 쓰는 일은 단어의 용법을 정확히 안다고 다 해결되지는 않는다. 용법에는 틀리지 않더라도 진부한 상투어를 씀으로써 글을 망치는 수도 있고, 미사여구 때문에 글의 생동감을 죽이는 수도 있기 때문이다. 적절한 어휘 선택이 좋은 문장을 만들고, 결국에는 좋은 글을 만드는 것이 된다. 그러므로 좋은 단어를 찾기 위해 몇 시간이라도 투자할 자세가 필요하며, 자신의 어휘력을 높이도록 평소에 착실히 공부하는 자세가 필요하다. 이런 맥락에서 〈예시3〉을 보다 참신하게 고쳐보면 어떨까?

〈예시 3〉

① 그 자동차는 매우 빠르게 달린다.

② 푸른 잔디에 앉아 흰 구름이 떠가는 것을 보고 있노라면 세월이 물같이 흘러가는구나 하는 생각에 가슴이 미어지는 것 같았다.

③ 이렇게 아름답고 화려한 신부의 고운 얼굴을 본 적이 없다.

④ 작년 여름에 친지 방문차 외국에 첫발을 내딛게 되었다.

넷째, 비슷한 단어의 의미 차이를 파악하여 문맥에 가장 알맞은 단어를 선택하는 것이 필요하다. 비슷한 단어를 혼동하여 '부문'과 '부분', '조종'과 '조정'처럼 모양과 뜻이 비슷한 한자어의 개념을 정확히 모르고 사용하거나, '한참'과 '한창', '가르치다'와 '가리키다'처럼 순 우리말로 된 비슷한 단어의 차이를 제대로 구분하지 못하고 쓰는 경우가 많다. 하지만, 비슷한 단어의 차이를 파악하고 가장 알맞은 것을 선택해야 정확한 표현이 가능하고 글의 정교함을 더할 수 있다. 문맥에 맞지 않거나 부정확한 단어를 사용하면 글에 대한 전반적인 신뢰도 떨어지게 마련이다.

자주 사용하면서도 혼동하기 쉬운 단어의 한 예로, '일절'과 '일체'가 있다. '일절(一切)'은 '아주', '전혀', '절대로'의 뜻이지만, '일체(一切)'는 '모든 것' 또는 '모두 다'를 뜻한다. 한자는 같으면서도 '일절'과 '일체'로 차이가 나는 것은 '切'이 '끊을 절'과 '모두 체'의 두 가지 뜻으로 달리 읽히기 때문이다. 그렇다면, 〈예시4〉의 괄호 안에 정확한 단어를 골라 넣어보기 바란다.

〈예시 4〉

① 재석은 ( ) 연락을 끊었다.

② ( ) 간섭하지 마라.

③ 출입을 ( ) 금한다.

④ ( ) 의 책임을 지다.

⑤ 재산 ( ) 를 기부하다.

⑥ 지나간 일은 ( ) 털어버리자.

⑦ 안주 ( ) 구비

⑧ 외상 ( ) 사절

다섯째, 한자의 남용은 거부감을 줄 뿐 아니라 문장의 흐름을 방해하므로 꼭 필요한 경우에만 사용해야 한다. 풍부한 어휘력을 구사하기 위해서는 한자 공부가 필요하고, 실제 우리말의 약 70%가 한자어라고 한다. 하지만 학술적인 글쓰기에서조차도 지나치게 어려운 한자어를 사용하면 이해하기가 어려운 게 사실이므로, 가능하면 쉬운 말로 바꿔 쓰는 연습이 필요하다. 한자 사용이 불가피한 경우라면 뜻을 알기 어렵거나 혼동할 우려를 막기 위해 한자를 병기하는 방법을 취하도록 한다.

사용 빈도가 낮아 다소 어렵다고 생각되는 한자어는 누구나 이해할 수 있는 쉬운 말로 풀어 쓰고, 순 우리말로 대체할 수 있는 것은 바꿔 쓰면 더욱 좋을 것이다. 특히 한자를 이용해 만든 억지스러운 조어나 사자성어를 변형한 말은 신문 제목 등에서 유용하게 쓰이기도 하지만, 우리말의 언어 체계를 파괴할 우려가 크므로 자제해야 한다.

여섯째, 외래어 표기의 일반 원칙을 알고, 제대로 표기하는 습관이 필요하다. 각국의 언어를 우리말로 옮겨 적는 것은 쉬운 일이 아니다. 우리말을 맞춤법에 맞게 적어야 하듯이 외래어도 표기법에 맞게 써야 한다. 외래어 표기에 대한 최소한의 이해도 없이 나름대로 현지 발음에 가깝게 적다 보면 우스꽝스러운 표기가 되기도 한다.

외래어 표기법은 외국어 또는 외래어를 우리 글자로 어떻게 적을 것인지를 규정해

놓은 것이다. 우리말의 발음 구조에 맞는 한국적 표기 방식을 정해 놓은 것이기 때문에 현지 발음과 차이가 나는 부분도 있다. 기억해두면 편리할 외래어 표기의 기본 원칙 몇 가지를 소개하면 다음과 같다.

(1) 된소리(ㄲ, ㄸ, ㅃ, ㅆ, ㅉ)를 쓰지 않는 것을 원칙으로 한다(예: 까페→카페, 빠리→파리, 르뽀→르포, 씨스템→시스템)
(2) 받침에는 'ㄱ, ㄴ, ㄹ, ㅁ, ㅂ, ㅅ, ㅇ'만 쓴다(예: 커피숖→커피숍, 디스켙→디스켓, 라켙→라켓, 케잌→케이크, 스크랲→스크랩, 굳모닝→굿모닝).
(3) 한자권의 인명 표기는 과거인과 현대인을 구분(1911년 신해혁명 기준)해 과거인은 우리식 한자음대로 표기하고(예: 공자(孔子), 노자(老子), 제갈량(諸葛亮)), 현대인은 원음을 따라 표기하되, 처음에 한해 한자를 괄호 속에 병기한다(예: 덩샤오핑(鄧小平), 저우언라이(周恩來), 주룽지(朱鎔基)).
(4) 일본인의 인명은 과거와 현대 구분 없이 원음을 따라 표기하는 것을 원칙으로 하되, 처음에 한해 한자를 괄호 속에 병기한다(예: 고이즈미 준이치로(小泉純一郎), 가토 기요마사(加藤淸正), 후쿠다 야스오(福田康夫)).
(5) 기타 외국인의 인명은 원음만 적고 로마자를 병기하지 않는 것을 원칙으로 한다(예: 미하일 고르바초프, 토니 블레어, 사담 후세인, 조지 부시).
(6) 한자권 외국의 지명은 원음을 따르되, 처음에 한해 괄호 속에 한자를 병기한다(예: 베이징(北京), 상하이(上海), 도쿄(東京), 북경(京都), 타이페이(臺北)).
(7) 기타 외국의 지명은 원음을 따라 적고, 로마자는 병기하지 않는 것을 원칙으로 한다(예: 워싱턴, 로마, 런던, 밴쿠버, 취리히, 카이로, 바그다드).
(8) 원어에서 띄어 쓴 말은 띄어 쓴 대로 한글 표기를 하되 붙여 쓸 수도 있지만(예: mass media 매스 미디어/매스미디어, top class 톱 클래스/톱클래스, Los Angeles 로스 앤젤레스/로스앤젤레스), 일반적으로 한 단어로 취급해 붙여 쓰는 쪽을 따르고 있다.

2. 정서법의 기본 다지기

우리의 생활은 언어를 매개로 하여 이루어진다. 우리의 사고 행위도, 남과의 의사소통도 모두 언어를 통해 이루어지고 있다. 언어가 없이는 단 한 순간도 사회생활이 제대로 이루어질 수 없기에 바람직한 언어생활은 온전한 사회생활의 필수 요건이 된다. 바람직한 언어생활은 언어를 유창하게 사용하는 것보다 규범에 맞게 정확하게 사용하는 것이 우선되며, 이는 사회 구성원으로서 누구에게나 필수적으로 요구되는 가장 기본적인 능력이다.

언어를 규범에 맞게 사용하기 위해서는 '국어 정서법'을 아는 것이 필요하다. 국어 정서법은 사회생활에서 반드시 지켜야 할 국어 문자 규칙을 국가에서 법령으로 정해 놓은 것으로, 한글 맞춤법, 표준어 규정, 외래어 표기법, 로마자 표기법 등이 포함된다. 이것은 1933년 한글학회에서 제정한 '한글 맞춤법 통일안'을 바탕으로 여러 번 수정을 거듭하여 마침내 1989년 국가 차원의 공식적인 한글 맞춤법으로 제정되었다.

(1) 맞춤법

한글 맞춤법의 기본 원칙은 "표준어를 소리대로 적되, 어법에 맞도록 함을 원칙으로 한다."라고 되어 있어, 음소주의와 형태주의 원칙을 아우르고 있다. 음소주의 원칙은 '엇개'로 적지 않고 '어깨'로, '사랑이'로 적지 않고 '사랑니'로 적는 것과 같이 소리나는 대로 적도록 규정하는 것이다. 다음을 참고하면 된다.

(1) "계, 례, 몌, 폐, 혜'의 'ㅖ'는 'ㅔ'로 소리 나는 경우가 있더라도 'ㅖ'로 적는다(예: 핑계, 사례(謝禮), 계집, 계시다). 단, 게시판(揭示板)과 휴게실(休憩室)은 예외로 한다.

(2) 'ㄴ, ㄹ, ㅁ, ㅇ' 받침 뒤에서 나는 된소리는 소리대로 적으나(예: 산뜻하다, 잔뜩, 살짝, 훨씬, 움찔), 'ㄱ, ㅂ' 받침 뒤에서 나는 된소리는 된소리로 적지 아

니한다(예: 깍두기, 싹둑, 법석, 갑자기, 몹시).

(3) 첫머리에 'ㄹ' 로 시작되는 한자음은 두음법칙에 따르는데, 접두사처럼 쓰이는 한자가 붙어서 된 말이나 합성어에서 뒷말의 첫소리가 'ㄴ' 또는 'ㄹ' 로 나더라도 두음법칙에 따라 적는다(예: 신여성, 공염불, 남존여비, 역이용(逆利用), 연이율, 열역학, 해외여행). 또한, 모음이나 'ㄴ' 받침 뒤에 이어지는 '렬, 률' 은 '열, 율' 로 적는다(예: 나열, 규율, 비율, 분열, 선율). 다만, 의존명사 '냥(兩)', '년(年)', '리(里)' 는 본음대로 적는다.

형태주의 원칙은 '읽다' 를 '익다' 로, '읽는' 을 '잉는' 으로 소리나는 대로 적는다면 어간의 형태가 달라져 의미 파악이 어렵게 되기 때문에, 의미 파악을 편하게 하기 위해 어간의 원형을 밝혀 적도록 규정한 것이다. 다음을 참고하면 된다.

(1) 종결형 어미에서 사용되는 어미 '오' 는 '요' 로 소리나는 경우가 있더라도 그 원형을 밝혀 '오' 로 적고, 연결형 어미에만 '요' 로 적는다(예: 이것은 책이요, 저것은 붓이오.). 그러나 상대높임법에서 '해요체' 에는 '요' 를 쓴다. 이것은 '하오체' 와 구별할 필요가 있기 때문이다(예: 하세요, 주세요, 가세요).

(2) 종래에는 '가깝다, 괴롭다' 와 같이 양성모음으로 끝난 경우에는 모음조화에 따라 '가까와, 괴로와' 로 적도록 했으나, 개정된 맞춤법에서는 실제 발음을 중시하여 '가까워, 괴로워, 아름다워' 로 적도록 했다. 다만 '곱다, 돕다' 와 같은 단음절 어간에서는 모음조화를 인정하여 '고와, 도와' 로 적도록 했다.

(3) 접미사가 붙어서 된 말은 의미 파악을 위해 원형을 밝혀 적는다(예: 샅샅이, 곳곳이, 집집이, 일찍이, 더욱이, 생긋이, 꿀꿀이, 오뚝이). 그러나 어간의 뜻에서 멀어졌거나 특수한 접미사는 원형을 밝혀 적지 아니한다(예: 노름(도박), 거름(비료), 목거리(목이 붓고 아픈 병), 귀머거리, 이파리, 지붕, 지푸라기).

(4) 두 개의 명사가 결합하여 합성명사를 이룰 경우에 뒤의 명사의 첫소리가 된소리로 나거나(예: 귓밥, 나룻배, 냇가, 뱃길, 부싯돌, 조갯살), 'ㄴ' 소리가 덧날 때는 발음을 정확하게 하기 위하여 'ㅅ' 을 넣어 적는다(예: 텃마당, 아랫마을, 뒷머리, 잇몸, 냇물, 뒷일, 베갯잇, 댓잎, 나뭇잎). 그러나 한자어에서는 사

잇소리를 붙이지 않는다(예: 외과, 내과, 초점, 요점). 단, 곳간(庫間), 셋방(貰房), 숫자(數字), 찻간(車間), 툇간(退間), 횟수(回數) 등은 예외로 한다.

(5) 두 말이 합성될 때 'ㅂ' 소리나 'ㅎ' 소리가 덧나는 것은 소리대로 적는다. 이것은 어원적으로 볼 때 옛 국어에서 'ㅂ' 계열의 어두 자음군을 형성했던 낱말(예: 멥쌀, 댑싸리, 볍씨, 입때, 접때, 좁쌀)과 'ㅎ' 곡용어들이다(예: 머리카락, 살코기, 수캐, 수탉, 암캐, 암컷).

(6) 어미 '-지'와 '-하지' 뒤에 '않-'이 연결되어 축약될 때 형태적으로는 '-쟎'과 '-챦'이 되어야 하나, 소리나는 대로 '-잖'과 '-찮'으로 적는다(예: 그렇지 않은/그렇잖은, 적지 않은/적잖은, 만만하지 않다/만만찮다, 변변하지 않다/변변찮다).

(7) 어간이 '하-'로 끝나는 낱말에서 축약이 일어날 때 거센소리로 나면 소리대로 적고(예: 간편하게/간편케, 연구하도록/연구토록, 정결하다/정결타, 흔하다/흔타), 완전히 탈락되면 탈락된 대로 적는다(예: 거북하지/거북지, 섭섭하지/섭섭지, 깨끗하지/깨끗지, 생각하건대/생각건대).

한글 맞춤법은 이 두 가지 원칙을 경우에 따라 적절히 조정하여 적용하고 있어 관심과 애정을 가지고 조금만 힘들이면 충분히 기억할 수 있다. 일상생활에서 혼동하기 쉬운 맞춤법의 몇 가지 예를 정리하면 다음과 같다.

첫째, '-런지', '-른지'는 '-는지'를 잘못 표기한 것이다. 국어에 '-런지'나 '-른지'라는 어미가 없기 때문이다. '라면이 있을런지 모르겠다'나 '잘 할른지 걱정이다'와 같은 표기는 모두 '-는지'로 바꿔 써야 정확하다.

둘째, '-으므로'와 '-음으로'를 구분해서 써야 한다. '-으므로'는 '그는 매일 열심히 일했으므로 부자가 되었다'와 같이 '-하기 때문에'의 뜻으로 쓰인다. 반면 '-음으로'는 '그는 구두를 닦음으로 직업을 삼고 있다'와 같이 '-하는 것으로'의 의미로 사용된다. '그러므로'와 '그럼으로'도 마찬가지의 차이를 지니는 표현이다. '저 학생은 몹시 부지런하다. 그러므로 늘 우등을 한다.'의 경우에는 '그러니까, 그러기 때문에'의 뜻으로 쓰이지만, '그는 열심히 공부한다. 그럼으로 자기의 본분을 삼고 있다.'의 경우에는 '그렇게 하는 것으로'의 뜻으로 쓰여, 의미의 맥락 또한 달라지게 된다.

셋째, '-하므로써' 라는 표기는 성립하지 않는다. '-므로' 라는 표현 다음에 '-써' 가 오는 경우는 없기 때문이다. '-써' 는 '-으로/로' 다음에만 결합하여 '(으)로써' 의 형태로 쓰이며, 조사이기 때문에 그 앞에 명사나 명사형이 와야만 하는 규칙을 갖고 있다. 따라서 '함으로써, 읽음으로써, 사랑함으로써' 라고 써야 맞게 된다.

넷째, 자격을 나타내는 '-으로서' 와 수단이나 도구를 나타내는 '-으로써' 를 제대로 구별하여 쓰는 것이 필요하다. 이 경우 '-서' 나 '-써' 는 생략될 수도 있으므로, 두 조사를 구별할 자신이 없다면 '으로' 를 쓰는 방법을 택하는 것도 가능하다.

다섯째, '아니-' 의 준말인 '안-' 과 '아니하-' 의 준말인 '않-' 을 정확하게 쓰자. 부정을 나타내는 부사 '안-' 을 '않-' 으로 잘못 표기하는 경우가 많다. '가지 않겠다' 나 '무섭지 않다' 의 '않-' 은 '아니하겠다' 나 '아니하다' 의 준말이기 때문에 '하-' 의 'ㅎ' 을 취하는 것이며, 실제 발음에서도 'ㅎ' 이 있음이 드러나기에 '않 가겠다' 와 같은 실수는 하지 말아야 한다.

여섯째, '되-' 와 '되어' 의 준말인 '돼-' 도 정확하게 구별해서 써야 한다. '돼야' 는 정확한 표기이지만, '되야' 는 그렇지 않다. 따라서 '수해지역 재건축 20년 안 되도 허용' 과 같은 표현에서 '안 되도' 는 '안 돼도' 로 쓰거나 '안 되어도' 로 써야 한다.

일곱째, '-던' 과 '-든', '-던지' 와 '-든지' 를 정확하게 구별한다. '먹던 밥' 이나 '어찌나 반갑던지 춤이 절로 나왔다' 에서 '-던' 과 '-던지' 는 과거형 어미로 쓰인다. 반면, '먹든 말든 네 맘대로 해라' 나 '가든지 말든지 알아서 해' 와 같이 '-든' 과 '-든지' 는 선택형 어미로 쓰인다.

그렇다면 우리들의 맞춤법 실력은 어느 정도일까? 〈예시1〉의 문제를 살피면서 자신의 공부를 다시 한 번 다져보기 바란다.

〈예시 1〉

1. 다음 문장에서 틀린 곳을 모두 찾아 바르게 고치시오. (예: ○○ → △△) (각2점)

① 아무 문제가 없슴을 증명하겠습니다.

② 윗층에 세째 딸이 살고 있지요.

③ 그 편지를 읽으므로써 모든 오해가 풀렸다.

④ 우리 문화를 업수이 여기면 않된다.

⑤ 걱정 마, 내가 할께.

⑥ 자리에 앉아 주십시요.

⑦ 다음 회계년도에 가서 생각해 봅시다.

⑧ 21세기에는 과연 하늘을 날으는 자동차가 만들어질까?

⑨ 이번 프로젝트는 지난번과는 전혀 틀린 일입니다.

⑩ 우리 큰아이는 공부를 너무 잘한다.

⑪ 조용필은 한국에서 가장 인기 있는 가수 가운데 한 명이다.

2. 다음 사항이 맞으면 ○, 틀리면 × 표시를 하시오.(각2점)

① 이따가 보자 □ / 하루 종일 집에 있다가 어딜 가는 거니? □

② 어제 보니까 연아가 참 예쁘데 □ / 사람들이 그러는데 예슬이가 더 예쁘대 □

③ 안건을 회의에 부치다 □ / 꽃꽂이에 취미를 붙이다 □

④ 우산을 받치다 □ / 나라를 위해 목숨을 바치다 □

⑤ 무심코 고개를 돌리다 그와 눈길이 부딪쳤다 □ / 그들의 결혼은 부모의 반대에 부딪혀 성사되지 못했다 □

⑥ 싸움을 벌이다 □ / 밤송이를 벌리고 알밤을 꺼내다 □

⑦ 고무줄을 당겨 늘이다 □ / 인원을 늘리다 □

⑧ 왜 이렇게 속을 썩이니? □ / 재주를 썩히다 □

⑨ 프로야구 우승팀을 맞히다 □ / 계산을 맞추어 보다 □

⑩ 왠지 가슴이 두근거린다 □ / 웬 험상궂게 생긴 사람이 날 따라오더라 □

⑪ 날씨가 개이다 □ / 설레이는 마음 □

(2) 띄어쓰기

한글은 띄어쓰기를 하지 않으면 읽기에 대단히 불편하다. 그러므로 읽는 사람이 글의 뜻을 쉽고 편하게 파악할 수 있도록 하기 위해서는 띄어쓰기가 반드시 필요하다. 띄어쓰기의 기본 원칙은 '낱말은 각각 띄어 쓰되 조사는 윗말과 붙여 쓴다'는 것이다.

틀리기 쉬운 띄어쓰기에 대해 간략히 살펴보면 다음과 같다.

(1) 의존명사(예: 가지, 것, 나름, 따름, 데, 등, 듯, 리, 만큼, 무렵, 바, 번, 분, 뿐, 수, 적, 양, 이, 줄, 즈음, 지, 채, 척, 채……)는 앞말의 도움 없이 홀로 쓰일 수 없지만, 하나의 단어로서의 기능을 가지므로 띄어 쓴다(예: 아는 것이 힘이다, 나도 할 수 있다, 먹을 만큼 먹어라). 그러나 윗말과 굳어져서 하나의 단어처럼 쓰이는 것은 붙여 쓴다(예: 이것, 저것, 그것, 들것, 별것, 탈것, 이번, 저번, 한번, 이놈, 저놈, 그놈, 이분, 저분, 그분, 그이, 저이, 늙은이, 젊은이, 어린이, 이쪽, 저쪽, 동쪽, 서쪽, 이편, 저편).

(2) 단위를 나타내는 명사는 띄어 쓴다(예: 한 개, 차 한 대, 소 한 마리, 옷 한 벌, 집 한 채). 다만, 아라비아 숫자 뒤에서는 붙여 쓸 수 있다(예: 1개, 1개월, 1시간, 1일간, 1주간, 90도). 수는 '만(萬)' 단위로 띄어 쓴다(예: 십이억 삼천사백오십육만 칠천팔백구십팔/ 12억 3456만 7898).

(3) 단음절로 된 단어가 연이어 나타날 때는 붙여 쓸 수 있다(예: 그 때 그 곳/그때 그곳, 좀 더 큰 것/좀더 큰 것, 한 잎 두 잎/한잎 두잎). 띄어쓰기의 목적은 그 뜻을 쉽게 파악하기 위한 것인데, 한 음절로 된 단어가 둘 이상 이어질 때는 오히려 쓰기와 읽기에 불편하므로 의미 덩어리를 적절히 고려하여 붙여 쓰는 것이 허용된다(예: 좀 더 큰 이 새 집/좀더 큰 이 새집).

(4) 보조용언은 띄어 씀을 원칙으로 하지만, 경우에 따라 붙여 씀도 허용된다(예: 불이 꺼져 간다/불이 꺼져간다. 그 일은 할 만하다/그 일은 할만하다). 다만 조사가 들어가거나 앞말이 합성동사인 경우는 띄어 쓴다(예: 책을 읽어도 보고, 비가 올 듯도 하다. 네가 덤벼들어 보아라).

(5) 성과 이름, 성과 호 등은 붙여 쓰고(예: 이광수, 김소월), 이에 덧붙는 호칭어, 관직명은 띄어 쓴다(예: 채영신 씨, 최치원 선생, 정주영 회장, 충무공 이순신 장군). 성명 이외의 고유명사와 전문용어는 단어별로 띄어 씀을 원칙으로 하되 붙여 쓸 수 있다(예: 대한 중학교/대한중학교, 영동 고속 도로/영동고속도로, 중거리 핵탄두 미사일/중거리핵탄두미사일, 만성 골수성 백혈병/만성골수성백혈병).

일상생활에서 혼동하기 쉬운 띄어쓰기의 몇 가지 예를 정리하면 다음과 같다.

첫째, 첩어는 띄어 쓰지 않는다(예: 가끔가끔, 굽이굽이, 알쏭달쏭, 서럽디서럽다, 크디크다, 가깝디가깝다).

둘째, 두 말을 이어 주거나 열거할 때 쓰이는 말들은 띄어 쓴다(예: 국장 겸 과장, 열 내지 스물, 청군 대 백군).

셋째, 불완전명사는 띄어 쓴다. 명사적 기능을 나타내는 불완전명사(예: 김, 가량, 나위, 따위, 때문, 리……)는 '화난 김에, 여섯 가량, 더할 나위, 저런 따위, 알기 때문, 그럴 리가' 등과 같이 띄어 쓴다. 부사적 기능을 하는 불완전명사(예: 대로, 둥, 만큼, 족족, 채, 체……)는 '아는 대로, 본 둥 만 둥, 쓸 만큼, 보는 족족, 옷 입은 채, 모르는 체를' 등과 같이 띄어 쓴다.

넷째, '-들'은 복수를 표현할 때는 접미사여서 붙여 쓰지만(예: 사람들, 학생들), '그런 따위'의 의미로 쓰이는 경우에는 불완전명사로 띄어 쓴다(예: 쌀, 보리, 콩, 조, 기장 들을 오곡이라 한다).

다섯째, '대로', '만큼', '뿐'은 체언 위에 결합할 때는 조사이므로 붙여 쓰지만(예: 법대로, 약속대로, 너만큼, 하나뿐이다), 용언의 관형사형인 '-은/는/을/를' 뒤에서는 불완전명사로 보고 띄어 쓴다(예: 본 대로 말한다, 약속한 대로 이행한다, 먹을 만큼 먹었다, 만났을 뿐이다, 웃을 뿐이다).

여섯째, '-지'가 의문형 어미인 경우는 붙여 쓰지만(예: 그가 가는지 안 가는지 모르겠다, 집이 큰지 작은지 모른다), 용언의 관형사형인 '-은/는' 뒤에서 시간의 경과를 나타낼 때는 불완전명사로 보고 띄어 쓴다(예: 그가 떠난 지 열흘이 지났다, 그를 만난 지 한 달이 되었다)

일곱째, '-차'가 명사 뒤에 결합하여 '-하려고'의 의미를 나타낼 때는 접미사로 붙여 쓰지만(예: 어학 연수차 도미했다), 용언의 관형사형인 '-던'이나 '-았/었던' 뒤에서 '어떤 기회를 겸해서'라는 뜻으로 쓰이면 불완전명사이므로 띄어 쓴다(예: 고향에 있던 차에 맞선을 보았다).

여덟째, '-데'가 시간이나 장소를 나타낼 때는 불완전명사이므로 띄어 쓰지만(예: 아픈 데 먹는 약, 갈 데가 없다), 연결형 어미로 쓰일 때는 붙여 쓴다(예: 그녀는 예쁜데, 공부를 못 한다).

그렇다면 우리들의 띄어쓰기 실력은 어느 정도일까? 〈예시1〉의 문제를 살피면서 자신의 공부를 다시 한 번 다져보기 바란다.

〈예시 1〉

1. 다음을 올바르게 띄어쓰기 하시오. (예: 다음∨문장을∨) (각4점)

① 그녀는손에흙안묻히고사는게소원이었다.

② 사과와배등의과일이한상자내지두상자쯤필요하다.

③ 네가얼만큼노력하느냐에따라결과가달라질것이다. 일생이좌우될만큼중요한 순간이다.

2. 다음 사항이 맞으면 ○, 틀리면 × 표시를 하시오. (각2점)

① 책상, 걸상 등이 있다 □ / 이사장 및 이사들 □

② 회의 중에는 사담을 하지 말 것 □ / 한밤중 □

③ 시험에 실패했다니 참 안되었다 □ / 시간이 아직 안 되었다 □

④ 못된 친구 □ / 떠난 지 채 1년이 못 되었다 □

⑤ 아파서 일을 못 하다 □ / 형이 동생만 못하다 □

⑥ 얼마 만인가? □ / 오랜만에 □

⑦ 공부만 하다 □ / 그 사람도 키가 꼭 너만 하더라 □

⑧ 저 도서관만큼 크게 지으시오 □ / 애쓴 만큼 얻게 되어 있다 □

⑨ 숙제를 해 온 학생은 철수뿐이었다 □ / 허공만 응시할 뿐 아무 말이 없었다 □

⑩ 약속대로 되었다 □ / 바른 대로 대라 □

⑪ 비가 오는데 어딜 가니? □ / 그를 설득하는 데 며칠이 걸렸다 □

⑫ 선생님은 일찍이 학문에 뜻을 두셨던바 □ / 앞서 지적한 바와 같이 □

⑬ 역사상 가장 위대한 인물 □ / 이러한 인식 하에 □

⑭ 조만간 □ / 사흘 간 □

(3) 표준어

국어 정서법은 한글 맞춤법과 함께 표준어를 규정해 놓고 있다. 한글 맞춤법이 우리말의 소리와 형태에 관한 기본적인 운용 원칙을 밝혀놓은 것이라면, 표준어는 우리가 쓰고 있는 말을 규범적인 것과 비규범적인 것으로 구분하여 제시하고 있는 것이다.

표준어의 사정 원칙은 '교양 있는 사람들이 두루 쓰는 현대 서울말'로 되어 있다. 여기에는 세 가지 원칙이 적용되는데, 첫째는 교양 있는 사람들이 쓰는 말로 한다는 것이다. 이는 속어나 비어는 표준어로 하지 않는다는 것을 말한다. 둘째는 사람들이 두루 쓰는 말로 한다는 것이다. 이는 빈도상으로 보다 많은 사람들이 사용하는 말을 표준어로 채택한다는 것이다. 셋째는 현대 서울말로 한다는 것이다. 이는 이미 사용되지 않는 고어와 각 지방의 사투리는 표준어로 정하지 않는다는 것을 말한다.

이러한 표준어는 각 지역 간의 말의 차이를 극복하여 서로 간에 원활한 의사소통을 가능하도록 하기 위해서 필요하다. 그러므로 대중을 상대로 한 공식석상에서는 반드시 표준어와 표준발음을 사용하는 것이 언어생활의 기본 예의를 지키는 것이 된다.

틀리기 쉬운 표준어에 대해 간략히 살펴보면 다음과 같다.

(1) 파생어, 합성어 등은 형태를 중시하여 어원을 밝혀 적는 것을 원칙으로 하지만, 어원에서 멀어진 형태로 굳어져서 널리 쓰이는 것은 그것을 표준어로 삼는다(예: 강낭콩, 사글세).

(2) '-ㅣ' 모음 역행동화에 의한 발음은 원칙적으로 표준어로 인정하지 않는다(예: 아지랑이(아지랭이×), 호랑이(호랭이×), 노랑이(노랭이×)). 다만, '서울내기, 시골내기, 신출내기, 풋내기, 냄비' 등은 예외로 한다.

(3) 기술자에게는 '-장이'(예: 미장이, 유기장이)를 붙이고, 그 외에는 '-쟁이'가 붙는 형태를 표준이로 삼는다(예: 멋쟁이, 소금쟁이, 담쟁이덩굴, 골목쟁이).

(4) 모음이 단순화한 형태를 표준어로 삼지만(예: 괴팍하다(괴퍅하다×), 미루나무(미류나무×), 으레(으례×), 케케묵다(켸켸묵다×), 허우적거리다(허위적거리다×)), 모음의 발음이 변화된 말은 발음이 바뀌어 굳어진 형태를 표준어로 삼는다(예; 깍쟁이(깍정이×), 나무라다(나무래다×), 바라다(바래다×),

미숫가루(미싯가루×), 상추(상치×), 주책(주착×), 지루하다(지리하다×), 허드렛물(허드랫물×)).

(5) '웃-', '윗-'은 기본적으로 '윗-'으로 통일한다(예: 윗눈썹, 윗니, 윗도리, 윗몸). 다만, 된소리나 거센소리 앞에서는 '위-'로 하며(예: 위짝, 위쪽, 위층, 위치마, 위턱, 위팔), '아래, 위'의 대립이 없는 단어는 '웃-'으로 발음되는 형태를 표준어로 삼는다(예: 웃돈, 웃어른, 웃옷).

(6) 한자 '구(句)'가 붙어서 이루어진 단어는 '구'로 통일한다(예: 구절(句節), 대구(對句), 문구(文句), 시구(詩句), 인용구(引用句)). 다만, '글귀, 귀글'은 예외로 한다.

(7) 준말이 널리 쓰이고 본말이 잘 쓰이지 않는 경우에는 준말을 표준어로 삼는다(예: 귀찮다(귀치않다×), 김(기음×), 똬리(또아리×), 무(무우×), 뱀(배암×), 샘(새암×), 생쥐(새앙쥐×), 온갖(온가지×), 솔개(소리개×), 장사치(장사아치×)). 준말과 본말이 다 같이 널리 쓰이면서 준말의 효용이 뚜렷이 인정되는 것은 두 가지를 다 표준어로 삼는다(예: 노을/놀, 막대기/막대, 망태기/망태, 머무르다/머물다, 서투르다/서툴다, 시누이/시뉘/시누, 오누이/오뉘/오누, 외우다/외다).

(8) 몇 가지 형태의 비슷한 발음이 쓰일 경우, 그 의미에 아무런 차이가 없어 그 중 하나가 더 널리 쓰이면 그것을 표준어로 삼는다(예: 귀지(귀에지×), 꼭두각시(꼭둑각시×), 까딱하면(까땍하면×), 멸치(며루치/메리치×), 너(네×):너푼, -(으)려고(-(으)ㄹ려고×):가려고(갈려고×), -습니다(-읍니다×):있습니다, 천장(天障)(천정×)).

(9) 두 가지 형태가 비슷하게 사용되는 경우에는 두 가지를 모두 표준어로 삼으며(예: 네/예, 괴다/고이다, 꾀다/꼬이다, 죄다/조이다, 쇠-/소-:쇠고기/소고기, 쇠가죽/소가죽, 쇠기름/소기름, 쇠머리/소머리, 쇠뼈/소뼈), 어감의 차이를 나타내는 단어들이 다 같이 널리 쓰이는 경우에도 그 모두를 표준어로 삼는다(예: 거슴츠레하다/게슴츠레하다, 꺼림하다/께름하다, 고린내/코린내, 고까/꼬까 : 고까신/꼬까신, 고까옷/꼬까옷).

[제3장 문단 차원에서 접근하기]

1. 문단 훈련이 중요한 이유

모든 문단은 하나의 주요 생각과 그 주요 생각을 뒷받침하거나 보다 구체적으로 설명해 주는 요소들을 중심으로 전개된다. 그래서 '문단은 하나의 사고단위'라고 하기도 한다. 따라서 문단 그 자체는 홀로 존재하든 글 전체의 부분으로 다른 문단들과 연결되어 존재하든 독립된 완결성을 지녀야 한다. 다음의 〈예시1〉을 읽고 문단의 개념에 대해 다시 한 번 정리하는 기회를 먼저 갖기 바란다.

〈예시 1〉

단락이란 말이 언제부터 많이 쓰였는지 모른다. 어떤 사건의 결착을 뜻하는 "일단락을 짓는다"는 표현이 한결 우리 귀에 익숙하다. 글을 쓸 때 사고의 흐름을 일단 끝내고 다른 생각을 시작할 때 사고의 잠정적인 결착 내지는 휴지가 단락으로 표시되게 마련이다. 이것은 사고나 감정의 리듬이 반영된 현상이다. 그런데 근자 우리 글에서는 이 단락의 개념이 소멸되어가고 있다. 두어 줄 끌고 가다가는 행을 바꾸는 것이 일반적인 관행이 되어가고 있다. 이것은 단행본보다 잡지에서 현저해지는데 신문에서 시각적 편의로 출발된 관행이 보편화된 현상이라고 여겨진다. 그러나 파기되어야 할 경박하고 얄팍한 관행이다.

문체란 단순히 어떤 생각에 장식적 수사를 가함으로써 이루어지는 것은 아니다. 그것은 사고와 관념의 진행을 드러내면서 한편 사고의 진행에 어떤 방향을 지어주게 마련이다. 단락도 마찬가지다. 그것은 사고의 호흡과 리듬을 반영하면서 일변 그것을 조성한다. 두어 줄마다 행을 바꾸는 글은 지속적인 사고에 역행하는 글이다.

치밀하고 꾸준한 사고의 진행보다도 이리 갔다 저리 갔다 하는 산만한 사고나 느낌을 반영하고 또 그것을 조장한다. 사건을 보도하는 신문기사는 별도이지만 일단 어떤 느낌이나 생각을 개진하는 글에서는 권장할 수 없는 품성이다. 일정한 사고의 단위가 없기 때문에 짤막한 수상은 몰라도 여타의 글에서는 피해야 옳다. 글쓰기 훈련에서도 가장 먼저 강조되어야 할 국면이기도 하다. 대체로 단락의 개념이 서 있느냐 않느냐에 따라서 글쓴이의 진실성이나 성실성을 가늠할 수 있다고 말할 수도 있다.

글을 써서 팔아오는 사이 가장 불쾌한 경험으로 남아 있는 것은 함부로 줄을 바꾸어 '단락'이 파괴당했을 때의 곤혹스러움이다. 조그맣다면 조그만 일이지만 신경이 거슬리고 불쾌한 것은 어쩔 수 없다. 형용사 하나 관형사 하나 잘못 붙임에 따라서 격이 떨어지는 것이 글세계의 오묘한 이치다. 단락도 마찬가지다. 지면의 편의를 위해서 글쓴이의 의도나 신경 따위는 무시해도 좋다는 지극히 비민주적인 발상법이 밑에 깔려 있다는 것을 생각하면 결코 조그마한 문제가 아니다. 그것은 소규모인 대로의 자의적인 권력남용이고 이렇게 조그마한 권력남용의 축적은 한 사회를 경직되고 전횡적인 사회로 만든다고 조차 말할 수 있다. 그래서 평소 반농반진으로 긴 단락이 또렷한 책은 믿어도 좋다고 말하고 있다. 지속적인 사고에 역점을 둔 저자나 그러한 저자의 뜻을 거스르지 않은 출판사라면 믿어도 좋다는 뜻에서이다.

(유종호, "이런 책을")

글이 몇 개의 작은 이야기로 이루어졌을 때 그 작은 이야기 하나하나를 대표하는 것이 곧 문단이다. 문단은 이처럼 글을 구성하는 중요한 요소이므로 글을 쓰면서 문단을 염두에 두지 않는 일이란 있을 수 없다. 글을 몇 개의 문단으로 만들 것인가, 한 문단의 크기는 대개 어느 정도로 할 것인가, 이 문단에는 어떤 내용을 담고 저 문단에는 어떤 내용을 담을 것이며, 또 서두 문단은 어떻게 꾸밀 것인가 등을 충분히 고려하지 않고서 글을 쓰기란 어렵다. 말을 바꾸면 문단 하나하나를 바로 만들지 않고서는 좋은 글을 얻을 수 없다는 의미로, 그만큼 글과 문단은 끊으려야 끊을 수 없는 긴밀한 관계에 있다.

따라서 글 전체와 관련시켜 보면, 문단은 글을 전개하는 기본 단위라고 할 수 있다. 글이 몇 개의 작은 이야기로 이루어졌을 때 그 작은 이야기 하나하나를 대표하는 것이 문단이라는 점에서, 문단은 어떤 통일된 이야기를 기준으로 토막 낸 글의 단위가 된다. 문단은 글의 측면에서 보면 전체를 적당한 부분으로 분할하는 방법, 즉 주제를 뒷받침하는 논점이며 재료를 배열하는 수단이라 할 수 있다.

그러나 문단과 글이 각각 자체의 완결성을 갖추어야 한다는 점에서 볼 때 문단과 글은 서로 닮은꼴이다. 한 문단을 이루는 원리는 한 편의 글을 이루는 원리와 흡사한 면이 많다. 한 편의 글에는 글 전체를 꿰뚫는 중심생각인 주제가 있어, 주제로 집약되는 통일된 이야기를 하게 된다. 마찬가지로, 문단도 그 전체를 꿰뚫는 중심생각으로 통일되는 내용을 담은 그런 문장들의 모임이다. 이 점에서 문단은 흔히 '축소된 글'이라 하기도 한다.

그렇다면 문단을 나누는 이유는 어떻게 정리할 수 있을까? 전형적인 문단은 하나의 소주제와 그 소주제를 중심으로 뒷받침문장들이 모여 성립한다. 다시 말하면 문단은 소주제 하나로만 성립하지 않고 그 소주제문을 구체화하고 뒷받침하는 문장들로 구성됨을 기본적인 틀로 한다. 문단을 나무라 한다면 소주제문은 줄기에, 뒷받침문장을 잎에 비유할 수 있다. 가지가 있고 잎이 있어야 나무 모습을 갖추듯이 소주제문으로 대표되는 중심생각을 확대하고 구체화하는 세부적인 이야기들이 덧붙어야 비로소 문단의 모습을 갖추게 된다.

이렇게 만들어진 한 문단마다의 시작은 행을 바꾸면서 동시에 들여쓰기를 하는 것으로 표시된다. 즉 행갈이를 한 후 한 자 정도를 안쪽으로 들여놓음으로써 자국을 남겨 앞 행과 구별한다. 이 문단표시 방법은 글에 무리한 변형을 가하지 않으면서 앞 행의 내용과 또 다른 하나의 중심생각이 펼쳐질 것을 시각적으로 나타내는 것이다.

이렇듯 문단을 구분하여 표시하는 것은 한 단위의 사고 내용을 다른 사고 내용과 구분해 놓음으로써 글 전체의 구성관계를 명확히 보여주는 구실을 한다. 또한 새 이야기가 시작된다는 것을 시각적으로 알려 독자로 하여금 마음의 준비를 하도록 하는 구실도 한다. 즉 한 번도 행이 바뀌지 않았을 때 느낄 지루함과 혼란을 덜어주어 글의 내용을 좀 더 명료하게 이해하도록 하기 위한 조치인 셈이다.

문단이 제대로 이루어지기 위해서는 이런 형식적 표시와 내용이 잘 어울려야만 한다. 내용을 충분히 펼치지 않은 채 행갈이와 들여쓰기를 자주 해 문단을 잘게 쪼개놓는 것은 형식만 좇고 내용을 갖추지 못하는 잘못을 저지르는 것이다. 반면 충분히 펼쳐진 내용을 여럿 이어놓는 것은 내용에 맞는 형식을 갖추기에 소홀하다는 흠이 있다. 한 번 들여쓰기를 할 때마다 그 문단의 소주제가 충분히 다루어지도록 하여 형식과 내용을 일치시키는 노력이 필요하다.

문단의 길이는 그 안에 포함된 주제에 따라 다양하다. 문단의 내용이 단순할 경우에는 문단의 길이가 짧고, 그 내용이 복잡할 경우에는 길어진다. 문단의 길이가 너무 짧을 경우에는 주제를 충분히 다룰 수 없고, 너무 긴 경우에는 여러 문단으로 나누어야 할 내용을 포함하게 되는 경우도 있으니 주의해야 한다.

문단의 길이는 글의 성질에 따라 다소 차이가 있다. 글의 내용이 쉽고 가벼운 것이라면 그 길이는 비교적 짧다. 수필이나 소설, 잡지글 등이 이런 부류의 글로, 이런 글의 문단은 평균 50~150 단어 정도이다. 반면 글의 내용이 학술적이고 전문적인 것이면 문단은 더 길어진다. 논술문이나 설명문이라면, 글의 성격상 소주제를 더 철저히 깊이 있게 다뤄야 하기 때문이다. 이런 글의 길이는 평균 150~200 단어 정도이다. 200자 원고지로 3장에서 4장 정도가 되는 것이다.

독자층에 따라 문단의 길이가 달라지기도 한다. 대부분의 글은 일반적인 독자를 예상하기 마련이지만, 동화나 연설문을 쓸 경우에는 그 글을 읽을 독자의 나이나 교육 정도를 생각하지 않을 수 없다. 나이 어린 독자를 상대로 하는 글을 쓸 경우, 그들이 쉽게 싫증을 내고 복잡한 사고를 하지 못한다는 점을 고려하면서 글을 쓰게 된다. 그에 따라 문장의 길이뿐만 아니라 문단의 길이도 짧아지게 된다. 연설문도 독자의 기호나 수준에 알맞은 문단 나누기를 할 때 훨씬 효과적이다.

무엇보다 문단의 길이는 글 전체에서 그 문단의 내용이 차지하는 비중에 맞게 조절되어야 한다. 한 문단이 그 자체로서 아무리 완벽하게 잘 쓰였다 해도 글 전체와의 관계에서 그 문단이 지나치게 비대하다면 오히려 역효과를 낼 수도 있다. 따라서 각 문단을 짤 때, 그 문단의 내용에 알맞게 길이를 조절해야 한다는 점도 잊지 말아야 한다.

2. 문단의 구성적 요건

(1) 소주제 잡기

① 소주제문 잡는 원칙

소주제는 한 문단의 핵심 내용으로 대개의 경우 명제 형식으로 문장화되어 표현되는데, 이를 소주제문이라 한다. 한 편의 글에 주제가 있고 주제문을 만들어 그 글의 핵심 내용을 파악하게 만든다면, 글의 주제를 잘게 나눠 한 문단 크기에 맞춰 서술하도록 하는 핵심 내용이 소주제이고 소주제문인 셈이다. 소주제문은 글의 표면에 명시되어 문단을 펼치는 데나 글의 요지를 이해하는 데 중요한 길잡이가 된다.

바람직한 소주제문을 만들기 위해 명심해야 할 점을 정리하면 다음과 같다.

첫째, 소주제문은 글의 전체 주제와 밀접한 관련이 있어야 한다는 점이다. 소주제 혹은 그것을 명제화한 소주제문은 글의 전체 주제와 관련이 있는 것이어야 한다. 소주제는 그 자체로 완전한 생각을 나타내지만, 한 문단의 소주제는 글의 주제를 구축하는 한 부분이라는 점에서 상대적인 독자성만을 인정받기 마련이다. 따라서 소주제가 그 자체로 뛰어나고 설득력이 있다 해도, 글 전체의 주제에서 벗어난 것이라면 소주제로서의 의미가 없다는 것을 기억해야 한다.

둘째, 소주제문은 명료해야 한다는 점이다. 막연하거나 여러 가지를 암시하는 문장은 그것이 완전한 문장으로 되어 있더라도 글쓰기 방향을 예고해주기 어려워 소주제문으로서는 적절하지 못하다. 소주제문은 암시를 주기보다 명백한 진술을 하고, 여러 의미보다 한 가지 의미를 표현해야 한다. 예를 들어, "정원을 손질하는 일은 조심스럽게 시도되어야 한다."의 경우 '조심스럽게' 라는 부사어 때문에 구체적으로 어떻게 해야 한다는 이야기인지 분명치 않으므로, "정원 손질은 정원사로서 훈련받은 사람만이 할 수 있다."라고 고쳐야 보다 명료한 소주제문이 될 수 있다.

셋째, 소주제문은 적절한 범주의 개념이어야 한다는 점이다. 소주제문은 문단의 방향과 내용을 제한하는 구실을 하므로, 너무 광범위하거나 일반적이어서 한 문단으로 미처 쓸 수 없는 것을 선택하는 것은 곤란하다. 소주제는 문단의 길이에 알맞게 구체적으로 표현되는 것이 좋다. 예를 들어, "글을 잘 쓰기 위해서는 훌륭한 문장작법을 알아야 한다."라는 소주제문은 지나치게 추상적이어서 한 문단의 소주제문으로서 적합하지 않다. 이를 "개요 작성은 글을 구성하는 데 도움을 준다." 혹은 "글에서는 정확하고 상상력이 풍부한 단어를 선택해야 한다." 등으로 구체화하면 보다 구체적인 서술을 할 수 있어 소주제문으로 적당하게 된다.

넷째, 소주제문은 간결해야 한다는 점이다. 수식이 번잡하게 길어지고 설명 어구가 붙어 있으면 소주제가 자칫 흐트러질 수 있다. 따라서 수식어나 설명 어구를 뒷받침문장으로 돌리고, 소주제문에서는 드러내고자 하는 생각을 선명하게 부각시키는 것이 좋다.

그렇다면, 다음의 〈예시1〉을 살펴보고, 보다 적절한 소주제문이 되도록 고쳐보면 어떨까?

〈예시 1〉

① 인생은 고해(苦海)다.

② 어머니는 전형적인 한국 사람이었다.

③ 학문의 길은 멀고 험하다.

④ 사람은 모두 비슷비슷하다.

⑤ 훌륭한 사람이 되기 위해서는 공부를 잘 해야 한다.

⑥ 아이들에게는 좋은 예절을 가르쳐야 한다.

⑦ 나는 장점보다는 단점이 많고, 또 깊이 사귀기에는 시간과 노력이 필요하지만, 일단 나의 맘에 든 일이나 친구에게는 굉장한 성의를 보인다.

② 소주제문의 위치

첫째, 소주제문이 문단의 맨 앞부분에 오는 두괄식 유형이다. 이 유형은 소주제를 펼치기가 가장 쉬운데다 읽는 이 역시 그 문단의 요지를 파악하기가 비교적 용이하다. 그래서 문단 짜기의 가장 기본적인 방식으로 통한다.

〈예시 2〉

한국 사회에서 법의 역할에 대해 관심을 가져 온 사람들에게 가장 흥미 있는 문제는 법과 현실의 괴리다. 물론 어느 사회에서나 법과 현실 간에는 어느 정도의 괴리가 없을 수 없지만 특히 우리 사회에서는 법이 아직도 효과적인 사회 제도로 자리잡지 못하고 있는 것으로 평가된다. 즉, 법이 '살아있는 법'이 되지 못하고 있는 것이다. 법제도만을 놓고 본다면 우리의 법제도는 여타 서구 국가들과 별 차이가 없는 발달된 제도다. 그러나 법제도가 발달되었다는 것과 그러한 제도가 그 사회에서 얼마나 효과적으로 기능하고 있는가는 별개의 문제다. 서구의 근대적인 법제도를 도입한 지 이미 상당한 기간이 지났음에도 불구하고 아직도 우리 사회에서 이러한 제도가 살아있는 제도로서 효과적으로 기능하지 못하고 있다.

둘째, 소주제를 끌어내기 위한 구체적 서술을 먼저 하고, 결론은 극적으로 맨 끝에 나타내는 미괄식 유형이다. 이 유형은 읽는 이가 끝까지 호기심을 가지고 읽게 하는 장점이 있는 한편, 글쓴이가 자신의 논지를 잃지 않도록 유의해야 하는 단점도 있다.

〈예시 3〉

우산 장수와 소금 장수에게 각기 딸을 시집보낸 부모가 가지는 걱정, 그것은 경제정책의 입안자들이 지닌 고민의 내용을 아주 잘 설명해준다. 우산과 소금을 파는데 고루 이로운 날씨가 없듯이, 한 사회의 모든 계층에게 두루 유익한 경제정책이란 존재할 수가 없기 때문이다. 그래서 예컨대 미국의 쇠고기가 수입되면 우리나라의 축산농가는 초상이 나지만, 국내의 쇠고기 소비자들은 다소 덕을 보고, 나아가서 미국에 텔레비전이나 자동차를 수출하는 기업들은 막대한 혜택을 받게 될 것이다. 정책당국자들은 물론 자동차 수출에 따르는 이익이 축산농민들에게 입히는 피해보다 훨씬 더 크다며 입에 거품을 물고 주장하지만, 그야말로 그것은 그들이 작성한 기념축사에 불과할 따름이지 당하는 편의 사정이 반드시 그와 같을 수가 없다. 요컨대 모든 계층에게 똑같이 공평하고 온갖 이해에 꼭 같게 중립적인 경제정책이란 있을 수 없기 때문에, 각종의 시책들이 수립되고 집행되는 그 지향성을 면밀하게 살펴보면 대강 정권의 계급적 성격이나 혹은 그 계층의 편향을 짐작하게 된다.

특히 문단 앞부분의 내용을 중반 이후부터 반전시켜 문단의 앞부분과 다른 주장을 이끌어내는 식으로 전개되는 문단인 경우, 소주제는 자연 문단의 끝부분에 오게 된다. 내용이 반전되는 시점에서 '그러나', '그렇지만' 등의 역접의 접속사가 나타나고, 이 접속사 이후의 문장에서 그 문단의 진짜 소주제가 드러나게 되는 것이다. 이런 식으로 전개되는 문단에서는 특히 뒷부분의 주장이 독자를 설득할 수 있을 만큼 선명하고 그 근거가 확실해야 한다.

〈예시 4〉

우리는 흔히 '국민성'이라는 말을 합니다. 국민성이란 한 국가의 국민이 갖는 성질, 성격을 가리키는 것이지요. 그런데 흔히들 "우리나라 사람들은 국민성이 나빠 우리나라가 발전하지 못한다"라는 말을 합니다. 그러면서 "국민성은 어쩔 수 없다"라고 말합니다. 하지만 우리가 "모든 것은 변화한다"라고 생각한다면 이러한 생각이 잘못된 것임을 금방 알 수 있습니다. 즉, 국민성이라는 것이 물론 존재하기는 하지만 이는 과거로부터 현재에 이르는 사회상황 속에서 끊임없는 변화를 거쳐온 것이며 지금도 변화하고 있습니다. 그러므로 설령 국민성이 나쁘다 하더라도 '국민성은 어쩔 수 없다'라고 생각하는 것은 원칙적으로 잘못된 생각입니다.

셋째, 소주제문을 첫머리에 내걸고 뒷받침문장으로 서술한 후, 마지막에 가서 다시 한 번 소주제문을 말을 바꾸어 되풀이 하는 양괄식 유형이다. 글쓴이의 의도를 확실히 드러내기는 하나, 반복으로 인해 지루한 느낌이 들 수도 있음을 신경 써야 한다.

〈예시 5〉

지금 우리 한국인에게 가장 절실히 필요한 덕목은 겸양과 절제와 인내의 의지다. 30여 년간 근대화의 격랑 속에서 우리는 인간의 능력을 극대화하는 치열한 경쟁에 길들여졌고 그 과실로서 어느 만큼의 경제적 성취를 이룩했다. 그러나 이제 이같은 경제적 성취를 지탱해주고 인간의 내면적 삶을 풍족하게 해주는 덕목은 문화적 힘의 발양에 있으며 이를 위해 필요한 사회적 가치는 경쟁보다는 스스로를 제어하는 겸양, 절제와 인내인 것이다.

넷째, 전제되는 서술이 있은 후 소주제문이 중간에 놓이고 다시 뒷받침문장이 따르는 중괄식 유형이다. 글의 묘미는 있으나 읽는 이가 자칫 소주제를 놓치게 될 수도 있음에 유의해야 한다.

〈예시 6〉

삶의 모든 측면에서 엔트로피의 증가 속도가 빨라지고 있지만, 특히 일상생활의 엔트로피가 아주 높아진 것이 아닌가 한다. 우리 시대의 그 누군들 낭비할 시간을 가지고 있겠는가? 교통 체증 때문에, 도시의 거대화 때문에 길거리에서 사용해야 할 시간이 점점 늘어간다. 영양가 없는 오락성 또는 폭로성 정보로 가득 찬 신문은 점점 두꺼워지고, 텔레비전은 한가한 저녁 시간을 사정없이 공략한다. 촌음을 아껴 프로야구 한국시리즈도 보아야 하고, 밤늦게 자는 시간을 아껴 월드컵 축구를 보아야 한다. 졸업한 학교 수보다 더 많은 동문 모임들이 퇴근 후를 기다리고 있고, 주말은 멀리서 온 청첩장들이 미리 접수해 두었다. 엔트로피가 아주 높은 일상을 갖지 못한 자는 소외감을 강요당한다. 누구든 맹목적 분주함과 싸구려 정보들로 자기 일상의 엔트로피를 극대화시켜야 마음이 편하다. 심심한 시간, 비어 있는 시간이 곧 불안이요 소외인 곳에 사려 깊은 문화가 서식할 여지가 있는 것일까? 누가 텔레비전의 드라마를 외면하고 토마스 만의 〈마(魔)의 산〉을 재독, 삼독하고 있을 것이며, 누가 자기 전문분야의 잡지를 볼 시간도 없는데 문학잡지를 꼼꼼히 읽고 있을 것인가?

다섯째, 소주제문이 문단에 표면화되어 드러나지 않은 유형이다. 소주제가 없는 경우를 말하는 것이 아니라, 그것이 표현된 문장들의 배후에 숨어 있는 경우를 말한다. 이것은 논증이나 설명을 하는 글이 아닌, 서사 문단이나 예증 문단에서 자주 볼 수 있고, 글쓰기에 익숙한 사람들의 글에서도 많이 나타난다. 글을 익숙하게 쓰는 사람들은 특수한 경우를 제외하고는 의식적으로 소주제문을 내놓고 글을 쓰는 경우가 오히려 많지 않기 때문이다.

〈예시 7〉

보지 않으려고 애를 썼는데도 눈은 낯익은 응급실 문을 금방 알아보았다. 빠른

걸음으로 지나쳐 가려다가 그만 깜짝 놀라 그 자리에 멈춰서고 말았다. 아무런 느낌도 없다는 걸 깨달았기 때문이다. 이럴 수가 있을까. 2년 전, 바로 이 자리에서 사경을 헤매시는 아빠를 구급차에 옮겨 실으면서 그렇게 울며 저주했던 병원인데, 이 병원이 이제는 그저 낯설고 음산하고 커다랗기만 한 건물로 여겨질 뿐이었다. 죽어가는 사람을 옆에 두고 저녁을 뭘 먹을까 하고 웃고 농담하던 의사와 간호원들이 떠오를 때마다 마음이 찢어지듯 아파오고 터져 나오는 분노를 삭힐 수 없어 울곤 했다. 그런데 지금 이 순간, 그날의 기억이 오래된 영화처럼 담담하게 기억되어질 수 있는 건 왜일까?

이제, 다음의 〈예시8〉에서 소주제문을 찾아 유형을 정리하고, 앞서 다룬 다양한 유형이 될 수 있게 소주제문의 위치를 바꾸어 표현하는 연습을 하여보자.

〈예시 8〉

젊음은 그 사람의 '쓸모'의 가능성에 의해 규정되는 것이다. 즉, 그 사람이 앞으로 얼마나 많은 일을 할 수 있고, 또 얼마나 많은 일을 하기를 원하고 있느냐에 따라 젊음과 늙음으로 구분된다. 그리고 그 성장이 진행 중이냐, 아니면 정지되었느냐 하는 점에서 노약은 나누어진다. 육신의 성장은 한계가 있지만 정신의 성장은 한계가 없다. 그러므로 인간은 죽을 때까지 늙지 않을 수 있고, 그와 반대로 애늙은이가 되기도 하는 것이다. 다시 말하여, 젊음은 본질적으로 생년월일만으로 측정될 성질이 아니다.

(2) 뒷받침문장 펼치기

문단의 핵심 내용인 소주제를 펼치는 것이 뒷받침문장이다. 소주제문이 추상적인 서술이라면, 뒷받침문장은 구체적인 서술이라 할 수 있다. 문단 내에서 뒷받침문장이 바람직하게 짜이기 위해서는 뒷받침되는 문장들이 소주제문과 관련된 내용이어야 하며, 그것을 충분히 발전시켜서 구체적으로 서술하는 것이어야 한다.

뒷받침문장을 펼치는 방법은 여러 가지가 있을 수 있다. 흔히 글의 배열방식으로 주로 이야기되는 시간적 배열이나 공간적 배열, 그리고 논리적 배열이라는 것은, 글에서 다룰 내용을 어떻게 연결하면서 펼쳐나갈 것인가와 관련되어 있다. 글쓰기의 네 가지 양식이라고 하는 설명이나 논증, 묘사와 서사 등도 하나의 중심생각을 펼쳐가는 네 가지 서로 다른 방식이라 할 수 있다. 서로 강조점이 다르지만, 시간적 배열방식은 서사와, 공간적 배열방식은 묘사, 논리적 배열방식은 설명이나 논증과 서로 밀접하게 연결되어 있기도 하다.

① 논리적 배열

논리적 배열이란 어떤 사물을 풀이하거나 이치를 따지거나 논증하는 내용의 문장을 앞뒤가 들어맞고 체계가 서도록 엮는 것을 말한다. 따라서 논리적 배열에 따른 문단에서는 시간의 경과나 공간의 변화와 같은 자연적 여건이 아니라 논리적 사고의 흐름을 개연성 있게 보여주는 것이 중요하게 된다.

논리적인 글을 쓰기 위해서는 우선, 문맥에 맞게 정확하게 표현하고, 문맥을 정확하게 파악하는 능력을 키워야 한다. '상황에 따라 언어가 어떻게 전달되는가', '내가 선택한 언어가 내 생각을 정확하게 전달하고 있는가'에 대해 끊임없이 자문하는 노력이 필요하다. 곧 언어, 문장, 글의 표현 범위와 내용에 대해 예민해져야 한다는 것이다.

논리적인 글을 쓰기 위해서는 또한 간결하게 자신의 생각을 정리하고 생각과 생각을 조리 있게 이어 나가는 능력이 필요하다. 논리적인 글쓰기에서는 생각을 자연스런 순서로 나타내는 것이 중요하기 때문이다. 그래서 논리적인 글쓰기에서는 흔히 결론을 먼저 제시하고 그 이유들을 뒤따르게 하거나 이유들을 먼저 밝힌 후 결론을 이끌어내는 방식을 쓰는데, 어떤 경우든 독자에게 자신의 생각의 흐름을 자연스럽게 보여주는 순서로 정리하는 자세가 필요하다.

논리적인 글을 쓸 때는 특히 풀이와 자신의 주장에 대한 합리화 과정을 충분히 보여주는 것이 필요하다. 어떤 소주제를 다루면서 그것을 좀 더 깊이 풀이하려 할 때, '자세히 말하면, 구체적으로 말하면, 다시 말하면, 풀어서 말하면' 따위의 연결어를 되뇌면서 한 줄 한 줄 써가는 것이 효과적이다. 한편, 내용을 합리적으로 전개하여 심화하고자 할 때는 '왜냐하면, 그 까닭은, 그 이유는, 그러므로' 등의 접속 어구를 실마리로 삼는 것도 효율적이다.

또한, 논리적인 글쓰기에서는 이끌어낸 결론이 타당하게 여겨질 정도로 그 근거가 충분해야 한다. 이유나 근거가 불충분하면 비논리적인 글이 되어버리기 쉽다. 그렇기 때문에 논리적인 글을 쓸 때는 자신의 생각이 올바른 근거 위에 있는 것인지, 생각의 가닥들이 서로 개연성 있게 연결되어 있는지, 반론의 가능성은 없는지 등에 대해 두루 고려를 해야 한다.

그렇다면 논리적 진행을 잘 드러내는 방식에는 어떤 것들이 있을까? 논리성은 사실 거의 모든 글에서 필요로 하는 덕목이다. 사물에 대해 있는 그대로의 사실을 알기 쉽게 풀이하는 설명이나, 아직 명백하지 않은 사실이나 원칙에 대해 그 진실 여부를 증명하는 논증은 이 논리성에 전적으로 의존하지만, 자연적 여건의 변화와 보다 관련된 '시간의 흐름에 따른 글'이나 '공간의 변화에 따른 글'에서조차 논리성이 개입되곤 한다.

우리가 흔히 활용하는 논증 방식을 살펴보면 다음과 같다. 첫째, 비유를 드는 방식으로, 이 방식은 많은 점에서 비슷하기 때문에 다른 특정한 점에서도 비슷할 것이라고 추리하는 식으로 글이 이어지는 경우를 말한다. 다음의 〈예시1〉에서는 로댕과 자코메티의 예술적 특성을 글쓴이인 이남호와 시인 조정권의 취향을 설명하는 비유로 사용하고 있다.

〈예시 1〉

일전에 닭고기 바베큐를 시켜놓고 그(시인 조정권)와 함께 소주를 마신 적이 있다. 그때 엉뚱하게 조각에 관한 이야기가 오고 갔는데, 로댕과 헨리 무어와 자꼬메티가 안주 대용으로 우리들의 입에 오르내렸다. 나는 로댕 조각의 구체적 형상과 현실적 욕망과 고뇌의 분출이 감동적이라고 말했고, 그는 시원적 이미지 속에 부드러운 힘을 지니고 있는 헨리 무어의 조각이나, 육체를 끝내 거부하고 비틀어진 정신 혹은 골격만이 완강하게 남은 자꼬메티의 조각이 더 우월한 예술작품이라고 말했다. 이러한 차이점의 일면을 비약시키거나 단순화시켜본다면, 나는 외연적 세계의 갈등이 직접적으로 드러나는 예술을 좋아하는 셈이고 그는 외연적 세계의 갈등을 관통하여 그 내면에 잠재하는 본연이나 원초성을 드러내는 예술을 좋아하는 셈이다. 예술에 관한 이와 같은 태도는 그의 시에서도 확인할 수 있다. 지금까지 그의 시 세계는 다양한 면모를 보여주지만 그런 가운데서도 일관되는 하나의 성격은 삶의 갈등과 고뇌를 치열한 정신주의로 극복하고자 하는 점이다. 그리하여 그의 시에는 갈등의 소용돌이가 나타나는 것이 아니라 그것을 초극한 정신의 높이가 나타나고 또 대상이 객관적으로 묘사되는 것이 아니라 주관적으로 변용되어 나타난다. 그리고 이 변용의 과정에 정신성이 개입한다.

(이남호, "산정(山頂)에서 지상(地上)으로")

둘째, 예를 드는 방식이 있다. 예시는 구체적인 사례를 들어서 설명하는 기술방식이다. 말이나 글로 쉽고 인상 깊은 설명을 하려면 알맞은 보기를 잘 사용할 줄 알아야 한다. 따라서 예시되는 예는 독자가 잘 알 수 있는 것일수록 효과적이며, 지나치게 특수한 것은 적합하지 않다.

예시를 하는 의도는 예로 든 것만을 이해하도록 하자는 데 있지 않고 그 예를 통해 일반적인 설명을 하는 데에 있다. 따라서 예시의 방식으로 글을 쓸 때는 그 예가 이끌어내려고 하는 진술과 밀접하게 연결되어야 하며, 일반화시킨 진술이 개연성 있는 것으로 여겨질 만큼 충분하고 적절해야 한다. 다음의 〈예시2〉에서처럼 적절한 예를 고르고 그 예를 통해 자신이 설명하고자 하는 진술을 이끌어내는 과정에 논리력이 필요함은 물론이다.

〈예시 2〉

사람의 감각은 아주 예민한 듯하지만 실제로 그 활동의 범위는 극히 제한되어 있다. 예컨대 우리의 눈은 가시거리 안에 있는 대상만을 볼 수 있고, 우리의 귀는 일정한 영역의 주파수에서만 소리를 잡는다. 마찬가지로 한두 알갱이의 설탕으로 한 대접의 물을 달게 하지는 못한다. 물이 달다고 최초로 느끼게 하는 설탕의 분량, 즉 우리의 감각으로 하여금 반응을 보이도록 만드는 최소한도의 자극을 생물학에서는 역치라고 부른다.

(정운영, "광대의 경제학")

다만, 예시의 방식을 제대로 하기 위해서는 반대되는 예들이 없는지 살펴보는 섬세함이 절대로 필요하다. 예시의 방식은 예가 많으면 쉽게 일반화되지만, 단 하나의 상반된 예로도 쉽게 그 일반화가 무너질 수 있기 때문이다.

셋째, 권위에 의거하는 방식이다. 새로운 지식을 얻는 데 있어 우리 스스로가 알아낼 수 없는 것은 다른 사람에게 의존해야만 할 경우가 있다. 예를 들면 우리가 새로 나온 모든 상품을 직접 검사해 볼 수는 없으며, 로마의 재판이 어떠했는지를 직접 알아볼 수도 없다. 이런 경우 다른 사람의 의견이나 판단, 요약 혹은 어떤 단체에서 조사한 통계 혹은 요약결과 등에 의거해 논리를 펴게 되는데, 이를 권위에 의거한다고 한다.

이렇게 권위에 의거할 때는 자신이 인용한 출처를 반드시 밝혀야 하며, 그 출처가 공정한지를 살펴봐야 한다. 이를테면 소비자 상품에 관한 가장 좋은 정보는 독립된 검사기관이나 소비자 잡지로부터 나온다. 왜냐하면 이런 기관들은 어떤 제조자에게도 예속되어 있지 않으며, 또 이 기관들은 자기들이 얻을 수 있는 가장 정확한 정보를 원하는 소비자들에게 제공해 주어야 하기 때문이다. 물론, 반대 입장을 취하고 있는 출처도 조사해야 한다. 전문가들 사이에서도 의견이 서로 다르다면 그 사람들 중 어느 누구에게도 의존할 수 없다. 어떤 사람이나 단체를 권위자로 인용하기 전에, 똑같이 자격을 갖추고 있는 다른 공정한 사람이나 단체가 자신이 인용하고 있는 그 사람이나 단체와 같은 의견을 가지고 있는지를 확인하기 위하여 조사를 해야 한다.

넷째, 인과관계에 의한 방식으로, 소주제문이 나타내는 주장이나 결과에 대해서 그 근거나 원인을 밝히고자 할 때 쓰인다. 이러한 방식은 '왜 당신은 그렇게 주장하는가', '어떻게 당신은 그런 결과를 도출해내는가' 하는 독자의 질문과 관련된다. 주장이나 결과가 문단의 앞에 오건 뒤에 오건, 이러한 방식으로 쓴 글은 대개 '왜냐하면… 때문이다'라는 구문을 염두에 두고 써나가게 된다. 그리고 근거나 원인이 무리 없이 그 문단의 주장이나 결과를 떠받치고 있을 때, 우리는 그 글을 논리적으로 쓰였다고 평가한다.

〈예시 3〉

어떠한 미모도 화장을 잘 못 하거나, 그것을 게을리 하면 그 아름다움은 거세된다. 화장은 부족의 보충이요, 무질서한 것의 통일이기 때문에, 불완전한 미를 완정한 창작미로 개변시킨다. 잠자는 사람의 얼굴이 아름답지 못한 것은 방심에서 오는 의지의 불통 때문이다. 화장에 의해서 미모가 한층 더 확실해질 수 있다는 것은 미모가 자연적 형상이기보다는 의지적 형상임을 말한다. 아무리 못난 얼굴이라도 화장에 의해서 어느 정도 예뻐질 수 있다는 것은 아무리 불미한 정신의 소유자라도 의지의 힘으로 그것을 고칠 수 있는 것과 마찬가지이다. 그러므로 미모는 신의 우연한 은총이기보다는 오히려 자신이 들인 창조적인 노력의 산물이라고 말할 수 있다.

(조연현, "미모의 사상")

그렇다면, 다음의 〈예시4〉에서 제시한 열 개의 문장을 인과관계에 따라 배열하면 어떤 순서가 바람직할까? 논리적인 글쓰기가 될 수 있게 연습해보자.

〈예시 4〉

① 근래에 두드러진 사회병폐로 부각되고 있는 외국 상표의 '국산외제'를 선호하는 것도 그렇다.

② 외제상표라는 '격(格)'에 경제적 피를 흘리고 있는 것이다.

③ 그래서 나의 분수나 형편이나 본질을 웃도는 '격(格)'을 좋아하고 그 '격'의 노예가 된다.

④ 분에 넘게 혼수를 차리고 분에 넘는 초상을 치르느라 패가망신하는 것도 남이 보는 '격(格)'에 맞추느라 그렇고, 가정의례준칙의 실행에 혼미를 거듭하는 것도 그 타아(他我) 때문이다. 보다 좋은 학교에 다니고자 빚어지는 입시 부조리도 그 때문이고.

⑤ '나' 속에는 내가 보는 나(自我)가 있고 남이 보는 나(他我)가 공존해 있다.

⑥ 한데 우리 한국 사람은 대체로 나의 본질인 '자아(自我)'를 산다기보다는 남이 나를 어떻게 보느냐는 '타아(他我)'를 기준삼아 사는 경향이 짙다.

⑦ 그때는 국산의 질이나 내구력이 뒤졌기 때문에 합리화될 수 있었지만, 이 '국산외제'의 선호는 버려버리고 싶은 억세게 질긴 타아의 고질이 아닐 수 없다.

⑧ 국산재료에 국산기술과 국산인력으로 만든 완전국산품이 개당 3-5퍼센트의 상표값을 외국에 흘려보내고, 같은 급의 국산품보다 곱절이나 비싸게 사 쓰고 사

입고 사 먹는다는 것은 타아를 사는 한국인의 희극이 아닐 수 없다.

⑨ 국산을 불신하고 외제를 선망하던 때와는 또 다른 차원의 병폐인 것이다.

⑩ 항상 남을 의식하고 살아야 하는 정착성이 강한 생활과 남에게 손가락질 당하지 않는 사람이 전통교육의 목적이었기에 '남이 보는 나'가 이상비대(異常肥大)했음직도 하다.

② 시간적 배열

시간적 배열이란 일이 발생하고 진행되고 종결되는 시간적 경과에 따라 글을 엮는 방법을 말한다. 이 방법은 동작이나 사건을 진술하는 서사문에 많이 쓰이며, 어떤 과정을 설명하는 설명문에도 많이 쓰인다. 이 방법이 주로 사용되는 글은 일기, 기행수필, 역사소설, 신문기사 등이다.

시간적 배열을 제대로 하기 위해서는 다음과 같은 사항을 유념해야 한다.

첫째, 시간적 배열의 방법으로 글을 쓸 때에는 표면화되든 잠재되어 있든 어떤 특정한 소주제를 중심으로 뒷받침문장들을 시간적 순서로 구성해야 한다는 점이다. 단순한 시간적 순서로만 내용을 나열하게 되면 그것은 시간의 기록 이외의 아무 것도 아닌, 알맹이 없는 글이 되고 말기 때문이다.

시간적 구성은 일이 되어 가는 시간의 흐름에 따라서 글을 엮는 것이므로 그 구분만 알맞게 해주면 글쓰기가 비교적 쉽다. 그러나 시간의 흐름만 좇아 글을 써나간다면 단조롭고 무미건조한 연대기적 서술이 될 우려가 있다. 그러므로 시간적 배열의 방법으로 글을 쓸 때에는 언제나 드러내려는 중심생각을 염두에 두고 글을 써야 한다.

둘째, 접속 어구를 적절히 사용하는 것이 필요하다는 점이다. 시간적 구성방법에서 뒷받침문장을 시간적 순서에 따라 배열하고 연결시키는 데에는 시간적 접속 어구를 쓴다. 이 어구들은 시간적 접속관계를 더욱 명시적으로 나타내는 효과를 보이는데, 다음과 같은 어구들이 주로 쓰인다.

- 그 때, 그 당시, 바로 지금, 당장에…
- 그리고, 그 뒤에, 그 후로, 잠시 후에, 며칠 뒤, 앞으로, 오 년 뒤에는, 일이 끝난

뒤에는…

- 그 전에, 그 앞에, 예전에는, 옛날에는, 얼마 전에…

다만, 이런 접속 어구는 꼭 필요한 경우에만 써야 한다. 각 문장들이 시간적 순서에 따라 잘 이어져 있으면 이런 접속 어구가 없어도 각 내용을 연결하고 이해하는 데 지장이 없기 때문이다. 다음의 〈예시5〉는 이러한 접속 어구를 적절하게 사용하여 문단이 훨씬 부드럽게 전개되고 있다.

〈예시 5〉

김장김치가 맛없이 느껴지는 늦겨울이나 온 식구가 모인 일요일 오후에 만두를 만드는 것은 즐거운 일이다. 만두를 만들려면 만두피와 속재료를 준비해야 한다. 우선 밀가루에 물을 넣어 반죽을 해야 하는데, 이때 물의 양을 잘 맞춰야 한다. 뒤이어 반죽을 밀어서 만두피를 만들어 놓는다. 그러고 나서는 만두속을 만든다. 만두속으로 김치와 두부 그리고 돼지고기와 갖은 양념을 준비한다. 묵은 김치는 총총 썰어 꼭 짜고 두부도 물기 없이 꼭 짠다. 여기에 돼지고기를 넣고 파를 송송 썰어 넣은 후 버무린다. 버무릴 때는 손으로 한다. 음식 맛은 손끝 맛이라 하지 않았는가? 여기까지 완성되면 온가족이 모여앉아 만두를 빚는다. 아버지가 빚은 속이 터질 듯한 뚱뚱한 만두, 엄마가 빚은 알맞게 둥근 만두, 내가 빚은 찌그러진 만두. 빚어진 만두는 빚은 사람의 개성처럼 가지각색이지만, 만두를 찜통에 넣고 기다리는 마음은 한가지이다. 온 식구가 함께 모여 만든 만두는 출출함을 달래줄 음식인 동시에 가족 공동이 사랑과 화목으로 빚은 작품인 것이다.

셋째, 한 문단에서 다룰 시간의 길이에 따라 글의 속도가 달라진다는 점에 주의해야 한다. 시간적 진행에 따라 글을 쓸 때는 속도의 조절이 중요하다. 글쓴이의 관심과 의도에 따라 한 문단에서 다룰 시간의 길이와 속도가 결정된다. 문단에 따라 짧은 시간을 다룰 수도 있고, 긴 시간을 다룰 수도 있다. 〈예시6〉처럼 짧은 시간을 한 문단으로 설정하면 그 속도가 느리다. 하지만, 양귀자의 소설 〈찻집 여자〉의 한 대목을 옮긴 〈예시7〉에서 보다시피 긴 시간을 한 문단으로 설정하면 그 속도도 빨라진다.

〈예시 6〉

피곤하거나 기분이 울적하거나 답답하다는 생각이 들면 나는 비누로 손을 씻는다. 찬물을 아주 세게 틀어놓고 '쏴아' 하고 쏟아지는 물소리를 들으면서 작은 콧노래를 부르며, 흥겹게 히프와 다리를 조금씩 움직이면서 손을 씻는다. 비누를 양손에 쥐고 있는 힘껏 손에 묻힌 후 서서히 손바닥을 문지르면 아, 향기로운 비누 거품이 내 손바닥을 간지럽힌다. 이내 싱그러운 비누 내음이 내 코를 자극하고 어느새 얼굴에는 웃음이 번진다. 손바닥과 손등을 감싸던 비누 거품이 내 팔목을 타고 뭉게뭉게 서서히 그 느린 걸음을 옮겨 놓는다. 닿을 듯 말 듯 망설이는 연인의 손길처럼 은근하고 야릇한 긴장감을 전하는 비누 거품의 감촉을 즐기며 내가 즐겁다는 사실을 서서히 느낀다.

〈예시 7〉

여자의 이름은 그녀의 과거만큼이나 다양했다. 옥선이, 경아, 성미, 연주 따위의 이름에 그녀의 편력이 켜켜이 쌓여 있었다. 명륜동의 일심정에서 옥선이로 불릴 때, 그녀는 하룻저녁에도 서너 번씩 버선을 바꿔 신어야 할 만큼 이 방 저 방으로 날아다녔다. 일심정 시절을 말하는 순간이 여자가 가장 행복한 때였다. 천만금을 줘도 몸을 팔지 않는다는 게 일심정의 권번 수칙이었다. 호스티스로서 완벽한 경력을 쌓은 곳은 퇴계로의 맥주홀 역마차에서였다. 자립을 해 보겠다고 명동의 혹성 스탠드바에서 성미코너를 맡기도 했다. 성미라는 이름을 가졌던 그 당시에는 주먹 좀 쓰는 사내하고 뜨거운 연애 끝에 동거를 한 적도 있었다.

넷째, 시간적 배열에서도 논리적 추론 과정을 곁들여 쓰는 것이 좋다는 점이다. 시간적 순서에 따라 글을 쓸 때에도, 논리적 추론의 과정을 통해 어떤 인식에 이르는 모습을 보여주는 것이 좋다. 다음의 〈예시8〉에서처럼 시간의 변화에 따라 글을 진행하는 곳곳에서 그 변화가 생긴 원인이나 이유를 밝힌다거나, 맨 마지막에서 시간 변화에 따른 현상을 아우르면서 어떤 새로운 인식을 이끌어낼 때 무미건조한 나열에서 벗어날 수 있다.

〈예시 8〉

시어머니는 며느리에게 단단히 화가 났다. 한줄기 소나기를 퍼부을 듯 하늘이 찌푸리면 "아침 굶은 시어머니 낯짝 같다"라 하거니와, 오늘 아침의 시어머니 얼굴은 바로 그런 모습이다. 어젯밤에 며느리의 말대꾸로 노여워진 시어머니는 그 길로 방에 들어가서 꼼짝도 않는다. 아침밥 때가 지나도 글자 그대로 두문불출이다. 시어머니가 이처럼 밖에 나오지도 않고 말도 없는 것은 화가 머리끝까지 치밀었을 때 나타나는 현상이다. 여느 시어머니처럼 며느리에게 욕을 하거나 야단을 치지 않고, 무언의 시위로 며느리의 마음을 무겁게 매질한다. 그런 태도가 며칠씩 갔었던 지난번 일에 비추어 볼 때 이번에는 그보다 더 오래 지속될 듯한 기상도이다. 시어머니의 노여움이 어느 때보다 크기 때문이다.

그렇다면, 다음 〈예시9〉의 소재들 중 하나를 택하여 시간적 배열의 방법에 따라 한 문단을 써보자.

〈예시 9〉

① 아침에 일어나서 집을 나서기까지
② 어느 날 강의시간
③ 나의 대학시절 첫 학기
④ 라면을 맛있게 끓이는 방법

③ 공간적 배열

공간적 배열이란 일정한 공간적 순서에 따라 글을 엮는 방법으로, 주로 시간적 변화와 무관한 공간적 배치 상황을 표현하는 데 쓰인다. 이 방법은 사물의 모습이나 장소의 변화에 따라 글을 구성하는 것이므로 묘사문에 많이 쓰이며, 논술문의 경우 사물을 설명하는 문단에서 사용되기도 한다.

공간적 배열을 제대로 하기 위해서는 다음과 같은 사항을 유념해야 한다.

첫째, 소주제가 드러나도록 뒷받침문장을 펼쳐야 한다는 점이다. 공간적 배열은 공간적 배치 상황을 글로 표현할 때 쓰이는 방법으로 시각적 파악이라 할 수 있다. 하지만 일정한 순서에 따라 시선을 옮겨가면서 공간에 대한 서술로만 글을 엮는다면 무의미한 공간의 나열밖에 안 된다. 공간적 배열도 시간적 배열과 마찬가지로 주제 혹은 소주제를 갖고 있어야 하므로, 단순히 공간을 나열하는 것이 아니라 자신의 의도를 표현하는 수단으로 공간적 배열 방법을 택해야 한다.

다음의 〈예시10〉은 김원일의 소설 〈바람의 강〉에 나오는 한 대목으로, 떠돌이 허렁뱅이 모습을 중심으로 월포댁 서방을 묘사하고 있다. 그래서 월포댁 서방에 대한 단순한 소개글이 아니라, 묘사의 관점이 있는 글로 살아나고 있다. 여기서 묘사의 관점이 있다는 것은, 그 묘사를 통해 드러내려고 하는 어떤 의미를 염두에 두고 썼음을 의미한다. 공간적 배열에 따라 글을 쓸 때는 이렇듯 묘사를 통해 드러내려는 의도가 확실해야 하며, 그것이 독자의 머릿속에서 생생히 재생되도록 표현되어야 한다.

〈예시 10〉

월포댁의 서방은 이인태 씨로 나이 쉰 중반에 접어든 사내였다. 멀쑥한 허우대에 기골은 장대하나 누르께한 얼굴은 사철 부기가 빠지지 않아 바람 든 쓸개주머니 같았다. 그는 어깨까지 내려올 정도로 머리칼을 길게 길렀고 옆머리칼은 귀를 가렸는데, 정수리까지 벗겨진 이마만 아니라면 예수의 풍모를 흉내낸 꼴로 보이거나 깊은 산 암자에 칩거하여 수도하는 도사로 여기기가 십상이었다. 길쭉한 얼굴에 머리칼은 뭉텅하게 솟은 코와 몽롱한 눈동자와 어울려 어찌 보면 괴짜스러운 위엄을 풍겼지만, 한편 우스꽝스럽게 보이기도 하였다. 사실 그는 입암 장터바닥의 토박이가 아니었고 해방이 되던 해 이 삼거리 목을 거쳐가다 어물쩍 주저앉아버린, 말하자면 떠돌이 허렁뱅이였다.

둘째, 글의 주제에 따라 공간적 순서를 결정해야 한다는 점이다. 공간적 배열로 글을 쓸 때 가장 단순한 형식은 시선의 이동을 그대로 따라 가면서 서술하는 것이다. 공간적 순서란, 그 위치에 따른 멀고 가까움, 방향에 따른 왼쪽과 오른쪽, 입체적인 관계에 따른 높낮이나 깊이 등을 말한다. 어떤 순서로 글을 쓸 것인가는 대상에 따라 다르고 글쓴이에 따라서도 달라지므로, 글을 엮는 순서는 그 가운데에서 가장 알맞다고 판단되는 것을 선택하는 것이 필요하다.

셋째, 공간적 배열에서도 접속 어구를 적절히 사용하는 것이 필요하다. 공간적 배열은 위치관계나 방향 선택이 여러 가지로 가능하기 때문에 공간적 접속 어구가 지시어로 비교적 많이 쓰이게 된다.

시간적 배열은 대부분 선후관계로 일관되기 때문에 일일이 설명하지 않아도 시간적 순서로 문장을 늘어놓기만 하면 되기도 한다. 하지만 공간적 배열의 경우, 접속 어구가 없이는 어느 방향으로 어떻게 묘사가 진전되고 있는지 알지 못하게 되는 수가 많다. 물론, 이런 경우도 접속 어구는 위치나 방향이 불분명해질 때에만 최소한도로 쓰는 것이 바람직하다. 대체로 다음과 같은 것들이 공간적 배열에서 접속 어구로 쓰인다.

- 그 앞에, 그 옆으로, 그 위로, 그 아래로, 왼쪽으로, 양쪽으로…
- 가까이, 근처에는, 멀리, 조금 떨어져서, 저 건너편에…
- …에 이르면, …에 들어서면, …를 나오면…

넷째, 공간적 변화에 따라 글을 쓸 때에도 논리적 추론의 과정을 통해 어떤 인식에 이르는 모습을 보여주는 것이 좋다. 공간의 변화에 따라 글을 진행하는 곳곳에서 그 변화가 생긴 원인이나 이유를 밝힌다거나, 맨 마지막에서 공간의 변화에 따른 현상을 아우르면서 어떤 새로운 인식을 이끌어낼 때 무미건조한 나열에서 벗어날 수 있기 때문이다. 다음의 〈예시11〉에서는 외출하고 돌아온 사이에 달라진 모습을 곁들여가며 자기 방을 묘사한 후, 그 달라진 이유를 추론하는 것을 마무리로 삼고 있다.

〈예시 11〉

이층으로 향하는 계단을 한달음에 뛰어 올라가면 제일 먼저 아기 예수를 안고 있는 성모 마리아 석고상과 만난다. 대대로 가보처럼 소중하게 다뤄지는 이 성모상 옆에 내 방이 있다. 내 방의 왼편에는 시어머니가 선물하신 '딸을 위한 기도'가 동판에 쓰여 걸려 있고, 시집올 때 혼수로 장만해온 장롱에는 십자가 노리개가 열쇠구멍마다 매달려 있다. 오늘 아침에 책꽂이에 꽂아놨던 성경책이 어느새 경대 위에 올라와 있고 방에 있는 못마다엔 교회 행사 후에 받아온 휘장들이 마치 열매처럼 매달려 있다. 오늘 아침까지만 해도 가방을 걸어놓으려고 박아놓은 책상 왼쪽면의 못에는 아무 것도 걸려 있지 않았는데, 지금은 산뜻한 휘장이 빛나고 있다. 빈 벽에는 '서울 침례교회' 라고 인쇄된 달력이 유난히 크게 걸려 있다. 시어머니의 배려(?)이시다. 내가 성전에 나가질 않으니 성전을 내게 옮겨다 주신 모양이다.

그렇다면, 다음 〈예시12〉의 소재들 중 하나를 택하여 공간적 배열의 방법에 따라 한 문단을 써보면 어떨까?

〈예시 12〉

① 할인매장 풍경

② 내가 잘 가는 식당

③ 우리 학교 캠퍼스

④ 내가 좋아하는 경치

⑤ 연예인의 모습

⑥ 연극 무대

⑦ 영화의 첫 장면

(3) 문단을 펼치는 원리

앞서 한 문단은 소주제문과 뒷받침문장으로 이루어진다는 점을 지적했다. 그렇다면 이 두 요소에 해당하는 문장들이 서로 뒤섞여 있으면 자연스레 하나의 문단이 되는 것일까? 그렇지는 않다. 각 문장들이 모여 제대로 된 하나의 문단을 이루기 위해서는 그 각 문장들의 내용과 위치가 문단과의 관계에서 개연성 있게 설정되어야 하고, 그 문장들에 의해 짜인 한 문단은 문단 나름의 요건을 갖추어야 한다.

이제부터 검토할 문단을 펼치는 원리는 대체로 한 편의 글에서 문단과 문단을 엮는 원리로도 확대할 수 있는 것들이다. 특히 통일성과 일관성, 연속성의 요건은 한 문단을 짜는 원리이면서 동시에 한 편의 글에서도 꼭 지켜야 할 중요한 사항이므로 확실히 정리해두는 게 유익하다.

첫째로 강조할 점은, 한 문단 안에 쓸 만큼만 대상의 범위를 제한하되 너무 큰 범위를 택하지 않도록 한다는 것이다. 하나의 문단은 그 문단에서 소화할 수 있는 정도로 논의 대상을 제한해야 한다. 한 문단으로 쓰기에 지나치게 큰 주제를 잡았을 경우, 자세하고 구체적인 설명이 뒤따를 수가 없어 용두사미 꼴이 되기 쉽다. 소주제가 설득력 있게 전달되지 않는다면, 그 소주제가 아무리 의미 있는 것이라 해도 소주제로 대접받기가 힘들다. 따라서 다음의 〈예시1〉에서처럼 자신이 충분한 뒷받침을 할 수 있는 생각이 소주제가 되어야 하며, 또 그렇게 되도록 문단의 내용을 설정해야 한다.

〈예시 1〉

우선 우리 스스로가 독서에 붙은 조건들을 가능한 한 벗어 버려야 한다. '좋은 책을 골라야 한다', '독서를 통해 유익한 점을 발견해야 한다'는 등의 잠재적 구속에서 벗어날 때, 책의 본래 모습이 눈에 들어오게 될 것이다. 책을 읽어서 무슨 이득을 얻겠다든지 어떤 경험을 쌓겠다든지 하는 것은 숙제를 위해서 책을 읽는 것과 다를 바 없다. 필요에 의해 책을 읽어야 할 경우는 여기서 말하는 독서의 범주에서 제외된다. 그것은 독서라기보다는 일종의 작업이기 때문이다. 약을 캐거나 나무를 하러 산을 오르는 것이 등산이 될 수 없는 것과 같다. 책은 그냥 좋아서 읽어야 한다. 읽을 책을 고를 때 장정이 예뻐서 살 수도 있고, 제목이 맘에 들어서 살 수도 있으며, 저자에 대한 호기심 때문에 살 수도 있어야 한다.

(정하영, "조건없는 글읽기를 위하여")

둘째, 한 문단을 제대로 펼치기 위해서는 통일성의 요건을 지켜야 한다는 점이다. 여러 문장을 하나의 중심생각이 드러나도록 묶는 것이 통일성의 요건이다. 따라서 통일성이 없으면 각 문장들은 생각들의 단편에 불과할 뿐, 하나의 중심생각으로 환원되지 못한다.

그러므로 한 문단이 통일성을 유지하려면 내용의 측면에서 통일성의 요건을 깰 이야기를 그 문단에 포함시키지 말아야 한다. 글을 쓰다보면 내친 김에 또는 버리기가 아까워 통일성을 깰 이야기까지 한 문단에 포함시키는 경우가 생기는데, 이를 과감히

버리는 용기가 필요하다.

문단의 통일성은 행 바꿈을 잘못하여 깨어지는 수도 많다. 내용 전개상 마땅히 한 문단으로 묶어야 할 것을 나눠놓아, 글 전체의 관점에서 보면 문단 나누는 기준의 통일성이 깨어지는 경우가 있다. 내용이 비록 하나의 소주제에 따라 통일되어 있더라도 그에 따른 형식을 갖추지 않으면 그 내용을 효과적으로 전달하지 못하게 된다.

문체의 측면에서도 통일성의 요건을 지키는 것이 필요하다. 문체는 글의 성격이나 글쓴이가 주제를 드러내는 방식에 따라 달라질 수 있다. 가령, 객관적으로 자신의 주장을 개진하는 글이라면 구어체의 지나친 사용이 글의 분위기를 깰 수도 있기 때문이다.

또한, 개념에 알맞은 말을 사용하는 것도 통일성의 요건을 지키는 방법이 된다. 전달하고자 하는 개념을 정확하게 가려 그에 합당한 단어를 찾도록 노력해야 한다. 그리고 개념에 맞는 단어를 선택했으면 그 개념에 대해서는 그 단어를 선택하는 식의 엄격함이 필요하다. 개념과 단어의 이런 조응은 글의 통일성을 유지시키는 기초가 되는데, 다음의 〈예시2〉에서 (1)은 '말'과 '언어', '단어'를 구별해야 할 자리를 혼동하여 개념의 정확한 전달에 실패한 경우이고, (2)는 이를 고쳐본 것이다. 두 문단을 비교해보고, 자신의 경우에도 그런 실수를 하지는 않는지 반성해보자.

〈예시 2〉

(1) 말은 사회상의 변동에 따라 크게 영향을 받는데, 특히 단어의 경우 그러한 현상이 잘 나타난다. 가령 조선시대에 가족제도가 크게 발달하자 가족 간의 호칭에 대한 많은 말들이 생겨났다. "아버지"라는 말만 예로 들더라도 놀라울 정도다. 자기의 아버지냐, 남의 아버지냐, 또는 살아계신 아버지냐, 돌아가신 아버지냐에 따라 다 각각 달리 부르며 또 복잡한 가족 사이의 관계를 나타내기 위해 그것에 맞도록 언어가 발달하였다.

(2) 언어는 사회상의 변동에 따라 크게 영향을 받는데, 특히 단어의 경우 그러한 현상이 잘 나타난다. 가령 조선시대에 가족제도가 크게 발달하자 가족 간의 호칭에 대한 많은 단어들이 생겨났다. "아버지"의 호칭만 예로 들더라도 자기의 아버지냐, 남의 아버지냐, 또는 살아계신 아버지냐, 돌아가신 아버지냐에 따라

다 각각 달리 부르고 있어 놀라울 정도이다. 또한 복잡한 가족 사이의 관계를 나타내기 위해 그것에 맞도록 단어가 발달하였다.

셋째, 문단은 일관성이 있어야 한다는 점이다. 일관성이란 앞뒤의 내용이 논리적으로 이어짐을 뜻한다. 하나의 문단은 그것의 소주제와 그것을 설명해 주는 뒷받침문장들이 일정한 순서를 가지고 논리적이고 명료하게 상호 연관되어 있을 때 일관성을 가졌다고 할 수 있다.

통일성이 갖춰졌다고 해서 일관성이 보장되는 것은 아니다. 비유컨대 온갖 책들이 함부로 쌓여있는 것은 통일성도, 일관성도 없는 상태이다. 이들을 분야별로 구분해 놓는다면 각각은 통일성을 달성했다고 볼 수 있다. 그러나 이들 각 분야의 책이 무질서하게 모여 있다면 일관성은 결여된 상태이다. 출판연대 순서나, 가나다 순서 등 일정한 질서를 가지고 정돈되어 있을 경우 비로소 일관성이 달성되는 것이다. 이런 관점에서 다음의 〈예시3〉을 살펴보자.

〈예시 3〉

수필은 수필가의 생활이 곧 소재다. 수필가는 자기의 생활을 소재로 수필을 쓴다. 그러면 모든 생활이 다 수필이 되는가? 그럴 수는 없다. 아무거나 생활이면 다 수필이 될 수는 없다. 우리의 생활이라는 것이 그지없이 사소하고 하찮은 것투성이가 아닌가? 특별한 생활이면 수필의 소재가 된다. 그러나 특별한 생활을 영위하는 사람만이 수필을 쓸 수 있다는 말은 아니다. 하찮은 생활의 더미 속에서 값진 것을 발견해내는 밝은 눈이 있으면 된다. 금괴가 그대로 굴러있는 노천금광은 그리 흔하지 않다. 대부분의 금광은 땅 속 깊은 곳에 있다. 깊은 땅 속을 뚫고 들어가 바위에 싸라기처럼 박힌 금싸라기를 쪼아 내게 되어 있다. (유병석, "수필과 생활")

넷째, 문단은 연속성이 있어야 한다는 점이다. 연속성이란 각 부분들의 연결이 매끄럽게 연결되는 것을 의미한다. 이 연속성을 나타내기 위해서는 이음말을 적절하게 사용하는 방법과 앞 문장의 어떤 단어나 한 구절로 새 문장을 시작하는 방법, 다른 장치 없이 논리적인 배열만으로 긴밀한 연관관계를 보여주는 방법 등이 있다. 그렇다면 다음의 〈예시4〉는 어떤 방법으로 연속성의 요건을 충족시키고 있는지 살펴보자.

〈예시 4〉

야구에 참가하면 희생정신이 길러진다. 특히 아마추어 야구에서는 더욱 그러하다. 원 아웃에 주자가 3루에 있을 경우 타석에 들어선 타자가 안타나 홈런을 치면 더 좋겠지만 1점의 점수가 승패를 좌우하는 상황이라면 그것을 포기하고 외야에 큰 플라이 하나를 선택해야 한다. 왜냐하면 외야에 플라이가 안타나 홈런보다 치기 쉽기 때문이다. 자기는 비록 외야 플라이 아웃이 되지만 3루에 있던 주자는 홈인하여 자기가 소속한 팀이 1점을 얻게 된다. 그래서 그 경기를 승리로 이끌어 갈 수 있는 것이다. 팀의 승리를 위해 개인적으로 타율을 높이거나 홈런의 개수를 늘리게 되는 기회를 포기하는 것이다.

다섯째, 도입부가 지나치게 길어서는 안 된다는 점이다. 글을 쓰다 보면 하고 싶은 이야기를 이끌어내기 위한 도입부를 따로 두게 되는 경우가 있다. 그런데 다음의 〈예시5〉에서처럼 도입부를 자세하게 서술하느라 자칫 해야 할 이야기를 놓쳐버리는 경우, 그 도입부가 아무리 훌륭하다고 해도 글 전체와의 관계에서 보면 없느니만 못한 꼴이 되고 만다.

〈예시 5〉

나는 일 년 전쯤에 아주 끔찍한 교통사고를 목격했는데, 그것은 그야말로 내 생애 중 가장 비참한 경험 중의 하나였다. 나는 방학을 맞아 부산에 있는 친구에게 가는 길이었다. 오전 10시에 터미널을 출발한 고속버스는 마침 퍼붓기 시작한 소나기를 맞아가며 시속 100km 정도의 속도로 달리고 있었다. 나는 대학생이 되어서 처음 맞이한 여름방학을 어떻게 보낼까 하는 궁리로 매우 즐거웠다. 부산에 도착하면 나를 맞아 줄 친구와 여러 곳을 여행하며 나에게 주어진 자유의 시간을 만끽하리라 생각했다. 그런 나의 기분을 알고 있듯이 고속버스 안내양이 틀어놓은 라디오에서는 흥겨운 노랫소리가 흘러나오고 있었다. 그것은 금속성 물체끼리의 거대한 충돌이었다. 유리가 깨지고 사람들의 비명소리가 들렸다. 사고를 목격한 나는 부산에서의 즐거운 계획을 까맣게 잊게 되었다.

이제, 다음에 제시한 〈예시6〉의 문단들을 살펴보고, 문단을 펼치는 원리가 제대로 지켜지고 있는지 검토해보자. 좀 더 적극적인 연습이 되려면, 잘못된 부분을 찾아 다시 써보는 게 필요하다.

〈예시 6〉

① 지금까지 글을 써 본 경험을 얘기하려고 하니까 글다운 글을 써 본 경험이 없다는 사실이 새삼 부끄러워진다. 편지 한 장도 제대로 채울 수 없어 안타까웠던 적이 한두 번이 아니다. 언제나 의사표시가 제대로 전달되지 않은 것 같은 답답함이 있었으나 어떻게 고쳐야 하는 것인지, 어디가 잘못된 것인지조차 감을 잡을 수 없었다. 생각나는 대로 두서없이 제멋대로 쓰일 뿐만 아니라 언어가 자꾸 반복되고 딱딱해진다. 흰 종이는 내게 심적인 부담을 주었고, 이는 문과 공부를 하는 나의 치명적인 약점이었다. 글 쓰는 데에 대한 콤플렉스, 잘 쓰고 싶지만 그렇게 되지 않는 데에 대한 좌절과 초조가 나를 글쓰기 수업으로 이끌었다.

② 침묵을 익히려면 우선 인내력이 있어야 한다. 입술로 새어 나오려는 의미 없는 소리가 말이 되도록 하기 위해서는 꿀꺽꿀꺽 참을 수 있어야 한다. 자기 자신에게나 듣는 쪽에 덕이 될 수 없는 말은 한낱 소음에 지나지 않음을 알아야 한다. 말에 침묵이 깔리지 않으면 메아리가 없다. 그렇기 때문에 사람끼리 나누는 진정한 대화에는 항상 침묵이 함께 해야 한다. 이 침묵 안에서 마음의 길이 이어진다.

③ 나는 책 구경 다니는 것을 좋아한다. 책 내용을 다 읽는 것이 아니라 제목이나 지은이의 말, 겉표지 등을 구경하면서 책에 대한 선입견(?)을 갖는 것이다. 주말이나 방학이 되면 내 발길은 자연히 서점으로 향하고, 그렇게 책을 쓰다듬으면서 다니는 것이 하나의 일이 되었다. 그러다 어떤 책에 대한 선입견이 점점 깊어지면 자연히 그 책의 진실된 모습이 보고 싶어진다. 과연 나의 선입견이 올바른 것인지를 확인하고 싶어지고 결국 책을 사보게 된다. 그것은 마치 겉으로만 판단해왔던 사람과 단 둘이 오붓하게 만날 때처럼 설렘과 기대로 나를 짜릿하게 만든다. 그렇다면 과연 사람과도 이런 관계가 이루어질 수 있을까? 사람에게 선입견을 갖는 것은 물론 좋지 않다. 그러나 그 사람에 대한 아무런 상상과 기대 없이 사귄다면 너무 밋밋하지 않을까? 어쨌든 나와 책의 만남은 이런 식이다. "서고는

넓고 읽을 책은 많은데, 그렇게 해서 언제 그 많은 책을 다 읽습니까?" 하고 반박해도 난 할 말이 없다. 책 한 권이라도 절실한 심정으로 만날 수 있으니, 그저 만족할 따름이다.

④ 신문은 인간 세상에서 실제로 일어나는 모든 일들을 담고 있다. 즉 신문은 인간의 삶이 담긴 가장 보편적이고 대중적인 일일 역사서이다. 그러므로 신문만 잘 읽어도 인간 세상의 굵고 자잘한 일들을 이해하기 위한 기초적인 배경 지식은 충분히 얻을 수 있다. 이러한 배경 지식은 자신이 소속된 사회의 구성원으로 살아가는 데 필요한 최소한의 공통 지식이며, 다른 읽을거리들을 충분히 이해할 수 있도록 도와주는 기반 역할을 해준다. 또한 신문에는 세상을 바라보는 다양하고 깊은 시각이 배어있다. 신문은 나름대로의 시각으로 선택되고 배열된 기사들을 통해서 세상을 먼저 읽어주기 때문이다. 따라서 신문을 주의 깊게 읽으면 세상을 읽는 시각과 방식을 배울 수 있고, 이는 곧 읽는 방식 자체를 배우는 수준 높은 읽기가 된다.

3. 문단과 문단 엮기

문단과 문단을 엮어 한 편의 글로 완성해내는 것은 자신이 잡은 주제를 명확하고도 충분하게, 구체적으로 설명하는 것을 의미한다. 즉, 한 편의 글에서 잡은 주제의 가능성을 실현하는 것이 문단과 문단을 엮어나가는 작업이다. 하나의 전개되지 않은 논의는, 여행 계획을 세워놓았으나 실제로 여행을 떠나지는 않은 상황과 같다. 이것은 좋은 글, 멋진 글이 될 수 있다는 가능성을 갖고 있다는 점에서는 흥미롭지만, 이 가능성들은 단지 머릿속에만 잠재해 있을 뿐이다. 그러므로 이를 뚜렷하고 생생하게 하기 위해서는 그 가능성들을 전개시켜 좀 더 명확하게 해야 한다.

한 편의 글은 여러 개의 문단으로 이루어져 있다. 물론, 이 문단들은 궁극적으로 주제를 나타내기 위해 존재하는 것들이다. 앞서 배운 문단의 개념과 전개 원리를 다시 떠올려보면 도움이 될 것이다. 따라서 한 편의 글에서 여러 개의 문단들은 그 속에 간직하고 있는 소주제들끼리 서로 긴밀히 연결되면서, 동시에 글의 주제를 중심으로 통일성을 유지하면서 이어지지 않으면 안 된다. 이 장에서는 한 편의 글이 갖는 기본적인 구성을 통해 문단과 문단을 엮어나가는 방법과 원리를 정리하고자 한다.

(1) 글을 시작하고 끝맺기

① 특수문단의 특징

한 편의 글은 내용의 전개과정에 따라 도입문단, 중심문단, 종결문단의 세 부분으로 구성된다. 도입문단과 종결문단은 글을 시작하거나 끝맺는 목적을 위해 쓰이기에 특수문단이라고 하며, 본론에 해당하는 중심문단은 일반문단이라고 하여 내용의 핵심요소들인 소주제를 뒷받침하면서 글을 전개하는 기능을 한다.

한 편의 글에서 특수문단은 일반문단과는 다른 특징이 있다.

첫째, 문단을 만드는 목적이 다르다는 점이다. 중심문단의 목적은 논지를 분명하게 구체화하여 글쓴이의 생각이나 주장을 전달하려 하는 데 있다. 하지만, 도입문단과 종결문단은 글을 시작하고 끝맺는 기능에 충실하면 되므로 전달하려는 내용의 측면보다는 전달의 효과에 대해 신경을 쓰게 된다.

도입문단은 서론부분에 해당되는 것으로 본격적인 내용 전개에 들어가기 전에 예비적인 서술을 하는 문단이다. 대개의 경우에는 일반적인 제재를 이야기하면서 차츰 그 제재를 한정시켜 어떤 하나의 초점으로 집중시키게 된다. 이렇게 도입문단은 그 글이 택한 주제에 대한 정보나 예비지식을 줌으로써 갑작스럽게 본론으로 들어가는 돌연한 글쓰기가 되지 않도록 하는 역할을 한다.

도입문단의 또 다른 역할은 무엇보다도 읽는 이의 관심과 흥미를 불러일으켜서 그 글을 읽도록 만들게 하는 데 있다. 그렇기 때문에 읽는 이의 관심과 호기심을 유발할 수 있는 신선함과 독창성이 살아나면 더욱 효과적이게 된다. 이렇게 도입문단은 제재에 대한 읽는 이의 관심을 끌고, 필요할 때에는 읽는 이에게 그것을 설명하면서 제재에 대한 논의를 이끌기 위해 마련된 것이다.

종결문단은 글의 결론부분에 해당되는 것으로 앞서 이야기한 것을 정리하면서 종합적으로 끝맺는 기능을 한다. 글이 끝났다는 느낌을 확실하게 주고 글의 완성도를 높이기 위해 종결문단은 중심문단에서 논의를 끝내고 난 뒤 그것을 간단히 요약하거나, 가능하다면 마지막 진술에서 주요점을 언급하기 위해 만들어진다. 물론 읽는 이에게 깊은 생각과 만족을 남겨주기 위해 마련되기도 한다.

둘째, 특수문단에서는 구체적이고 상세한 논의보다는 일반적이고 종합적인 논의를 하는 쪽으로 소주제를 잡는 것이 좋다는 점이다. 특수문단은 주제 문장을 이끌어가는데 있어서 구체적인 것보다는 일반적인 것을 언급하고, 상세한 것보다는 뭉뚱그려 이야기하는 경향이 있다. 그런 점에서 구체적인 논의는 오직 중심문단에서만 필요하게 된다.

도입문단은 본격적인 내용의 전개에 들어가기 전에 예비적인 서술을 하는 부분이므로, 앞으로 전개될 내용이 무엇인지를 충분히 암시해야 한다. 그래서 이 부분에서는 무엇에 대해 어떻게 볼 것인지를 분명히 하는 것으로 시작하되, 이를 가장 일반적인 용어로 표현한다. 그렇다고 해서 본론의 내용과 너무 거리가 멀면 좋지 않다. 왜냐하면 본론에서 펼칠 내용을 유도해야 비로소 예비적인 서술로 의미를 지니기 때문이다. 따라서 도입문단은 일반적인 쓸거리를 이야기하면서 시작하더라도 차츰 그 쓸거리를 한정하여 어떤 하나의 초점으로 집중시켜야 한다. 그리고 그 초점은 가능한 한 간결한 한 문장으로 드러나는 것이 곧이어 본론을 이어나가는데 도움을 준다.

종결문단 또한 글의 뒷부분에 온다는 차이는 있지만, 도입문단과 비슷한 기능을 갖는다. 종결문단에서 제재에 대한 마지막 논평을 한다 하더라도 제재에 대한 더 이상의 구체적인 논의는 하지 않기 때문이다.

셋째, 특수문단은 문단의 길이가 중심문단에 비해 비교적 짧다는 점이다. 중심문단은 도입문단에서 제시한 논점을 풀어 쓰거나 논증해야 하기 때문에 자연히 여러 개의 문단으로 이루어진다. 반면 도입문단은 독자의 주의를 환기하면서 중심문단에서 다룰 논점을 제시하고, 종결문단은 중심문단에서 다룬 내용을 정리하여 글을 맺어주는 역할을 하는 것으로 한정되기 때문에 한 문단 정도의 길이면 충분하다. 일반적으로 특수문단에 해당하는 문단의 길이는 너무 길거나 짧지 않게 약 3-5문장 정도가 적당하다.

다음의 〈예시1〉은 불모지나 다름없는 번역문학에 대해 중요하고도 시급한 몇 가지 문제들을 지적하고 있다. 이런 주제에 대한 글쓴이의 의도가 잘 살아날 수 있도록 도입문단과 종결문단이 제대로 만들어졌는지를 살펴보자. 그리고 보다 효과적인 방법으로 도입문단과 종결문단을 만들어보자.

〈예시 1〉

번역문학이란 말이 있다. 번역도 문학이란 말인가 하고 의아해 할 사람도 없지 않을 것이다. 그러나 번역도 엄연히 문학이다. 물론 우리나라에 번역을 전문적으로 가르치는 학과는 아직 생기지 않았다. 이는 외국어 통역을 전문적으로 가르치는 기관이 성업 중인 것과 비교하면 매우 대조적이다. 번역이 문화부문에서 차지하는 비중을 생각해본다면 우리나라에도 하루바삐 번역학 혹은 번역문학에 대한 인식의 재고가 있어야 될 것이다.

우리나라 번역 출판물에 문제가 많다는 것은 누구나 다 아는 사실이다. 이는 전문 번역자가 극히 부족하다는 데서 기인한 현상이 아닐 수 없다. 번역이란 단순히 외국어를 우리말로 옮기는 기능적인 차원의 일이 아니다. 거기엔 언어에 대한 남다른 감수성과 행간의 의미를 꿰뚫어보는 직관력, 그리고 풍부한 문화적 식견이 요구된다. 하지만 불행히도 우리나라엔 이런 여러 요소를 두루 구비한 번역문학가가 극히 희소한 실정이다. 영어권 서적의 번역자로 안정효, 이윤기 씨가 높은 명성을 얻고 있을 따름이다. 이는 이 두 사람이 뛰어난 영어 실력 못지않게 소설가로서의 문장 구사력을 갖고 있기 때문에 가능한 일일 것이다. 이 두 사람이 마르케스 같은 스페인어권 작가나 카잔차키스 같은 그리스 작가의 작품을 발굴하여, 비록 중역(重譯)이긴 하지만 우리말로 소개한 것은 해당 언어권의 번역자가 부재하다는 사실을 다시금 일깨워주는 일례라 할 수 있다.

그렇다면 우리 번역문학의 수준 향상을 위해 해야 할 일에는 어떤 것이 있을까. 장기적으로는 번역에 대한 사회적 인식 자체가 바뀌어야 하겠지만, 보다 시급히 요구되는 것으로는 번역료의 인상을 들 수 있다. 현재와 같은 열악한 액수로는 도저히 번역에 매진할 고급인력을 확보할 수 없을 것이다.

② 도입문단 만들기

도입문단은 글의 성격에 따라, 글쓴이의 취향에 따라 다양하게 만들어진다. 글의 시작 부분에서부터 읽는 이의 관심과 호감을 받게 하기 위해서는 글쓴이의 개성과 감각이 돋보일 수 있게끔 여러 가지 방법들을 모색해야 할 것이다. 글의 성격이나 글쓴이의 취향과 개성에 따라 가능한 방법은 얼마든지 많을 것이지만, 도입문단을 만드는 방법을 간략히 정리해 보면 다음과 같다

첫째, 글의 주제가 되는 내용을 직접적으로 제시하는 방법이다. 흔히 제목에 의존하여 글을 시작하는 방법이 여기에 속하는데, 다음 〈예시2〉의 (1)은 제목 자체가 주제를 강하게 함축하고 있는 경우로, 도입문단에서부터 이런 제목을 풀어 설명하고 있다. 그렇기 때문에 도입문단은 자연스레 글에서 다루고자 하는 주제를 강하게 시사하면서 호기심을 돋우는 역할을 하고 있다. 또한, (2)에서처럼 글의 주제를 이루는 낱말이나 개념에 대한 정의를 내리면서 글을 시작하는 것도 도입부를 만드는 훌륭한 방법이 된다.

(3)에서처럼 글의 주제와 그 주제를 펼쳐나가는 방식을 미리 보여줌으로써 글쓴이의 생각이나 주장을 보다 효과적으로 전달할 수도 있다. 이는 도입문단에서 글의 주제와 그 주제를 펼치는 방식을 제시함으로써 글의 윤곽을 미리 잡아보는 경우로, 특히 논술이 중심인 글의 경우에는 글의 윤곽을 미리 제시해주는 것이 효과적이다.

그리고 (4)에서처럼 문제를 하나 제기함으로써 글에서 다룰 내용을 제시하는 방법이 있다. 글의 첫 부분을 질문으로 시작하여 글에서 다루고자 하는 문제에 대한 읽는 이의 관심을 환기시키는 경우로, 주제에 따라서는 기존에 인정되어온 사실에 대한 반대 생각이나 의문을 제기하면서 도입부를 시작하기도 한다.

〈예시 2〉

(1) 한국사회에서 여대생(女大生)은 어떤 존재인가. 대학에서 그들은 누구인가. 대학을 졸업한 후에 중산층 혹은 상류층으로 편입되어갈 것이 예상되는 계층인가. 사회의 비판세력으로 새롭게 부상하여 한 가지라도 애쓰며 함께 할 여대생(與大生)인가. 대중화 시대에 양산되는 여대생(餘大生)인가. 그들은 대학에 어떤 기대와 포부를 갖고 들어오는가.

(권혜진, "여대생(與大生)과 여대생(餘大生) 사이")

(2) 뚜렷한 원인과 병명을 모르는 내과적(內科的) 질병을 예전엔 '화병(火病)',

또는 '속병' 이라고 두루뭉수리로 불렀다. 전문적인 의술이 제대로 보급되기 전 한방(漢方)과 민간요법에 질병의 진료를 전적으로 의존하던 시절의 얘기다. '속을 태운다' 거나 '화를 끓인다' 는 일상적인 표현에서도 알 수 있듯이 질병의 원인을 심한 걱정과 울화 때문에 심리적인 균형과 안정이 흔들리는 데서 찾았던 것이다. (중앙일보 칼럼, "화병(火病)")

(3) 한(恨)에 대한 언급이 어제 오늘 보이기는 하나 그것들은 대체로 불완전한 접근이라는 점에서 있어야 할 한(恨)의 논리로 자랑스럽게 내걸 수 있는 것은 아직 눈에 띄지 않고 있다. 그렇다면 우리가 민족의 보편적 감정으로 삼고 있고, 민족의 어떤 특질 및 서양에까지 널리 관련되고 있는 한(恨)의 개념화는 불가능한 것인가. 이 글의 목적은 민족감정으로서의 한(恨)의 근거를 추적하고 한(恨)의 감정적 지속이 어떻게 이루어져 왔는가를 알아보는 데 있다.

(고 은, "한(恨)의 성찰")

(4) 우리에게 타자(他者)란 무엇일까. 우리의 이웃, 더 나아가 타국인 혹은 타문화는? 특히 지리적 국경이 점점 더 무의미해지는 정보화와 경쟁시대의 타자는 대체 무엇이어야 할까? (최 윤, "타인에 대한 이해")

둘째, 간접적으로 글의 주제를 시사하는 방법이 있다. 다음 〈예시3〉의 (1)에서처럼 가장 흔하게는 속담이나 격언 등을 인용하는 경우이다. 또한 (2)의 경우에서처럼 감명 깊은 시의 한 구절이나 소설의 인상 깊은 구절을 인용하는 것도 흔히 쓰이는 방법이다.

일화나 비유문으로 글을 시작하기도 한다. (3)에서 보다시피, 일화나 비유문을 통해 본론에서 자세하게 논의할 사항에 대한 언급을 하는 것은 읽는 이의 호기심을 자극하고 글의 분위기를 한층 여유 있게 만들어줄 수 있다.

또한, (4)의 경우에서처럼 어떤 사건의 절정이나 전조(前兆)에 대한 진술을 함으로써 주제를 암시하는 것도 도입문단을 만드는 방법으로 효과적이다. 대상이 되는 영화의 인상 깊은 장면을 직접 제시함으로써 이와 관련된 이야기를 보다 쉽게 끌어내는 효과를 얻어내고 있기 때문이다.

덧붙여, 펼치고자 하는 내용과 관련된 경험담이나 시사적 사건 등을 제시하는 방법도 있다. (5)에서 보는 바와 같이 신문기사의 형식을 취하여 사건의 개요를 밝힌다든지, 자신의 주위에서 일어난 사건이나 실제 자신이 겪은 경험으로 글을 시작함으로써 읽는 이의 주의를 새롭게 집중시킬 수 있기 때문이다.

〈예시 3〉

(1) '더도 말고 덜도 말고 팔월 한가위만 하여라.' 이는 추석 하면 생각나는 옛말이다. 비슷한 말로 '팔월 한가위엔 가난한 집 며느리 배덧이 난다' 라는 속담이 있다. 농경사회에서 그야말로 제일 굶주리는 배였을 며느리마저 추석 명절엔 실컷 채워진 배로 행복감을 맛보았을 거다. 하지만 산업사회인 이 시대에도 과연 추석은 우리 모두에게 명절일까? (여성신문, "누구를 위한 명절인가")

(2) 어느 시인은 "내 인생의 8할은 바람이다"라고 했지만, 내 인생의 8할은 책이다. 너무나 절망스러워 세상을 버리자고 결심하던 삶의 극단에 섰던 순간에도 내 옆에 책이 있었고, 영혼의 허기로 불안에 휩싸여 방황하던 순간에도 내 옆에 책이 있었다. 책은 유혹이고, 매혹이고, 반역이고, 혁명이고, 그리고 운명이다. 아주 짧은 삶이긴 하지만 책 없는 나의 삶이란 상상할 수 없다. 책은 내 혈관에 피를 채워주었고, 내 몸의 살이 되었다. 내가 읽은 책들은 내 삶의 숨결이 되었고, 그것은 그 자체로 내 삶의 궤적이 되었다. 얼마나 많은 책들이 나를 거쳐 지나갔는가. 내가 읽은 그 많은 책들은 무지로부터 나를 일으켜 세웠고, 나날의 혼란스러운 체험들에 성찰의 빛을 주었고, 엄청난 정서적 위안과 활력을 주고 끊임 없는 나태와 통속화에 주저앉으려는 유혹으로부터 구해줄 뿐만 아니라 내 운명을 만드는 데 기여했다. 내 인생의 너무나 많은 부분을 책에 빚지고 있으므로 "내 인생의 8할은 책이다"라는 말은 조금도 과장이 아니다.

(장석주, "내 인생의 책들")

(3) 송나라 원찬의 〈묘덕선생전〉이란 글에 그 샘물을 마시면 돌아버리는 광천(狂泉)이야기가 나온다. 나라 안에 샘이라고는 오로지 그 광천 하나밖에 없기에 나

라사람들이 그 물을 마시고 미치지 않은 사람이 없었다. 오로지 임금만이 궁중 샘물을 마셨기에 미치지 않고 무사했다. 그런데 나라사람들은 오히려 미치지 않은 임금이 미쳤다 하여 그 병을 낫게 한답시고 침을 놓고 뜸을 뜨곤 하는 바람에, 임금은 그 고통을 못 이겨 광천물을 마시고 미쳐 버렸다는 이야기이다. 인생만사에 있어 다수(多數)가 선(善)이요 옳으며 가치가 있다는 허점을 빗대는 이야기요, 소수가 다수에 굴복되는 모순을 빗대는 우화이다.

(이규태, "전원일치(全員一致)")

(4) 영화 〈서편제〉의 마지막 장면. 어려서 헤어진 소리하는 누님 송화를 동호가 수소문 끝에 어느 주막에서 찾아낸다. 동호는 송화에게 소리를 청한다. 송화는 눈이 멀어 손님이 동생인 줄 모른다. 동호가 북채를 잡고 송화는 〈심청가〉 중 심봉사가 눈 뜨는 대목을 밤늦도록 부른다. 날이 새자 동호는 말없이 떠난다. 송화는 아버지 유봉이한테서 함께 소리를 배우던 어릴 때의 그 북장단 소리를 듣고 손님이 동호인 줄 알고 있었다. 송화는 동생에게 다시는 들키지 않을 곳을 찾아 길을 나선다.

(김성우, "서편제의 신기록")

(5) 신랑 신부가 영화의 남녀 주인공들처럼 고궁이나 공원을 돌아다니며 비디오 촬영을 한다. 비용은 4백만 원에서 5백만 원. 주택가 골목 또는 아파트에서 괴상한 가면을 쓴 젊은이들이 외친다. "함 사시오!" 실랑이 끝에 함진아비들에게 건네지는 돈은 대략 1백만 원. 공항 대합실에서 신부를 둘러싼 한 무더기의 여자들이 찧고 까불고 있고 그 옆에선 신랑 친구들이 신랑을 헹가래치는 모습이 보인다. 신랑 측이 신부 친구들에게 주는 이른바 '꽃값'이 대략 1백만 원. 요즘 결혼시즌을 맞아 흔히 볼 수 있는 몇 가지 풍경과 그에 따른 비용이다. 시대에 따라 결혼풍습도 변하는 건 당연하다. 인생의 가장 중요한 의식을 오래 기억되고 기뻐할 방식으로 치러보려는 것도 당연한 일이다. 그러나 문제는 그런 의식이 점점 야해지고 천박해지고 사치스러워지는 경향이 보인다는 점이다.

(중앙일보 칼럼, "꼴불견 결혼 세태")

③ 종결문단 만들기

첫째, 앞에서 이야기했던 글의 내용을 되풀이하는 방법이 있다. 즉, 결론에 이르기까지의 흐름을 읽는 이가 간결하게 파악할 수 있도록 한두 문장 정도로 주제에 대한 일반적인 언급을 하는 게 보통이다. 이는 흔히 쓰이는 방법으로 다음 〈예시4〉의 (1)과 같이 주제가 되는 명제를 재진술하거나, (2)와 같이 본론의 내용을 요약한다.

〈예시 4〉

(1) 이제 우리 사회는 더 이상 법의 이름으로, 형벌이라는 미명으로, 사회방위를 위해서라는 명분으로 국가가 살인하는 사형을 지체 없이 무조건적으로 폐지하여야 한다. 이 길만이 우리가 문명국가로 진입할 수 있는 길이며 법을 인간의 편으로 끌어들이는 길이다. (한기찬, "가정파괴범과 사형의 폐지")

(2) 민주주의를 실현하기 위해서는 국민들이 선거 때에는 돈 많이 쓰는 후보들에게 표를 찍지 않음으로써 타락선거를 추방하고, 평상시에는 관리들과 의원들을 감시하여 부패를 추방하여야 한다. 이러한 감시를 효과적으로 수행하기 위해 가장 필요한 것이 언론기관의 공정보도이다. 그러나 안타깝게도 대부분의 언론기관들은 대자본이 소유하고 있다. 따라서 언론기관의 편집권 독립은 민주주의를 위하여 반드시 쟁취되어야 한다. (이근식, "민주주의가 필요한 이유")

둘째, 남은 문제점이나 앞으로의 전망을 제시하는 방법이 있다. 다음 〈예시5〉의 (1)은 남은 문제점을 제시하는 방식으로 종결문단을 만들고 있다. (2)와 같이 개성과 문제의식이 돋보이는 글의 경우에는 독자에게 바라는 점을 주로 이야기하면서 여운이나 반향을 남길 수 있는 문장으로 글을 끝맺기도 한다.

〈예시 5〉

(1) 이제 출발점에서 다시 한 번 깊이 생각해보자. '공부를 하려면 유학을 가라'던 우리의 교수를 생각해보고, '여건만 허락되면 가보고 싶다'는 우리의 동료를 생각해보고, 대학입시에서 떨어져 유학을 생각하는 우리의 후배를 생각해보자.

"유학은 과연 좋은 것인가?" (박상옥. "해외지향파들의 환상과 현실")

(2) 주부들이 "제가 뭘 아나요?"라고 답변하는 것은 진짜 몰라서가 아니라 시집, 남편, 자식 등과의 관계를 원만히 해나가려다 보니 자연스럽게 갖게 된 '겸손한 태도'라고 한다. 사실 주부집단의 노동과 소비가 없다면 이 사회는 유지될 수 없다. 노동을 함으로써 의무는 다하고, 그에 따른 권리는 겸손의 미덕으로 다른 사람에게 돌리는 일은 주부들 스스로의 권익을 제대로 찾은 후에 해도 좋을 것이다. 지금은 우리가 이렇게 많은 일들을 하는데, 가정이, 사회가, 그리고 국가가 진정으로 우리에게 해 준 게 뭐냐고 따지는 일부터 시작해야 한다. 겸손은 그 다음에! (김미경, "혼자면 들리지 않는 목소리")

그렇다면, 다음 〈예시6〉과 같은 중심부를 살펴 도입문단과 종결문단을 여러 가지 방식으로 만들어보면 어떨까?

〈예시 6〉

어린이 프로그램의 남녀 주인공을 묘사하는 목소리의 문제를 지적할 수 있다. 대부분의 경우, 남자의 목소리는 힘차고 씩씩한 반면 여자의 목소리는 어리고 응석을 부리는 목소리이거나 가냘프고 고운 목소리이다. 주인공의 외모보다 목소리로 그의 성격과 행동의 특징을 파악하게 되는 경우도 많은데, 여자 등장인물의 유아적이고 연약한 목소리에는 적극적이고 독립적인 여자의 이미지라든가 활동적이고 자율적인 이미지는 나올 수 없다. 그 목소리의 여자에게는 언제나 남자의 보호와 도움이 필요하다는 느낌을 받게 한다. 특히 성우는 몇몇 소수에 한정되므로 이 요소 역시 만화 속에 나타나는 남녀의 이미지를 더욱 고정화시키는 쪽으로 작용한다.

(2) 문단을 엮는 원리

한 편의 글을 완성하기 위해서는 글의 각 부분에 해당하는 문단들을 잘 만드는 것뿐만 아니라, 각각의 부분들을 잘 엮어나가는 것도 중요하다. 글의 길이가 짧든 길든, 또 주제가 단순하든 심화되어있든 간에 글을 써나가는 과정에서 반드시 구비해야 할 기본적인 사항이 있다. 통일성과 연결성, 그리고 강조성의 원리가 그것이다. 통일성과 연결성과 강조성이라는 세 가지 원리는 글다운 글이 갖추어야 할 요건으로 매우 중요하기 때문에, 흔히 '수사학의 3대 원리' 라고도 불린다. 이는 앞서 한 문단을 만드는 요건으로 검토해본 것들이기도 한데, 이제 이것들을 한 편의 글이라는 차원에서 다시 살펴보고자 한다. 한 문단 쓰기에서 배운 것을 토대로 각각의 원리를 한 편의 글에서 연습해보자.

① 통일성 살리기

통일성의 원리란, 글의 주제와 그것을 뒷받침하는 재료들, 예컨대 문장, 문단, 소재 등이 내용상으로 일치해야 함을 뜻한다. 곧 글에 쓰인 모든 재료들은 주제를 뒷받침하는 것이어야 하고, 주제는 글에 사용된 모든 재료들이 모여서 나타내는 하나의 중심생각이어야 한다.

그렇다고 해서 내용의 측면에서만 통일성이 강조되는 것은 아니다. 형식적인 측면에서, 그리고 부차적인 부분에서도 통일성은 요구된다. 내용과 형식이 조화되어야 좋은 글이 되기 때문이다. 그러므로 통일성이란 글 전체에 적용되는 가장 중요한 원리라고 생각하면 될 것이다.

통일성 있게 글을 엮기 위해서는 주제와 관련 있는 내용만을 택하는 것이 필요하다. 한 편의 글을 쓸 때 통일성을 부여하는 방법은 주제를 중심으로 내용을 취사선택하는 것이 우선적이다. 한 편의 글에 통일성을 부여하기 위해서는 글을 쓸 때 주제가 선명히 드러날 수 있도록 재료들을 주의 깊게 선별하고, 주제와 관련이 없는 불필요한 재료라면 과감히 생략하는 태도가 필요하다.

이런 관점에서 다음 〈예시1〉과 〈예시2〉를 비교하면서 살펴보자.

〈예시 1〉

우리는 가끔 자기도 모르게 어떤 대상에게 마음이 끌리는 수가 있는가 하면, 반대로 아무리 애를 써도 사랑할 수 없는 대상을 발견하기도 한다. 왜 우리는 어떤 이는 사랑하게 되며 어떤 이는 사랑하지 못하게 되는 것일까? 이 글에서는 이런 물음 곧 사랑의 동기에 관해 살펴보기로 한다.

우리가 사랑을 하게 되는 동기의 하나는 아름다움을 추구하는 본성에서 비롯된다. 우리는 누구나 아름다움을 동경하고 있다. 누구나 예쁜 꽃을 보면 즐거워하고 아름다운 그림이나 음악에 마음이 끌린다. 같은 값이면 고운 빛깔, 아름다운 모양, 멋진 맵시를 찾으려 한다. 이처럼 아름다움은 어떤 대상에서도 우리의 마음을 강렬하게 끌어당기는 요인이 되어, 아름다움을 발견할 때 우리는 호감을 가지게 되며 마침내 사랑의 정서를 불러일으키게 된다. 물론 아름다움은 겉으로만 판단되는 것도 아니요, 또 그것이 우리의 마음을 끄는 유일한 요소도 아니다. 그러나 동일한 조건이라면 아름다운 곳에서 사랑의 싹은 자라기 마련임은 틀림이 없다.

"여자는 아름다워야 한다.", "여자는 무조건 예뻐야 한다."라는 말이 있다. 아름다운 여자만이 사랑을 받을 수 있다는 의미이다. 여기에서 말하는 아름다움이란 여성다운 태도나 성격, 용모를 말하는데, 특히 외모는 여자의 아름다움을 판단하는 거의 절대적인 지표가 된다. 누구나 주목받는 삶을 살고 싶어 한다. 따라서 여자는 누구나 자신이 미인이기를 바란다.

〈예시 2〉

우리는 가끔 자기도 모르게 어떤 대상에게 마음이 끌리는 수가 있는가 하면, 반대로 아무리 애를 써도 사랑할 수 없는 대상을 발견하기도 한다. 왜 우리는 어떤 이는 사랑하게 되며 어떤 이는 사랑하지 못하게 되는 것일까? 이 글에서는 이런 물음 곧 사랑의 동기에 관해 살펴보기로 한다.

우리가 사랑을 하게 되는 동기의 하나는 아름다움을 추구하는 본성에서 비롯된다. 우리는 누구나 아름다움을 동경하고 있다. 누구나 예쁜 꽃을 보면 즐거워하고 아름다운 그림이나 음악에 마음이 끌린다. 같은 값이면 고운 빛깔, 아름다운 모양, 멋진 맵시를 찾으려 한다. 이처럼 아름다움은 어떤 대상에서도 우리의 마음을 강렬하게 끌어당기는 요인이 되어, 아름다움을 발견할 때 우리는 호감을 가지게 되며 마침내 사랑의 정서를 불러일으키게 된다. 물론 아름다움은 겉으로만 판단되는 것도 아니요, 또 그것이 우리의 마음을 끄는 유일한 요소도 아니다. 그러나 동일한 조건이라면 아름다운 곳에서 사랑의 싹은 자라기 마련임은 틀림이 없다.

사랑을 불러 일으키는 다른 한 가지 요인은 진리이다. 우리는 본성적으로 거짓이 아닌 진실, 또는 진리를 희구한다. 오늘날 고도로 발달한 과학문명과 인류문화의 찬란한 꽃은 모두 진리를 향한 인간의 강렬한 욕구로 말미암은 것이라고 할 수 있다. 이는 결국 진리가 우리의 마음을 세차게 끌어당기는 힘, 곧 우리의 뜨거운 사랑을 불러일으키는 마력이 있음을 말해준다. 더구나 진리를 위해 헌신한 사람들을 역사적으로 살펴보면 재산, 명예, 지위 등 온갖 세속적인 욕망을 다 희생했음을 알 수 있다. 이와 같은 사실에서 우리는 진리야말로 가장 순수한 사랑의 동기를 부여하는 요인임을 깨닫게 되는 것이다.

우리가 사랑을 하게 되는 또 한 가지 동기는 선을 추구하는 본성에서 찾을 수 있다. 우리는 누구나 선량한 마음과 착한 행실을 보면 흐뭇한 마음을 가진다. 방정환 선생이 아니더라도 천진난만한 아이들의 착한 모습을 보고 흐뭇한 마음을 갖지 않는 이는 없다. 백합처럼 깨끗한 성자의 마음씨, 구슬처럼 맑은 순교자들의 일편단심을 보고 고개가 숙여지지 않는 이는 없다. 온갖 고통과 희생을 무릅쓰고 자식을 위해 헌신하는 어머니의 끝없는 마음에 감동을 느끼지 않는 목석은 없다. 반면 사악한 무리들의 행위를 보고 불쾌한 감정을 갖지 않는 이 또한 없다. 이는 결국 선이라는 가치가 우리의 호의와 사랑의 행위를 일으키는 또 하나의 요인이 됨을 역설해주는 것이다.

〈예시〉의 글들은 모두 사랑에 대해 쓰고 있다. 더 좁혀 말한다면, 도입문단에서 밝힌 바와 같이 사랑의 동기가 무엇인가 하는 부분에 대해 쓰고 있다. 그래서 중심문단의 처음 부분, 즉 둘째 문단은 사랑의 동기를 탐색하는 것으로 시작되고, 그 동기의 하나로 아름다움을 추구하는 본성을 끄집어내고 있다.

그런데 〈예시1〉의 경우 이런 중심문단의 시작이 그 다음 문단(즉 셋째 문단)에 가서는 여자의 아름다움으로 연상됨으로써 글의 주제를 흩어놓아 자연스레 글 전체의 통일성도 깨어지고 있다. 이것과 비교할 때 〈예시2〉의 경우는 중심문단들이 사랑을 하게 되는 여러 가지 동기들을 탐색하고 설명하는 데에 집중하여 도입문단에서 밝힌 글의 의도를 잘 살려내고 있다. 글 전체의 통일성이 이룩되고 있음은 물론이다.

이렇게 글의 주제와 관련이 없거나, 또는 글의 주제와 관련이 있다 하더라도 직접적인 연관성이 적은 내용은 글의 통일성을 해치게 된다. 흔히 글의 틀을 제대로 잡지 않은 채 머릿속 생각을 좇아 떠오르는 대로 글을 써나갈 때 이런 실수를 저지르기가 쉽다. 그러므로 글쓰기의 계획 단계에서 구상 개요를 철저히 작성하고 글쓰기 작업에 들어가는 것이 중요하다는 사실을 다시 한 번 명심해야 할 것이다

둘째, 들여쓰기를 정확하게 하여 문단의 구성을 명확히 나타내는 것이 필요하다. 내용적인 측면에서 뿐만 아니라 글을 이루는 기본적인 형식단위인 문단 구성에 있어서도 통일성의 원리가 적용되기 때문이다. 그러므로 한 문단마다 문단의 요건을 잘 갖춘 상태로 전개되어야만 한 편의 글이 정연하게 완성되게 된다. 이런 관점에서 다음 〈예시〉의 두 글을 비교하면서 살펴보자.

〈예시 3〉

요즈음 '-것 같아요' 라는 말의 남용이 문제시되고 있는데, 자주 쓰는 것과 잘못 쓰는 것을 혼동하지 말았으면 한다.

꼭 써야 할 때는 수백 번이라도 써야겠고, 단 한 번이라도 틀리게 썼을 때는 문제로 삼아야 할 줄 알아야 한다. 이를테면 음식 맛을 보고나서 "맛있는 것 같아요."라고 할 때는 매우 귀에 거슬린다.

자기 혀로 방금 맛본 것도 책임 있는 말을 하지 못하고 어떻게 그런 불확실한 추측을 하는 것일까. 매워서 펄펄 뛰는 시늉을 하면서도 맵다고 똑 부러지게 말하지 않고 "매운 것 같아요"라고 하는 까닭은 무엇일까. 황홀하게 물든 단풍을 바라보면서도 "좋은 것 같아요" 하니, 정말 맥 빠지는 노릇이다.

이렇게 감각적이고 직접적인 당장의 체험조차 직설적으로 말하지 못하고 불확실한 추측으로 얼버무릴 때 그 사람은 눈치꾸러기거나 아무것도 책임지기 싫어하는 사람으로 보일 수 있다.

특히 젊은이들이 그런 불확실한 말씨를 즐겨 쓰는 사이에 행여 우유부단한 성격, 무책임한 인격으로 길들여지지 않을까 몹시 우려된다. 또 '너무' 라는, 무엇이 도를 지나쳐 과도할 때 쓰는 강조의 말이 어째서 '-것 같다' 는 완곡하고 우회적인 말에 꼭 붙어 다니는지 모를 일이다.

'너무' 란 정도를 넘었을 때나 이루 말할 수 없을 때 쓰는 말이었다. 그런데 요새는 '참으로', '매우', '퍽', '정말' 등으로 말해야 할 때 모두 '너무'를 쓴다. '너무'도 모자라서 '너무너무' 아니면 '너무너무너무' 라고까지 한다.

별로 좋지도 않은 전시회를 보고나서 그 전시회를 가진 미술가를 만났다고 해 보자. 그 미술가가 평소에 안면이 있거나 사회적으로 정평이 나 있는 사람이라면 "너무너무 좋은 것 같아요" 해 버리면 가장 무난한 말이 된다. "너무너무"로 일단 상대방을 기쁘게 해주고 나서, 별로 좋지도 않더라는 자신의 솔직한 느낌 때문에 "좋은 것 같아요"로 '좋다'에 대한 책임을 회피하려 드는 것이다.

이렇게 자신과 듣는 이, 쌍방의 비위를 적당히 맞추고 눈치를 최대한으로 보기 위해 생겨난 말이 바로 "너무 -것 같아요"가 아닌가 한다.

〈예시 4〉

요즈음 '-것 같아요' 라는 말의 남용이 문제시되고 있는데, 자주 쓰는 것과 잘못 쓰는 것을 혼동하지 말았으면 한다. 꼭 써야 할 때는 수백 번이라도 써야겠고, 단 한 번이라도 틀리게 썼을 때는 문제로 삼아야 할 줄 안다.

이를테면 음식 맛을 보고나서 "맛있는 것 같아요"라고 할 때는 매우 귀에 거슬린다. 자기 혀로 방금 맛본 것도 책임 있는 말을 하지 못하고 어떻게 그런 불확실한 추측을 하는 것일까. 매워서 펄펄 뛰는 시늉을 하면서도 맵다고 똑 부러지게 말하지 않고 "매운 것 같아요"라고 하는 까닭은 무엇일까. 황홀하게 물든 단풍을 바라보면서도 "좋은 것 같아요"하니, 정말 맥 빠지는 노릇이다.

이렇게 감각적이고 직접적인 당장의 체험조차 직설적으로 말하지 못하고 불확실한 추측으로 얼버무릴 때 그 사람은 눈치꾸러기거나 아무 것도 책임지기 싫어하는 사람으로 보일 수 있다. 특히 젊은이들이 그런 불확실한 말씨를 즐겨 쓰는 사이에 행여 우유부단한 성격, 무책임한 인격으로 길들여지지 않을까 몹시 우려된다.

또 '너무' 라는, 무엇이 도를 지나쳐 과도할 때 쓰는 강조의 말이 어째서 '-것 같다'는 완곡하고 우회적인 말에 꼭 붙어 다니는지 모를 일이다. '너무' 란 정도를 넘었을 때나 이루 말할 수 없을 때 쓰는 말이었다. 그런데 요새는 '참으로', '매우', '퍽', '정말' 등으로 말해야 할 때 모두 '너무'를 쓴다. '너무'도 모자라서 '너무너무' 아니면 '너무너무너무' 라고까지 한다. 별로 좋지도 않은 전시회를 보고나서 그 전시회를 가진 미술가를 만났다고 해 보자. 그 미술가가 평소에 안면이 있거나 사회적으로 정평이 나 있는 사람이라면 "너무너무 좋은 것 같아요" 해 버리면 가장 무난한 말이 된다. "너무너무"로 일단 상대방을 기쁘게 해 주고 나서, 별로 좋지도 않더라는 자신의 솔직한 느낌 때문에 "좋은 것 같아요"로 '좋다' 에 대한 책임을 회피하려 드는 것이다.

이렇게 자신과 듣는 이, 상방의 비위를 적당히 맞추고 눈치를 최대한으로 보기 위해 생겨난 말이 바로 "너무 -것 같아요"가 아닌가 한다.

〈예시3〉과 〈예시4〉는 모두 동일한 내용을 가지고 있다. 그러나 내용의 차이가 없으면서도 문단의 구성은 크게 다르다. 〈예시3〉이 비교적 짧은 여덟 개의 문단으로 이루어져 있다면, 〈예시4〉는 다섯 개의 문단으로 이루어져 있다. 여기에서 우리가 주목해서 살펴볼 것은 각 문단이 문단의 요건인 소주제를 중심으로 잘 정돈되어 있는가 하는 문제이다. 그런 관점에서 볼 때 〈예시3〉은 소주제의 개념이 없이 적당히 편의에 따라 들여쓰기를 하고 있음을 알 수 있다. 그래서 소주제를 잘 살려 문단을 구성한 〈예시4〉에 비해, 〈예시3〉은 산만한 느낌을 주고 주제의 전달력이 떨어지고 있다.

문단을 나눌 때 통일성을 보장하는 기준을 정리하면 다음과 같다.

우선, 각 문단이 소주제와 그 소주제를 뒷받침해주는 문장만으로 이루어져야 한다는 것이다. 이는 문단을 짤 때 그 문단에서 드러내려 하는 중심생각과 관련이 없는 내용은 일체 배제해야 한다는 것으로, 문단 내적인 통일성이라고 하겠다.

다음으로, 글 전체와의 관계에서 볼 때 각 문단이 다른 문단과 구별되도록 배려한다는 것이다. 이를테면 한 편의 글에 소주제가 똑같은 두 개의 문단이 있을 수는 없다는 상대적 통일성을 말한다.

② 연결성 살리기

선택된 재료들을 순리적으로 배열하여 주제를 효과적으로 드러낼 수 있도록 하는 것이 연결성의 원리이다. 주제에 적합한 재료만을 선별하는 것이 통일성의 원리라고 한다면, 연결성의 원리는 그렇게 선택된 재료들을 알맞게 배열하고 정돈하는 것이다. 글을 쓸 때 작게는 문장과 문장이 긴밀하게 연속되고 크게는 문단과 문단이 연결되는 것, 그리고 나아가 글 전체의 논지가 원활하게 전개되게끔 글을 엮어나가는 것, 이 모두 연결성의 원리에 속하는 문제들이다.

연결성을 살려 글을 엮어나가기 위해서는 시간적 경과에 따라 자연스런 흐름이 되게 하는 것이 필요하다. 연결성의 원리가 가장 쉽고도 자연스럽게, 그러면서도 중요하게 취급되는 경우가 시간적 경과를 중심으로 글이 전개되는 경우이다. 앞서 '문단 차원의 접근'에서 배운 것처럼 어떤 사건이 발생하고 진행되는 시간적 순서에 따라 글의 재료를 배열하는 방식을 말한다. 이러한 방식은 역사라든가 일기, 기행문, 전기문 등에서 흔하며, 다음의 〈예시5〉와 같은 소설에서는 더더욱 흔하다.

〈예시 5〉

새벽 안개가 부옇다. 이른 시간이라 신호등에 불이 없다. 승용차 한 대가 네거리를 건너 길가에 멎었다. 차문이 열리고 사람이 하나 내렸다. 문이 소리를 내고 닫혔다. 그리고 차가 떠났다.

내린 사람은 여자였다. 통이 넓은 주름 없는 긴 치마가 너울거렸다. 그녀는 처음 내린 그 자리에 그대로 서서, 땅을 내려다보고 두 팔을 축 늘어뜨린 채 흔들거렸다. 이따금씩 무릎이 꺾였다. 그럴 때마다 그녀는 넘어지지 않고 출렁거렸다. 그럴 때마다 정신이 드는 모양이었다.

2톤 반짜리 짐차가 빈 차로 네거리를 전혀 주춤거림이 없이 가로질러 달렸다. 여자 앞을 지날 때, 운전수가 놀랐는지 큰소리로 욕을 했다. 여자가 아마 갑자기 무릎을 꺾고 앞으로 기우뚱했는 모양이었다. 그녀는 소리 나는 쪽을 쳐다보지도 않고 손바닥을 펴서 흔들어보였다. 미안하다는 뜻인지, 귀찮다는 뜻인지, 잘 가라는 뜻인지, 또는 그 모두인지. 노인 하나가 혀를 차면서 그녀 뒤를 지나갔다.

그녀가 걷기 시작했다. 그녀는 길 한 편으로 걷고 싶은 모양이었다. 길 한 편 다음은 도랑이었다. 그리고 도랑 너머는 논이었다. 그녀는 논두렁 속으로 곤두박질치고 싶지는 않은 모양이었다. 그녀의 두 발이 번갈아 허공을 찼다.

그 때 그녀의 등 뒤에서 커다란 덤프트럭이 네거리를 가로질러 달려 왔다. 그 빨간색 팔 톤 트럭은 그녀와 같은 쪽으로 길을 달리고 있었다. 그녀는 길을 비켜주어야 했다. 그녀는 등 뒤까지 마음을 쓸 형편이 못 되는 것 같았다. 그녀는 고랑창에 빠지지 않도록 길가로부터 안전하게 거리를 두고 흔들거렸다. 짐차가 비켰어야 했다. 실제로 짐차는 그녀가 지나가자마자 왼쪽으로 꺾는 것처럼 보였다. 그리고 꺾는 것만으로 충분하지 못했던지 급제동을 걸었다. (서정인, "달궁")

둘째, 일정한 공간적인 순서에 따라 글을 전개하는 방법이 있다. 공간적 배열의 방법에서도 연결성의 원리가 잘 드러난다. 공간적 배열의 방법이란 일정한 공간적인 순서, 즉 위치, 방향, 높낮이, 깊이 등에 따라 글을 전개하는 것을 말하는데, 시선의 이동을 좇아 글을 엮어간다고 생각하면 될 것이다. 어떤 순서로 배열할 것인지는 글의 목적과 대상에 따라 다르겠지만, 일단 일정한 순서를 정했으면 그것을 일관되게 지켜나가는 것이 중요하다. 이대앞 풍경을 그린 다음의 〈예시6〉에서도 이런 규칙을 발견할 수 있다.

〈예시 6〉

이대 입구 지하철역에서 이대 정문 앞까지의 거리는 단 5분 거리이다. 중앙의 일방통행로를 중심으로 양 옆에는 상가들이 즐비하게 늘어서 있다.

아침에는 중앙도로의 왼쪽 길을 따라 학교로 향한다. 이대 입구에서 학교로 향하는 왼쪽 길의 처음은 싸구려 보세 신발가게로 시작된다. 그 옆에는 비교적 값이 싼 대형 옷가게, 그 옆에는 가방가게, 그 다음에는 왼편으로 꼬부라질 수 있는 길이 있고 다시 옷가게로 시작해서 화장품가게 신발가게들이 연이어 붙어 있다. 모두 같은 신발, 같은 옷으로 쇼 윈도우를 장식한 가게들은 상호마저 불분명하고 그 가게의 이미지와는 동떨어진 외국어 상호의 남용으로 모두 개성을 잃고 있다.

이렇게 옷가게, 신발가게의 연속적 행렬이 50여 미터 계속된 다음에는 문화예술 공연의 예매처로 유명한 광생약국이 있다. 그리고 그 옆에 가짜 탠디 가게가 있고 그 옆으로 옷가게와 신발가게가 또 계속되고 나면 역사와 문화를 자랑하는 그린하우스 제과점이 그 모습을 드러낸다. 옷과 신발, 얼굴이 모두 울긋불긋한 사람들로 제과점 안과 밖은 언제나 바글거린다. 그린하우스 제과점 옆에는 많은 로얄티를 지

불해야 한다는 웬디스의 빨간 벽돌건물이 있다. 그 옆에 이제까지와는 다른 풍경으로 이화서점이 있다. 많은 책들이 있음에 비해 책을 구경할 공간이 좁아 교재 외에는 책을 사러 들르지 않게 되는 곳이다. 길가에서 조금 들어가 비스듬한 공간을 가지고 있는 부부상회 앞은 이대생을 기다리는 많은 남학생들의 아지트이다.

사정없이 달려드는 차들을 이리저리 피해 마의 삼각지대로 소문난 정문 앞 횡단보도를 건너면 바로 이대 정문에 이르게 된다. 많은 것을 지나온 것 같으나 왠지 남는 것 없이 허전한 마음을 안고 학교 안으로 들어간다.

공부를 마치고 정문을 나서면 다시 중앙 도로의 왼쪽 길을 따라 이대역으로 향한다. 이 길은 아침에 왔던 길과 마주서서 긴 평행선을 그리고 있다. 이 길도 처음부터 화장품, 화방, 옷가게로 시작해 신발가게, 가방가게, 옷가게로 이어진다.

정문에서 70여 미터쯤 가면 메이크업의 예술성을 강조하는, 오색찬란하나 인위적인 냄새가 나는 메이크업 전문 화장품 가게가 있다. 그 옆에는 그 유명한 파티마 성형외과가 있다. 그 옆에는 학교에서 가장 비싼 값을 자랑으로 하는 밀라노 구두점이 있고, 그 옆에는 남녀를 막론하고 많은 손님들로 들끓는 디스코텍 분위기의 옷가게 빌리지가 있다. 그리고 그 옆으로 고급 양장점과 구두점이 계속된다. 소다, 탠디, 켄터키 후라이드 치킨 할아버지, 옷가게, 그리고 매우 비싼 값 때문에 좋은 그림이 있어도 표구를 꺼리게 되는 표구점 연화랑이 있고 도너츠 가게가 있고, 또 옷가게가 있다.

이렇게 이대입구역과 이대 정문 사이의 양 옆의 길은 비집고 들어갈 틈 하나 없이 상점들로 빼곡하다. 이 길을 벌써 6년 째 아침저녁으로 걷고 있다. 상점의 이름과 그 상점의 품목이 기억할 수 없을 정도로 자주자주 바뀌는 데에도 불구하고 그렇게 큰 변화를 느낄 수 없음은 업종변경의 유사성 때문일까, 아니면 나의 무딘 감각 때문일까?

셋째, 문단간의 논리적인 연결성을 살리는 여러 방법을 이용하는 것이다. 글을 이루는 재료들 사이의 논리적 관계를 바탕으로 글을 펼쳐나가는 논리적 배열의 글쓰기에서도 연결성의 원리를 잘 살릴 수 있다. 앞서 '문단 차원의 접근'에서 논리적 배열의 기본적인 방법과 그 예에 대해서는 충분히 공부하고 연습하였다. 여기에서는 특히 형식적인 요소에 의해 문단과 문단의 논리적 연결성이 어떻게 획득되는지에 대해 살피고자 하는데, 대표적인 방법이 반복에 의한 연결구조의 예이다.

다음의 〈예시7〉은 "철학의 즐거움이 다른 종류의 즐거움과 어떻게 다른가"라는 질문에 답하는 형식으로 쓰였고, 각 문단은 "철학의 즐거움은 …라는 점에서 다른 종류의 즐거움과 다르다."라는 동일한 구조로 이루어져 있다. 뿐만 아니라 각 문단은 한결같이 "철학의 즐거움"이라는 동일한 낱말로 시작되고 있음도 특이하다.

이러한 문단들을 묶어 한 편의 글이라는 보다 큰 관점에서 바라보면, 이 글 전체를 관통하는 문단 내의 연결성이 이와 같은 어구의 반복에 의해서 지탱되고 있음을 알 수 있다. 다시 말하자면, 문단 상호간의 연결성과 함께 문단 내부의 긴밀성도 '철학의 즐거움' 이라는 동일어의 반복원리에 의해서 유지되고 있다.

〈예시 7〉

철학의 즐거움은 다른 종류의 즐거움과 어떻게 다른가? 우선 그것은 다른 즐거움에 비견될 수 없을 정도로 수준이 높은 즐거움이다. 아리스토텔레스는 이것을 '관조의 즐거움' 이라고도 했는데 인간의 영혼이 지니는 최고의 기능, 즉 이성을 구사해서만 경험할 수 있는 즐거움이기 때문이다. 더구나 이성은 인간의 신적인 부분이므로 그것은 신의 즐거움에 육박하는 지속적인 즐거움, 혹은 자족에 이르는 즐거움이기도 하다.

또한 철학의 즐거움은 고통을 전혀 수반하지 않는다는 점에서 다른 즐거움과 다르다. 대부분의 즐거움에는 반드시 고통이 따른다. 예를 들어, 음주나 흡연 뒤에는 두통이나 그 밖의 질병이 기다리고 있다. 그러나 철학의 즐거움에는 어떤 종류의 괴로움도 수반되지 않는다. 쾌락주의자인 에피쿠로스는 이것을 '수동적인 쾌락' 이라고 부르며 인간이 추구할 수 있는 가장 바람직한 즐거움이라고 말한다. 즐거움을 극대화하는 것이 인생의 목적이라고 가르쳤던 그에게는 이러한 즐거움만이 심적 부동의 상태인 아타락시아의 경지에 들어갈 수 있는 통로를 마련해주는 것이었다.

끝으로 철학의 즐거움은 인간이면 반드시 누려야 할 즐거움이라는 점에서 다른 즐거움과 질적인 차이가 있다. 그것은 역설적으로 들릴지는 모르나 공리주의자인 밀의 표현을 빌자면 "바보로서 만족하기 보다는 소크라데스로서 불만에 차 있는 편이 낫다."라고 생각할 때 누리는 즐거움이다. 분명히 동물의 경우에는 즐거움의 양만이 문제가 될 것이다. 이처럼 철학의 즐거움이 다른 종류의 즐거움과 확연히 구분된다는 사실은 그것이 고뇌와 방황과 질곡을 딛고 일어선 후에야 비로소 얻어질 수 있는 즐거움임을 시사해준다. 그것은 니체의 표현처럼 '얼음과 준령 속에서도 자유롭게 사는' 즐거움이며 '언제나 비상한 것을 체험하고 보고 듣고 의심하고 희망하며 꿈꾸는 사람들만'의 즐거움인 것이다 그것은 또한 초로 만든 날개를 달고 태양을 향해 마구 돌진해가는 이카루스의 비극적인 즐거움이며 눈 덮인 정상에 오르기 위해서는 스스로의 목숨을 바쳐도 좋은 산악인들의 비장한 즐거움이기도 하다.

(엄정식, "철학으로 가는 길")

넷째, 문단간의 긴밀성을 살릴 수 있는 방법을 이용하는 것이다. 각각의 문단들은 그 자체로서 완결된 것이기도 하지만 글 전체를 구성하는 일부 단위이기도 하다. 따라서 글을 구성하는 문단들은 유기적인 연관성을 가지고 연결되어야 한다. 글을 읽어 나가면서 문단과 문단과의 관계를 유추해 나갈 수도 있지만, 다음과 같은 방법에 의해 문단을 연결할 수 있다.

다음의 〈예시8〉은 접속어와 접속 구절을 적절히 사용하여 글 전체가 매끄럽게 연결되고 있다. 이렇게 '특히, 물론, 그러므로, 따라서, 반대로, 하지만, 그럼에도 불구하고, 마찬가지로, 결국, 왜냐하면, 한편, 그 뿐 아니라, 그런데, 그러나, 이런 점에서, 이상에서 밝힌 바와 같이' 등을 사용하여 문단 간의 연속성을 살릴 수 있다. 하지만, 이 방법의 경우 지나치게 자주 사용하면 오히려 글의 흐름을 끊을 수 있어, 접속어나 접속 구절을 적절히 사용하되 다양하게 구사하는 것이 바람직하다는 사실을 기억하는 것이 필요하다. 특히 같은 접속어를 반복해서 쓰지 않아야 한다.

〈예시 8〉

불후의 명작이라 해도 그렇게 열심히 읽지는 않을 것이다. 신문 말이다. 몇 가지나 되는 신문을 아침 저녁으로 읽고 또 읽으니 똑같은 내용을 적어도 서너 번씩은 되풀이 읽는 셈이다. 그래도 이게 질리지가 않으니 이상한 일이다.

조간을 섭렵하고 나면 석간이 기다려지고 석간을 독파한 뒤에는 다시 내일 아침

신문을 기다린다. 물론 대통령 선거 때문이다. 행간의 의미까지 파악하여 재삼 읽고 또 읽는 이유가 선거 때문인 것은 나만의 일도 아닐 것이다.

그러니까 대통령 선거라는 것을 나는 생전 처음으로 해보는 것이다. 이제 초등학교에 들어갈 딸도 있는 나이의 내가, 서른을 몇 년 전에 넘긴 내가 대통령 선거에 처음 참여하는 것이 이 나라의 현실이다. 아무리 담담하려 해도, 조금은 덜 흥분하려 해도 그게 잘 안 되니 곤란한 노릇이다.

그래서 오늘도 나는 신문을 펼쳐 들고 미주알고주알 써 놓은 정치판 이야기를 이리저리 재가면서, 나름대로는 썩 훌륭하다고 여겨지는 방법으로 독파하고 있다.

그러다 보니 대통령 후보들이 여자들을 향해 무척이나 너그러운 웃음을 짓고 있다는 소식도 접하게 된다. 사실은 아주 실리적인 계산을 거듭한 끝에 짓는 웃음인데, 여성 유권자가 남성보다 31만 표가 많은 까닭일 것이다.

그런가 하면 엊그제 신문에는 주부 유권자의 93%가 남편 의사에 관계없이 자신의 의사대로 정한 후보를 적겠다고 한다는 여론 조사도 나와 있다. 어디 그것뿐인가. 한걸음 더 나아가서 남편을 설득하여 자신이 결정한 후보에게 한 표를 보태 주려고 한다는 아내도 적잖이 많다 하니, 우선은 즐거운 일이 아닐 수 없다.

(양귀자, "여성유권자들")

연결성을 살려 엮는 방법에는 지시어를 사용하는 경우도 흔히 쓰인다. 다음의 〈예시9〉에서처럼 '이(것), 저(것), 이들, 그' 등의 지시어들은 앞 문단의 단어나 주장 등을 가리키는데, 지시를 받는 대상이나 생각이 명확해야 함을 유의하는 것이 필요하다.

〈예시 9〉

일반적으로 뜨거움은 맛일 수가 없다. 다른 민족들의 식성대로 한다면 음식은 너무 뜨겁지 말아야 한다. 그저 따뜻한 정도라야 한다. 한국인들은 서양식 수프마저도 뜨겁게 해서 먹기에 수프를 먹을 때 입으로 부는 소리나 입술로 훌쩍이는 소리를 내지 말라고 해 보았자 소용이 없다. 아무리 서양 것이라고 하지만, 수프도 국이라고 보면 그것은 당연히 우거지국이며 장국이며, 그렇듯이 사뭇 펄펄 끓어야 하고 그래서 후우후우 불면서 먹어야 하는 것이다.

그것은 무엇보다도 우리들에게 '뜨거움' 그 자체가 확고하게 맛으로 자리잡았기 때문이다. 다른 나라 음식에서 뜨거움까지는 못간 더움은 그냥 음식의 분위기이거나 중요하지 못한 부수적인 조건에 불과한 것이다. 그러나 우리들에겐 그렇지 않다. 뜨거움은 엄연한 미각이다. 매움이 우리들의 으뜸가는 미각이요 맛인 것과 다를 바가 없다. 게다가 매우면 으레 뜨겁기 마련이라면 매움도 일종의 뜨거움이다. 화끈거리는 매움이나 뜨거움이 다르지 않다. (김열규, "한국인과 죽음, 그리고 성(性)")

한 생각을 다른 생각으로 전환시키며 뒷받침하는 문장끼리 이어주는 말을 '전환구'라고 하는데, 이를 잘 이용하면 문장 연결이 부드러워진다. 이런 전환구로는 접속어나 지시어뿐만 아니라, 중심 낱말이나 생각의 과정을 보여 주는 낱말을 전환구로 쓰기도 한다. 예를 들면, '그러므로, 하지만, 왜냐하면, 게다가, 더구나, 가령, 이것이야말로, 그것은, 더욱, 끝으로, 반면에, 과거에는, 의심할 것 없이, 첫째로, 덧붙인다면' 등과 같은 것들이다. 다음의 〈예시10〉에서처럼 앞 문단의 내용 가운데 일부를 지적하거나, 중심이 되는 어휘를 반복하는 것도 연결성을 살려 글을 엮는 효율적인 방법이 된다.

〈예시 10〉

포장마차라 하면 서부영화에서 익히 보았던 초기 미국의 풍물이 연상된다. 돈벌이와 살 자리를 찾아 가족을 싣고 서부로 달려가는 개척자에게는 없어서는 안 될 필수품이었다.

포장마차는 단순한 교통수단만이 아니었다. 서부로 가는 먼 길에서 밤을 샐 수 있는 임시 거처였고, 개척자들이 살 자리를 찾으려고 한 곳에 한동안 머물 때면 임시 숙소가 되었다.

포장마차가 제 격이었던 미국의 서부가 아닌, 서울 땅에도 밤이 깊어지면 '포장마차' 가 즐비하다. 서울이나 다른 대도시만이 아니다. 조그마한 도시에도 포장마차는 도시의 밤을 지키려는 듯 구석구석에 자리 잡는다.

말이 포장마차이지 서부 개척시대의 포장마차와는 성격이 다르다. 낮에 먼지를 일으키며 달리던 서부의 포장마차에 견주어 우리의 도시에 나타난 포장마차는 이름과는 달리 움직임보다는 머묾이 위주이고, 낮의 광명을 피해 밤의 어둠을 먹고 있는 것이다. 꼼장어 구이 안주에다 소주를 팔고 국수도 말아주는 우리의 포장마차는 단골손님이 생길 정도로 한 장소에 고정된 채 머물고 있다. 그러나 포장마차를 꾸려가는 임자의 삶은 움직임의 끝에 얻어진 머묾이고, 또 다른 움직임의 시작인 머묾이다.

포장마차의 임자는 거개가 가까운 과거에 서울로 흘러들어온 사람들이다. 농촌에서, 아니면 다른 중소 도시에서 서울로 이동한 사람들이 많다. 서울은 기회의 땅인 만큼 가난한 삶이 비벼댈 수 있는 구석이 많은 듯한 까닭에, 그리고 촘촘히 들어찬 사람들의 숲속에는 가난의 허물을 숨겨주는 덤불이 있기 때문에 옮겨온 사람들이다. (김형국, "포장마차의 사람들")

이제, 다음에 제시한 〈예시11〉의 순서를 바로 잡는 연습부터 하여보자. 〈예시11〉은 한 편의 글을 이루는 각각의 문단을 순서 없이 뒤섞어 놓은 것인데, 각 문단의 순서를 바로잡고 제대로 된 한 편의 글이 될 수 있는지를 점검해보자.

〈예시 11〉

① 이러한 고정적이고 지구 중심적인 신앙적 우주관은 계속적으로 관측 결과가 쌓여감에 따라 조금씩 흔들린다. 중세말 코페르니쿠스에 의해 지구가 태양 주위를 회전한다는 주장이 조심스럽게 처음으로 제안되고, 케플러 등에 의해 이러한 주장을 뒷받침할 만한 실험 결과들이 축적된다. 실제 당시의 관측 결과를 보다 많이 설명한 것은 천동설이었으나, 몇 가지 중요한 증거들은 태양 주위를 원운동하는 행성 중의 하나가 지구라는 사실을 인정하도록 하였다. 이러한 지동설은 교회권의 심한 반발에도 불구하고 당대 유명한 과학자였던 갈릴레이가 공식적으로 표명함에 따라 대중적 반향을 일으킨다. 교회의 압력을 이기지 못한 갈릴레이는 지동설을 철회하나 이미 지구가 돈다는 것은 기정사실화된다.

② 시대가 흘러감에 따라 여러 객관적인 사실들이 확인되고 이에 따라 우주관도 약간씩 변화한다. 그리스 시대에 이르면 지구는 구형으로 확인되기 시작한다. 기원전 34년경 당시의 우주관을 체계적으로 정리한 아리스토텔레스의 저술에 나타난 우주는 구형의 지구가 중심에 자리 잡고, 그 주위에 몇 개의 원형 껍질들이 둘

러싸고 있고, 별이나 행성은 이 원형 껍질들에 붙어 있는 형태로 묘사된다. 이러한 지구 중심적이고 유한한 우주를 상정하는 우주관들을 관측한 결과들과 결합하여 재정리하고 체계화하고 집대성시킨 사람들은 프톨레마이오스이다. 프톨레마이오스의 우주관은 신앙과 결합되어 중세의 전세기를 지배하는 하나의 세계관으로 강요된다.

③ 한편 중세 우주관의 한 축인 우주가 유한하다는 세계관 또한 부르너 등에 의해 공격을 받게 된다. 우주가 유한한가 무한한가에 대한 입장은 이 시기 이전부터 존재했다. 파르메네테스, 아리스토텔레스, 프톨레마이오스, 스콜라 철학으로 이어지는, 우주는 정적이고 크기가 유한하다는 중세의 지배적인 입장과 이에 반대하는 데모크리투스, 에피쿠로스, 주크제티우스로 이어져 온, 우주는 계속 변화하고 있고 무한하다는 우주론의 뿌리가 있었다. 부르너는 후자의 입장을 계승하여 우주는 통일적이고 무한하고 헤아릴 수 없는 부피를 가졌다는 주장을 폄으로써 당시 교회의 권력에 도전한다. 부르너의 이러한 입장은 관측을 기반으로 한 과학적인 입장은 아니었지만, 당시의 지배적인 세계관 - 한정된 경험을 신앙에 종속시켜 만들어낸 교조화된 신앙적 우주관 - 에 대한 거부였다. 부르너는 도그마화한 신앙, 그리고 이 교리에 따른 객관적인 여러 과학이나 세계관으로 인한 억압에 철저히 반항한 것이며 이로 인해 화형당한다.

④ 우주관의 역사는 인류의 역사만큼이나 길다. 과학이 독자적인 영역으로 분리되기 이전에는 철학과 결합되어 있었고, 우주론도 당시의 세계관의 일부로 존재했다. 고대인들은 자신들의 생존틀인 이 지구를 우주의 중심으로 보았다. 지구는 평면이며 평면의 끝은 큰 산으로 둘러싸여 있고 그 위로 둥그런 천공이 덮여 있다고 보았다. 별은 천공에 붙어 있는 작은 장식물이었고 태양 역시 지구의 구조물을 이루는 중요한 한 요소였다.

③ 강조성 살리기

강조성이란 글의 주제를 한층 더 강도 있게 드러내도록 하는 원리를 말한다. 즉, 재료의 선택이나 배열의 과정에서 주제와 밀접한 재료에 대해서는 양적으로나 질적으로 한층 비중을 두어 다루어야 한다는 말이다.

만약 어떤 부분에 강조점을 두지 않고 글을 써나갈 경우, 글이 너무 평이해져서 읽는 이의 관심을 반감시킬 우려가 있다. 그러므로 주제와 관련도가 높은 재료일수록 그 선택과 배열에서 특별한 고려를 함으로써 주제를 보다 돋보이게 드러내야 할 필요가 있다.

강조성을 살리는 첫 번째 방법은 분량을 늘림으로써 강조하는 것이다. 강조해야 할 부분의 분량을 다른 부분보다 월등히 늘림으로써 강조하는 방법인데, 분량이 많아진다는 것은 그만큼 충분한 설명이 뒷받침된다는 의미가 되기 때문이다. 하지만 안이한 설명을 되풀이한다든지 불필요하게 길이만 늘려놓게 되면 오히려 효과가 반감되기에 더욱 세심한 주의가 필요하다.

강조성을 살리는 두 번째 방법은 위치를 바꿈으로써 강조하는 것이다. 한 편의 글에서 중심문단의 경우 처음이나 끝 부분이 내용을 강조하기 쉬운 위치라는 점을 염두에 두어, 강조하고 싶은 부분의 위치 배열에 신경을 쓰는 방법을 말한다.

이제, 문단을 엮는 원리를 복습하여 한 편의 글을 만들어보자. 다음에 제시한 〈예시 12〉의 도입부와 종결부를 읽고, 한 편의 글로 완성할 수 있게 중심부에 들어갈 내용을 채워보자. 이 때, 중심부의 내용은 반드시 세 문단으로 하는 것을 기준으로 한다.

〈예시 12〉

①

◉ 도입부

우리들은 대개 사람들 속에 묻혀 살지만, 때로 홀로 있게 되는 시간이 있다. 이런 경우 사람들은 심심해서 라디오를 듣거나 텔레비전을 본다. 또 친구들을 찾아가서 잡담을 나누거나 바둑, 장기를 두기도 한다. 그러나 나는 이런 시간에 다른 사람과 함께 있을 때는 얻을 수 없는 귀중한 경험을 한다.

◉ 종결부

이런 소중한 경험들은 모두 내가 혼자 있을 때 느끼고 보고 들은 것이다. 이처럼 혼자 있을 때 우리는 많은 것과 함께 있게 되며, 이로부터 많은 것을 느끼고 깨닫게 되는 것이다.

②

◉ 도입부

내 나이 20대, 해야 할 일도, 하고 싶은 일도 많다. 하루하루를 바쁘게 지내면서 어떻게 살아야 할 것인가 고민도 많다. 이때 나는 스스로에게 이런 질문을 던진다. 실력자란 어떤 사람을 말하는가?

◉ 종결부

따라서 우리는 실력자가 되기 위해서 지식과 체력과 건전한 철학을 가져야 한다. 이제 그런 조건을 갖추기 위해 부단히 노력해야 하지 않을까? 20대, 젊음의 시간은 짧다.

제4장 한 편의 글로 구성하기

1. 쓸거리 찾기와 조정하기

글쓰기는 새로운 생각을 만들어가는 작업이라는 점에서 창조적인 행위라고 할 수 있고, 머릿속의 생각을 지면에 옮겨 놓는다는 점에서 지적인 움직임의 과정이라고 할 수 있다. 이를 이해하기 위해 우리는 한 편의 글을 만들어내는 기본 절차를 생각해보는 것이 필요하다. 상황이나 글쓴이의 성향에 따라 어느 과정을 먼저 하고 나중에 하는 순서의 차이가 있을 수는 있지만, 대개 한 편의 글을 만드는 과정은 다음과 같은 순서로 진행되는 것이 보통이다. 그리고 이것이 가장 효율적인 글쓰기 과정이라는 데 대부분의 사람들이 동의하고 동감한다.

● 쓸거리 찾기 ⇒ ● 주제 정하기 ⇒ ● 제목 붙이기 ⇒

● 줄거리 마련하기 ⇒ ● 문단 전개하기 ⇒ ● 다듬어 쓰기

쓸거리란 글에서 다루고자 하는 소재나 제재 등 글감을 말한다. 쓸거리는 글을 쓰기 이전에는 대개 추상적이고 포괄적인 것에 머물러 막연한 느낌과 생각만을 갖게 되는 것이 보통이다. 하지만 글쓴이가 글의 주제나 목적을 정하게 되면, 그에 따라 막연했던 쓸거리의 범위도 조정되고, 글의 주제나 방향에 맞는 구체적인 쓸거리로 윤곽을 잡아가게 된다. '무엇(쓸거리)'을 가지고 '어떻게(시각과 발상)' 쓰는가 하는 문제는 글쓴이의 독창적인 사고와 세계관을 보여줄 수 있는 부분이다. 그러므로 대상에 대한 참신한 시각으로 개성적인 쓸거리를 마련하는 것이 중요하며, 아울러 자기만의 고유한 생각이 드러날 수 있도록 대상을 여러 각도에서 접근해보는 것이 필요하다.

(1) 쓸거리 찾기

한 편의 글을 쓸 때 구체적인 쓸거리를 찾는 방법은 여러 가지가 있을 수 있다. 가령 '친구'에 대해 글을 쓴다고 가정할 때, 우리는 '내 친구 인순이'와 같이 일상에서 흔히 보는 개인적인 인물 중에서 구체적인 쓸거리를 잡아낼 수 있고, 최근의 사회면 뉴스에 관심 있는 글쓴이라면 '아파트 평수에 따라 친구를 골라 사귄다는 일부 어린이들의 사례'를 떠올릴 수도 있을 것이다. 다른 한편, 진정한 우정에 대해 심각한 고민을 하여본 글쓴이라면 '인간관계의 하나'로 친구와의 관계가 얼마나 중요한가를 이야기하는 쪽을 택할 수도 있다. 물론, 이러한 경우의 수 외에도 글쓴이의 취향이나 의도에 따라 얼마든지 새로운 쓸거리들이 가능한데, 중요한 것은 구체적인 쓸거리의 성격을 다음과 같이 세 가지로 조정하는 것이 쓸거리 찾기의 막연함을 덜 수 있는 방편이 된다는 점이다.

첫째, 개인적인 경험이나 일상적인 사례에 의미를 부여하며 찾는 방법이 있다. 이는 쓸거리가 개인적인 차원에 속해있거나 일상생활에서 흔히 접할 수 있는 것임을 의미한다. 예컨대, 자신의 고유한 경험이나 습관, 가족이나 친구와 같이 사적 관계를 맺고 있는 인물, 또는 일상생활에서 흔히 접할 수 있는 사물이나 인물, 행위나 사건 등을 생각하면 될 것이다.

다음의 〈예시1〉은 자신이 결혼을 하게 된 과정을 구체적인 쓸거리로 잡아, 보통사람이라면 부정적으로 생각할 국제결혼이 글쓴이 자신에게 어떤 의미를 갖는지를 이야기하고 있다. 이렇게 친근하고도 구체적인 사례를 들어 자신의 이야기를 끌어냈기에, 국제결혼에 대한 읽는 이의 공감을 얻을 수 있었을 것이라 생각한다.

〈예시 1〉

시쳇말로 '여자 팔자는 결혼에 달렸다'고들 하지만, 나 자신은 예술이나 학문이야말로 내 삶의 정열을 걸 만한 것이라고 오래전부터 굳게 믿고 있었다. 그래서 대부분의 친구들이 선이다 중매다 하고 호텔 커피숍을 기웃거릴 무렵, 나는 아르바이트를 하며 유학 자금을 모으고 있었다.

그런 어느 날 학교 교수식당에서 혼자 점심을 먹는데 우연히 마주쳤던 한 서양

청년이 부탁할 일이 있다며 말을 걸어왔다. 그는 유창한 한국말로 어떤 특별한 책을 사고 싶다고 했는데, 알고 보니 당시 대학가에서 비밀리에 돌려 읽던 책을 말하는 것이었다. '사실 난 서양남자를 좋아하지 않지만, 이번만은 도와 주겠다' 는 촌스러운 내 대답으로 시작된 우리의 관계는 그 후 한국의 문화나 정치, 영화에 대한 이야기를 토론하는 친구로 발전했다. 그리고 이 년 후, 딱 두 통의 편지를 주고받은 후 우리는 다시 유럽에서 만났다.

파리생활에 어느 정도 적응하면서 그네들의 계약동거가 조건을 사고파는 우리식의 중매결혼보다 더 합리적이고 솔직하다는 식으로까지 의식의 전환을 갖게 된 내겐, 여름방학이면 줄줄이 서울에 가서 밥하고 김치해줄 여자를 중매결혼해서 데려오는 한국 남자유학생들이 어린애 같아 보이기도 했다. 그런 유학생들을 볼 때면, '약한 자여 그대 이름은 평생 여성의 보살핌 없이 살 수 없는 (한국)남성이니라' 라는 말이 저절로 나왔다. 상황이 이 정도에 이르자 나는 국적이나 피부색으로 사람을 평가하기보다 속마음씨나 삶을 사는 자세로 사람을 보게 되었고, 우리 결혼을 반대하던 어머니도 그런 식으로 설득시켰다.

솔직히 나는 국제결혼이 별난 것이라든가, 남편이 외국인이라는 사실을 실감하지 못한 채 유럽에서 살아왔다. 그런데 한국에 돌아온 후 마주치는 익명의 한국인들(항상 남자들)이 남편과 같이 지나가는 내게 곱지 않은 눈길을 보낼 때면, '아, 난 한국에서 꺼리는 국제결혼을 했구나' 하는 생각을 하면서 속으로만 '좁아터지고 버릇없는 것들' 하고 뇌까리며 불쾌한 감정을 삭인다. 반면에 자신의 옷을 스스로 세탁하고 다림질하고 틈틈이 설거지와 요리, 집안청소를 하면서 가사를 분담하는 남편을 본 주위 사람들은 내게 '서양남자를 남편으로 맞기를 잘했다' 라는 말을 한다. 그런 고무적인 말을 들을 때면 '아, 난 페미니스트 남편을 만났구나' 하는 다행스러운 생각이 들기도 한다.

그러나 솔직히 말해서 내게 있어서 남편은 서양남성이 아니라, 공평하게 생각할 수 있는 이성적 능력을 가졌고 그것을 실천하는 내 삶의 동반자이다. 우리는 적어도 자신의 삶만은 서로를 가장 잘 이해하고 도와줄 수 있는 동반자와 함께 해야 한다는 생각에서, 결혼이란 제도 속에 들어가기로 결정했다. 그 생각에는 지금도 변함이 없다.

흔히 사람들은 국제결혼에 대해 문화나 인종 차이로 갈등이 많다는 식의 부정적 시각으로 말한다. 그러나 그런 차이의 바탕에 깔린 같은 인간으로서의 매력과 존경이 결혼으로 연결되어, 사랑하는 이의 다른 문화와 언어를 배운다면, 그것이야말로 삶을 넓게 살아나갈 수 있는 좋은 기회이다. 그러나 그런 기회는 다른 사람들의 눈치나 보면서 다르게 사는 걸 두려워하는 자들에게는 오지 않는다. 사실 나는 국제결혼이란 느낌 없이 결혼했지만, 국제결혼을 통해 주위의 편견과 좁은 생각에 대항해서 용감하고 다르게 사는 삶의 묘미와 혜택을 한껏 즐기는 기회를 갖게 되었다.

(유지나, "용감히 다르게 산다")

둘째, 사회적인 관심사나 시사적인 문제에 관심을 두어 정리하는 방법이 있다. 우리가 뉴스나 신문의 기사를 통해 쉽게 접할 수 있는 것이 바로 시사성을 띤 쓸거리들이다. 정치적인 이슈나 도덕적인 논쟁거리들과 같이 사회적인 관심이 되고 있는 문제, 문화예술계나 교육계의 인물이나 연예인에 대한 것, 혹은 크고 작은 사건에 이르기까지 우리가 시사적인 관심을 쏟게 되는 것들은 참으로 많다. 시사적인 쓸거리들은 주제와 관련하여 시의적절한 것을 선택할수록 효과적이다.

셋째, 철학적인 주제에 초점을 맞춰 생각을 하는 방법이 있다. 예컨대 '인간다운 인간', '생로병사(生老病死)' 와 같은 인간의 근본적인 문제들이나 '전인교육' 혹은 '민주주의' 에 대한 견해, '아름다움' 이나 '진리' 에 대한 정의 등이 이런 범주에 속하는 쓸거리들이다. 또한 쓸거리를 무엇으로 택하건 간에 그것에 대한 원론적인 부분을 특히 주목해서 글을 쓸 때에도 해당된다.

다음의 〈예시2〉는 '여자란 무엇인가' 라는 문제를 구체적인 쓸거리로 잡아 글을 써 나가고 있는데, '여자' 를 나타내는 말인 'woman' 에 담긴 의식을 파헤침으로써 여성 문제를 보는 시각을 새롭게 열고 있다.

〈예시 2〉

맨(man)과 르언(人)은 동일한 의미를 가지고 있으면서도 매우 다르다. 무엇이 다른가? 그대들은 생각해 본 적이 있는가?

맨과 르언을 아주 다르게 만드는 가장 결정적 요소는 맨에는 성이 규정되어 있는

데 반하여, 르언에는 성의 구별(sex differentiation)이 없다는 것이다. 이것은 이제부터 우리가 풀어가야만 하는 "여자"라는 야심적 주제를 이해하기 위하여, 그 이해를 역사적으로 가능케 하는 동서양 우주관의 본질적 전제와 그 차이를 규명하는 매우 결정적 실마리를 제공하는 것이다. 맨이란, 맨이라는 단어군이 쓰이고 있는 모든 튜톤어군에 있어서 예외 없이 "사람" 즉 우리가 성별의 구분 없이 인간이라고 부르는 생명체의 총집합을 의미하는 동시에 그 중에서 여자를 제외한 남자만을 의미한다. 그리고 그 맨이라는 말의 어원이 산스크리트어의 '마누'와 관계있다고 추측하지만, '맨' 그 자체의 어원의 의미에 관해서는 학설이 분분하다. 하여튼 이러한 의미의 이중성, 즉 맨이 사람과 남자를 동시에 의미한다고 하는, 남들이 우습게 지나치지만 도저히 그냥 지나칠 수 없는 이 사실은 다음과 같은 엄중한 결과를 낳는다. 남자만 인간으로서 규정되며 여자는 인간의 개념에서 제외된다는 사실이다. 여성 독자는 분노를 터뜨리겠지만 맨이라는 단어의 엄밀한 의미를 추적해 들어간다면, 여자는 분명 인간이 아니다. 남자만이 인간인 것이다.

그럼 서양에서는 여자를 무엇이라고 하는가? '우맨(woman)'이라고 한다. 우맨은 맨과 동등한 자격을 지니는 다른 성이 아니며, 그 성에 대한 독립된 어원을 가지는 단어조차도 없다. 우맨은 '맨'에다가 '우'를 붙인 것일 뿐이다. 즉, 우맨은 맨의 일종이며, 맨에게 종속되는 그 무엇이다. 'woman'이란 말은 영어사적으로 고찰하면 대개 13세기 말에 문헌적으로 나타나는데 고대 영어의 초기에는 없었고 중세영어에 보편적으로 나타난다. 그것은 와이프(wife)라는 말과 맨(man)이라는 말의 복합어이다(wifman). 와이프란 말은 우맨이란 말보다 사적으로 선행하는 말로서, 와이프의 초기 의미는 그냥 여자라는 뜻으로 주로 쓰였다. 그러다가 9세기 말경부터는 결혼이라는 예식에 의하여 남자에게 종속된 사람의 의미를 지니게 된다. 결론적으로 말하면 '우맨'은 '맨'에 대한 '우'이며, 곧 남자의 배우자로서만, 즉 남자라는 인간의 어떠한 욕구를 만족시키기 위한 짝으로서만 그 존재 의의를 갖는 동물이다.

(김용옥, "여자란 무엇인가")

이렇게 가장 근본적인 문제를 주목하여 그에 시각을 맞춰 글을 쓰는 것은 힘이 들기는 하지만, 진지하고도 치열하게 문제를 다룰 수 있다는 장점이 있다. 하지만 철학적인 쓸거리를 가지고 글을 써나가기 위해서는 자칫 피상적인 논의에 흐르거나 추상적이고 현학적인 단어의 나열에 그치지 않도록 주의하는 것이 필요하다. 충분한 지식과 사색의 과정이 곁들여져야만 쓸거리를 제대로 소화해낼 수 있기 때문이다.

(2) 쓸거리 조정하기

쓸거리를 찾았다고 해서 글쓰기를 곧바로 시작할 수 있는 것은 아니다. 정해진 쓸거리가 주어졌거나 쓸거리를 가지고 있는 상황이라 해도 그 쓸거리가 가지고 있는 다양한 내용 가운데 자신이 쓰고자 하는 글의 목적이나 유형에 따라 쓸거리가 가진 성격을 제한하고 범위를 조정할 필요가 있기 때문이다.

이 장에서는 한 편의 글을 써나갈 때 어떻게 하면 자신이 택한 쓸거리를 그 글에 맞게 보다 구체적으로 조정할 수 있는지를 살펴보기로 한다.

첫째, 쓸거리의 범주를 제한하는 것이 필요하다. 쓸거리를 조정할 때에는 넓은 범주의 것으로부터 점차 생각을 가다듬어야 한다. 쓸거리의 규모를 어느 정도로 하느냐에 따라 글쓰기의 구체적인 모습이 달라지게 되기 때문이다. 넓은 범주의 쓸거리를 택해서 쓴 글은 글의 흐름이 보편적이거나 추상적이기 쉽다. 또한 구체적으로 논의하지 못한 만큼 설득력이 부족하고 구체적인 감동을 주기가 쉽지 않다. 경우에 따라서는 논의가 산만하다는 인상을 주기도 쉽다. 그러므로 보다 한정된 범주에서 쓸거리를 택하여 글쓰기를 해야 구체적이고 개성적이며 인상적인 내용을 담을 수 있게 된다.

쓸거리의 범주를 적절히 제한하려면 무엇보다 글쓴이가 중요하다고 생각되는 부분, 또는 남다른 관심과 흥미를 가지고 있는 부분을 택하는 것이 좋다. 또한 자신의 능력으로 완성시킬 수 있는지를 충분히 고려하여 자신의 능력에 닿는 범위로 제한하는 것이 바람직하다. 그래야 자신 있게 설득력 있는 논의를 펼칠 수 있기 때문이다. 물론, 완성된 글의 분량이 어느 정도인지에 대한 배려도 충분히 이루어져야 한다.

둘째, 글의 성격이나 목적, 주제에 맞게 접근하는 것이 필요하다. 다음의 〈예시〉들에서 보다시피, 글의 주제나 목적, 글의 성격이나 종류에 따라 쓸거리의 성격을 조명하는 방식이 달라질 수 있기 때문이다.

〈예시 1〉

내가 부임한 송학중학교는 아름다운 가을산을 뒤로 기대고 아주 편한 자세로 산골소년들을 맞아들이고 있었다. 앞 냇가의 징검다리를 깡총깡총 지나야 교문이 다가서고 햇살 가득 받은 눈부신 운동장과 백일홍 무리가 뭉클뭉클 감동시키고 있었다. 처음 인사할 때 나는 우물쭈물 단 위에 서서 그만 한다는 말이 "나는 여러분을 많이많이 사랑하겠노라"는 것이었다.

산골아이들은 유행가 가사 속에서나 듣던 '사랑'이란 말을 미술선생이 해버린 것에 그만 웃음판이 돼버렸다. 나는 '아닌데, 아닌데' 고개를 저으며 교실로 들어갔고, 그것은 저 가을 햇살의 운동장과 백일홍 때문이라 생각했다.

밤새 왼 권위 있는 인사말 대신 사랑이라니, 그러나 그것은 나의 진심이었다. 과연 그랬다. 벽촌의 아이들은 건강했고, 눈을 초롱초롱 뜨며 열심이었다. 사랑할 만한 아이들이었다. "너 어디 사니?" 물으면 "저 짝이요"하고 가볍게 대답해도 가정방문을 가보면 십 리가 훨씬 넘는 곳에 사는 아이들. 눈보라 치는 날이나 억센 장마 속에서도 지각, 결석 없이 아이들은 씩씩하게 출석을 했다. 노란 보리철엔 반 고흐의 밀밭과 저 언덕에 펼쳐진 보리밭을 이야기했고, 계절 따라 산골소년들을 몰고 이 산 저 산 산등성이를 구르며 많은 그림을 그렸다.

그러다 해가 몇 번 바뀌고 그 마을에도 제천읍과 연결되는 버스가 들어오고 비만 오면 떠내려가던 징검다리 대신 튼튼한 시멘트다리가 놓여지게 되었다. 모든 것이 좋아지고 있었다. 하지만 아이들은 지각과 결석이 잦아졌다. 지각, 결석의 이유는 버스 때문이었다. 버스가 결행하는 날은 지각의 이유가 충분히 되었고 그들은 그 이유가 떳떳하고 정당했다. 눈이 그 산골에 깊이깊이 쌓이던 날 아침, 교실은 거의 반이나 텅 비어 있었다. 나의 가슴엔 휑한 바람이 지나가고 있었다. 몇 시간 후 들어서는 뻔뻔스런 지각생들을 줄로 세워놓고 회초리를 들었다. 그리고 반쯤 때리다 그만 펑펑 울며 그들에게 하소연했다. 시멘트다리와 시내버스가 들어오기 전의 여러분은 훌륭했다고, 거머리에 물려 피가 나도 쓱쓱 닦고 십 리를 걷던 여러분이 좋았노라고, 장마에 징검다리가 떠내려가면 여러분 등에 업혀 건너던 씩씩한 그때가 좋았노라고.

그러나 그 하소연은 버스의 유혹 앞에 웃기는 소리였다. 석양 속에 쿵쿵 뛰어서 집에 가던 소년이 아니었다. 한 대뿐인 버스에 복잡한 하교시간을 아우성치며 오르고 있었다. 점점 그 곳이 싫어졌다. 그 이듬해 가을, 나는 그 곳을 작별했다. 이번에도 준비한 말 대신 울먹이며 "난 여러분을 사랑했었다"라고 작별의 말을 해버리고 말았다. 그 학교를 떠난 후 나는 많은 소년들의 편지를 받았다. 그 중에는 선생님 가신 후 튼튼한 다리로 버스 타지 않고 걸어 다닌다는 내용도 들어있었다.

(김영희, "촌락의 그 버스")

〈예시 2〉

시골 산촌에서 자란 사람들은 10리 안팎의 통학길의 추억을 잊지 못한다. 한겨울 맵짠 하늬바람에 손발이 시려 종종걸음 치던 산모롱이의 기억도 새롭고, 가을철에 허기진 배를 채우느라 콩서리도 하고 남의 밭 고구마나 무 따위를 캐어먹던 추억도 아름답다. 무료하고 힘겨운 하학길이지만 친구들과 어울려 장난도 치고 얘기꽃도 피우다 보면 산촌의 왕복 통학길은 학교, 가정과는 또 다른 훌륭한 사회화 교육장이 되기도 했다.

14일 밤 KBS 뉴스에 방영된 충북 영동군 상촌국민학교 어린이들의 통학 광경은 산촌 출신들의 이런 공유(共有)의 추억을 뒤엎는 충격적인 모습이 아닐 수 없다. 상촌국민학교 이백여 어린이들이 노란 색깔의 스쿨버스로 통학하는 모습은 화면으로만 보아오던 선진국 어린이들의 모습을 연상케 했다. 한 마을에서 4, 5명씩을 태우고 이 동네 저 동네를 도는 차 안 어린이들의 즐거운 모습에서는 옛날 힘겹고 고통스럽던, 그러나 낭만이 깃든 통학길을 찾을 수 없었다.

그러나 이러한 풍요의 광경을 보며 마냥 즐거워할 수만 없는 것이 우리 농촌 현실이다. 상촌국민학교의 경우만 해도 70년대까지는 18학급에 800여 명의 학생이 있었는데 지금은 200여 명으로 줄었다. 그나마도 스쿨버스 3대가 아침내 실어 나른 어린이들이다. 영동군내 11개 국민학교에는 모두 13대의 스쿨버스가 있다 한다.

농어촌 산간벽지의 인구 격감으로 92학년도에만 폐교된 국민학교가 179개교에 달했다. 82년 이후 폐교된 학교를 모두 합치면 577개교, 올부터 3년간 369개교가 더 폐쇄될 것이라는 게 교육부의 예측이다. 동네를 들어서도 아기 울음소리를 들을 수 없는 것이 우리 농촌이다. 황폐화하는 농촌에 가장 귀한 존재가 어린이들이지만, 이들에게 스쿨버스를 태워주고 맛있는 과자를 안겨준다고 과연 그들이 행복할 것인지는 착잡한 심정이다. (동아일보 칼럼)

두 편의 글에서 구체적인 쓸거리는 공통적으로 궁벽한 산골에 문명의 이기라는 버스가 들어오면서 생긴 변화를 선택하고 있지만, 한 편의 글로 만들었을 때 쓸거리의 성격은 달라지고 있다. 〈예시1〉에서는 자신의 체험을 토대로 하여 개인적인 성격을 가진 쓸거리가 되었지만, 〈예시2〉에서는 개인의 체험보다는 TV에 비친 산골의 변화상을 끌어들임으로써 시사성을 띤, 보다 사회적인 관심을 갖게 하는 쓸거리가 되었다.

그리고 〈예시1〉이 이러한 변화를 개인적인 감상의 차원으로 환원하여 문명의 이기에 의해 상처받는 동심을 그려내고 있는 반면, 〈예시2〉는 산골의 이러한 변화상을 인구의 서울 집중과 농업정책의 심각한 문제점으로 점차 황폐화해가는 농촌의 미래를 점치게 하는 사례로 삼았다. 곧, 〈예시1〉이 개인적 차원의 추억거리를 이야기하는 것이라면, 〈예시2〉는 농촌문제의 실상에 대한 자각을 보여주고 있다.

또한 이러한 차이는 표현방식이나 글의 전개방식에서도 차이를 드러내는데, 〈예시1〉이 서정적인 분위기를 짙게 나타내면서 한 폭의 풍경화와도 같은 영화의 한 장면을 떠올리게 하는 반면, 〈예시2〉는 긴장된 분위기와 다소 건조한 어휘를 통해 문제의 심각성을 부각시키고 있다.

같은 쓸거리라 하더라도 어떤 식으로 접근하느냐에 따라 얼마든지 다른 분위기와 성격을 가진 글을 만들어낼 수 있다는 말은, 그만큼 한 편의 글에서 쓸거리가 이용되는 부분과 쓸거리가 차지하는 비중이 달라질 수 있음을 의미하는 것이기도 하다. 이는 또한, 주제 정하기의 차원에서도 다시 한 번 강조하게 되겠지만, 쓸거리를 찾는 선에서 글쓰기가 곧바로 시작되지는 않음을 보여주는 것이기도 하다.

2. 주제 정하기와 제목의 관계

(1) 주제 정하기의 과정

주제란 한 편의 글이 나타내고 있는 가장 핵심적인 의미를 말한다. 쓸거리가 지닌 내용과 가치 중에서 글쓴이가 가장 초점을 두고자 하는 부분이며, 자신의 의도와 주장, 사고방식 등을 드러내는 부분이 바로 주제이다. 다시 강조하지만, '무엇(쓸거리)'을 가지고 '어떤 생각(주제)'으로 쓰느냐에 따라 글쓴이의 세계관이나 독창적인 사고가 드러날 수 있기에, 같은 쓸거리를 가지고도 자신의 의도와 주장, 사고방식에 따라 얼마든지 다른 주제로 글쓰기가 이루어질 수 있는 것이다.

다음의 〈예시〉들은 '사랑'을 쓸거리로 택하여 '사랑'에 대해 보다 근본적인 물음을 던지며 원론적인 탐색을 하고 있다는 점에서 공통적이다. 하지만 '사랑'의 내용과 가치에 초점을 두는 부분은 글쓴이에 따라 다르고, 그래서인지 사랑을 정의하고 사랑의 자세를 논하는 태도에도 조금씩 차이가 난다.

〈예시 1〉

'인간에게 가장 소중한 것이 무엇이냐, 혹은 인간의 가장 소중한 사업이 무엇이냐' 라는 질문에 대하여 톨스토이는 사랑과 사랑하는 일이라고 대답하였다. 물론 이 질문에 대한 대답은 사람마다 다를 수 있을 것이다. 어느 사람에게 있어서는 가장 소중한 것이 금전이나 지위, 혹은 권력이라 할 수 있으며, 가장 소중한 사업이 좀 더 현실적이고 구체적인 것일 수도 있다. 하지만 따지고 보면 인간의 일생이란 사랑으로 일관되어 있다. 어릴 때는 부모의 그늘 밑에서 부모를 사랑하고, 젊어서는 이성을 사랑하고, 늙으면 자식을 사랑하는 것으로 인간의 한평생의 길이 뻗어있는 것이기 때문이다.

물론 사람에 따라서는 나라나 민족이나 사회가 이성이나 부모, 처자보다 사랑의 비중이 클 수 있으며, 혹은 예술가처럼 미(美)에 대한 사랑에 집착할 수도 있고, 인류에 대한 애정으로 십자가에 못 박힐 수도 있다. 하지만 그 형태는 어떻든 인간의 일생은 사랑으로써 시종하는 것이리라. 그런 의미에서 인간 생활은 사랑과 무관한 것이라고는 있을 수 없는 것이다. 먹고 마시는 본능적인 욕구의 충족도 따지고 보면 자기의 생명과 생존을 사랑하는 행위요, 사업을 경영하는 것도 사업 그 자체를 사랑하거나 사회를 사랑하는 행위이다. 혹은 가족을 사랑하기 때문이다.

그렇다면 인간생활을 움직이는 원동력은 이기적 사랑이든, 이타적 사랑이든 사랑이다. 사랑이 전혀 없는 자에게는 삶에의 의욕도, 기력도 없을 것이다.

(박목월, "에로스의 불길-사랑에 대하여")

〈예시 2〉

사랑에 관한 한 몇 번째냐는 것은 아무런 가치가 없다. 첫사랑만이 진정한 사랑이라는 맹목적인 신앙을 가진 사람은 삶의 다양성과 풍요성을 모르는 사람이다. 오죽하면 첫사랑은 실패하는 것이 좋다는 말까지 있겠는가. 반대로 첫 번째보다는 두 번째가 진짜이며, 두 번째보다는 세 번째가 맛이 있다는 주장도 옳지 않다. 그것은 사랑을 마치 기계적인 수학적 개념으로 착각하는 것이다. 더 나아가서 사랑에서 느끼는 달콤한 감정은 회를 거듭할수록 점점 무디어질 수도 있지 않은가?

그러므로 사랑에 대한 진정한 태도는 첫사랑에 대한 유치한 맹목적 집착과 첫사랑이란 쓰레기에 불과하다는 감정을 동시에 초월하는 태도이다. 그리하여 모든 사랑이 첫사랑이라는-다시 말해서, 모든 사랑이 첫사랑의 달콤함과 떨림을 동반한다는- 마음가짐이다.

철학자 칸트는 범죄자를 처벌하는 기준에 있어서 한 가지 반드시 적용해야 되는 법칙을 말했다. 그것은 범죄자가 아무리 여러 번의 범죄를 저질렀더라도 항상 초범으로 간주해야 된다는 법칙이다. 그의 범죄 동기를 사회에 돌리거나 지난 번의 범죄의 습성으로 돌리지 말고, 그 사람 자신의 자유의지에 의하여 저질러진 최초의 행위라고 규정해야 된다는 것이다. 그리고 이러한 태도가 곧 인간의 자율성을 인정하는 태도라고 말했다.

사랑은 지향적인 행위이다. 그러므로 진정한 사랑은 '나도 모르게' 휩싸인 고조된 감정이 아니라, 프롬이 말하는 '사랑의 기술'을 익힌 의식적인 행위이다. 그러므로 모든 사랑은 언제나 최초적이다. 일상적인 습관, 사회의 보이지 않는 압력, 부모의 강권, 쾌락주의적인 관성에 의한 것이 아니라 그 사람의 의식 전체를 투자하는 것이기 때문이다. 그러므로 재혼을 하는 사람도 첫사랑이고, 기혼 남녀의 사랑도 첫사랑이다. '이것이 나의 첫사랑이다' 라는 감정이 없는 사람은 이미 순수한 사람이 아니다. 그러므로 첫사랑이 아닌 사랑은 모두 의심의 여지가 있는 사랑이다.

모든 사랑은 첫사랑이다. (황필호, "모든 사랑은 첫사랑이다")

〈예시1〉에서 글쓴이는 '인간에게 가장 소중한 것이 사랑이며, 인간의 가장 소중한 사업이 사랑하는 일' 이라는 톨스토이의 말을 인용하면서, 어떤 종류의 사랑이건 사랑은 인간 생활을 움직이게 하는 원동력이 된다는 데 그 본질이 있다는 결론을 내리고 있다. 이렇게 사랑의 범위를 일반화시켜 논한 앞의 글과 달리, 〈예시2〉는 사랑의 범위를 좀 더 좁혀 남녀간의 사랑에 대해 논하되, 사랑의 본질을 피력하는 데 주력하기보다는 사랑을 하는 태도에 보다 큰 중점을 두어 글쓰기를 해나간다. 곧, '사랑에 대한 진정한 태도는 첫사랑에 대한 유치한 맹목적 집착과 첫사랑이란 쓰레기에 불과하다는 감정을 동시에 초월하는 태도' 로, 사랑에서 중요한 것은 첫사랑의 달콤함과 떨림을 동반하는 마음가짐, 매번 새로이 시작하는 것과 같은 태도가 중요하다는 논지를 강조하고 있다.

이렇게 글의 차이는 쓸거리를 구체화하는 방식과 아울러 글의 방향을 어떻게 잡을까 하는 주제의 설정에서 비롯된다. 그러므로 한 편의 글을 제대로 쓰기 위해서는 쓸거리를 구체화하는 것과 마찬가지로, 주제의 경우에도 한 편의 글에 적합하도록 구체적으로 범위를 좁히는 것이 필요하다. 주제를 정하는 과정을 일반화시키면 다음과 같은 모습이 될 것이다.

우선, 쓸거리에 대해 쓰고 싶은 중심내용을 생각한다. 아직까지는 구체적인 주제가 나올 단계가 아니지만 막연하게나마 쓰고자 하는 방향과 자신의 시각을 잡아두는 것이 주제를 정하는 첫걸음이다.

이를 위해서는 쓸거리를 중심으로 그것들을 둘러싸고 있는 여러 가지 가능한 생각들을 나열하고 정리하는 것이 필요하다. 예를 들어, '아름다움' 에 대해 한 편의 글을 쓴다고 할 경우, 다음과 같이 의문을 제기하는 것은 주제를 정하는 것뿐만 아니라 가능한 생각들을 헤아려 깊이 있게 사고를 다지는 데에도 도움을 준다.

- 무엇이 아름다움일까; 아름다움을 정의해본다.
- 아름다움을 어디에서 찾을 수 있을까; 아름다움의 구체적 대상을 찾아본다.
- 아름다움을 느낀 적이 있었나; 아름다움에 대한 체험을 돌이켜본다.
- 아름다움의 반대편은 무엇일까; 추함에 대해서도 생각과 경험을 모아본다.
- '아름다운 여자' 라고 할 때의 조건은 무엇일까; 실생활에서 가능한 사례를 찾아본다.
- 나는 과연 아름다운가; 자신의 경우로 적용하여 의문을 제기해본다.

다음으로, 쓰고자 하는 글의 범위를 제한한다. 앞서 제기한 여러 가지 항목 중에서 글쓴이가 가장 관심을 갖고 있고 자신 있게 쓸 수 있는 항목을 선택한다. 이 때 자신의 능력과 글 쓸 분량을 아울러 고려하여 글의 완성도를 높이도록 배려하는 것이 필요하다.

예를 들어, 앞서 제기된 여러 가지 의문 가운데 다음과 같이 택하였다면, 이제부터는 이에 대한 관심을 집중적으로 모아가는 것이 필요하다.

- 무엇이 아름다움이며, 이를 어디에서 찾을 수 있을까?

그래서 강의실 건물 복도나 도시의 뒷골목, 기차역에 서있는 자동판매기에서 커피를 뽑아 마시며 잠시 휴식을 취하고 있는 사람들의 모습을 떠올리고는, 이내 이들에게서 받은 느낌과 생각을 아름다움과 연결시켜 생각을 정리할 수 있게 되는 것이다.

이 정도로 쓸거리에 대한 생각의 범위가 좁혀지고, 생각도 구체화되었다면 주제 잡기의 다음 단계로 넘어가도 된다. 주제잡기의 마지막 단계는 글의 초점과 시각을 선명히 드러낼 수 있도록 다음과 같이 주제를 제한하는 것이다.

- 아름다움은 열심히 사는 것이며, 자신의 일에 몰두하는 모습에서 아름다움을 느낀다.

덧붙여, 이렇게 범위를 제한하여 주제를 정했으면 다음과 같이 문제의 범위를 구체화하고 자신이 말하고자 하는 핵심적 내용을 집약해 나타내주는 어휘나 문구를 생각해보는 것도 유익할 것이다. 이러한 어휘나 문구가 글을 이끌어나가는 데 중심이 될 수 있기 때문이다.

- 삶의 치열한 한복판에서 갖는 커피 한 잔의 여유
- 바쁠 때 잠시 쉬며 마시는 커피 한 잔은 아름다운 문장의 쉼표 같은 느낌을 준다.
- 열심히 산다는 것은 정말 아름다운 일이다.

이렇게 완성된 주제로 한 편의 글을 쓴다면 아마도 다음과 같은 글이 되지 않을까?

〈예시 3〉

나는 어느 방송국의 5층 복도를 참 좋아하는데, 그 이유는 그 곳이야말로 활력이 넘쳐 흐르는 장소이기 때문이다.

그 곳은 스튜디오가 줄지어 늘어서 있고 그러한 시설의 중요성을 십분 감안하여 경비원이, 때로는 전경이 스물 네 시간의 빈틈없는 감시의 눈동자를 굴리고 있는 곳이다. 그뿐이랴, 많은 탤런트와 연출가, 오디오맨 또는 효과음 담당자와 방송작가들이 바쁘게 오가는 곳이 바로 그 곳이다. 그들이 번개보다 더 빠르고 바늘 끝보다 더 정교한 전파문화의 담당자들인 만큼, 또 방송국이라는 데가 그러한 문화를 창조하는 현장이니 만큼 그곳에서는 창조의 몸놀림 하나하나, 표정 하나하나가 첨예하게 갈려져 있는 게 한눈에 들어온다. 그래서인지 내가 좋아하는 그 곳엔 항상 의욕이 살아 움직이는 동시에 그만큼 긴장도 넘쳐흐른다.

그런데 바로 거기에 커피 머신 두 대가 있어 쉴 새 없이 커피를 제공하고 있는 게 아닌가. 뭐랄까? 그것은 마치 아름다운 문장의 쉼표와도 같은 느낌을 준다고나 할까? 때때로 볼일이 있어 그 곳에 갈 때면, 나는 반드시 백 원짜리 동전 두 개를 준비한다. 볼일을 끝내면 어김없이 이 5층 복도 끝 커피 머신 앞에 온다. 나는 동전을 투입구에 넣고 커피 한 잔과 거스름돈을 받아들곤 그 앞에 놓인 살풍경한 의자로 간다. 그리곤 비위생적인 컵에 담긴, 게다가 당분이 지나치게 많아 비난받는 커피를 마신다. 하지만 내게 그런 비난은 전혀 중요하지 않다. 오히려 내게는 그 커피 한 잔이 그 곳의 활력까지도 함께 마시게 하는 존재가 되기 때문이다.

삶의 치열한 한복판에 커피를 내주는 시설물이 하나 있다는 것. 이 사실이 내게는 참 근사한 것 같다. 하긴, 내가 감동하게 되는 것이 커피 머신의 커피 한 잔이라기보다는 그 곳에 그런 것이나마 서있을 수밖에 없게 하는 삶의 치열함인지도 모르겠다. 아, 열심히 산다는 것은 얼마나 아름다운 일인가 말이다.

(이 순, "아름다운 것")

(2) 주제문 만들기

주제문이란 글의 목적을 진술하며 글의 중심생각을 전달하는 부분이다. 주제문은 한 편의 글을 완성하기까지 글의 방향을 일관되게 잡아주는 역할을 한다.

앞서 설명한 주제 정하기의 과정에서 살핀 바와 같이 주제를 정하는 최종적인 단계는 글쓴이의 의도와 주장을 명확하게 집약해서 하나의 완전한 주제문을 작성하는 것이 된다. 특히 생각과 사실을 설명하거나 논의하는 글에서는 대부분 주제문을 만들어 놓고 글쓰기를 하는 것이 유리하다. 주제문이 있으면 그렇지 않을 때에 비해 논지를 전개하기가 훨씬 쉬울 뿐만 아니라, 글의 틀을 세워 문단을 전개해나가는 데에도 효과적이기 때문이다.

주제문을 작성하는 데 보편적으로 쓰이는 두 가지 방법을 소개하면 다음과 같다.

첫째, 〈예시1〉과 같이 주제에 해당되는 문장을 두세 부분으로 나누는 방법이다.

〈예시 1〉

(1) 공해 문제는 인류에게 심각한 문제를 던져주고 있다.

(2) 공기 오염과 수질 오염은 인류에게 생태계 파괴와 인류 생존의 위기라는 심각한 문제를 던져주고 있다.

(1)의 경우 주제문을 나누지 않고 한 문장 안에서 한꺼번에 이야기하고 있는데, 이렇게 되면 그 생각은 막연한 덩어리로 표현되어 글이 어떻게 전개되고 어떻게 구성될

것인지에 대해 아무런 암시도 주지 못하게 된다. 이에 반해 (2)의 경우와 같이 주제문을 세분화하면 글 전체의 윤곽을 보다 명확하게 나타낼 수 있게 된다.

둘째, 뒷받침된 주제문을 쓰는 방법이다. 주제를 진술한 다음에 이를 뒷받침하는 진술을 제시하는 방법이다. 주제문에서 증거와 이유의 주된 요점을 요약적으로 제시하면 자신의 생각을 직선적으로 따라갈 수 있는 이점이 있다. 다음의 〈예시2〉에서도 (3)보다는 (4)가 보다 구체적이어서 글쓰기에 실제적인 도움을 줄 수 있게 된다.

〈예시 2〉

(3) 영화감상은 나에게 기쁨을 준다.

(4) 영화감상은 나에게 두 가지 기쁨을 준다. 다양한 성격의 인물과 삶의 태도를 보면서 사색할 수 있고, 편안한 휴식도 취할 수 있기 때문이다.

물론, 모든 글에서 주제문이 주제를 정하는 최종적인 단계로 반드시 있어야 되는 것은 아니다. 이야기체의 글이나 묘사적인 글에서는 때로 주제문이 필요하지 않을 수도 있어서, 이런 경우에는 그저 글의 중심적인 생각과 방향을 설정해두는 것만으로도 글을 매끄럽게 써나가는 데 큰 불편함이 없기 때문이다. 그렇다고 해도 이렇게 중심적인 생각과 글의 방향을 잡아두는 것 또한 글을 일관되게 풀어나가기 위한 주제문 작성의 연장이나 마찬가지이다. 그러므로 글쓰기의 계획과정에서 단순히 주제만을 정하는 것이 아니라, 주제를 보다 구체화하여 보여주는 주제문을 만들어 글을 전개해나가는 태도를 가지는 것이 보다 바람직하다. 이는 다음 장에서 정리할 구상하기와 개요 작성의 작업과도 연결되는 부분이기도 하다.

이제, 다음 〈예시3〉을 보고 한 편의 글을 쓸 수 있게 완전한 주제문으로 바꾸어보는 연습을 하여보자.

〈예시 3〉

① 아무리 친한 친구라도 ________ 은(는) 반드시 지켜야 한다.

② 현재 대학사회의 가장 큰 문제는 ________ 이다.

③ 내가 연극을 보는/보지 않는 이유는 ________ 때문이다.

④ ＿＿＿＿＿ 을(를) 생각할 때, 결혼은 필수/선택의 문제이다.

⑤ 이 남자/여자의 ＿＿＿＿＿ 한 점 때문에 연애/결혼 상대로 선택하였다.

⑥ 짝사랑은 ＿＿＿＿＿ 한 점에서 우리에게 정신적 성숙을 가져다준다.

⑦ ＿＿＿＿＿ 을(를) 위해서는 화가 날 때 이를 통제할 필요가 있다/없다.

⑧ 장학금을 받는 것은 ＿＿＿＿＿ 한 점에서 쉬운/어려운 일이다.

⑨ 내가 사주와 궁합을 보는/보지 않는 이유는 ＿＿＿＿＿ 때문이다.

(3) 제목 붙이기

제목은 글의 다른 부분에 비해 길이가 상대적으로 짧다. 그렇기 때문에 자칫 사소하거나 미약한 부분으로 취급할 여지가 크고, 아무렇게나 붙여버리는 경향도 있다. 하지만 제목은 그 글이 완성된 한 편의 글이 될 수 있게 만드는 요소라는 점에서 매우 중요하다. 그래서 제목은 사람으로 치면 이름이나 마찬가지의 비중을 갖는다. 글을 읽을 때 맨 처음으로 접하게 되어 그 글의 첫인상에 영향을 주기도 하지만, 무엇보다 글의 내용을 이해하는 데 필수불가결한 요소가 되기 때문이다.

다음의 〈예시1〉은 제목을 어떻게 붙이느냐에 따라 글쓴이가 그 글에서 부여하는 의미가 달라짐을 잘 보여주고 있다.

〈예시 1〉

많은 생각 끝에 소설의 제목을 바꾸어서 재판을 찍기로 하였다. '희망'이라는 표제는 이 소설의 첫줄을 쓰기 시작할 때부터 내 마음속 깊은 곳에 각인되어 있던, 소설을 이끌고 나가던 일종의 화두 같은 것이었다. 이번에 나는 그 마음의 낱말을 표제로 드러낼 것을 결정하였다. 그 결정에는 여러 가지 다른 이유도 고려되어 있으나, 가장 크게 작용한 것은 '잘 가라, 밤이여'의 은유에서 벗어나 명료하게 '희망'으로 가고 싶다는 스스로의 희망 때문이었다. (양귀자, "작가의 말")

〈예시1〉에서 보다시피, 글의 주제를 직접적으로 드러내는 제목을 붙일 수도 있고, 이와 다르게 글의 주제를 암시적으로 비유하는 제목을 붙일 수도 있다. 주제를 직접적으로 노출시키는 제목이 명료한 이해를 돕는 반면, 은유적인 제목은 그 나름대로 멋스러움을 간직하고 있음을 쉽게 예상할 수 있다. 어느 쪽을 택하는가는 글쓴이의 의도와 취향에 달려있다.

다음의 〈예시2〉는 영화에서도 제목이 중요한 비중을 차지하고 있음을 재치있게 포착하여 한 편의 글로 엮어내고 있다. 이를 참고하여 자신의 취향에 따라 영화나 연극, 혹은 책의 제목을 조사하여 요즘의 제목 붙이기 취향을 정리해보면 어떨까?

〈예시 2〉

제목은 영화의 얼굴이다. 때때로 영화가 갖고 있는 폼새나 알맹이보다 더 그럴싸한 제목 때문에 덕을 보는 경우도 있다. 그러나 첫 인상 직후 그 사람의 정체와 본질이 금방 파악되듯, 관객도 제목 뒤 영화의 '진심'을 알아버리고 만다.

그래도 영화 만드는 사람들은 "좋은 제목 하나, 열 한석규 부럽지 않다"는 식으로 좋은 제목 만들기에 골몰한다. 그 옛날, '아무도 없었던 여름'이란 영화가 극장 안이 텅텅 비는 재난을 당했던 것을 제목 탓으로 돌리고, '추락하는 것은 날개가 있다'라는 제목이 주는 반어적 의미 때문에 그 영화가 흥행에 날개를 달았다는 얘기를 하던 시절이 있었다.

'접속'은 멜로드라마 제목이라기보다 첩보 영화 같다. 너무 딱딱하다는 주위의 의견들이 많아, 수차례 설문 조사로 후보 제목을 뽑아냈다. '블루노트', '고백', '입맞춤' 따위의, 지금 보면 낯간지러운 제목도 후보로 올라갔고, 나처럼 소질 없는 프로듀서는 '접촉'이란 제목을 주장하기도 했다. '접촉'은 후에 에로 비디오로 나왔다.

제목 잘 짓기로 소문난 우노필름 차승재 대표는 '8월의 크리스마스', '플란더스의 개' 같은 은유와 상징이 풍부한 제목을 주로 선호한다. '우리들의 성생활'이란 직선적인 제목이 그를 거쳐 '처녀들의 저녁식사'란 멋들어진 이름으로 변모하기도 했다.

'은행나무 침대', '쉬리', '약속'의 흥행 성공으로 한때 충무로에선 두 어절, 혹은 두 글자 제목이 흥행을 '보장'한다는 엉뚱한 오해가 생긴 적이 있다. 몇몇 영화

제작자들이 두 글자 제목의 멜로물 시나리오만 다투어 읽었던 해프닝이 있었다. 정말이다.

내 개인적으로는, 영화 제목은 솔직담백하게 영화 소재나 주제를 압축하고, 거기에 상상의 여지를 줄 수 있는 게 좋다고 생각한다. 이를테면? 박하사탕! '접촉' 이 좋다고 박박 우겼던 내가 웬 잘난 체? (심재명, "영화제목과 흥행의 관계")

제목을 붙이는 다양한 방법들을 두 가지로 나누어 살피기로 한다.

먼저, 쓸거리나 주제를 직접 드러내는 방법이다. 가장 흔하게 쓰이는 이 방법은 '글쓰기의 좋은 점', '짝사랑 예찬', '새로 쓰는 사랑이야기', '제주도를 다녀와서', '분배정의의 실현, 금융실명제', '살림, 아무나 하는 일 아니다' 등과 같이 글의 주제나 쓸거리, 글의 목적 등과 관련된 부분을 제목으로 삼는 경우이다.

예를 들어 '아름다움' 에 대해 글을 쓴다고 할 때, 다음에서처럼 읽는 이로 하여금 글을 읽기도 전에 '아름다움' 에 대한 글임을 알아챌 수 있도록 제목에서부터 이에 대한 정보를 미리 제공해줄 수 있다. 물론, 직접적인 제목을 붙인다 하더라도 글쓴이에 따라 미묘한 차이가 있을 수 있다.

- 나목(裸木)은 왜 아름다운가
- 가을꽃의 아름다움
- 있는 그대로의 아름다움
- 아름다움- 낯모르는 누이에게
- 아름다움에 대하여
- 지상에서 가장 아름다운 것
- 어디에나 아름다운 것이
- 미(美)의 이데아
- 소멸하는 것의 아름다움
- 성(性)은 괴롭지만 아름다운 것
- 아름다운 세상
- 아름다운 친구

직접적인 제목의 범주에는 쓸거리나 주제, 나아가 주제문을 직접 인용하는 방식도 포함된다. 인물명(홍국영, 연산군, 순이 삼촌)이나 지명(남해금산, 동두천, 지리산, 태백산맥), 또는 사물의 명칭(화엄경, 동의보감, 꽃신, 개미)을 그대로 제목으로 삼는 경우는 매우 흔하다. 또한 '우리들의 사랑, 우리들의 분노' 와 같이 '사랑' 과 '분노' 라는 두 단어를 제목에서 내걸어 글쓴이의 생각과 입장을 집약적으로 나타내주는 경우도 있으며, '가끔은 주목받는 생이고 싶다', '세계는 넓고 할 일은 많다' 와 같이 주제를 강하게 압축한 멋진 문장을 곧바로 제목으로 내걸기도 한다.

다음으로, 쓸거리나 주제를 비유나 암시의 방법으로 간접적으로 나타내는 경우이다. 이는 '떨림', '입속의 검은 잎', '서있는 여자', '추락하는 것은 날개가 있다' 등과 같이 쓸거리나 주제를 암시적으로 비유해서 나타내는 방법이다. 간접적인 제목은 읽는 이로 하여금 이런 제목이 과연 무엇을 이야기하고 있는 것일까 하는 흥미와 관심을 불러일으키고, 그 글을 다 읽고 난 이후에는 '아, 그래서 그렇구나' 라는 확인을 함으로써 더욱 인상적으로 글 읽기를 마칠 수 있게 하는 묘미가 있다.

앞서 살핀 '아름다움' 의 경우에도 비유나 암시의 방법으로 제목을 붙일 수가 있는데, 다음의 예들을 살펴보고 어떤 방식으로 주제를 암시하고 있는지를 예상해보자.

- 마음의 향기
- 감춰도 배어나오는 향(香)과 같이
- 눈을 감고 찾으려는 보석
- 초록 날개를 가진 공작새
- 달고 큰 참외는 없다
- 보시기에 좋았더라

이 방법은 암시의 정도나 은유의 수준에 따라 매우 다양하게 나타난다. 예컨대, '바람의 넋' 은 바람이란 것이 흔히 역마살이 낀 사람을 연상케 한다는 점에서 소설 속 주인공의 심리를 나타냈으리라는 예상을 하는 것이 수월해 보이지만, '바람이 바람 불러 바람 불게 하고' 나 '새들도 세상을 뜨는구나' 는 그 글 전체를 읽지 않고는 제목의 의미를 제대로 예상하기가 쉽지 않기 때문이다.

그러므로 일상적인 글쓰기에서는 비유나 암시의 정도가 과해지는 것은 피하는 것이 좋다. 비유나 암시의 정도가 심하여 지나치게 기발한 제목을 붙일 경우 참신성은 극대화되겠지만, 글에 대한 정보 제공이라는 제목의 역할을 제대로 수행하지 못하여 역효과를 내는 경우가 더러 있기 때문이다. 또한 학술적이거나 논리적인 성격이 강한 글의 경우에는 암시적인 제목이 어울리지 않기도 한다.

간접적인 제목의 경우에도 인용의 방식을 쓸 수 있다. '싼 게 비지떡', '구슬이 서 말이라도…', '침묵은 금', '되는 집안은 가지나무에 수박 열린다' 등과 같이 속담이나 격언을 통해 자신의 주제를 암시하는 것은 흔히 쓰이는 방법이다.

그렇다면, 제목을 달 때 유의할 점은 무엇일까?

먼저, 글이 무엇에 대해 썼는지를 제시할 수 있어야 한다. 제목은 그 글의 내용을 음미하여 가장 요령 있는 짧은 말로 그 글을 대표할 수 있는 말을 붙여야 한다.

둘째, 글에 대한 흥미를 불러일으켜야 한다. 내용의 지나친 암시도 좋지 않고, 포괄력이 부족한 것도 바람직하지 못하다.

셋째, 제목은 가능한 한 간단하게 붙이는 것이 산뜻한 느낌을 준다. 제목은 완전한 문장이기 보다는 완전한 문장의 어느 '부분'이라고 생각하면 제목 붙이기가 보다 수월해질 것이다.

마지막으로, 완성된 글의 무게에 맞게 어울리는 제목을 고르는 것이 중요하다.

다음은 '아파트'를 쓸거리로 한 글에서 뽑은 제목들인데, 어떤 내용의 글에 어울릴지 예상해보자.

- 아파트, 아파트, 아파트,
- 내 삶의 공간
- 내 인생 최대의 난제(難題)
- 아파트 투기, 무엇이 문제인가
- 부동산 정책의 쟁점과 대책

3. 구상의 중요성과 방법

(1) 구상의 중요성

한 편의 글을 완성하기 위해 필요한 작업은 여러 가지이다. 그 첫 번째 작업이 글쓰기의 계획을 세우는 단계로, 무엇을 가지고 어떤 방향으로 글쓰기를 해나갈 것인가 하는 부분이다. 이렇게 글의 주제가 정해지고 그에 따른 쓸거리 또한 정리되면, 주제를 중심으로 쓸거리들을 효과적으로 배열하여 전체 줄거리를 짜는 일을 하게 된다. 이렇게 짜여진 줄거리를 흔히 '구상개요' 또는 '아우트라인' 이라고 하는데, 글쓰기의 또다른 준비 작업인 '구상하기' 가 바로 이 단계에서 이루어지게 된다.

글쓰기의 계획 작업으로 구상하기가 왜 필요하고도 중요한지에 대한 문제를 풀기 위해 다음에 제시된 두 편의 사설을 꼼꼼히 살펴보기로 하자. 이 때 우리가 유념해서 볼 부분은 논지를 전개하는 방법으로, 글의 구성을 어떻게 하고 있는가 하는 부분과, 여기에서 비롯되는 두 글의 특징에 대한 비교이다.

〈예시 1〉

버림받은 어린이를 데려다가 서커스를 가르쳐 돈벌이를 해온 서커스단장의 이야기는 한 세대 전만 해도 소년 소녀 소설의 소재로 곧잘 등장하던 것이었다. 악덕 단장의 손아귀에 잡혀 고생하던 소년 소녀 주인공이 어찌어찌해서 부모를 찾거나 서커스단을 탈출해 밝은 새 삶을 찾는 이야기에 대한 기억을 누구나 한 가지 쯤은 기억하고 있을 것이다. 그러나 오늘 우리들은 그것이 소설이 아닌 엄연한 현실로서 살아있음을 확인하고 있다. 우리들의 현실 인식이 얼마나 안이하고 부정확한 것이었나를 새삼 절감하게 하는 것이다. 물론 경찰에 적발된 서커스단장의 동물과 같은 행위가 지난 시대처럼은 흔하지 않을 것이다. 그래서 이번 사건은 특별한 것이라고 볼 수 있을는지도 모르겠다. 그러나 반드시 그렇지만은 않다. 오히려 이번 사건은 우리 사회에 엄연히 존재하고 있으나 무관심 때문에 우리들이 제대로 인식하지 못했던 현실의 한 측면을 상징적으로 보여준 것이라고 보는 것이 더 옳을 것이다.

따지고 보면 버림받은 어린이들은 결코 이번 서커스단 사건의 어린이만은 아니다. 이른바 앵벌이라고 해서 범죄조직의 손아귀에 잡혀 구걸이나 껌팔이 등을 강요받고 있는 어린이들을 우리들은 거의 매일같이 목격하고 있다. 그 뿐이 아니다. 최근 보도된 바 있는 한 어린이의 누이동생 살해 사건이나 계모의 어린이 구타 사건 같은 것도 결국은 이 땅의 어린이가 그 무엇으로부터도 제대로 보호받지 못하고 있는 데서 빚어진 비극들이다. 한 사회가 얼마나 발전했으며 인간다운 사회인가는 그 사회의 어린이가 얼마나 잘 보호받고 있는가에 의해서 단적으로 가늠된다. 어린이의 행복은 그 사회 행복의 척도인 것이다. 그런 면에서 볼 때, 흔히 선진국으로 발돋움하고 있다고들 하지만 우리 사회의 아동보호나 복지의 수준은 여전히 후진 상태를 벗어나지 못하고 있다. 일반 국민도 제 자식에 대해서는 지나칠 정도의 애정을 보이면서 남의 자식에 대해서는 너무도 냉정하다.

그렇다고 법과 제도에 의한 공공적(公共的) 차원의 대책이 마련되어 있는 것도 아니다. 현행 아동복지법을 보면 보호를 필요로 하는 아동은 국가와 지방자치단체가 책임을 지고 돌보게 되어 있다. 그러나 실제로 그것을 가능케 하는 제도나 기구는 거의 모두 '설치할 수 있다', '둘 수 있다' 등의 행정적 재량에 맡겨져 있다. 책임이 있다면 마땅히 강제적 의무를 부가해야 하거늘, 법조차 할 수도 있고 안 해도 그뿐인 재량적 조항으로 만족하고 있는 것이다. 이번 사건이 소녀 자신의 고발에 의해 표면화된 것도 바로 그 때문이다. 법에는 아동에 대한 비인간적 행위를 조사하는 규정이 있지만 그 규정 역시 '조사, 질문할 수 있다'로 되어 있기 때문에 실제로는 아무런 조사도 이루어지지 않았던 것이다.

개인의 악덕을 탓하기 전에 이런 형식적인 법의 내용부터 바로 잡아야 한다. 사회복지가 개인의 도덕성에 의해 확보되는 것은 아닐 것이다. 먼저 국가가 그 책임을 망각하고 있다는 것을 일깨워주는 뼈아픈 경종이 되어야 한다.

(중앙일보 사설, "법부터가 아동에 무관심하다")

〈예시 2〉

1962년 괄티에로 야코베티 감독의 기록영화는 인면수심(人面獸心)의 생생한 현장을 영상에 담아 세계인 앞에 고발했다. 그 영화를 통해 인류는 심한 자괴(自愧)의 충격을 받았다. 그 중 특히 고발성이 강한 장면들 가운데 하나로 어린이들에게 족쇄를 채워 인공적으로 기형(奇型)의 불구(不具)를 양산해내는 끔찍한 현장 기록들은 우리의 뇌리에 아린 각인을 남겼다. 공포에 질린 어린이들의 퀭한 눈빛이 지금도 선하다.

사람이란 그런 짓도 할 수 있는 동물이다. 누가 성선설(性善說)을 주장했던가. 성악설(性惡說)로도 인간 내면의 수심(獸心)을 설명하지 못할 만큼 사람은 천사의 마음과 범죄의 수심을 함께 지니고 있는 복잡한 동물이다. 그리고 그 짐승 같은 잔혹함이 극으로 실행에 옮겨진 살아있는 예를 바로 우리 곁에서 보게 된 것이 곤혹스럽다. 서울 남대문 경찰서는 네 살난 여자 어린이를 자신의 호적에 올리고 감금해 키우면서 곡예 훈련을 시킨 뒤 밤무대에 출연시키고 그 출연료를 갈취해온 장 씨 부부를 아동복지법과 폭력행위 등 처벌에 관한 법률위반 혐의로 구속했다. 네 살 때 데려온 명희라는 여자아이는 지금은 열한 살, 키가 크고 체중이 늘면 인기가 없다고 하루 두 끼에 두 시간 밖에 잠재우지 않았다는 명희 양은 일곱 살 정도로 작아 보이는 야윈 모습이다. 그렇게 크기까지 7년 동안 명희 양은 자물쇠까지 채워진 한 평 정도의 골방에 가두어 키워졌고 공연을 잘 하지 못하거나 말을 잘 듣지 않을 경우 각목으로 매를 맞아왔다는 게 경찰 보고다.

네 살이면 한창 어리광 부릴 나이다. 장난감을 사달라고 떼도 쓸 나이다. 아니 열한 살로 자란 지금도 명희 양은 따뜻한 보살핌이 필요한 나이다. 그러나 그 나이에 명희 양이 겪은 슬픔은 단지 친부모가 없기 때문의 것이 아니다. 사람의 마음속에 둥지를 틀고 있는 '짐승'을 우리 사회가 감시하고 다스리지 못한 탓이며, 그러기에 그것은 우리의 죄다.

우리는 문명국(文明國)임을 자처한다. 대한민국 어린이 헌장은 모두가 함께 어린이를 위해 해야 할 일과 해서는 안 될 일들을 가지런한 글자로 빠짐없이 적어놓고 있다. 1981년에 제정된 아동복지법은 '아동이 건전하게 출생하고 행복하고 건강하게 육성되도록 그 복지를 보장' 하기 위해 11개 항에 걸쳐 금지행위를 열거하고 이를 어겼을 때의 벌칙도 마련하고 있다. 그러나 어린이의 복지는 글자로 신장되는 것은 아니다. 그것은 우리의 마음으로 지켜지는 것이며 우리의 실천으로 보장되는 것이다. 만약 법이 정한 규정대로 밤업소를 평소에 단속했던들 명희 같은 어린이는 눈에 띄었을 것이다.

설혹 법이 없었더라도 이웃 가운데 어느 하나 또는 그 밤무대의 관중 가운데 어느 하나가 명희 양에 조금의 관심을 가졌던들 그리도 오랫동안 학대가 계속될 수는 없었을 것이다. 어린이에게 사회적 보살핌이 필요한 것은 그들이 어리기 때문이다. 그들에겐 저항할 힘도, 바르게 판단할 힘도 없다. 그러나 그들이야말로 장래 사회의 주인이다. 아니, 그 이전에 그들은 성인(成人)과 동등한 '인권(人權)'이다. 일차적으로는 부모의 본능적 애정이 그들을 보호하지만 그것으로 모자라는 부분을 기워 모든 어린이를 바르게 양육할 책임을 사회는 공동으로 지고 있다.

함께 눈을 돌려야 한다. 앵벌이가 유난히 많은 것도 우리의 부끄러움이다.

(동아일보 사설, "어린 생명을 학대하는 죄")

두 사설은 모두 '4세 된 여아를 자신의 딸로 입양한 후 7년간이나 감금과 매질로 곡예를 가르친 후 유흥업소 등에 출연시켜 수천만 원의 출연료를 받아 가로챈 서커스 단장이 구속되었다'는 동일한 사건을 소재로 하고 있다. 이렇게 쓸거리가 같을 뿐만 아니라, 이 사건에 대한 두 신문의 입장 역시 기본적으로 동일하다. 이 사건은 현실에서 쉽게 간과되고 있는 아동학대의 문제를 단적으로 보여주는 실례이기에 아동 복지의 실상을 분석하고 대책을 마련해야 된다는 요청을 하고 있기 때문이다.

하지만 이러한 문제를 야기한 근본 원인으로 지적하고 있는 부분이나, 문제의 해결을 위해 대안으로 제시하는 부분은 두 글에서 다르다. 〈예시1〉의 경우 아동복지법의 유명무실한 측면에 초점을 두어 새로운 법적 장치를 갖추어야 함을 역설한 반면, 〈예시2〉의 경우에는 아동복지법이 본래의 의미를 갖기 위해서는 무엇보다도 아동 복지에 대한 사회성원들의 인식이 바뀌어야 한다는 점을 강조하고 있다.

이러한 차이는 두 글의 골격을 중심으로 비교해보면 보다 명확해진다. 먼저 〈예시1〉은 '법부터가 아동에 무관심하다'라는 제목에서 보다시피, '법'에 초점을 두어 이러한 문제를 해결하는 데 법이 우선해야 된다는 입장을 표명하고 있다. 글의 틀을 보면 도입부에서부터 이번 사건이 우리의 현실 인식이 무뎌진 데서 비롯되었기에 무엇보다도 필요한 것이 투철한 현실 인식임을 주장하고 있다. 하지만 논자의 시선은 문제해결의 단서를 아동복지법에서 찾고 있다. 그래서 아동복지법이 가진 재량적 조항에 대해 비난하는데, 아동복지의 수준을 높이기 위해서는 무엇보다 법조항부터가 임의성이 아닌 강제성을 가져야 형식적인 법이 아닌 실제적인 법으로 아동복지를 보장할 수 있게 된다는 것이다. 그런 의미에서 이 글은 사회성원의 노력에 앞서 법을 제정하고 집행하는 정부의 노력이 문제를 해결하는 대안임을 제시하고 있다.

반면 〈예시2〉는 '어린 생명을 학대하는 죄' 라는 제목에서부터 읽는 이의 정서를 자극하여, 사건을 법적 차원이 아니라 인정적인 차원에서 조명하려는 의도를 내보이고 있다. 제목에서 읽을 수 있는 이러한 의도는 몬도가네를 거론한 도입부에서도 단적으로 드러나는데, 특히 "공포에 질린 어린이의 퀭한 눈"을 인상적으로 옮겨놓음으로써 인간의 악한 성품 중에서 특히 아동학대에 관한 부분으로 시각을 좁혀놓고 있다.

물론 이러한 인용의 의도는 쓸거리로 주어진 사건의 성격을 맞추기 위함이기도 하다. 곧이어 사건의 내용을 밝히되 피해아동이 얼마나 학대받았나 하는 쪽으로 요약된 경찰의 보고를 인용하고 있기 때문이다. 여기에서 글쓴이가 이 사건을 어떤 관점에서 받아들이고 있는지를 알 수 있다. 그러하기에 글쓴이는 이러한 사건의 배후에는 악독한 한 개인의 죄만 있는 것이 아니라, 그를 방치하여 이러한 사건을 저지르게까지 놔둔 우리 사회 성원의 무책임이 더 크다고 밝힌다. 그래서 이 사설에서 이러한 사회적 무책임은 유명무실한 아동복지법보다 더 큰 비중을 차지하는 것처럼 보인다. 아동복지의 전제는 법의 설정 이전에 아동에 대한 사회성원들의 애정과 책임감이 우선되기 때문이다.

이런 맥락에서 사설에서 결론적으로 내린 것도 사회성원들의 책임감에 대한 촉구이다. 간결하지만 인상적인 문장으로 글을 마무리한 글쓴이의 태도에서 이 글을 읽는 이라면 어느 누구도 예외 없이 이 사건에 대한 공동의 책임을 마음으로부터 깨닫게 될 것이 분명하다.

이러한 비교 작업을 통해 확인할 수 있다시피 〈예시1〉이 법 차원의 해결책을 제시하여 사건에 대한 책임을 일차적으로 정부쪽에 둔 것과 달리, 〈예시2〉는 법 이전에 필요한 것이 무엇인가를 살피고 사건에 대한 기본적인 책임은 우리의 몫임을 역설하고 있었다. 그리고 이러한 입장의 차이는 제목에서부터 구체적인 예시나 표현방식, 나아가 논지를 펼쳐나가는 구성에 이르기까지 일관되게 적용된다. 그러므로 한 편의 글을 어떻게 써나가느냐 하는 문제는 작은 부분에서 큰 부분에 이르기까지 전체적으로 적용되는 것으로, 글쓰기의 계획 단계에서부터 신중하고 상세히 검토하여 구상의 틀을 준비하는 것이 필요하게 된다. 뿐만 아니라, 이런 계획에 따른다면 제목에서부터 글의 강조점이 달라지며, 논의의 순서를 어떻게 잡느냐에 따라서도 논리적 설득력과 감동의 효과가 달라지게 될 것이다.

그렇다면 구상개요 작성의 효과는 무엇인지 정리해보자.

첫째, 글을 쓰는 입장에서 구상개요의 작성은 글쓴이의 생각을 정리해서 도식화하는 것이므로 전체 글쓰기를 용이하게 해준다. 특히 학술논문이나 논술문의 경우에는 글쓴이의 논지가 뚜렷하게 드러나야 하므로, 구상개요가 중요한 길잡이 구실을 한다. 뿐만 아니라 구상개요의 작성이 곧 논리적이고 효과적인 한 편의 글이 되도록 쓸거리를 배열하는 순서를 짜는 일이 되기도 하기에, 구상개요의 작성은 결과적으로 사고력을 높이는 훌륭한 연습이 되기도 한다.

둘째, 읽는 이의 입장에서 구상개요는 한 주제에 대한 서술의 방향을 제시해줌으로써 글에 대한 이해와 정보를 줄 수 있다는 점이다. 특히, 분량이 많은 논문이나 책의 경우에는 그 내용을 세세하게 기억하기가 쉽지 않은 일이기에 구상개요는 글의 요점을 정리하고 파악하는 데 큰 도움을 주기도 한다. 대개의 경우 글의 주제나 용어만을 간단히 메모하는 것보다 그 글의 개요를 작성하는 것이 내용을 파악하고 기억하는 데 더 큰 도움을 준다고 한다. 이렇게 작성된 개요를 가지고 다른 사람의 글을 파악하고 논리적 흐름에 대한 비판을 할 수도 있기 때문이다.

구상개요의 작성을 통해 얻을 수 있는 이러한 효과들은 결국 우리에게 구상개요의 작성이야말로 글쓰기의 계획 단계에서 반드시 수반되어야 하는 필요불가결한 작업임을 알려주는 것이다. 물론, 글쓰기에 숙달된 사람이라면 쓸거리나 주제에 대한 사고를 하는 과정에 구상 작업이 자연스레 포함되기도 한다. 하지만 우리의 경우에는 아직 그러한 단계까지 이르지 못했기에 집필 단계에 들어가기 이전 구체적으로 상세한 구상을 해야 하고, 이러한 구상 작업이 익숙해질 때까지는 반드시 종이위에 여러 번 작성해보아야 한다. 그리고 한 편의 글이 완성된 뒤에는 과연 계획된 구상에 맞게 글을 잘 펼쳐나갔는지를 검토해보는 것이 필요하다. 이런 과정을 거쳐야만 머릿속으로 한 구상만으로도 짜임새 있는 한 편의 글을 완성할 수 있을 것이기 때문이다.

(2) 구상의 방법

구상의 방법을 이해하기 위해 우선 다음의 글을 읽고 한 편의 글이 어떤 짜임새로 이루어져 있는지를 살펴보자.

〈예시 1〉

우정이 있는 게 아니라 가끔 친밀감을 느끼는 사람이 있을 뿐이라고 한 작가는 꼬집듯 말하고 있다. 사람의 이기적인 면을 잘 꼬집는 말이지만, 그 말이 옳다는 생각은 들지 않는다. 우정이니 뭐니 하는 거창한 말은 빼더라도, 언제 만나도 편안하고 마음 놓이는 친구들이 있다. 나는 진정한 의미에서의 친구란 아무 말 없이 오랫동안 같이 앉아 있어도 불편하지 않은 사람이라고 생각하고 싶다. 어떤 사람들은 같이 있는 것이 불편해서 괜히 담배를 피우거나, 해도 괜찮고 안 해도 괜찮은 말을 계속해야 되는 경우가 있는가 하면, 어떤 사람들은 그냥 곁에 있는 것만으로 편안해져서 구태여 의례적인 말들은 하지 않아도 되는 경우가 있다. 같이 아무 말 않고 오래 앉아 있으면 불편해지는 사람을 친구라 부르기는 거북하다. 친구란 아내 비슷하게 서로 곁에 있는 것을 확인만 해도 편해지는 사람이다. 같이 있을 만하다는 것은 어려운 삶 속에서 같이 살아갈 만하다고 느끼는 것과 같다. 그런 친구들이 많은 사람은 행복할 것 같다.

내 곁에도 그런 친구들이 서넛 있는데, 그런 친구들의 고마움을 새삼 느낀 뜻 깊은 경험을 지금 나는 하고 있다. 내 친구 중의 하나는 신촌에 있는 여자대학교의 선생인데, 얼굴이 시커멓고 몽고 추장이라는 괴상한 별명을 갖고 있다. 내가 술병으로 고생하는 것을 옆에서 아무 말도 안하고 지켜보던 그가 어느 날 아침 갑자기 전화를 걸더니 관악산에 등산가지 않겠느냐고 물었다. 나는 아무 말 없이 그의 뒤를 따라나섰는데, 서울대학교 4.19탑 뒷길을 한 10여 분 걸어가다가 도저히 못 가겠다고 내가 멈춰 서자 그는 나를 일이 분 물끄러미 들여다보더니 아무 말 없이 앞장서 내려오는 것이었다. 한 달 뒤 그가 다시 전화를 걸어 이번에는 청계산을 가보자고 하였다. 나는 아무 말 없이 다시 그의 뒤를 따라나섰고, 부끄러워라, 무려 다섯 번이나 쉬면서, 지친 노새처럼 헉헉대고 청계산 제1야영지까지 올라갔다. 그는 내가 쉴 때마다 옆에 앉아 5월의 신록이나 산세의 아름다움, 맑은 하늘을 예찬하곤 하였다. 그 다음 주일에도 그가 전화를 걸어 청계산엘 갔는데 이번에는 세 번 쉬고 올라갔고, '그 다음 주일에는 한 번 쉬고 올라갔다. 그 다음 주일부터는 조금씩 걷는 길이가 길어졌고, 한두 시간 쯤 걷게 되자, 다른 산 구경을 하자면서, 그는 나를 북한산으로 데려갔다. 이제는 다섯, 여섯 시간 정도는 산길을 걸을 수 있을 정도로 몸이 튼튼해졌지만, 오 분만 쉬지 않고 걸어도 구식 증기기관차 같아지는 내 숨소리를 참고 듣고, 이런 험한 길로 나를 데려온 놈이 어떤 놈이냐는 호령소리를 옆에서 아무 말 없이 다 받고서 그냥 빙긋 웃어버리는 것이 그의 버릇이었다.

일요일마다 산행을 하면서 그와 나는 거의 말을 하지 않는다. 처음에는 내가 숨이 가빠서 그런 것이지만, 숨이 별로 가쁘지 않은 요즘에도 그러하다. 우리는 아침 7시에 만나 별말 없이 산길을 걷는다. 그가 쉬자고 하면, 어느 틈엔지 숨이 목까지 차 있다. 그는 참외나 사과, 배를 꺼내 깎아 반쪽을 나에게 준다. 그는 어린애 달래듯, '이젠 잘 걷는데' 라고 말한다. 거의 매번 되풀이되는 칭찬이다. 어린애 달래듯, 혹시 내가 이젠 못하겠다 하고 나자빠질까봐 하는 소리다.

6개월을 넘기니까 이제는 식욕도 좋아지고, 겁나는 일이지만, 다시 술 맛도 난다. "내가 자네 때문에 술병이 거의 나은 것 같네"라고 말하면 "내년 가을에는 설악산에 데려다 줄게."라고 대답한다. 알랑방귀 뀌지 말라는 말일 게다. 그는 매주일 나를 데리고 산엘 가는데, 이제는 그 친구가 갑자기 "인제부터는 혼자 다니게"라고 말하지나 않을까 겁난다. 그래서 이런 자리를 빌어 "그런 나쁜 짓을 하면 못쓰네" 하고 그를 타이르고 있는 중이다.

우정이 있는 것이 아니라고 말한 그 작가는, 바다가 놀라운 것은 거기에 놀라운 것이 하나도 없는 것이라고 말했다. 좋은 친구가 놀라운 것은 거기에 놀라운 것이 하나도 없기 때문이다. 과연 놀랍다! (김 현, "우정론")

〈예시1〉은 모두 다섯 개의 문단으로 이루어져 있다. 글을 시작하는 도입문단과 마무리하는 종결문단, 글의 중심적인 이야기를 하는 세 개의 중심문단이 그것이다. 우정이 있느냐 없느냐, 우정이란 과연 무엇인가 하는 질문을 던지면서 시작하고 있는 이 글은 글쓴이 자신이 체험한 진한 우정을 담담하게 써나가겠다는 이야기로 전개된다.

그리고 '진정한 의미에서의 친구란 아무 말 없이 오랫동안 같이 앉아 있어도 불편하지 않은 사람이라고 생각하고 싶다' 는 글쓴이의 생각은 친구와의 산행을 이야기하면서 공감을 얻게 된다. 이 글은 자신의 편안한 친구에 대해 이야기를 하는 데서 나아가 자신이 느낀 '놀라운' 감정을 털어놓는 것으로 마무리하고 있다. 이렇게 덧붙임으로써 '좋은 친구' 에 대한 고마움과 우정의 따스함을 읽는 이에게까지 전해주게 되었다.

이러한 글의 짜임새를 볼 때 글쓴이가 생각나는 대로 아무렇게나 글을 풀어나간 것은 아님을 알 수 있다. 아마도 글쓴이는 쓰기 작업에 들어가기 전 주제를 효과적으로 전하기 위해 여러 가지 방법으로 글의 틀 짜기와 내용을 검토해보았을 것이고, 그 중에서 가장 효과적이라 판단된 것을 토대로 한 편의 글을 만들어나갔을 것임을 짐작하기는 어렵지 않다. 이는 마치 집 잘 짓는 목수일수록 무작정 집을 짓기 보다는 완성될 집의 모양과 내부 구조 등에 대하여 꼼꼼히 가늠하여 가능한 한 치밀하게 계획하여 완성도를 따져보는 설계 작업에 충실한 것과도 같다.

구상하기란 이렇게 머릿속에 어렴풋이 잡힌 글의 윤곽을 지면 위에 좀 더 구체적으로 정리하는 일로, 글을 써나가는 도중 주제에서 벗어나거나 글이 어느 한쪽으로 치우치지 않도록 조정해주는 중요한 역할을 한다. 이 때 만들어지는 구상개요는 글을 쓸 때 의존할 글의 골격이자 설계도로, 구상개요를 작성하는 것은 글쓰기의 준비단계가 되는 동시에 구상의 최종적인 절차에 해당된다. 따라서 구상하기의 과정이 얼마나 충실히 되었느냐에 따라 글의 짜임새도 달라지게 된다.

제대로 구상하기 위해 기본적 수준에서는 다음과 같은 것들을 유념한다.

첫째, 쓸거리의 범위를 제한하고 주제와 제목을 정한다. 앞선 장에서 설명한 대로 보다 효율적인 글쓰기가 되려면 주어진 쓸거리의 범위를 제한할 필요가 있고, 과연 무엇을 쓸 것인가 하고 그 방향에 대한 여러 가지 가능성을 생각해보는 것이 필요하다. 글쓰기의 방향이 정해졌다면 이에 대한 자신의 생각을 보다 구체화시켜 주제와 제목을 끌어내는 것이 앞서 배운 글쓰기의 계획 작업이다.

둘째, 주제와 관련된 구체적인 생각들을 가능한 한 여러 가지로 끌어낸 후 논점을 제한한다. 이 때 이끌어져 나온 여러 가지 생각들은 모두가 주제를 살릴 수 있는 것들이다. 그러나 글의 분량이나 글쓴이 자신의 능력, 무엇보다 글쓴이의 관심 포인트를 고려하여 한 가지를 택하는 것이 바람직하다. 이 단계에서 주제를 구체화하기 위해 이와 관련된 가능한 생각이나 사례 등을 끌어 모으는 일은 구상개요를 작성하기 위한 기초재료가 된다.

셋째, 글의 기본적 골격에 따라 틀을 잡는다. 구상개요를 작성하는 것은 한 편의 글이라면 마땅히 갖추어야 하는 구성의 기본적인 골격을 토대로 이루어진다. 물론 글의 종류에 따라 조금씩 차이는 있을 수 있으나, 대부분의 글은 다음과 같은 틀을 기준으로 삼으므로, 이에 맞게 구체적인 내용을 정하고 순서를 정돈하면 될 것이다.

- 도입부:

  도입부는 글을 시작하는 부분으로, 그 글에 대한 첫인상이 결정되기에 읽는 이의 호기심을 자극하고 글의 주제를 잘 이끌어낼 수 있을지를 고민하는 것이 필요하다.

- 중심부:

  중심부는 주제에 대한 본격적인 논의를 하는 부분이다. 중심부는 도입부나 종결부와는 달리 단일하지 않은 내용들로 채워지게 되므로 그것들을 다시 성격에 따라 분류하고 묶어 재배열하는 작업이 필요하다. 어떤 순서로 이야기를 풀어나가느냐에 따라 글의 효과가 달라지게 마련이므로 가능한 한 여러 가지 방법을 모색한 후 가장 효과적인 배열방법을 선택하는 것이 좋다. 그래서 구상개요의 작성이 다른 어느 부분에서보다 더욱 절실히 요청된다.

- 종결부:

  종결부는 글을 마무리하여 끝맺음을 하는 부분이다. 종결부는 도입부와 중심부에서 다룬 이야기를 종합하여 마무리 짓는 형식을 취하는 것이 일반적이다. 하지만 어떻게 마무리하느냐에 따라 글의 성격이 달라질 수 있으므로, 구상개요 작성에서부터 어떤 마무리가 적절한지에 대해 고민하여 선택하여두는 것이 필요하다. 그래야 일관되게 설득력 있고 타당한 논의를 펼칠 수 있기 때문이다.

글의 분량이 많아지고 주제가 보다 심화되면 구상개요의 작성은 보다 더 긴요하고도 필수적인 작업이 된다. 앞서의 작업을 연결시켜 본격적인 구상개요를 작성하는 방법을 정리하면 다음과 같다.

첫째, 논점을 정리하는 것이 필요하다. 주제와 관련하여 생각해야 할 사항들에 대해 보다 범위를 넓히고 동시에 깊이 있게 많은 의문을 제기하는 것이 필요하다. 그와 동시에 자신의 생각을 정리하여 그에 대한 생각을 정리하는 것도 필요한데, 이 과정에서 글쓴이는 주제를 나타내기 위한 논점을 몇 가지로 선택하여 제한하게 된다.

둘째, 논점에 따라 구체적인 항목을 설정한다. 논점과 관련한 구체적인 항목들을 설정하여 글쓰기를 구체적으로 만들어야 한다. 각 논점마다 내용을 어떻게 할 것인지 생각해보고 이를 간단한 명제 형식으로 정리해두면 보다 효율적이다.

이때 논점의 규모가 커서 이를 두세 가지로 나눠서 이야기하는 게 적절하다고 생각되면 그에 관한 항목들을 간단한 소표제들로 메모해두는 것이 필요하다. 그리고 각각에 해당되는 내용을 항목에 따라 분류해둔다.

물론, 이렇게 정리한다고 해서 곧바로 글을 쓸 수 있는 것은 아니다. 주제를 중심으로 생각을 가다듬고 필요한 자료를 보충하거나, 그와 반대로 불필요한 것들을 제거하면서 글을 쓰기 위한 준비는 보다 탄탄해진다. 이 단계에서는 특히나 내용의 논리적 연관성에 중점을 두어 설득력 있고 타당한 논의를 펼치는 데 신경을 써야 한다.

셋째, 배열의 순서를 검토한다. 최종적으로 글의 완성도나 효과 등을 생각하면서 배열의 순서를 검토하되, 글의 분량이나 글쓴이의 능력 등을 충분히 고려하여 완성도를 높일 수 있게 구상개요를 정리하는 것이 필요하다. 자칫 논의가 방대해지거나 구색에 불과한 항목 등을 설정하여 글의 계획이라 할 구상개요와 완성된 글의 내용 사이에 괴리가 있어서는 안 되기 때문이다. '완성도'는 구상개요 작성의 전제라고 할 수 있으므로, 주제를 확산시키기보다는 논점을 심화시키는 방향이 유익할 것이다.

그렇다면 다음에서 보이는 글쓴이의 구상 작업을 들여다보고 제대로 이루어지고 있는지 살펴보자.

〈예시 2〉

나의 구상하기 습관을 설명하면 대강 다음과 같은 과정이 되지 않을까?

(1) 자신이 쓰고자 하는 내용과 주제를 중심으로 떠오르는 생각들을 일단 메모해 본다. 가령 '절망'이라는 쓸거리로 '절망은 생의 활력소'라는 새로운 주제의 글

을 쓴다면 어떤 내용을 쓸 수 있을까 생각하며 떠오르는 것을 모두 적어 내려간다. 절망의 의미, 절망에 대한 일반적 견해, 절망에 대한 긍정적 혹은 부정적인 생각들, 절망에 대해 보고 들은 사례, 절망을 겪은 체험, 절망을 통해 이른 사색, 절망을 통해 얻은 상처와 성숙 등을 떠올릴 수 있을 것이다. 책에서 인상 깊게 읽은 글, 영화나 텔레비전에서 보고 들은 이야기, 체험한 일이나 주위 사람들의 경험담, 자신의 평소 생각 등도 떠올려 본다.

(2) 이렇게 적어 내려간 내용들을 훑어보면서 비슷하거나 중복되는 내용들을 다시 정리하고, 유사한 내용을 층위별로 정리한다. 가능하면 이 주제를 다양한 각도에서 생각해 볼 수 있도록 스스로 이런저런 질문을 해봐도 좋다.

(3) 유사한 층위별로 내용을 나누고 묶은 후 그 상호 관계와 연관되는 의미를 따져 서술해 나갈 순서를 정해 글짜기를 한다. 이 과정에서 글의 구체적인 윤곽이 드러난다. 예를 들어, 최근 경험한 절망적인 사건을 먼저 제시하고(도입부), 이어서 그간 절망에 대해 보고 들어왔던 주변 사례나 일반적인 생각들을 전개한다(본론1). 인상적으로 읽은 책의 한 구절이나 영화의 한 장면을 통해 절망을 극복하는 극적인 모습으로 새롭게 환기한 절망의 다른 경험을 전개하고(본론2), 이제 자기 삶에서 다른 깊이로 체험하게 된 절망의 의미를 서술한다(본론3). 마지막으로 이제 새로운 삶의 활력소가 되어 준 절망의 체험을 되새기거나 이 주제를 다시 확인하는 잘 알려진 명언을 인용하면서 마무리한다(종결부).

다양한 구상의 방법을 정리하면 다음과 같다. 물론 예시된 것 외에도 다양한 구상이 가능한데, 다양한 독서를 하면서 구체적인 예를 찾아 특징을 정리해두면 자신의 글쓰기 훈련에 도움이 될 것이다.

● 자연적 구상 : 시간적 순서나 공간적 질서에 따라 틀을 짠다.

① 시간적 배열: 사건이 진행되는 과정에 따라, 또는 경험의 내용을 시간적 경과에 따라 이야기할 때 시간적 단위를 축으로 하여 글의 틀을 짠다. 서사적인 글에서 자주 사용되며, 역사적인 흐름이나 시대적 변모과정을 보이는 글에서도 응용할 수 있다.

② 공간적 배열: '시장 풍경' 이나 '아버지의 얼굴' 과 같이 대상에 대한 묘사를 위주로 하는 글이라면 공간적 이동에 따라 시선을 옮겨가면서 이야기하는 식으로 글의 틀을 짜면 된다. 거리, 상하, 방향 등의 공간적 요소에 따라 구성되기에 기행문에 자주 쓰이며, 시간적 구성 방식과 함께 쓰이는 경우도 많다.

● 논리적 구상: 논리를 세워 설득하는 과정을 따라 틀을 짠다. 설명하거나 논증을 하는 글에 많이 쓰이는데, 주장과 근거가 타당하게 제시되어야 한다.

① 단계적 배열: '서론-본론-결론' 과 같은 3단 구성이나 '도입-전개-전환-정리' 의 4단 구성, '문제를 제기하고 전개하고 정리하는 내용' 을 5단에 나눠 하는 구성도 가능하다. 이 구성은 글 전체가 매끄럽고 논리적이기 때문에 자신의 주장을 명확하게 펼칠 수 있는 반면, 설계도대로 그려진 것이라 단조롭게 느껴지기도 한다. 하지만 논리를 이끌어가는데 명쾌하고 체계적이어서 학술적 글쓰기에 많이 쓰인다.

② 인과적 배열: 원인이 되는 부분과 결과가 되는 부분을 정리한 뒤, '원인 제시- 결과 정리' 의 순서나 그 반대의 순서로 글의 틀을 짠다. 문제를 제기하고 대안을 제시하는 글에서도 이런 틀의 도움을 받을 수 있다.

③ 열거식 배열: 사건이나 의견, 사례 등을 나열하는 식으로 글의 틀을 짠다. 특히, 귀납식으로 논리를 전개하는 경우 구체적인 사례를 병렬적으로 열거한 후 이를 일반화하여 결론을 내리는 틀을 짜면 된다.

④ 점층식/ 점강식 배열: 큰 범주에서 곧바로 논의를 이끌어 나가기보다는 보다 작은 범주로 시각을 좁혀 나가며 논의하게 되는 경우에 쉽게 이런 틀을 짜게 된다. 중요성이 작은 것에서부터 점차 큰 것으로 이야기하는 순서(점층식)를 따르거나, 또는 그 반대의 순서(점강식)를 따른다.

그렇다면 다음의 〈예시3〉에서 글쓴이의 구상 작업이 효율적으로 이루어지고 있는지 살펴보자.

〈예시 3〉

- 제　목 : "여성의 사회 참여? 꼭 필요한 힘!"
- 주제문 : 여성의 사회 참여에 대한 필요성이 요구되면서 그 현상이 확대되고 있다.
- 개　요 :

1. 서두- 도입부에서 주제를 제시할 것인지 예시를 들 것인지 메모한다.
2. 여성의 사회 참여에 대한 일반적인 견해
   - 2.1. 부정적 견해
   - 2.2. 긍정적 견해

   각각에 대한 견해들을 모아 효과적으로 정리한다. 긍정과 부정 중 어떤 항목을 먼저 쓸 것인지도 고려한다.
3. 여성의 사회 참여를 가로막는 장애물
   - 3.1. 사회 구조와 사고방식
   - 3.2. 남성들의 편견
   - 3.3. 여성 자신들의 편견

   잘 알려진 상식적인 생각만 반복하지 않도록 유의하면서, 논의에 도움이 되는 예시, 경험, 일화 등을 메모해 두었다가 초고에서 충분히 서술할 수 있게 한다.
4. 여성의 사회 참여의 필요성
   - 4.1. 자아실현의 기회 확대
   - 4.2. 남성 위주의 문화 극복
   - 4.3. 경제 인구로서 생산력 확대

   제도와 전통이라는 큰 문제에서 시작할 것인지 개인의 체험같이 작은 문제에서 시작할 것인지 생각한다. 여성의 사회참여가 필요하다는 주장을 설득력 있게 전개해야 한다.
5. 여성의 사회 참여 현상의 확대
   - 5.1. 전문직의 경우
   - 5.2. 생산직의 경우
   - 5.3. 사무직의 경우
   - 5.4. 봉사활동의 경우

   자신의 주장을 효과적으로 마무리하는 부분이다. 구체적인 현황과 사례를 통해 풍부하게 서술할 수 있도록 글감을 모은다. 앞에서 제시한 내용이 지루하게 반복되지 않도록 검토한다.
6. 종결- 여성의 사회 참여는 이제 꼭 필요한 힘이라는 점을 강조하며 마무리한다.

4. 제대로 된 퇴고의 미덕

글은 쓰는 것만으로 끝나는 것이 아니다. 글을 다 쓴 다음에도 다시 검토하여 손질을 해야 한다. 글이 잘 되었는가 그렇지 않은가를 알아야 어디를 손질할지도 알 수 있으므로, 먼저 자기가 쓸 글을 평가해 보아야 할 것이다. 이렇게 평가한 것에 따라서 퇴고를 하는데, 퇴고는 신중하면서도 정성을 기울여 해야 한다. 퇴고를 얼마나 정성스럽게 하는가에 따라 글이 좋아지기도 하고 나빠지기도 하기 때문이다.

이러한 퇴고의 미덕은 서기 800년 경 중국 당나라 때 생겨난 '퇴고'라는 말의 유래에서부터 드러난다. 노새를 타고 가던 가도(賈島)는 갑자기 시 한 수가 떠올라 막힘없이 써내려가다 마지막 수에서 '敲(두드리다)'라고 할 것인지 '推(밀다)'라고 할 것인지 쉽게 결정할 수가 없어 고민하게 되었다고 한다.

그 시는 다음과 같은데,

閑居隣竝少　한가하게 사노라니 사귄 이웃 드물고
草徑入荒園　풀밭 사이 오솔길은 황원으로 뻗었네.
鳥宿池邊樹　저녁 새는 연못가의 보금자릴 찾는데
僧敲月下門　스님은 달빛 아래 절간 문을 두드린다.

그래서 문을 두드리는 시늉도 해보고 미는 시늉도 해보면서 어느 글자를 선택할 것인지 시작(詩作)에 골몰하던 사이, 지나가던 고관의 행차와 부딪치고 말았다. 깜짝 놀란 위병(衛兵)들이 노새 위에서 가도를 끌어내어 행차 중이던 고관 한퇴지(韓退之) 앞에 꿇어 앉혔고, 가도는 시작에 마음이 팔려 무례함에 이르렀다는 사정을 소상히 아뢰고 사죄하였는데, 그의 말을 잠자코 듣고 있던 한퇴지는 잠시 생각을 하다가 "그건 퇴(推)보다는 고(敲)가 낫겠네"라 하였다고 한다. 여기에서 글을 다 지어놓은 다음에 그 글을 다시 한 번 읽으면서 고치는 작업을 '퇴고(推敲)'라고 부르게 된 것이다.

퇴고는 작게는 틀린 글자를 고치거나 빠뜨린 글자를 써넣는 일에서부터, 어떤 것이 더 적절한 표현인지를 고민하여 선택하는 일에 이르기까지 여러 단계에서 걸쳐 이루어진다. 일반적으로 통용되는 퇴고의 방식에는 덧붙이기(부가)의 원칙과 덜어내기(삭제)의 원칙, 그리고 다시 배열하기(재구성)의 원칙이 쓰인다. 각각 쓰고자 했던 부분에서 부족한 부분을 채워 넣거나 불필요한 부분을 제거하고, 효과를 높이기 위해 순서를 바꾸는 일을 말하는 것이다.

글이란 쇠와 같아서 불에 오래 달구고 다듬을수록 더 강하고 아름다워진다고 한다. 퇴고를 많이 하면 할수록 잘못된 부분을 고쳐나갈 수 있고 글쓴이가 처음에 계획했던 의도대로 글의 방향이 조정되게 될 것이다. 그래서 모든 글쓰기의 가장 중요한 과정은 퇴고라고 생각한다.

그렇다면 효과적인 퇴고의 방법은 무엇일까?

퇴고는 제출일 2~3일 전부터 하는 것이 좋으며, 처음 글을 쓸 때의 마음가짐으로 해야 한다. 그래야 처음에 글을 쓰려고 했던 의도를 떠올리면서 내용이 일관성 있는지 살펴볼 수 있기 때문이다. 퇴고는 맞춤법과 문장 확인을 하기 전에 초고의 내용과 흐름을 점검해야 하며 그 후에 맞춤범과 문장 확인을 하는 순서를 잡는 것이 더 좋다.

글을 수정하는 방법은 크게 세 가지로 나누어 볼 수 있는데 첫 번째로 전체적인 통일성과 내용의 흐름을 검토하는 것이다. 이를 위해서는 먼저 산만한 글이 되지 않도록 중심이 잡혀야 하고, 전달력을 높여 글의 요지가 분명해야 하고, 처음에 쓰고자 했던 바가 변경되지 않도록 일관성이 있어야 한다. 글 전체의 통일성을 갖추고, 글 앞뒤의 논리적 일관성이 있으면서 글의 중심 내용 등이 분명히 강조되고 있는지를 검토하는 것이 필요하다. 다음과 같은 체크 포인트를 갖고 퇴고를 해본다.

(1) 글의 전체 흐름이 유기적이고 통일되어 있는가?

(2) 최초의 주제와 달라진 점은 없는가?

(3) 선택한 구성은 주제를 전달하는데 효과적인가? 더 나은 방법은 없는가?

(4) 글의 전개가 자연스러운가?

(5) 글의 처음과 중간, 끝 부분이 분명하게 제시되어야 있는가?

(6) 글의 각 부분이나 단계가 밀접하게 관련되어 응집성이 살아나고 있는가?

(7) 주제가 명료하게 드러나 있는가?

(8) 글의 다양한 부분들이 하나의 주제로 종합되어 통일성을 갖추고 있는가?

(9) 전체적으로 전달하고자 하는 내용이 잘 정리되어 있는가?

두 번째로는 부분적인 차원에서 자세한 사항을 검토하는 것이다. 글은 말보다 정확하고 구체적이고 논리적이어야 하고 완결성을 지녀야 하는데, 이런 점들을 지니기 위해서는 쓴 글을 다시 한 번 보면서 잘못된 것은 없는지 살펴봐야 한다. 글의 순서는 바른지, 효과를 높이기 위해 순서를 바꿀 것은 없는지, 반대 해석이나 오해될 부분은 없는지, 내용을 정확하고 효과적으로 전달하는지, 문법적 표기, 문장부호, 서식은 정확한지 등을 살피는 것이다. 이러한 요소들을 토대로 글을 다시 점검하고 퇴고하는 과정에서 글은 정확하고 명료한 문장과 좀 더 논리적인 방향으로 완성될 수 있다.

중요한 것은 단순히 어휘나 문법을 재검토하기보다는 글의 논리와 전달 효과를 유념하여 보다 효율적인 글쓰기가 될 수 있도록 신경 쓰는 일로, 다음과 같은 체크 포인트를 만들어 검토하는 것이 필요하다.

(1) 맞춤법이나 띄어쓰기가 잘못된 곳이 없는가?

(2) 단어나 표현은 정확한가? 어색한 표현이나 용어는 없는가?

(3) 문장들은 문법에 맞고 그 의미가 명료한가?

(4) 비유나 예시는 적절한가?

(5) 채팅용어나, 이모티콘 등이 사용되지 않았는가?

(6) 문장부호는 바르게 사용했는가?

(7) 각 문단은 제 역할을 다하고 있으며, 문단 구성은 적절히 이루어졌는가?

(8) 각 문단마다 중심문장과 뒷받침문장이 잘 연결되어 있는가?

마지막으로 독자의 입장에서 되돌아보기가 있다. 퇴고는 글을 다 쓴 후 어느 정도 시간이 지나 독자의 기분으로 읽을 수 있을 때에 하는 것이 좋다. 쓴 뒤에 곧바로 자기의 글을 읽어보면 아직 필자로서의 기분이 남아 있기 마련이어서 글을 객관적으로 살피지 못하게 된다. 하지만 어느 정도 시간이 흐르면 필자로서의 흥분이 잦아들게 되고, 비로소 글의 조리가 맞는지, 미처 의식하지 못한 잘못이 없는지, 자기 혼자만 알 수 있는 암호 같은 문장들을 써놓지는 않았는지 세심하게 살펴 가려내게 된다.

어떤 작가들은 '수정본 = 초고 - 10%'라 생각하여, 초고를 쓴 분량에서 10% 정도는 과감하게 덜어내야 완성된 글이 나온다고도 한다. 불필요한 부분을 과감하게 자르는 것이 퇴고의 기본이다. 보통 사람들은 힘들게 쓴 글이기에 잘라 버리려 하면 아깝다는 생각이 들기도 하고, 자신이 쓴 글에 대한 애착 때문에 고칠 부분도 없어 보이기까지 한다고 한다. 보다 냉정하게 자신의 글을 바라보기 위해서라도 다음과 같은 체크포인트를 만들어 퇴고하는 것이 필요하다.

(1) 일반 독자가 이해하기 어려운 어휘나 전문용어는 없는가?
(2) 읽는 사람이 더 궁금해 할 점이 없는가?
(3) 나의 글을 읽는 사람들이 이해를 쉽게 할 수 있는가?
(4) 독자의 입장에서 흥미를 느끼고 공감을 할 수 있는가?

요즘은 컴퓨터로 많이 작성하기 때문에 프린트해서 읽어보는 것도 좋다. 모니터로만 고쳤다가 막상 프린트해보면 문단이 밀렸거나 한두 줄 빠져있거나 오타가 그대로인 경우가 있기 때문이다.

제대로 된 퇴고의 미덕을 발휘하기 위해서는 어느 정도의 시간 투자가 필요하다. 한꺼번에 잘못된 부분을 찾는 것이 쉽지 않은 일이기에 여러 번 읽으면서 작은 실수까지도 찾아내야 하기 때문이다. 글을 잘 쓰는 것도 중요하지만, 한 편의 글을 마무리하면서 잘못된 부분을 얼마나 잘 고쳤느냐에 따라서도 글의 질이 달라질 수 있다.

이제, 다음의 〈예시〉에서 필요한 내용을 뽑아 글쓰기의 절차에 따라 한 편의 글로 만들어보자. 이 때 구상의 작업을 충분히 하고, 구체적인 개요를 작성하는 것도 잊지 말자. 물론 퇴고의 절차를 연습하는 것도 필요하다.

〈예시〉

◎ 어느 아버지가 아들에게 주는 글

1. 약속 시간에 늦는 사람하고는 동업하지 말거라. 시간 약속을 지키지 않는 사람은 모든 약속을 지키지 않는다.
2. 어려서부터 오빠라고 부르는 여자 아이들을 많이 만들어 놓거라. 그 중에 하나나 둘은 안 그랬다면 말도 붙이기 어려울 만큼 예쁜 아가씨로 자랄 것이다.
3. 너의 자녀들에게 아버지와 친구가 되거라. 둘 중에 하나를 선택해야 될 것 같으면 아버지를 택해라. 친구는 너 말고도 많겠지만, 아버지는 너 하나이기 때문이다.
4. 식당에 가서 맛있는 식사를 하거든 주방장에게 간단한 메모로 칭찬을 전해라. 주방장은 자기 직업을 행복해할 것이고, 너는 항상 좋은 음식을 먹게 될 것이다.
5. 좋은 글을 만나거든 반드시 추천을 하거라. 너도 행복하고, 세상도 행복해진다.
6. 여자아이들에게 짓궂게 하지 말거라. 신사는 어린 여자나 나이든 여자나 다 좋아한단다.
7. 양치질을 거르면 안 된다. 하지만 빡빡 닦지 말거라. 평생 즐거움의 반은 먹는 것에 있단다.
8. 노래하고 춤추는 것을 부끄러워하지 말거라. 친구가 너를 어려워하지 않을 것이며, 아내가 즐거워할 것이다.
9. 하나님을 찾아 보거라. 만약 시간의 역사(호킨스), 노자(김용옥 해설), 요한복음(요한)을 이해한다면 서른 살을 넘어서면 스스로 서게 될 것이다.
10. 어려운 말을 사용하는 사람과 너무 예의바른 사람을 집에 초대하지 말거라. 굳이 일부러 피곤함을 만들 필요는 없단다.
11. 똥은 아침에 일어나자마자 누거라. 일주일만 억지로 해보면 평생 속이 편하고 밖에 나가 창피당하는 일이 없다.
12. 가까운 친구라도 남의 말을 전하는 사람에게는 절대로 속을 보이지 마라. 그 사람이 바로 내 흉을 보고 다닌 사람이다.
13. 나이 들어가는 것도 청춘만큼이나 재미있단다. 그러니 겁먹지 말거라. 사실 청춘은 청춘 그 자체를 빼고는 별 거 아니란다.

14. 밥을 먹고 난 후에는 빈 그릇을 설거지통에 넣거라. 엄마는 기분이 좋아지고, 여자 친구의 엄마는 널 사위로 볼 것이며, 네 아내는 행복해할 것이다.
15. 양말은 반드시 펴서 세탁기에 넣어라. 소파 밑에서 도너츠가 된 양말을 흔드는 사나운 아내를 만나지 않게 될 것이다.
16. 네가 지금 하는 결정이 당장 행복한 것인지 앞으로도 행복할 것인지를 생각하라. 법과 도덕을 지키는 것은 막상 해보면 그게 더 편하단다.
17. 돈을 너무 가까이 하지 말거라. 돈에 눈이 멀어진다.
18. 돈을 너무 멀리 하지 말거라. 너의 처자식이 다른 이에게 천대받는다. 돈이 모자라면 필요한 것과 원하는 것을 구별해서 사용해라.
19. 너는 항상 내 아내를 사랑해라. 그러면 네 아내가 내 아내에게 사랑받을 것이다.
20. 심각한 병에 걸린 것 같으면 최소한 세 명의 의사 진단을 받아라. 생명에 관한 문제에 게으르거나 돈을 절약할 생각은 말아라.
21. 5년 이상 쓸 물건이라면 너의 경제 능력 안에서 가장 좋은 것을 사거라. 결과적으로 그것이 절약하는 것이다.
22. 베개와 침대와 이불은 가장 좋은 것을 사거라. 숙면은 숙변과 더불어 건강에 가장 중요한 문제다.
23. 오줌을 눌 때에는 바짝 다가서거라. 남자가 흘리지 말아야 될 것에 눈물만 있는 것은 아니다.
24. 밥 먹을 때 걸려오는 전화를 굳이 받지 말아라. 내 평생 밥 먹다가 받은 전화 중에 수저를 놓을 만큼 중요한 전화는 없었다.
25. 연락이 거의 없던 이가 찾아와 친한 척하면 돈을 빌리기 위한 것이다. 분명하게 `노`라고 말해라. 돈도 잃고 마음도 상한다.
26. 친구가 돈이 필요하다면 되돌려 받지 않아도 될 한도 내에서 모든 것을 다해줘라. 그러나 먼저 네 형제나 가족들에게도 그렇게 해줬나 생각해 보거라.
27. 네 자녀를 키우면서 효도를 기대하지 말아라. 나도 너를 키우며, 너 웃으며 자란 모습으로 벌써 다 받았다.
28. 자신 있는 요리를 세 가지는 만들어 놓아라. 그것만으로도 너는 평생을 먹고 살 수 있을 것이다.

제2부 대학생활에 필요한 학술적 글쓰기의 이해

[제1장 학술적 글쓰기와 친해지기]

1. 학술적 글쓰기가 필요한 이유

대학에서의 학습은 알게 모르게 글쓰기와 연관되어 있고, 특히 다양한 유형의 과제들로 확인된다. 무엇보다 대학생활에서 지속적으로 부딪치는 글쓰기는 창작 위주의 글쓰기라기보다는 대학생활과 학업에 필요한 글쓰기라는 점에서 보다 일상적으로 우리 곁에 존재한다.

이러한 글쓰기의 요구는 대학생의 기본 임무 중의 하나가 다름 아닌 공부에 있고, 그러한 공부는 단순 암기나 반복적인 베끼기가 아니라 다양한 유형의 과제를 통해 검증된다는 사실을 알려주는 것이기도 하다. 곧, 대학생의 위상이 변하고 대학에서 해야할 일들이 예전에 비해 상당히 다양해졌다고 해도 여전히 대학은 학문을 하는 곳이라는 인식이 깔려있다는 의미이다.

학술적 글쓰기라 할 때 우선적으로 떠오르는 것이 바로 논문이고, 학자들의 연구하는 모습이다. 논문(論文)이란 어떠한 주제에 대한 학술적인 연구 결과를 체계화하여 일정한 형식에 따라 작성한 글을 말한다. 학술(學術)이라는 말부터가 학문적 서술이라는 의미를 함축하고 있으므로, 학문의 세계와 밀접할 것이라 짐작하는 것은 당연하다. 그렇다고 학술적 글쓰기가 우리들의 글쓰기와 전혀 무관한 것은 아니다. 대학을 학문의 상아탑이라 일컫는 만큼 자신의 전공분야에 대한 전문화된 지식을 함양하고 지적 토론을 하는 활동이 대학에서는 일상화되어 있기 때문이다.

우리들이 흔히 '리포트(report)' 나 '보고서', 또는 '과제' 라 일컫는 것들을 이 글에서는 '학술적 글쓰기' 로 통칭하고자 한다. 이는 다음과 같은 학술적 글쓰기의 전제 때문이다.

첫째, 학술적 글쓰기는 사실을 기록하는 것에 그치지 않고, 이에 대한 분석과 비판, 평가가 종합된다는 점이다. 달리 말하면, 나의 의견을 세우되 남의 의견과 관련시키는 서술방식이 학술적 글쓰기의 일반적인 서술방식이 된다. 따라서 학술적 글쓰기에서는 기존 논의의 검토와 인용의 형식을 익히는 것이 중요해지며, 이런 점에서 단순한 정보 전달에 그치는 글쓰기와는 구별되게 마련이다.

둘째, 학술적 글쓰기는 어떠한 주제에 대한 학술적인 연구 결과를 체계화하여 일정한 형식에 따라 작성한 글이라는 점이다. 이를 위해 해당 주제에 대한 정확한 지식의 정리와 그에 대한 이해를 토대로 학술적 근거를 제시하여 입론하는 글쓰기 훈련이 중요하다. 따라서 대학에서의 학업 성취 능력을 확인하기 위한 논술시험에서의 답안 작성과는 구별된다.

그렇다면, 학술적 글쓰기에는 어떤 것들이 있을까? 본격적인 학자들의 글쓰기로 학위논문과 연구논문에 대해 설명하고, 학생의 입장에서 쓸 수 있는 학술적 글쓰기로 텀페이퍼와 리포트에 대해 소개하고자 한다.

첫째, 학위논문(學位論文)은 대학원에서 정해진 학업과정(석사과정 또는 박사과정)을 이수한 사람이 학위를 취득하기 위한 목적으로 특정 주제에 관해 연구한 결과를 담은 논문을 말한다. 석사학위과정을 마친 경우 석사학위논문을 제출하고 일정한 심사과정을 거쳐 통과된 경우 석사학위(碩士學位, a master's degree)를 수여받는다. 박사학위(博士學位, a doctor's degree) 역시 마찬가지의 과정을 거치며, 석사학위 과정에 비해 훨씬 심화된 교육내용과 심사과정을 거치게 마련이다. 그래서 다음의 〈예시1〉과 〈예시2〉에서처럼 학위논문의 표지에서부터 학위과정을 분명히 명시하고 있다.

물론, 학부생들의 경우에도 대학 4년을 마치면 학사학위(學士學位, a bachelor's degree)를 받고 졸업하게 된다. 다만 학사모와 가운을 입고 졸업하는 풍경은 변함없음에도 학사학위를 받기 위한 학위논문을 작성할 기회는 거의 없는 게 달라졌을 뿐이다. 예전에는 졸업논문제도라는 것을 시행하여 대학 졸업 자격을 확인하는 형식적 절차 중 하나로 중요하게 여겼으나, 지금은 상황이 크게 달라졌기 때문이다.

학사학위 논문은 대학교의 졸업논문으로 대학시절 4년간의 학문의 결과로 내놓는

〈예시 1〉

〈예시 2〉

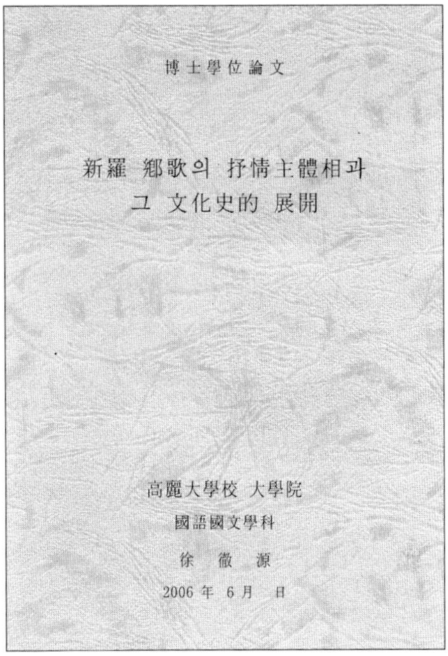

것이다. 자료를 수집하여 분석하고, 조사하거나 탐색한 결과를 체계적으로 정리하는 작업을 종합적으로 서술하며, 인용과 주석의 작업, 참고문헌 목록 등을 첨부하는 일정한 형식을 갖추는 것을 기본으로 한다.

자료를 수집하여 분석하고, 조사하거나 탐색한 결과를 체계적으로 정리하는 작업을 종합적으로 서술하며, 인용과 주석의 작업, 참고문헌 목록 등을 첨부하는 일정한 형식을 갖추는 것을 기본으로 한다.

둘째, 연구논문(硏究論文)은 한 가지 주제에 대한 학술적인 연구 결과를 담은 것으로, 학자들의 연구 성과를 주로 학회지(學會誌)나 학술 잡지에 발표하여 공개적인 검증과정을 밟는 것이다. 다음에 제시하는 〈예시3〉은 학회지의 표지이고, 〈예시4〉는 연구논문의 한 부분이다.

'학술논문(學術論文)' 이라고도 하는데, 학자들이 발견한 새로운 사실들을 동료 학자들에게 알리고 잘못된 부분은 비판 받음으로써 그 분야의 지식 확장에 기여한다는 점에서 학술적 글쓰기에서 가장 큰 비중을 차지한다고 할 수 있다. 대개의 경우 학위

〈예시 3〉

ISSN 1229-487X

문학연구와 문학교육의 결합을 추구하는 새로운 지향

문학교육학

대학에서의 문학교육방법 개선 연구

· 대학의 교양 교육으로서의 시 교육 / 유성호

· '근대문학의 죽음'과 이론교육 / 이승렬

초 · 중등에서의 문학교육방법 개선 연구

· 초등학생을 위한 교육연극 수업의 실제
–전래동화를 활용한 경우 / 김유미

· 중등과정 시 교육의 현황과 개선 방향 연구 / 박윤우

· 문화적 문식력 신장을 위한 문학교육의 방법
–미니홈피와 블로그를 중심으로 / 한귀은

· 교육과정과 교과서를 극복하는 초등문학교육 방법
–제7차 교육과정과 교과서를 중심으로 / 한명숙

새로운 국어교육과정과 문학교육의 미래

· 국어과 교육과정 개정 논의의 현황
–문학 교육과정과 관련하여 / 유영희

· 국어과 교육과정과 문학교육과정 / 최지현

· 국어 활동 영역과 문학 영역의 관계 설정에 대한 연구 / 염은열

· 심화과목으로서의 문학교육의 미래 / 김동환

[패널 토론문] / 김승환 · 김승종 · 권순긍 · 방민호

· 개별 발표 논문 : 목차 참조

2005년 12월

제18호

도서출판 역락

〈예시 4〉

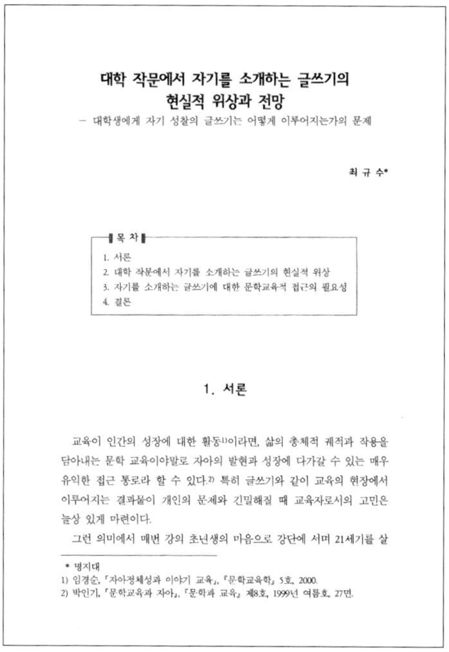
대학 작문에서 자기를 소개하는 글쓰기의
현실적 위상과 전망

– 대학생에게 자기 성찰의 글쓰기는 어떻게 이루어지는가의 문제

최 규 수*

목 차

1. 서론
2. 대학 작문에서 자기를 소개하는 글쓰기의 현실적 위상
3. 자기를 소개하는 글쓰기에 대한 문학교육적 접근의 필요성
4. 결론

1. 서론

교육이 인간의 성장에 대한 활동[1]이라면, 삶의 총체적 궤적과 작용을 담아내는 문학 교육이야말로 자아의 발현과 성장에 다가갈 수 있는 매우 유익한 접근 통로라 할 수 있다.[2] 특히 글쓰기와 같이 교육의 현장에서 이루어지는 결과물이 개인의 문제와 긴밀해질 때 교육자로서의 고민은 늘상 있게 마련이다.

그런 의미에서 매번 강의 초년생의 마음으로 강단에 서며 21세기를 살

* 명지대
1) 임경순, 「자아정체성과 이야기 교육」, 『문학교육학』 5호, 2000.
2) 박인기, 「문학교육과 자아」, 『문학과 교육』 제8호, 1999년 여름호, 27면.

논문을 마친 학자들, 혹은 학위과정 중에 있는 필자들이 자신의 연구 성과를 한 편의 논문 분량에 맞게 조정하여 발표하게 된다. 한 편의 연구논문은 학문분야나 학회에 따라 다르나, 일반적으로 원고지 100매에서 150매 정도를 기준으로 삼는다.

또한 학자들의 경우 이미 발표한 연구논문을 모아 한 권의 단행본으로 엮어내는데, 이를 '저서(著書)'라고 한다. 주제가 넓고 심화되어 완성된 원고의 분량이 방대할 경우에는 처음부터 한 권 혹은 그 이상의 단행본으로 출판하기도 한다. 〈예시5〉는 단독 저서의 표지이고, 〈예시6〉은 공동 저서(공저)의 표지이다.

셋째, 앞서 제시한 학자들의 학위논문과 연구논문이 체계와 형식을 엄격하게 갖춘 본격적인 학술적 글쓰기라면, 텀 페이퍼(term paper)와 리포트(report)는 학생의 입장에서 이루어지는 학술적 글쓰기라 할 수 있다.

먼저, '텀 페이퍼'는 학습자가 자신의 능력이나 흥미에 적합한 주제를 선택하여 그 주제에 대해 자기 나름대로 자료를 수집, 분석, 종합하여 작성하는 학술적 글쓰기라고 할 수 있다. 경우에 따라서는 '주제탐구 보고서' 혹은 '연구 보고서'라 칭하기도 한다.

〈예시 5〉

〈예시 6〉

본격적인 학술논문에 비해 분량이 적기 때문에 '소논문'이라 부르기도 하는데, 대학생이나 대학원생들의 기말 보고서 등이 이에 해당된다. 본격적인 학술논문은 아닐지라도 논문의 격식과 내용을 갖출 것이 요구되므로, 이를 작성하기 위해서는 해당 주제에 대한 연구 방법, 정보 수집 방법, 자료의 조합과 분석 방법, 보고서 작성법 등에 대한 철저한 이해가 있어야 한다.

다음으로, '리포트'는 과목별로 담당교수가 부여한 과제에 대하여 제출하는 학술적 글쓰기를 총칭하여 부르는 것이다. 예를 들어, 교수자가 구체적인 주제를 정해주거나, 학생들이 몇 가지 주제 중에서 택일하여 작성하는 것이 일반적이다. 과제형 글쓰기를 모두 포괄하는 것인 만큼 범위나 유형, 목적이 다양하고 그에 맞는 작성 방법 역시 다양할 수 있다.

학생의 입장에서 작성되는 텀 페이퍼나 리포트는 엄격한 의미의 논문이 아니라 해도 '학문하는 자세와 논문 작성하는 요령에 익숙하지 못한 학생들로 하여금 학습과 연구 방법을 습득하게 하고 연구 결과를 보고하는 요령을 습득하게 할 목적으로 부여되는 과제물' 이라는 점에서 학자들의 연구논문과 일맥상통하는 부분이 있다.

리포트 작성을 연구논문 작성의 제1단계라고 본다면, 졸업논문은 연구논문 작성의 제2단계라고 할 수 있다. 고로 학생들이 스스로의 노력에 의하여 리포트를 작성하는 것은 지적(知的)인 독립성을 쌓아가는 것과 같을 뿐만 아니라 장차 훌륭한 연구논문을 스스로 해결해 나가는데 큰 도움이 될 것이다.

2. 리포트를 잘 쓰려면

대부분의 글쓰기에서와 마찬가지로, 앞서 제시한 학술적 글쓰기에서 역시 좋은 글이 되기 위한 몇 가지 조건이 있다. 학술적 글쓰기의 두 유형에 모두 '논문(論文)' 이라는 말이 붙은 것처럼 학술적 글쓰기를 잘 한다는 것은 논문의 전제 조건을 충족시킨다는 것과도 같기 때문이다.

좋은 논문의 기본 요건을 살피면 다음과 같다.

첫째, 독창성이다. 논문은 독창적 연구결과의 기록이어야 한다. 논문이 기존의 성과물을 모방한다면 지식의 발전을 저해하게 마련이다. 논문이 독창성을 지니기 위해서는 주제, 연구 방법, 논의 성과 등의 측면에서 최소 한 가지 이상의 새로움이 인정되어야만 한다. 또한 논문에서 독창성이 강조되는 만큼 타인의 견해나 기왕에 있은 자료를 인용하였다면 그 출처를 정확하게 표기하는 것이 필수적이다.

둘째, 정확성이다. 논문은 효율적 정보 전달을 위해 정확성을 추구해야 한다. 논문에 담기는 모든 내용은 집필자의 인격 및 명성, 책임과 밀접한 관계가 있다. 따라서 논문을 작성할 때는 모든 사항에 있어 소홀함이 없도록 정확해야 한다.

셋째, 불편성이다. 논문 집필자는 자신의 주장에 심취한 나머지 편견이나 선입견에 사로잡혀 일반성에서 이탈한 논문을 작성해서는 안 된다. 논문은 진리를 밝히는 수단이므로 공정한 평가와 진리탐구 자세가 필요하다.

넷째, 객관성이다. 논문은 주관적 판단에 의해 과업이 시작되나, 그 의견과 주장은 객관적 사실과 증거를 통해 뒷받침되어야 한다. 그리고, 그 서술에 있어 객관성을 지녀야 한다.

다섯째, 검증성이다. 논문에서 표방하는 내용은 과학적인 검증이 가능해야 하며, 다른 사람이 필요에 의해 이를 재현할 수 있어야 한다. 만일 타인에 의한 재현이 불가능하다면, 논문의 설득력이 크게 떨어지게 되며 현실적인 실효성을 상실하게 된다.

마지막으로 용이성이다. 가장 좋은 글은 쉽게 쓰인 글이다. 논문 역시 아무리 좋은 내용을 포함하고 있더라도 어려운 표현으로 인해 이해하기 어렵다면 제 역할을 다하지 못할 것이다. 따라서 논문을 작성할 때에는 간결하고 쉬운 문장으로 작성해야 한다.

그렇다면 좋은 리포트를 쓰려면 어떠한 요건을 충족시켜야 되는 것일까? 이를 위해서는 리포트의 독자가 되는 담당 교수자들의 평가 기준을 검토하는 것이 필요하다. 교수자들은 나름대로의 평가기준을 가지고 학생들이 제출하는 리포트를 평가하며, 이는 곧 해당 과목의 해당 주제에 대한 학업적 평가와도 직결되는 것이다.

과목별, 교수자별로 개별적인 상황과 기준에 따라 매우 다양한 평가기준이 있을 수 있지만, 공통적인 요소들도 발견할 수 있다. 다음에서 평가기준의 중요한 요소들을 추출해보기로 하자.

● 하위(下位)의 평가를 내릴 수밖에 없는 다섯 가지 이유

① 아무리 읽어봐도 무슨 이야기를 하고 있는지 알 수가 없네!

② 내가 이 과제를 왜 제시했는지 주제를 이해한 흔적이 전혀 보이지 않아!

③ 글의 구성이 엉망이야, 비슷한 내용이 반복되거나 아예 상반된 내용이 나오다니!

④ 문단 구성도 제대로 되어 있지 않구먼!

⑤ 정확한 문장 쓰기의 기본을 안 지킨 데다 오타(誤打)가 많아!

● 중위(中位)의 평가를 내릴 수밖에 없는 네 가지 이유

① 글의 짜임새는 있지만 내용이 모호하고 지루해서 논점을 부각시키지는 못하고 있네!

② 성의 있게 쓰기는 했지만 내용이 단순하고 누구나 다 아는 내용을 써놓아서 아쉽다.

③ 자신의 의견을 밝히는 것은 좋은데, 주제를 논리적으로 뒷받침하는 근거가

미약하군.

④ 가끔씩 문장이 깔끔하게 다듬어지지는 않은 경우도 있지만, 자신의 생각을 자연스럽고도 명확하게 펼쳐나갈 수 있게 노력하고 있는 게 보이네!

● 상위(上位)의 평가를 내릴 수밖에 없는 세 가지 이유

① 내가 이 과제를 왜 내주었는지 의도를 간파하고 스스로 이에 부합되는 흥미로운 주제의식을 명확히 보여주고 있어 좋군!

② 더구나 설득력 있게 근거를 갖추려고 공부도 많이 해서 논의될 만한 내용을 잘 담고 있네!

③ 무엇보다 문체가 깔끔하고, 한 편의 글로 잘 완결되어 읽기가 아주 편했어!

대학생이라고 해서 상위의 평가 요건을 처음부터 충족시키기는 어렵다. 4년간의 대학생활이 학술적 글쓰기에 익숙해지는 과정적 훈련의 의미를 지니는 이상, 첫 술에 배부르기 또한 쉽지 않을 것이다. 그러므로 대학생에게 학술적 글쓰기의 기본 이해가 필요한 이유를 보다 명확하게 이해하는 것이 보다 중요하다. 무작정 리포트를 쓰면서 익숙해지기를 바라는 것이 아니라, 효율적인 학업 과정의 파트너로서 학술적 글쓰기를 훈련하는 것이 중요하기 때문이다.

우선, 학술적 글쓰기의 형식과 체재, 절차는 리포트에 그대로 축소되어 적용된다는 점을 기억하자. 학술적 글쓰기에서는 표지에서부터 목차, 본문 등에 이르기까지 독자와 약속된 바에 따르는 형식적인 규칙성이 강한 편이기 때문이다. 상황에 따라 이러한 형식적 규칙을 제대로 갖추어 리포트를 작성하는 것이 필요하다.

다음으로, 좋은 리포트를 쓰기 위해서는 학자들의 글쓰기에서와 마찬가지로 문제해결 능력이 중요하다는 점을 기억하자. 곧, 과제에 대한 지식과 이해, 자료 수집과 정리의 안목, 논리적 사고가 요구된다는 점이다. 이를 위해서는 수동적인 과제 작업이 아니라, 지적 호기심과 학문적 열정을 다시금 정비하는 것이 필요하다.

마지막으로, 표현 능력을 계발하는 것이 필요하다는 사실을 기억하자. 리포트를 잘 쓰기 위해서는 글쓰기의 기초적인 능력을 점검하고, 특히 대학생 수준에 맞게 자신의 사고와 의견을 표현할 수 있어야 한다. 당연히 이를 해결하기 위한 글쓰기의 훈련이

중요해지게 마련이다. 대학마다 글쓰기 훈련을 강조하는 배경과 이유를 이해할 수 있을 것이다.

제2장 형식과 절차 이해하기

본격적인 학술적 글쓰기는 학위논문 작성에서부터 시작된다고 해도 과언이 아니다. 그만큼 한 편의 학위논문을 작성하는 과정은 학술적 글쓰기의 형식과 절차를 이해하는 데 적절하고도 필수적인 가이드라인이 된다.

이에 이 글에서는 학술적 글쓰기의 형식과 절차를 이해하기 위해 다음과 같은 순서로 이야기를 풀어나가고자 한다.

먼저, 학위논문의 사례를 중심으로 필수적으로 갖추어야 할 학술적 글쓰기의 형식적 특징을 살피고자 한다. 대학원에서의 학위과정이 학술적 글쓰기의 실제적인 입문이 되는 이상 학위논문의 체재를 일람하는 것도 중요할 것이기 때문이다.

다만, 전공영역별, 학교별 세부적인 차이점은 이 글에서는 세세히 밝히지 않을 것이므로, 학위논문 작성에 앞서 구체적인 작성 지침을 해당 대학원에서 확인하는 것이 필요하다. 리포트 작성의 경우에는 과제의 목적이나 분량, 또는 담당교수자의 과제 작성 안내 지침에 따라 제시된 형식적 요소를 조정하면 될 것이다.

다음으로, 학술적 글쓰기를 완성하기 위한 과정을 절차 중심으로 설명하고자 한다. 이 경우에는 각 절차마다 해당되는 내용을 충분히 연습할 수 있게 하였으므로, 절차에서 요구되는 기본적인 지침을 충분히 소화할 수 있게 반복해보는 것도 중요할 것이다.

이러한 절차는 모든 리포트 작성에 반드시 요구되는 필수사항은 아니나, 짜임새 있는 학술적 글쓰기를 위해서는 해당되는 부분에서 요구되는 바의 기본 사항을 해결하는 것이 필요하다. 무엇보다 이러한 절차적 요구사항을 제대로 수행할 수 있어야만 학술적 글쓰기의 형식적 요건을 충족시킬 수 있다는 점이 중요하다는 사실을 명심하자.

1. 형식 갖추기

(1) 권두 부분

학위논문의 경우라면 권두(卷頭) 부분에 다음과 같은 여러 요소들을 갖추는 게 일반적이다. '표지(表紙)' 는 학위논문의 서지사항을 알려주는 지점으로, 〈예시1〉과 같이 논문 제목뿐만 아니라 학위논문의 작성자에 관한 기본사항을 학교에서 정한 표지 양식에 맞춰 작성한다.

〈예시 1〉

이화여자대학교 대학원
1995학년도
박사학위 청구논문

松江 鄭澈 詩歌의 美的 特質 硏究
- 작품 수용 양상을 중심으로 -

國語國文學科
崔圭穗
1996

다음으로 요구되는 '제출서(提出書)' (〈예시2〉)와 '인준서(認准書)' (〈예시3〉)는 학위논문의 심사 및 인준에 대한 일종의 증빙서류라 할 수 있다. 다음에서 보다시피, 학위논문의 제출 사항과 심사위원들의 서명, 인준 여부에 대한 기록을 살필 수 있다.

〈예시 2〉

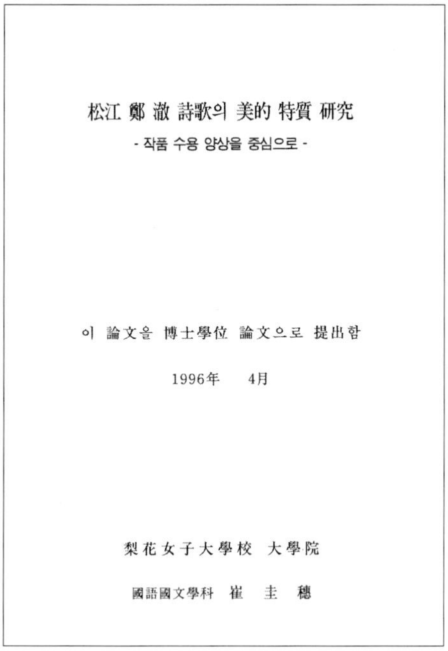

松江 鄭澈 詩歌의 美的 特質 研究

- 작품 수용 양상을 중심으로 -

이 論文을 博士學位 論文으로 提出함

1996年 4月

梨花女子大學校 大學院

國語國文學科 崔 圭 穗

〈예시 3〉

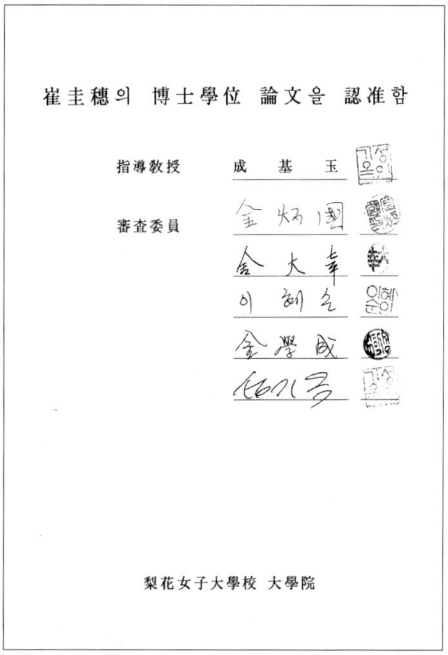

崔圭穗의 博士學位 論文을 認准함

指導敎授 成 基 玉

審查委員 金炳國

金大幸

이혜순

金學成

성기옥

梨花女子大學校 大學院

'국문 초록(國文抄錄)' 은 다른 말로 '논문 개요(槪要)' 혹은 '국문 요약(要約)' 이라고도 하는데, 해당 논문의 내용을 논의과정과 결과 중심으로 요약하여 보여주는 것이다. 국문으로 요약되는 이 부분은 논문의 후미(後尾) 부분에서는 외국어로 번역되어, 연구 성과를 외국의 학자들과 공유할 수 있게 된다. 다음에 제시하는 〈예시4〉를 참고하기 바란다.

학교의 전통에 따라 학위논문 작성에 도움을 준 이들에게 감사의 마음을 표하는 '감사의 글' 을 한 장 정도 덧붙이는 경우도 있다. 요즘은 '치사(致謝)' 라 하여, 논문을 작성하는 과정에서 특별히 도움을 받은 곳, 예를 들어 연구비를 지급한 기관이 있을 경우 이를 밝히는 말을 논문 첫 페이지의 각주란에 쓰거나 논문 본문 맨 뒤에 괄호 속에 쓰기도 한다. 예를 들면, "이 논문은 1998년도 학술진흥재단 학술연구조성비의 지원으로 이루어졌음" 과 같은 경우이다.

〈예시 4〉

논 문 개 요

송강 문학이 지닌 우수성과 문학사적 가치에 대해서는 국문학 연구 초창기의 선학들에 의해 주목을 받은 이래 최근에까지 꾸준히 지속되어왔고, 그래서 송강문학에 대한 평가는 대체로 그 우수성에 대해 찬탄하는 쪽으로 일치를 보여왔다. 다만 지금의 상황에서 되돌아보는 송강 문학 연구의 흐름은 작품에 대한 배료가 앞선 상태에서 송강 문학의 우수성을 엄밀히 분석·검토하는 작업이 상대적으로 소홀히 되어왔다는 반성을 하게 된다. 송강 문학에 관한 연구는 양적으로 방대하고 사적으로도 지속적이었음에도 불구하고 방법론적 편향성을 탈피하지 못한 상태로, 연구상의 발전적 성과물이 크게 축적되지 못한 상태이다.

특히 연구자의 주관이 선행하는 기존의 연구에서는 작품을 분석하는 것 외에 다른 장치를 갖지 못함으로써 논의의 결과를 해석하는 데 있어 자의성을 갖게 되기 쉬웠고, 이것이 설득력을 잃기 쉬운 큰 험으로 지적되었다. 그래서 송강 문학에 대한 논의가 이른 시기부터 최근에까지 왕성하게 지속되었음에도 불구하고, 그 연구결과에 있어 의견의 합치를 보인다거나 기존논의를 기반으로 또다른 연구사적 성과를 쌓아나가기가 힘이 들었던 게 사실이다. 고로 현재의 시점에서는 새로운 연구 방법을 모색하고 송강 문학의 사적 위상을 정확히 자리매김할 수 있는 공정한 시각이 필요하다고 생각한다.

그런 점에서 본고가 시도한 방법은 송강 작품의 수용을 일차적으로는 고전적 시간인 당대로 되돌려 그들의 시각과 입장에서 송강작품의 특성을 분석한다는 데 기본적 의의를 두고 있다. 이는 연구자의 주관성이 크게 개입함으로써 미적 특질을 분석하는 기준을 설정하는 데 있어 문제점이 많았던 선행 연구의 한계를 극복하고자 하는 노력의 하나이다. 곧 작품 수용자의 미적 반응에 근거하여 수용상의 미적 요소를 추출함으로써 보다 객관적인 기준을 설정하고자 하였다.

이를 위해 본고는 크게 세 단계에 걸쳐 논의를 전개하였다. 그 첫번째 작업은 송강 시가의 자료적 검토를 행하는 것이다. 그 결과 『송강가사』의 간행이 당대 이후 19세기에 이르기까지 지속적으로 이어져왔다는 점에서 송강의 작품이 동시기의 인물인 노계나 고산의 작품 유포상황과는 달라졌다는 사실과 〈훈민가〉의 경우 『송강가사』의 간행 이전에 이미 『경민편』을 통해 문헌 정착과정을 보여왔다는 사실을 지적하였고, '개별작품'으로서 송강 시가가 가집내에 어떻게 어느 정도 수록되어 있는지를 정리하였다. 이와 연결하여 송강 시가의 수용 양상을 사적으로 검토하고 향수방식과 향수층을 중심으로 향수 상황을 파악하였다. 이 작업들은 송강 시가의 미적 특질을 분석하기 위한 전제가 되는 작업이라 할 수 있다.

두번째 작업은 수용상의 미적 요소를 추출하는 것이다. 즉 앞선 고찰에서 드러난 결과로 주된 수용층의 성향과 수용된 작품의 흡인력을 전제로 하여 주제적 측면과 표현적 측면에서 수용상의 미적 요소를 추출하였다. 주제적 측면에서는 '이상세계의 지향' '풍류적 흥취의 실현' '자아상의 진지한 모색'이라는 세 요소를 추출하였고, 표현적 측면에서는 '절묘'와 '호방'을 지적하였다.

세번째 작업은 이렇게 추출된 미적 요소를 기준으로 하여 송강 시가를 분석하여 형상화 방식을 살핀 것이 된다. 즉 수용 양상의 고찰을 통해 송강 시가에 대한 미적 반응이

i

직관적이고 비분석적인 평어를 통해 주로 정서적 반응에 치우쳐 있었음을 알 수 있었는데, 본고에서는 이에 대해 보다 객관적인 설명을 가능케 하기 위해 수용상의 미적 요소를 추출하여 이를 통해 작품을 구조적으로 분석하는 작업을 시도한 것이다.

이렇게 추출된 미적 요소를 통해 송강 시가를 분석한 결과, 다음과 같은 특질을 지적할 수 있다. 즉 '통합'의 지향성을 통해 시경지를 개척하고 있다는 점이다. 공간과 인간형 통합, 요소간의 통합에서 보다시피 '통합'은 송강 시가에 있어 형상화 방식의 근간이 된다. 특히 송강 시가 논의에서 언급되는 이질적 성향은 현대의 연구자들에게는 병렬적으로 나열되는 특질에 불과하지만 실상 당대 이래의 수용 양상에서는 통합의 과정을 통해 시의 파탄을 막고 있다는 점에서 창작의 한 방식으로 중요하게 검토될 수 있다. 이는 후대적 수용의 맥락에서 보자면 다양한 취향을 포괄하는 능력과도 연결된다. 곧 수용자들이 작품에 대해 다양하게 반응할 수 있었음은 이런 특질 때문이며, 이것이 결국 송강 시가가 당대 이래로 최근에 이르기까지 송강 시가가 놓인 위상과 관련하여 꾸준히 수용되는 동력이 되었음을 확인할 수 있었다.

리포트의 경우에는 권두 부분에서 필수적으로 요청되는 부분이 표지 한 장으로 제한된다. 논문의 심사 및 인준 과정이 없으며, 국문 초록이 필요할 정도로 분량이 많지도 않기 때문이다.

학교나 학과에 따라, 같은 학교 안에서도 과목이나 담당 교수자에 따라 규정된 리포트 양식이 있을 수 있고, 표지 양식 또한 다양할 수 있다.

어느 양식이나 표지에는 다음과 같은 사항을 담는 것이 기본이다.

- 어느 학기에 듣는 무슨 과목(학기/과목명)에서 어떠한 목적으로 내준 과제인가?
- 이번 과제에서 내가 중점을 둔 부분은 무엇인가?(주제 혹은 제목)
- 제출자는 누구인가?(학과/학번/성명)
- 누구(담당 교수명)에게 언제(제출일) 제출하는가?

권장할 만한 표지 작성의 사례를 보면 〈예시5〉와 같다. 이는 학위논문 작성법에서

〈예시 5〉

2007년 1학기
리포트와 논문작성
주제 탐구 보고서

〈아주 가끔은〉에 나타난 신세대의 가치관에 대하여
- 특히 개성과 저항의 논리를 중심으로 -

정치학과 2학년 20071207
엄 태 웅

담당교수명: 최규수 교수님
제출일: 2007년 4월 7일

〈예시 6〉

2007년 2학기/ 리포트와 논문작성/ 3문3답 만들기
담당교수명: 최규수 교수님/제출일: 2007년 11월 20일

〈선생 김봉두〉를 보고 자문자답 세 가지

법학과 1학년 20071224 민경훈

1. 분교는 왜 그리도 멀고 험한 곳에 위치하도록 설정하였을까?
원래 분교라는 곳이 인구가 적은 외딴 시골에 위치해있다는 것은 누구나 다 알 것이다. 그러나 영화 속 두메산골 분교는 왠지 의미하는 바가 있다고 생각한다. 그건 바로 그 분교로 가는 길이 멀고 험한 것처럼 진정한 선생님의 길은 멀고도 험하다는 의미가 내제 되어 있다고 생각한다. 그리고 학교는 주위가 산으로 빙 둘러 싸여 있는데 그것은 곳 세상과의 차단을 의미하며 김봉두에게 새로운 삶을 시작하기 위한 둥지 역할을 수행한다고 생각한다.

2. 소석이와 전학생의 대립이 의미하는 것은 무엇일까?
소석이는 김봉두의 정신적으로 선한 부분을 나타내는 존재라 고 생각된다. 봉두가 소석이에게 유달리 애착을 느끼며 그에게서 자신의 어린 시절을 기억 해내는 게 그 증거라고 할 수 있다. 반면 전학 온 아이는 봉두의 현재모습 즉, 타락한 교사의 모습을 드러낸다고 생각한다. 봉투를 건넨 게 마치 자랑스러운 듯 말하는 아이와 봉투를 당연한 듯 받는 김봉두는 어딘지 닮아 보인다. (이하 생략)

보인 표지의 사례를 응용한 것으로, 한 장 표지에 과제 작성에 관한 객관적 사실과 정보를 어떤 방법으로 짜임새 있게 담고 있는지를 잘 살피면 된다.

이 때, 한두 장 분량의 쪽글 과제를 제출해야 되는 경우에는 과제의 분량이 적은 만큼 표지를 따로 붙이기 어렵다. 그렇다고 표지 자체를 생략하기는 곤란하므로, 〈예시 6〉과 같이 간략한 표지형식을 응용하는 것이 보다 효율적이다.

(2) 목차 부분

'목차(目次)' 부분은 논문의 구성과 전개를 요약한 것으로 논문의 축도(縮圖)라 할 만하다. 그런 만큼 목차는 한눈에 알아 볼 수 있도록 논리적 체계로 짜여져야 하는데, 목차 한 장을 완성하는 데도 필요한 여러 사항이 있다.

또한 목차 한 장을 필수적으로 요구하는 학위논문과는 다르게, 학생들의 리포트에서는 과

〈예시 1〉

차 례

논문개요	i
Ⅰ. 서 론	1
Ⅱ. 논의의 전제:송강 시가의 자료적 검토	6
A. 『송강가사』의 간행 과정	6
B. 송강 시가 작품의 가집내 수록 양상	11
C. 〈훈민가〉의 『경민편』내 수록 경위	13
Ⅲ. 송강 시가의 수용 양상	16
A. 사적 검토	16
1. 17세기의 수용 양상	16
2. 18세기의 수용 양상	18
3. 19세기 이후의 수용 양상	20
B. 향수 상황	21
1. 작품의 유포 범위	21
2. 향수방식과 향수층	24
Ⅳ. 송강 시가 수용상의 미적 요소	33
A. 미적 요소 추출의 전제	33
1. 주된 수용층의 성향	33
2. 수용된 작품의 흡인력	45
B. 수용상의 미적 요소 추출	57
1. 주제적 측면의 미적 요소	57
2. 표현적 측면의 미적 요소	64
Ⅴ. 미적 요소의 형상화 방식	70
A. 주제적 요소의 구조화	70
1. 단일 요소의 표출	70
2. 두 요소의 결합	75
3. 세 요소의 조화	85
B. 표현적 요소의 구현	92
1. 주제의 심화	93
2. 시세계의 확장	101
Ⅵ. 송강 시가의 미적 특성과 의미	108
A. '통합'의 지향성	108
B. 수용상의 의미	111
Ⅶ. 결론	121
참고문헌	123
중문초록	127
부록 1:『송강가사』 제판본의 작품 수록 양상	i
부록 2:송강 시가 작품의 가집내 수록 양상	iv

제의 종류나 분량에 따라 목차 한 장을 작성하기도 하고, 생략하기도 한다. 목차 한 장이 생략되더라도 목차 작성법에서 요구되는 기본적인 틀 짜기 과정이 생략되는 것은 아니다.

목차 작성법에 대해서는 다음 장에서 후술하기로 하고, 여기에서는 목차의 예만을 보이면 위의 〈예시1〉과 같다.

다음에 제시하는 〈예시2〉는 앞선 표지 부분에서 보인 주제탐구 보고서의 목차이고, 〈예시3〉은 따로 한 장의 표지를 작성하지 않을 때 목차 부분을 간략히 제시하는 방법이다.

(3) 본문 부분

'본문(本文)' 부분은 학술적 글쓰기의 핵심으로, 크게 세 부분을 포괄하는 지칭이다. 문제를 제기하고 연구 방법 및 논의과정을 소개하는 서론(introduction) 부분, 제

〈예시 2〉

목　차

Ⅰ. 서론

Ⅱ. 〈아주 가끔은〉에 나타난 인물상
1. 개성을 중시하는 면
2. 기존 질서에 비판적인 면

Ⅲ. 신세대의 관점에서 본 〈아주 가끔은〉
1. 신세대 윤리관의 특성
2. 〈아주 가끔은〉속 화자와 신세대의 공통점

Ⅳ. 결론

참고문헌
부록

〈예시 3〉

2007년 2학기/리포트와 논문작성/주제탐구보고서
담당교수명: 최규수 교수님/제출일: 2007년 11월 20일

한류 열풍의 지속을 위해 나아가야 할 방향

경제학과 2학년 20071208 박인순

목　차

Ⅰ. 서론
Ⅱ. 드라마 〈겨울연가〉의 한류 열풍 분석
Ⅲ. 한류 열풍의 허와 실
Ⅳ. 한류 열풍의 지속을 위해 나아가야 할 방향
Ⅴ. 결론
참고문헌

==============================

Ⅰ. 서론

원래 분교라는 곳이 인구가 적은 외딴 시골에 위치해있다는 것은 누구나 다 알 것이다. 그러나 영화 속 두메산골 분교는 왠지 의미하는 바가 있다고 생각한다. (이하 생략)

기된 문제를 논증하며 내용을 채워가는 본론(body of discussion, main body) 부분, 문제제기에서부터 본론까지의 내용을 요약하고 소감 등을 밝히며 논의를 마무리하는 결론(conclusion) 부분이 바로 그것이다.

학위논문의 본문을 제시하는 것은 현실적으로 불가능하므로, 다음의 〈예시1〉에서는 앞선 목차를 토대로 쓰인 리포트의 예를 보이고자 한다.

이 때, 유념하여 살필 것은 두 가지이다. 첫째, 앞의 예에서처럼 한 장 목차를 작성하였다면, 목차에서 제시된바 부호와 표제를 다시 반복하면서 해당되는 부분마다 그에 맞는 내용을 서술하는 것이 일반적이라는 점이다.

둘째, 인용의 방법에 따라 주석의 형식을 갖추고 있다는 점이다. 인용과 주석 형식에 대해서는 후술하겠지만, 대학에서의 리포트는 타인의 글을 인용하고 그 출처를 밝혀주는 주석의 방법을 기본으로 삼기 때문이다.

덧붙여, 학위논문에 비해서는 분량이 짧은 편이기는 하지만, 논리전개의 방식과 명확한 표현방법에 대한 훈련이 뒷받침되어야 하므로, 한 편의 글로 꾸려가는 글쓰기 방

식을 잘 살펴두는 것도 중요하다.

〈예시 1〉

Ⅰ. 서론

대중가요에는 노래를 부르거나 듣는 사람들의 생각과 느낌이 반영된다. 그러므로 대중가요를 분석하면 그 시대 대중의 의식과 정서를 이해할 수 있다. 이 글은 최근 사회 · 문화적인 관심을 끌고 있는 '신세대'의 가치관 문제에 초점을 맞추어, 신세대 가요 중 하나인 〈아주 가끔은〉(신해철, 1996)을 대상 자료로 선택하였다.

〈아주 가끔은〉은 노래하는 이의 의지와 감정, 논리가 가사에 뚜렷이 드러날 뿐 아니라, 그 작사자가 젊은 층에게 영향력을 발휘하는 사람이라는 점에서 적합한 소재라고 여겨진다.

이 글은 다음과 같은 순서로 전개된다. 먼저 Ⅱ장에서는 대상 자료인 〈아주 가끔은〉의 가사를 살펴본다. 이 때 가사에서 형상화된 화자(話者)의 두 가지 특성, 즉 개성을 중시하는 측면과 기존 질서에 비판적인 측면에 중점을 둔다. 이어 Ⅲ장에서는 신세대의 의식구조와 대상 자료 사이의 관련성을 따져본다. 신세대의 가치관을 자유주의로 정의한 기존 연구결과를 활용하여, 그 같은 양상이 〈아주 가끔은〉의 화자에게서 발견되는지 확인하는 작업이다.

Ⅱ. 〈아주 가끔은〉에 나타난 인물상

1. 개성을 중시하는 면

〈아주 가끔은〉의 화자는 자신을 바라보는 주위의 시선에 불만을 토로한다. 그의 파격적인 옷차림을 보는 사람들의 눈길이 곱지 않은 것이다.

> 대낮에 길을 걷다 보면 썰렁함을 느껴.
>
> 왜 그렇게 황당한 표정으로 날 쳐다들 보는지.

물론 내 치마 길이가 좀 짧긴 짧지만.
내 색채 감각이 좀 대담하긴 하지만.[1)]

의상은 한 사람의 개성을 드러내는 방법 중 하나이다. 단 그러한 개성의 표출은 사회의 일반적인 정서 또는 금기(禁忌)사항을 벗어나지 않는 범위에서만 용인되는 경우가 많다. 그러나 화자는 이 같은 상식을 정면으로 부정한다.

그게 뭔 대수라구. 하늘이 무너지니.
난 그저 나 자신이 소중한 것뿐이야. 뭘 봐!
난 집에 혼자 있을 때는 책도 봐.
내 할일은 알아서 해 왔다고 생각해.

화자의 입장에서, 옷차림을 빌미로 자신에게 가해지는 사회적인 압력은 아무런 타당성이 없다. 화자는 자율성을 갖춘 인간이며, 옷차림은 그와 별개로 자기 취향과 정체성을 전달하는 도구인 것이다. 따라서 화자는 옷차림에 대해 간섭받거나 통제당할 이유가 없다고 생각한다. 좋고 나쁨, 옳고 그름의 기준은 어디까지나 자신이 설정할 문제이기 때문이다.

나를 위해 사는 건지 남을 위해 사는 건지 헷갈려 하지 마.
평생을 후회하느니 한번 쯤 미친 척 하는 게 나아.

나의 인생을 남이 대신 살아줄 수 없다는 것이 화자의 신념이다. 그가 도발적인 옷차림을 하는 이유도 여기에 있다. 즉 외부의 규준에 순응해 스스로를 억제하기 보다는, 본연의 욕구와 감성에 충실한 편이 합리적이라는 뜻이다. 이런 면을 볼 때 〈아주 가끔은〉의 화자는 사회 규범보다 자신의 개성을 중요하게 여기는 인물이라고 할 수 있다.

1) 〈아주 가끔은〉은 영화 〈정글 스토리〉(1996년 개봉작)에 나오는 노래로, 신해철이 작사하였다. 이하 가사 인용의 출처는 모두 이에 준한다.

2. 기존 질서에 비판적인 면

주변의 이목을 거스르고라도 자신의 멋을 추구하겠다는 화자의 주장은, 그가 구체적인 사례를 거론하는 과정에서 새로운 차원으로 전환된다.

> 한평생 남의 눈치만 보면서 살아오다.
> 아주 그게 뼛속까지 박혀버린 인종들 있잖니.
> 그 사람들의 공통적인 특징이 뭔지 알아.
> 남들도 자기처럼 살기를 바라는 거지, 쳇!

화자는 사회적 평판에 얽매이기를 원하지 않는다. 그런데 옛 관습에 물든 사람들은 지난 시대의 잣대로 (자신을 포함한) 타인을 구속하려 한다. 그래서 화자는 자신에 대한 부정적인 인식 자체가 그들이 강제하는 잘못된 규범이 적용된 결과라고 주장한다. 더욱이 그런 낡은 규범이 통제력을 잃고 잊혀져가는 상황에서, 화자는 일탈에 대한 부담을 갖지 않는다.

> 그렇게 산다고 누가 상주니.
> 또 누가 상준다고 그거 받아 어따 쓰니.
> 난 아무 생각 없이 사는 걸로 보이겠지.
> 그게 네 편견이고 교만이고 한계야. 잘 가!

화자는 규범과 타협하거나 그것을 의식할 이유가 없음을 분명히 한다. 갈등의 원인을 제공한 것은 자기가 아니라 사회규범이므로, 어떠한 비난도 무시할 수 있다는 자신감인 것이다. 화자는 다른 사람들에게도 이 점을 밝히고 싶어 한다.

> 넌 마음속 깊은 곳까지 세뇌되어 버렸어.
> 석회처럼 딱딱해진 너의 영혼을 해방시켜줘.

화자는 아직도 낡은 규범에 묶여 변화를 주저하는 이들이 많다는 것을 알고 있다. 그래서 화자는 주변 사람들에게 현실을 개인 중심에서 바라볼 것을 요구한다. 지금까지의 규율에 얽매이지 말고 그것을 극복해 내라는 주문인 것이다. 다소 선동적인 의미마저 담겨진 이러한 주장은 결국 〈아주 가끔은〉의 화자가 기존 질서에 비판적이며 또한 도전적인 인물임을 보여준다.

앞서 본 것처럼, 화자는 자기 의견을 개진하면서 그것을 뒷받침하는 근거를 내세우고 있다. 이는 화자의 의도가 감각적인 욕망 표출보다는, 그것을 매개로 자기의 논리나 삶의 철학을 강조하는 데 있음을 증명한다. 이제부터는 그러한 화자의 논리 체계 또는 사고방식이 어떤 배경에서 비롯되었는지 알아볼 필요가 있을 것이다.

Ⅲ. 신세대의 관점에서 본 〈아주 가끔은〉

1. 신세대 윤리관의 특성

신세대의 사고방식을 이해하기 위해서는 먼저 그들의 가치관을 살펴보아야 한다. 기존 연구 결과는 신세대의 가치 성향을 자유주의적 윤리관으로 정의하는데[2] 이는 인간의 천부적(天賦的) 권리인 자유와 평등을 옹호하는 자유주의 사상[3]에서 비롯된다. 신세대의 가치관이 자유주의적이라는 근거는 이러하다.

첫째, 신세대는 개인주의적 기호를 추구하는 '개성의 세대'이다.[4] 개성은 남과 구별되는 고유의 특성을 강조하는 개념이므로 그것은 개인주의를 기반으로만 실현될 수 있다. 특히 개인주의는 자유주의 사상에 내재된 '동등한 인간으로서의 기본권(자유와 평등)'을 실현하는 전제라는 점에서 자유주의와 맥을 같이 한다.

둘째, 신세대는 기존의 권위에 순응하지 않는 반(反)권위주의적인 세대이다. 이는 기성세대를 규율해 온 사회의 가치체계가 새로운 세대의 의식을 반영하지 못하는데서 빚어진 현상이다. 신세대는 자신들의 가치관과 상충하는 기존의 권위와 질

2) 화자가 '기존의 규범을 내세워 자신에게 간섭하는 사람들'을 지적한 것은, 그의 문제의식이 과거의 질서를 대행(代行)하는 기성세대로 확대된 결과로 볼 수 있다. 이러한 세대 간 갈등의 경향은 신세대의 새로운 가치추구 자체가 기성세대에 대한 강한 불신을 내포하고 있음을 말해준다.

3) R.C. 매크리디스, 『현대정치사상』, 이은호 · 이신일 역(서울:박영사, 1999), 22면.

4) 여기서 개인주의란 개인의 경험과 이해관계에 근거한 판단을 존중하여 그것을 인간의 행동 원리를 삼는 사상을 일컫는다. 같은 글, 25면.

서를 비판하곤 하는데, 이 점은 새로운 사상을 구현하기 위해 전근대적인 체제에 저항한 자유주의의 역사와도 관련성이 있다.[5)]

개인주의적이고 반권위주의적인 성향이 신세대의 자유주의 윤리관이라면, 그와 유사한 자기중심적이고 비판적인 태도 또한 같은 맥락에서 이해할 수 있을 것이다. 다음 항목에서는 〈아주 가끔은〉의 가사가 그러한 신세대의 윤리관과 연관될 수 있는지를 알아본다.

2. 〈아주 가끔은〉속 화자와 신세대의 공통점

〈아주 가끔은〉을 노래하는 화자의 사고방식은 앞서 제시한 신세대적 윤리관에 부합한다.

먼저, 자기 개성을 주장하며 사회와 마찰을 빚는 화자의 모습은 집단의 획일적 규범보다 개인의 복리를 우선시하는 신세대의 개인주의를 상징한다. 즉 화자가 복장 규제에 반발하는 이유는 단지 자신의 선호를 고집하기 위해서가 아니라, 그런 압력 자체가 개성의 억압이자 개인주의적 사고방식을 무시하는 처사라고 여기기 때문이다.

기존 질서에 대한 화자의 비판적 태도 또한 신세대의 반권위주의적 성향으로 해석할 수 있다.[6)] 특히 비판의 대상이 특정 집단으로 좁혀지면서 현실을 극복[7)]하려는 화자의 의지는 더욱 강해진다. 불합리한 기존 질서 뿐 아니라 그것을 강요하는 이들의 행태가 화자의 저항의지를 가중시키는 것이다.

요컨대 〈아주 가끔은〉에 등장하는 화자는 자유주의적 윤리로 무장한 신세대의 전형(典型)에 해당한다. 그는 주위의 시선에 아랑곳없이 자유분방한 옷차림으로 거리를 활보하는 젊은이로서, 자신의 개성과 판단 능력을 중시하는 개인주의자이다.

---

5) 같은 글, 23면.
이 글에서 저자는 자유주의는 18세기 서유럽의 봉건체제 하에서, 지식인과 신흥자본가의 이익을 옹호하고 확대하는 구호로 등장하였다. 자유주의는 특히 시민혁명 이후 피지배층이 위계적인 신분질서를 타파하는 이념적 토대로 기능하게 된다고 말하고 있다.

6) 화자가 '기존의 규범을 내세워 자신에게 간섭하는 사람들'을 지적한 것은, 그의 문제의식이 과거의 질서를 대행(代行)하는 기성세대로 확대된 결과로 볼 수 있다. 이러한 세대 간 갈등의 경향은 신세대의 새로운 가치추구 자체가 기성세대에 대한 강한 불신을 내포하고 있음을 말해준다.

7) 박영상, 「한국사회의 갈등구조와 커뮤니케이션」, 『한국의 사회와 문화』 제24집(한국정신문화연구원, 1995), 184면.

나아가 그는 전통적인 명분과 도덕의 한계를 지적하는 비판자이며, 기존 질서에 맞서는 도전자라고도 할 수 있다.

Ⅳ. 결론

이 글의 논의 내용은 다음과 같이 요약할 수 있다. 서론에서는 연구의 의의와 대상 자료 및 연구 방법을 제시하였다. Ⅱ장에서는 대상 자료를 분석한 결과, 화자가 개성을 중시하며 기존 질서에 비판적인 인물임을 밝혀내었다. 이어 Ⅲ장에서는 신세대의 가치관이 자유주의적 윤리에 근거하며 대상 자료의 화자 또한 그 같은 특성을 지니고 있음을 입증하였다. 〈아주 가끔은〉은 무엇보다도 신세대가 추구하는 가치와, 그들이 자신의 주장을 정당화하는 방식을 보여주는 대표적인 가요라는 데 의미가 있다.

이번 과제는 논리적인 글쓰기의 어려움을 절감하는 계기가 되었다. 글을 구상할 때의 의욕이 그것의 완성도와 직결되지 않음을 깨달았던 것이다. 정돈된 생각에서 짜임새 있는 글이 나오는 이치를 명심했더라면 하는 아쉬움이 든다.

(4) 후미부분

학위논문의 후미(後尾) 부분에서는 필수적으로 두 가지 사항을 요구한다.

먼저, '참고문헌(參考文獻)' 부분이다. 참고문헌은 한 편의 논문 작성에 참고가 되었던 문헌 자료의 서지사항(書誌事項)을 일목요연하게 목록화하여 놓는 것이다. 참고문헌의 분량이 많을 경우에는 단행본(單行本)과 논문(論文)으로 나누거나, 국내서(國內書)와 국외서(國外書)로 구분하기도 한다. 참고문헌의 첫 장을 보이면 다음의 〈예시1〉과 같다.

다음으로, 외국어로 이루어진 '초록(抄錄)' 부분으로, 권두 부분에서 보인 국문 초록을 외국어로 번역하여 놓는 것이다. 대개의 경우 영어로 작성하기에 '영문초록(英文抄錄)'이라고 하며, 다음의 〈예시2〉와 같이 해당부분에서는 'Abstract'이라는 타이

〈예시 1〉

參 考 文 獻

1. 資料

『松江歌辭 (星州本)』, 통문관.
『松江全集』, 성균관대학교 대동문화연구원.
김사엽 해제 『松江歌辭』 경북대학교 대학원 국어국문학 연구실.
박성의 주해 『松江歌辭』 정음사.
송강유적보존위원회, 『國譯 松江集』.
원본 영인 한국 고전 총서(복원판) 『송강가사』 대제각, 1973.

권 섭, 『옥소고』.
권 필, 『석주집』.
김동욱·임기중 편(1982), 『교합 가집』, 태학사.
김득신, 『柏谷集』.
金萬重, 『서포만필』.
김성배 외 편저(1981), 『주해 가사문학전집』, 집문당.
김춘택, 『북헌집』.
동양학총서 제 6집 『二倫行實圖·警民編』 단국대학교 부설 동양학 연구소, 1978.
『明村先生遺稿(全)』.
성해응, 『研經齋集』.
심재완(1972-1), 『역대 시조전서』, 세종문화사.
심재완(1972-2), 『시조의 문헌적 연구』, 세종문화사.
『원본 경민편 언해·명성계감언해』, 원본 국어국문학총림 32권, 大提閣.
원본 영인 한국 고전 총서(복원판) 『孤山外 五人集』 대제각, 1973.
윤영옥(1986), 『시조의 이해』, 영남대학교 출판부.
『이륜행실도·경민편』, 단국대학교 동양학연구소.
이상보(1974), 『한국가사문학의 연구』, 형설출판사, 284쪽.
----- (1981), 『한국가사선집』, 집문당.
----- (1987), 『17세기 가사 선집』, 교학연구사.
조위한, 『玄谷集』.
최영년, 『속악유희』, 황순구 (역주), 정음사, 1986.
『해동악부집성』 3권, 여강출판사, 1988.
허 균, 『惺叟詩話』.
『憲宗 戊申 進饌儀軌』, 한국 음악학 자료 총서 권 6, 국립국악원, 1981.
홍만종, 『순오지』, 이민수(역), 을유문고 65, 을유문화사, 1971.

2. 研究 論著

강전섭(1982), 『한국고전문학연구』, 대왕사.

- 123 -

〈예시 2〉

Abstract

The Effects of the Patterns of Negativity in News Reporting on Reader's Attitude

Song, Mi Jin
Dept. of Mass Communications
The Graduate School of
Ewha Womans University

The basic assumption on this study is based on the patterns of negativity in news reporting could affect reader's attitude toward issues and sources. In other words, the assumption is connecting two different assumptions : the one is that every negative article in news reporting could not affect reader's negative attitude, the other is that content in news reporting could affect reader's attitude toward issues and sources in news reporting.

In order to test the theoretical assumption, this study divided the negative news into two categories as objective and biased ones. The objective and negative news provides impartial and diverse viewpoints on the key subjects using fact-oriented headlines, objective wordings or quotations, and concrete expressions. The biased and negative news offers subjective and biased viewpoints on the peripheral subjects using evaluation-oriented headlines, emotional wordings and negative symbols. The study assumes that these different patterns of negativity affect accordingly on the reader's attitudes toward the issues and news.

The study also presumes the issue involvements of reader have influence on the process of recognizing negative information. If a reader recognizes the

- 113 -

〈예시 3〉

〈중문초록〉

松江詩歌之美的特質
-從受容側面分析-

從初期韓國文學研究時期到現在對於松江詩歌的研討持續了. 雖然研究的量子比較多了, 質的成果是不太滿意的. 這就是由於研究方法上的偏向性. 所以松江文學研究的方向時應該脫離皮相的認識而進入研究作品自體的特性和作家的內面意識.

所以這個論文是特別地注重了'受容'的問題. 這個方法是再一次接近松江文學的文學特質的. 這優先注視受容者的美的反應, 而得了研究者恣意判斷文學. 這個方法可能特向客觀的論議. 結局, 究明松江詩歌的特質的這個論文的意義是通過檢討松江詩歌的受容樣相而抽查美的要素而客觀的分析松江詩歌的形象化方式.

在II章, 論者檢討了松江作品的資料實相. 這做爲這個論議的前題檢討多數的. 名字叫「松江歌辭」的作品的結果是似乎是如此. 松江詩歌作品是好好的被保存了. 在「松江歌辭」記載的〈訓民歌〉是從「警民篇」採錄而全載的. 所以這個作品的傳承經路是跟松江的餘他作品不一樣的. 松江詩歌是到十七世紀在有些個人次元受錄了, 可是十八世紀以後, 這個作品是在'歌集'次元受錄了. 而且以后到二十世紀初很多文集內容對於松江詩歌繼續地關注了.

在III章, 論者對於松江詩歌的受容樣相在通時的側面和共時的側面兩兼檢討了. 從松江當代到后代, '享受'的層位是繼續的. 根据'享受'的層位, '影響'的層位是在十七, 十八世紀旺盛而到十九世紀小康了. '漢譯'的層位是在全期間間歇地持續了, 而到十九世紀特別地完結了. 因爲在十七世紀松江歌辭既經被認爲是優秀歌辭作品, 所以到十八世紀松江時調也做爲時調的創作模範. 結果, 到十八世紀, 松江作品的受容層不能擴散, 但是對於松江作品認識越來越深化了, 受容態度也整備了. 結論地說, 那時候松江詩歌被確立是古典.

在IV章, 論者整理了受容的特徵和原因, 抽查了受容上美的要素. 松江作品可能被受容的重要原因是開放性. 這就是說在享受和表記的側面上, 沒有制約受容的幅度. 另外的受容上特徵是受容者認爲松江作品有. 多樣的美感. 那樣的特徵是由於兩種的原因的. 優先, 作品外的原因是三個. 第一, 因爲十七世紀以後, 一般兩班士大夫們願意自己的門戶高大, 所以松江後孫也爲了家門的名譽積極地受容了自己先祖的作品. 第二, 西人系人物們支持了松江的作品. 第三, 當時國家爲了教民政策故意地普及了〈訓民歌〉. 作品內的原因是兩個. 第一, 在主題意識的具現上, 松江作品容易形成受容者的共感帶. 第二, 松江作品的主題跟詞·曲的兩側面是很調和了. 所以在實在享受狀況下, 受容者喜歡受容松江作品.

根据以上的論議, 論者抽查了受容松江作品上具現的重要美的要素. 論者就利用這兩種要素-表現和主題-而分析了作品受容樣相. 在表現的側面上, 受容者注目的要素是'絶妙', '豪放'. 在主題的側面上, 受容者注目的是'理想世界指向', '誠摯的自我象', '風流的情趣'

在V章, 論者在形象化方式的架子, 具體地分析作品了. 在這裏, 論者注目兩種受容上美的要素在作品上□怎麼形象化, 而究明那樣形象化的意味. 那個結果是可以說如此. 表現的要素

- 127 -

틀을 붙인다. 학과에 따라 중국어, 일본어, 독일어 등으로도 작성할 수 있으며, 그런 경우 〈예시3〉에서와 같이 타이틀 역시 바뀐다.

필요한 경우, 논문 작성에 동원되었던 설문지, 통계치, 대상자료 등을 첨부하는 것이 가능하다. 이렇게 첨부되는 자료를 '부록(附錄)' 부분이라 통칭한다.

리포트의 경우에는 〈예시4〉와 같이 비교적 간략한 형태로 후미 부분이 채워질 수 있다.

〈예시 4〉

참고문헌

박영상.「한국사회의 갈등구조와 커뮤니케이션」.『한국의 사회와 문화』 제24집. 한국정신문화연구원, 1995.
이동연.『대중문화연구와 문화비평』. 서울: 문화과학사, 2002.
이승환.「세대 차이와 윤리의식의 변화」.『계간 사상』 제14권 제3호. 사회과학원, 2002.
이영미.『서태지와 꽃다지』. 서울: 도서출판 한울, 2002.
이혜숙 · 손우석.『한국 대중음악사』. 서울 : 리즈 앤 북, 2003.

R. C. 매크리디스.『현대정치사상』. 이은호 · 이신일 역. 서울: 박영사, 1999.

2. 절차 따르기

(1) 주제 선정

① 소재가 아닌 주제로 접근하라

예를 들어, '신세대'에 대한 리포트를 써야 할 때, 제시된 '신세대'를 곧바로 주제라고 결정하면 리포트 작성 과정에서는 두 가지 큰 어려움을 겪게 되기 쉽다. '신세대'라는 주제가 매우 흔한 것이라 이를 어떻게 다뤄야 할지를 모르는 막연함이 그 하나이고, 막상 찾았다 해도 '신세대'에 관한 여러 분야의 자료가 워낙 많다보니 이를 어떻

〈예시 1〉

목 차

Ⅰ. 서론

Ⅱ. 본론
1. X세대와 신세대
2. 신세대와 기성세대
3. 신세대 바로보기
4. 세계의 10대들
5. 한국의 10대들
6. 컴퓨터를 통해본 신세대
7. 전문화시대 속의 신세대
8. 신세대 여성과 남성들

Ⅲ. 결론

참고문헌

〈예시 2〉

목 차

Ⅰ. 서언

Ⅱ. 신세대의 정의
1. X세대와 신세대
2. 신세대와 기성세대

Ⅲ. 지역별 신세대의 특징
1. 세계의 신세대들
2. 한국의 신세대들

Ⅳ. 환경별 신세대의 특징
1. 전문화 시대속의 신세대
2. 정보화 시대속의 신세대

Ⅴ. 결언

참고문헌

게 정리하여 정해진 분량에 맞출 것인지 고민할 수밖에 없는 막막함이 다른 하나이다.

이런 측면에서 위에 제시한 〈예시1〉을 살펴보자.

〈예시1〉은 '신세대'에 관한 리포트로 완성된 것이지만, 다양하게 수집된 자료를 그지 나열하여 놓았을 뿐이라는 인상이 짙다. 당연히 신세대에 관한 필자의 생각이나 논의 과정을 구체적으로 확인하는 것은 불가능해 보인다. 이는 본론으로 제시한 1항에서 8항까지의 내용들이 유기적인 연관성을 갖고 있지 않고, 중복된 항목들도 있다는 점에서 더욱 그렇다. 이렇게 손닿는 대로 찾아낸 자료를 한데 모아놓는 식으로 리포트를 작성하는 것은 논리적인 글쓰기를 실천하는 데 가장 큰 방해가 된다.

문제는 교수자가 제시한 '신세대'라는 것을 곧바로 리포트의 주제라고 생각하는 태도에 있다. '신세대'는 주제라기보다는 차라리 소재에 가깝기 때문이다. 교수자는 수업시간에 다루어진 내용을 정확히 이해하고 있느냐 하는 지식 확인의 과정에서 리포트 과제를 부여하게 되는데, 지식 확인의 출발점에서 제시되는 화제가 바로 '신세대'이다. 따라서 리포트는 '신세대'에 대한 것이라면 어느 것이나 무방하지만, 나름대로 보다 구체적인 주제를 선정하지 않으면 방대한 자료의 바다에서 수고롭게 헤매기가 쉽게 된다.

그런 점에서 앞의 〈예시2〉처럼 소재가 아닌 주제로 접근하여 리포트의 내용적 골격을 갖추는 것이 필요하다.

〈예시1〉에서 지적받은 문제점을 보완하기 위해 〈예시2〉에서는 막연하게 '신세대'에 대해 조사하는 것이 아니라 '신세대의 특징'에 대해 서술하는 것을 리포트 작성의 목표로 설정하였다. 이를 위해 신세대를 어떻게 정의내릴 수 있을 것인가의 문제를 논의의 출발점으로 삼았는데, 그것이 바로 Ⅱ장의 부분이다. 이러한 정의 문제는 자칫 야기될 반론의 여지나 논의의 혼란을 줄여주는 중요한 이점이 있어 리포트 작성에서는 좋은 태도로 칭찬할 만하다.

또한 신세대의 특징을 살피는 데 있어서도 서로 다른 특징이 추출될 수 있는 몇 가지 범주를 설정하고 있는데, 이것이 바로 지역별, 환경별로 살핀 Ⅲ장과 Ⅳ장이 된다. 〈예시1〉에서는 나열하는 데 그친 여러 항목들이 이렇게 큰 틀을 갖게 됨으로써, '세계'와 '한국'의 신세대를 비교하는 작업을 통해 특징들이 추출되고, 다시 '전문화'와 '정보화'라는 시대적 특징 안에서 비교 작업을 수행하는 방향이 가능하게 되었다.

어떠한 자료를 수집하였는지는 세부적으로 확인되지 않지만, 일단 틀 자체만으로 보자면 제시한 두 예의 논의 내용이 상당 부분 겹쳐져 보인다. 그럼에도 〈예시1〉에 비해 〈예시2〉가 훨씬 논리적으로 정돈되어 있다고 느끼게 되는 이유는 다름 아닌 주제의 명확성 때문이다.

리포트 작성에서는 다음과 같은 몇 가지 요건을 고려하여 주제를 명확히 선정하는 것이 필요하다.

첫째, 완결성이다. 아무리 좋은 주제라도 이를 스스로 충분히 해결하여 한 편의 글로 완성할 수 없다면 그 주제는 적절하지 않은 것이다. 고로, 선정한 주제에 대해서 한 편의 설득력 있는 글로 완결할 수 있는지를 타진해보는 것이 필요하다.

둘째, 유익성이다. 리포트 작성은 제출에만 의미가 있는 것이 아니라, 그 주제에 대한 자신의 공부를 의미하기에 지적 성취감을 줄 수 있어야 함은 당연하다. 이렇게 리포트 작성이 지적 성장을 돕는 유익한 시간이 되어야 함은 리포트를 읽는 사람에게도 마찬가지이다.

셋째, 참신성이다. 남이 이미 해버린 결과물을 그대로 가져오기보다 새로운 면모를 부각시킬 만한 부분을 찾아내는 것이 중요하다. 특히 이미 다 알려진 내용이나 시의성이 떨어지는 주제를 반복하는 것은 무의미한 일이 되기 쉽다.

여기에 덧붙여, 자신의 흥미와 관심을 주제 선정의 네 번째 요건으로 추천하고 싶다. 자신의 지적 흥미, 평소의 관심사를 결합시켜 주제를 선정하면, 리포트 작성에서 부딪치기 쉬운 어려움을 의외로 쉽게 극복할 수 있기 때문이다.

② 논점을 제대로 찾자

주제 선정의 단계에서 대부분의 학생들은 많은 것을 다루려는 경향이 크다. 그런데, 이렇게 다루려는 주제의 범위가 넓어지면 넓어질수록 논문의 핵심이라는 것을 갖추기가 힘들어진다. 주제의 폭이 넓으면 넓을수록 다루기가 어렵고 논문의 초점이 흐려지기 쉽기 때문이다.

더구나 주제의 범위에 맞춰 자료를 찾다보면 시간과 노력의 투자가 더욱 요구될 뿐만 아니라, 수집된 자료의 방대한 양을 감당할 수 없게 되는 경우도 생기게 마련이다. 그러므로 글쓰기의 완성도를 높이기 위해서 주제는 폭이 좁고 깊이가 있게 압축하는 것이 좋다.

이렇게 논문의 주제를 압축한다는 것은 결국 '논점(論點)'을 분명히 함을 의미한다. 그러기 위해서는 폭넓은 주제에서 시작하더라도 보다 구체적이고 효율적인 주제로 점차 세분하여 좁혀가는 것이 필요하다. 이를 위해 다음의 두 예시를 비교해보자.

다음에 제시한 〈예시3〉은 신세대에 관한 논의를 휴대폰의 이용방식과 의미를 통해 해결하려고 하였다는 데서 일단은 논의의 구체성을 얻고 있다. 특히 신세대의 범위를 보다 구체적으로 좁혀 휴대폰과 가장 긴밀하다고 할 수 있는 10대를 설정하고, 이 세대와 비교할 수 있는 세대로 40대를 설정함으로써 세대별 특징을 더욱 명확하게 하려는 의도를 보이고 있다. 그래서 세대별로 휴대폰을 이용하는 방식과 기기변경 주기의 비교를 통해, 개성 표출의 수단이기도 하고 사회생활을 위한 실용적 도구이기도 한 세대별 휴대폰의 의미가 드러날 수 있으리라 기대된다.

그러나 이렇게 주제를 압축하는 것이 효율성을 높인다고 해서 지나치게 폭이 좁은 주제를 선택하면, 이 경우 역시 리포트 작성에 어려움을 줄 수 있다. 지나치게 주제의

〈예시 3〉

목　차

Ⅰ. 서론

Ⅱ. 세대별 휴대폰 이용방식의 특징
1. 10대의 경우 : 문자 메시지와 여가 활동에 치중된 경향
2. 40대의 경우 : 통화기능에 치중된 경향

Ⅲ. 세대별 휴대폰의 기기변경 주기
1. 10대의 경우 : 최신유행을 따라가기 위한 잦은 변경 주기
2. 40대의 경우 : 고장이 날 때가지 사용하는 드문 변경 주기

Ⅳ. 세대별로 가지는 휴대폰의 의미
1. 10대의 경우 : 개성 표출의 도구
2. 40대의 경우 : 사회생활의 실용적 도구

Ⅴ. 결론

참고문헌

〈예시 4〉

목　차

Ⅰ. 서론

Ⅱ. 10대의 휴대폰 용도
1. 개성 표출의 수단
2. 엔터테인먼트의 기능

Ⅲ. 40대의 휴대폰 용도
1. 사업상에 있어서의 수단
2. 단순한 연락 기능

Ⅳ. 결론

참고문헌

폭이 좁으면 세분화된 영역에서 전문적인 지식을 발휘해야 하거나, 혹은 논의의 범주가 지나치게 제한되어 자료 수집과 논지 전개에 큰 부담을 갖게 될 수도 있기 때문이다. 이런 지적을 염두에 두고 위의 〈예시4〉를 살피기로 하자.

〈예시4〉의 경우를 보면, 신세대에 관한 논의를 특히 10대로 국한하되, 이를 다시 기성세대라 할 40대와 비교하는 방식을 취하고 있다. 이러한 비교 서술은 주제를 보다 구체화하는 데 많이 쓰이는 방법으로 칭찬할 만하다. 다만, 10대와 40대의 세대별 특징을 비교하는 작업에 있어 단지 휴대폰의 용도만을 주목함으로써 논의가 지나치게 좁아진 게 큰 흠으로 지적된다.

이렇게 논의가 좁아지면 해당되는 내용에 대해 너무 지엽적인 내용을 서술하게 되거나 전문적인 지식에 매달리는 글쓰기가 될 수 있다. 마치 나무는 보되 숲을 보지 못하는 어리석음을 지적받아, 애초의 관심사인 신세대의 특징과 의미에 대한 결과를 도출하기 어려울 수 있다. 경우에 따라서는 막상 할 이야기를 마치고 나면 더 이상 논의를 이어갈 재료가 동나버려 리포트의 요구 분량을 채우지 못하게 되는 경우도

발생한다.

그렇다면 적절한 논점 설정은 어떤 것을 기준으로 삼을 수 있을까?

먼저, 제출할 리포트의 목적과 분량을 기준으로 삼는다. 이번 과제의 목적이 어디에 있는지를 분명히 하여 그 목적에 부합되는 부분을 주제의 포커스로 삼되, 반드시 제출 분량의 기준을 확인하여 적절한 선에서 조정하는 것이 필요하다.

다음으로, 완성하기까지 시간적 여유를 따져본다. 조사나 통계 작업, 분석 작업 등에 시간이 필요한 경우 이 부분을 충분히 수행하고 결과 분석까지 차분히 할 수 있는지를 가늠하는 것이 중요하다.

무엇보다 자신의 지적 능력과 여건을 고려하는 것이 중요하다. 리포트 작성이 공부의 과정이기는 하지만, 소화된 지식을 토대로 쓰이는 것을 기준으로 하기에 전혀 모르는 데서부터 리포트 작성을 시작할 수는 없기 때문이다. 자신 있게 아는 데서부터 출발하면 지적 의문과 문제 제기가 보다 명료해질 뿐만 아니라 대상 자료를 분석하는 안목이나 논의 전개 방법에 대한 보다 성숙한 아이디어가 발휘될 수 있을 것이다.

③ 제목도 주제 선정에 한 몫 한다

일반적인 글쓰기에서와 마찬가지로 학술적 글쓰기에서도 주제가 결정되면 이에 맞는 제목(title)을 붙여보는 것이 좋다. 물론, 주제는 집필 이전 단계에서 미리 정해져야 하지만, 제목은 논문을 써나가면서 붙이거나 작성을 완료한 후에 붙일 수도 있다.

주제는 논문의 중심이 되는 내용을 의미하며 그것을 간결하면서도 적절하게 표현한 것이 제목이기 때문에, 제목은 주제를 선명히 드러낼 수 있는 것을 골라야 한다. 다음을 보고 적절한 제목인지를 가늠해보자.

- 문학사 교육에서 가람 시조 논의의 사적 맥락과 위상
- 송강시가에서 자의식의 비유적 형상화와 여성화자의 의미
- 표제의식의 측면에서 본 권섭 연시조의 특징적 양상과 18세기적 의미
- 첨삭지도의 원론적 방식과 효율적인 지도방법의 제안
- 고시가 연구의 현재적 위상과 미래적 전망

● 사설시조의 장르론적 연구 성과와 전망

이 때 다음과 같이 부제(subtitle)를 활용할 수 있다는 것이 매우 중요하다. 부제는 제목을 보다 구체적으로 제한하여 주제를 더욱 선명히 나타내주는 구실을 한다.

● 〈아주 가끔은〉에 나타난 신세대의 가치관에 대하여
  – 특히 개성과 저항의 논리를 중심으로 –

● 대학 작문에서 자기를 소개하는 글쓰기의 현실적 위상과 전망
  – 대학생에게 자기성찰의 글쓰기는 어떻게 이루어지는가의 문제 –

(2) 자료 조사와 정리

① 자료의 힘!

논점을 구체화하였다면 이제 당면한 작업은 자료를 조사하고 정리하는 일이다. '무엇을 연구할 것인가' 또는 '무엇에 대해 논의할 것인가'를 생각하게 될 경우, 우선적으로 문제가 되는 것은 연구의 대상이나 주제이지만, 그것들을 결정한 후에는 그것과 관련되는 것들을 미리 조사하고 정리해야 하기 때문이다.

바로 여기서 '무엇'과 관련되는 모든 것이 '자료'에 해당한다. 어떤 연구에 착수할 경우, 일차적인 관심은 연구할 대상이 되거나 연구에 참고할 수 있는 자료에 집중이 되게 마련이다. 다시 말하면, 논의하고자 하는 주제와 직접적으로 또는 간접적으로 관련되는 모든 것들을 자료라고 할 수 있다.

학술적 글쓰기에서는 자료의 종류를 그 목적에 따라 두 가지로 나누어 설명하고 있다.

먼저, '대상자료'에 대한 이해가 필요하다. '원자료(原資料)' 혹은 '1차 자료'라고도 하는데, 명칭이 어떠하건 공통적으로 분석 작업을 수행하기 위해 필요한 자료들을 통칭하는 것이다.

가장 흔하게는 대상을 관찰하거나 실험하여 얻은 결과물을 들 수 있다. 예를 들어,

실험을 통해 얻어낸 여러 가지 사실을 정리해 놓은 실험 자료도 있고, 어떤 현상을 관찰하여 기록해 놓은 관찰 자료나 어떤 사실을 직접 조사하고 측정하여 얻어낸 조사 자료도 있다.

이렇게 실험이나 조사, 발굴, 답사 등을 통해 얻을 수도 있지만, 문헌으로 정착되어 기록된 것이 될 수도 있다. 예를 들어, 한국사를 연구하는 데 직접적으로 연구의 대상이 되는 『조선왕조실록』의 역사적 기록이나 한국의 고전시가 문학을 연구하기 위해 조사해야 하는 『청구영언』의 시조 작품들은 모두 대상자료에 해당한다.

특히 감상문이나 서평 등과 같은 리포트 작업에서는 대상자료의 선택 및 분석 작업이 반드시 요구된다. 예를 들어, 영화 감상문의 경우라면 〈예시1〉과 같이 영화를 보고 줄거리를 요약하거나 자신의 감상을 메모해두는 것이 자료 조사 작업의 첫 단계이며, 서평을 제대로 쓰려면 대상이 되는 책을 읽고 내용을 정리하고 몇 가지 평가사항 등을 메모해두는 것이 필요하다.

〈예시 1〉

■ 영화 〈싱글즈〉를 보고 (2004년 6월 28일 감상)

1. 객관적 정보

2003년 차승재 · 노종윤이 제작하였으며, 권칠인이 연출하였다. 장진영 · 이범수 · 엄정화 · 김주혁 등이 출연하였고, 상영시간은 110분이다. 제작사는 싸이더스, 배급사는 청어람이다.

2. 줄거리 요약

미혼인 29세의 나난(장진영), 동미(엄정화), 정준(이범수)은 단짝친구이다. 정준과 동미는 한 집에서 동거하는 룸메이트이다. 패션디자이너인 나난은 몇 년째 사귀던 애인이 갑자기 이별을 고하고, 회사에서는 해고나 다름없는 레스토랑 매니저로 발령받게 되었다. 나난이 자존심을 누르고 레스토랑에서 일을 하고 있는데, 그녀에게 첫눈에 반한 능력 있는 증권사 직원 수헌(김주혁)은 매일 레스토랑에 나타나 그녀의 곁을 맴돌며 귀엽고 사랑스럽게 구애작전을 편다. (이하 생략)

다음으로, '참고자료'에 대한 이해가 필요하다. 참고자료는 말 그대로 대상자료를 해석하는 데 도움이 되거나, 분석 작업의 결과에 참고할 수 있는 자료들을 의미한다. 대상자료가 연구의 1차적인 자료가 되는 만큼, 참고자료는 1차 자료의 분석 작업을 통해 드러난 결과를 해석하여 자신의 의견을 세우는 데 도움을 주는 자료들이다. 그런 의미에서 '2차 자료'라 부르기도 한다.

참고자료에서 우리가 주목하는 바는 이미 다른 사람이 자료에 대하여 어떤 의견을 제시하였는지 혹은 어떤 결과를 제출하였는가 하는 부분이다. 학술적 글쓰기에서 인용과 주석의 방법이 필수적이라는 점과 참고문헌이 형식적 요건으로 요구된다는 사실을 앞서 말한 바 있는데, 바로 이러한 참고자료를 활용하여 학술적 글쓰기를 해나가게 되기 때문이다.

우리가 앞서 살핀 학위논문, 학술논문 혹은 저서 등이 대표적인 참고자료로, 경우에 따라서는 신문이나 잡지에 실린 기사문이나 칼럼, 시평 등에서도 참고자료에 해당되는 것들을 구할 수 있다. 다음에 제시하는 〈예시2〉는 영화 관련 신문기사에서 찾은 참고자료이며, 〈예시3〉과 〈예시4〉는 단행본에서 찾은 참고자료이다.

〈예시 2〉

■ 독신 친구들의 따스한 연대- 영화〈싱글즈〉에 대한 기사 요약

1인칭 내레이션은 나난의 몫이지만 〈싱글즈〉의 제목은 엄연히 복수다. 영화의 따스한 재미도 독신 친구들의 연대에서 솟는다.(중간 생략) 싱글이란 독립의 의미를 포함한다. 스물과 스물셋, 스물일곱 살 시절의 꿈을 되돌아보던 나난, 동미, 정준은 중얼거린다. '열아홉 살에는 우리 셋 다 집 나오는 게 소원이었지.' 부모의 지붕을 벗어나는 제1목표를 성취한 스물아홉 살의 과제는 '내가 있을 곳이 정말 여기일까'라는 회의를 통해, 결혼을 하건 안하건 관계와 사회 속에서 정착할 '집'을 찾아 내는 것이며, 〈싱글즈〉의 굵은 테마도 마찬가지이다.

출처: 홍성욱, 「화려한 싱글 '봄날'은 오나」, 『굿데이』 2002년 3월 10일자.

〈예시 3〉

■ 미적 경험의 이론 중 최근 것인 '도취이론' 에 대하여

"순수하게 정서적인 미학이론 하나가 실증주의 시대 직후에 나타났을 때 그것은 전혀 예기치 못했던 일이었다. 그것은 폴란드의 심리학자 아브라모브스키가 1898년 '예술이란 무엇인가?' 라는 물음에 극도로 반이성적인 대답을 했을 때 놀랍게 떠오른 것이다. 그는 미적 경험이 '우리가 사과의 문턱에서 멈춰설 때' 생긴다고 추론했다. 그리고 어떤 하나의 현상이 '자신의 두 번째 모습, 직관적인 모습을 우리 앞에 드러내는 것' 과 '인간영혼 안에서 미가 탄생되는 것' 은 바로 이때인 것이다. 지성이 움직이는 한 직관이나 미, 미적 경험은 없다는 것이다."

출처: W. 타타르키비츠, 『미학의 기본개념사』, 손효주 옮김(미술문화, 1999), 401면.

〈예시 4〉

■ 다른 사람의 감정 공감하기

상대가 자신에게 동조하기를 바라는 사람이라면 적어도 상대의 입장에서 그를 배려할 수 있어야 한다. 자동차 왕 헨리 포드는 "성공의 비결이라는 것이 있다면 그것은 남을 이해하고 자신의 입장과 남의 입장을 동시에 고려하여 사리에 맞게 판단할 수 있는 능력이다."라고 말했다. 남을 설득한다는 것은 곧 그의 마음을 움직인다는 것. 상대의 입장에 서서 상대의 감정에 공감하고 같은 입장이 되는 것이 설득을 위한 기본 태도이다. 사람들은 흔히 상대가 자신의 말에 반발하면 이론적으로 상대를 설득하려 하지만, 실제로 감정적인 이해가 앞서지 않고는 설득의 묘를 찾기가 어렵다.

출처: 안은표, 『나의 가치를 높여주는 화술』(시아출판, 2001), 49-50면.

② 기존 논의부터 검토하라

학술적 글쓰기에서는 자신의 논의 작업에 필요한 자료를 신속하고도 명확하게, 무엇보다 충분히 확보하는 것이 중요하다. 어떤 분야의 연구든지, 연구 자료를 최대한 확보하는 것은 기본적인 요건이다. 자료가 다양하지 못하고 제대로 갖추어지지 못하면, 연구의 결과가 어느 한쪽으로 치우쳐 객관성을 유지할 수 없게 된다.

또한 모든 자료의 생명은 정확성에 있다. 자료의 내용은 확실해야 하며, 그 근거가 분명해야 한다. 확실하지 않은 자료를 바탕으로 하여 이루어진 연구는 그 결과를 신뢰할 수가 없다. 집필자가 분명히 제시되어 있고, 그 사람이 해당 분야에서 어느 정도 권위나 능력을 인정받는 사람의 것일 때에 자료로서의 가치를 지닌다. 또는 학술 전문지나 신문 등은 일단 신빙성이 있는 것으로 볼 수 있다. 그 외에 검증 받은 기관의 보고서나 조사기관의 통계 및 설문 결과 등도 자료로서의 가치가 있다.

특히 새로운 자료의 발굴은 연구 내용에 대한 관심도를 높여 줄 수도 있고, 연구 결과의 참신성을 살려 줄 수도 있다. 그래서 연구의 성패는 자료의 풍부성, 확실성, 참신성 등에 의해 크게 좌우된다고 이야기하는 것이다.

학위논문 혹은 연구논문 등과 같이 심도 있는 학술적 글쓰기를 제대로 진행하기 위해서는 기존 논의의 검토 작업이 필수적이다. 이는 자신의 주제와 관련되는 기존의 논의들을 조사하는 일로, 이러한 작업을 통해 자신이 다루고자 하는 주제에 대하여 그동안 어떠한 연구가 있었고, 어떤 성과를 거두었으며, 그 연구 경향은 어떠했는가를 이해할 수 있으며, 자기 연구의 방향과 범위를 정할 수 있기 때문이다.

연구 업적의 조사는 관련 연구 논저의 목록을 조사하는 작업에서부터 시작한다. 예를 들어, 찾아낸 자료들을 읽어나가며 연구 방법론에 대한 검토, 활용되고 있는 자료의 신뢰성에 대한 검토, 연구 내용의 성과와 그 문제점에 대한 검토 등을 하는 것이 바로 기존 논의의 검토 작업이다. 다른 말로 '연구사(硏究史) 정리'라고도 하는 이러한 작업은 자신의 연구 방향과 목표를 분명하게 설정하기 위해 반드시 필요한 과정이다. 이러한 과정을 소홀히 하면 자신의 연구 의의가 반감되거나 자칫 엉뚱한 결과에 도달할 수도 있게 되기 때문이다.

기존 논의의 검토를 제대로 하기 위해서는 폭넓게 관련 자료를 수집하여야 한다. 관련 학문 분야에서 출판된 논저 목록집(論著 目錄集)이나 해제집(解題集) 등에서는 해당 논저의 내용에 대한 간략한 소개가 되어있어 자신의 연구 주제와 관련되는 참고자료를 쉽게 찾아낼 수 있다. 또한 주제와 관련되는 최근의 논저를 직접 찾아 참고문헌 부분을 일람하여도 기본적인 연구 자료 목록이 드러나게 마련이다.

물론, 자기가 선정한 문제의 성격을 뚜렷이 파악하기 위해서는 우선 그 문제의 보편적인 개념을 알아야 한다. 그러기 위해서는 사전류(문학사전, 역사사전, 철학사전, 백과사전 등)를 찾아보는 것이 가장 바람직하다.

참고 자료를 정리할 때는 해당 주제에 대한 개괄적 이해를 돕는 개론서는 될 수 있는 대로 먼저 읽어보고, 최근의 연구 동향을 담은 학위논문과 연구논문 등도 폭넓게 읽어두는 것이 좋다. 자신의 논문 후미에 첨부된 참고문헌의 목록만 훑어보아도 어느 정도로 논제를 파악했으며, 그 문제에 대하여 얼마나 연구했는지 알 수 있기 때문이다.

자료 찾기가 중요한 만큼 효율적인 자료 찾기를 위해서는 도서관 이용법을 제대로 알고 활용해야 한다. 요즘 대부분의 도서관은 소장 자료를 전산화하고 있으므로 주제와 관련된 자료를 검색하는 일은 간단한 편이다. 해당 주제의 키워드를 중심으로 관련 자료를 검색하면 되기 때문이다.

그렇다고 이것만으로 자신에게 꼭 필요한 자료를 찾았다고 만족할 수만은 없다. 소장된 자료에 국한하지 않고 폭넓게 자료 찾기 작업을 수행할 수 있을 정도까지 훈련을 하는 것이 필요하다. 대학생에게 필요한 자료를 찾기 위해서는 자신의 전공 분야와 관련된 전공학회를 찾아 학회지를 검색해보는 것도 유용한 예가 될 것이다.

이외에 포털 사이트의 검색을 통해서도 손쉽게 자료 및 자료 목록을 얻을 수 있다. 이 경우, 가치 있는 자료보다는 불필요하거나 중복되는 자료, 출처가 불분명한 것들도 섞여 있으므로 쓸모 있는 자료를 검색할 수 있도록 적절한 검토 기준을 갖는 것도 중요하다.

③ 효율적으로 자료를 정리하는 노하우

이렇게 자료 찾기의 윤곽이 어느 정도 잡혔다면, 선택한 자료를 꼼꼼하게 읽고 정리하는 작업이 이어져야 한다. 이 때, 뚜렷한 계획 없이 자료를 읽기 시작하면 정보의 홍수더미 속에 완전히 파묻혀 버리는 상황이 발생한다. 특히 논문에서 사용되는 인명, 수식, 증거, 출처, 통계치 등은 정확성을 요구하는 부분이기 때문에 명확히 기록하고 정리해두는 것이 필요하다.

리포트를 쓸 때 참고한 책의 권수가 많아지면 필요한 자료가 어느 도서에 있었는지 기억이 나지 않을 때가 있다. 그럴 때마다 이미 찾았던 특정 정보를 다시 찾게 된다면, 시간의 낭비도 심하고 체계적인 논문 작성에도 방해를 받게 마련이다.

이러한 맥락에서 자료에 대한 정보를 정확하게 파악하고 그 내용을 이해할 수 있도록 기록해 두기 위해 보편적으로 권장하는 방법이 바로 '자료카드 작성법' 이다. 자료카드 작성법이란, 노트나 독서카드를 이용하여 주제와 관련된 자료를 집중적으로 조사하여 보관하기 위해 정리하는 것을 말한다. 학술적 글쓰기를 체계적으로 훈련하기 위해서는 이렇게 자료의 정리를 보다 효율적으로 할 수 있는 방법이 필요하다.

한 권의 노트를 사용하여 관련 자료를 모두 정리해 둘 수 있지만, 노트는 보관하기에 편리한 반면 조사된 자료를 분류하고 정리하기에는 다소 불편하다. 그래서 대개의 경우 크고 작은 독서카드를 이용하여 자료를 정리하고 보관한다. 일정한 크기의 카드를 이용하면 모아 놓은 자료카드의 분류와 정리 작업도 훨씬 편리해진다.

자료카드는 자료를 조사하는 사람이 자신의 연구를 위해 작성하는 것이기에 특별한 경우를 제외하고는 남에게 보일 필요가 없어, 자신이 조사한 내용을 정확하게 정리하여 편리하게 이용하면 된다. 다만, 자료카드의 효율성을 극대화시키려면 다음과 같은 사항에 귀 기울이는 것이 필요하다.

자료카드는 그 카드에 어떤 조사 사항을 기록하여 보관하느냐에 따라 크게 두 가지로 나눈다. 자료의 서지사항을 기록해 두는 '서지카드' 와 자료의 내용을 직접 인용하거나 요약하여 적어 두는 '내용카드' 가 그것이다.

먼저, '서지카드' 는 참고 자료에 대한 서지사항을 기록하기 위한 카드로, 보통 작은 색인카드를 이용한다. '서명(書名)카드' 또는 '마스터 카드(master card)' 라고 하는데, 대상이 되는 문헌의 서지사항을 정확하게 기록해 두는 카드다. 서지카드는 주석을 달거나 참고문헌을 작성할 때 요긴하게 쓰인다.

이 카드에는 다음의 〈예시〉들에서 보다시피 참고문헌을 정리하는 데 필요한 모든 정보를 기록해야 한다. 서적의 경우는 저자의 이름, 책의 제목, 출판사, 출판 연도 등을 정확하게 확인하여 적고, 논문의 경우는 필자의 이름, 논문의 제목, 논문이 수록된 학술지 또는 잡지의 제목과 권, 호수에 대한 사항까지 적어두어야 한다.

〈예시 5〉

○	(일련 번호)
	저자명
	책의 제목
	출판지: 출판사, 출판연도.

〈예시 6〉

○	(51)
	중앙일보 어문연구소
	『한국어가 있다』
	서울: 커뮤니케이션북스, 2006.

〈예시 7〉

○	(52)
	진중권
	『미학 오디세이』
	서울: 휴머니스트, 1994.

다음으로, '내용카드'는 자신의 연구와 관련되는 자료의 내용을 직접 인용하거나 요약하여 정리해 두는 카드다. 작성된 내용카드는 한 번만 사용하는 것이 아니라 계속 참고되는 것이므로 다음과 같이 알아보기 쉽고 정확한 철자로 표기해야 한다.

첫째, 내용 카드에 기록하는 정보는 필요하다고 생각되는 내용은 무엇이든지 기록하되, 다음과 같은 방법에 따라 기록의 일관성을 지키는 것이 좋다.

- 직접 인용의 방식: 충실하게 원문을 그대로 옮겨 놓은 것으로 반드시 따옴표(" ")를 사용한다.
- 요약의 방식: 원문에서 요점만을 간추려서 기록한다.
- 내용 풀이(paraphrase)의 방식: 원문의 내용을 다른 말로 풀어서 기록한다.
- 복합적인 방식: 직접 인용과 요약, 또는 직접 인용과 내용 풀이를 함께 기록한다.

특히 다른 사람이 소장하고 있는 자료를 빌려 보는 경우 자신이 필요로 하는 내용을 완벽하게 조사하여 기록해야 한다. 외국어로 된 자료나 한문으로 된 자료를 채록한 때에는 원문을 정확히 기입하고, 내용을 얼른 보아 알기 어려운 때에는 번역을 첨가하여 내용을 정확히 파악하는 것이 좋다. 자료를 정확하게 기록해두지 못하면, 같은 자료를 두세 번씩 찾고 조사하는 번거로운 일이 생길 수 있다.

둘째, 카드는 앞면만을 사용하여, 하나의 카드에 한 가지 사항에 대한 것만을 정리한다. 뒷면에 기록한 내용은 눈에 잘 띄지 않아서 정리할 때에 빠뜨리기 쉽기 때문이다. 〈예시8〉과 〈예시9〉를 참고하기 바란다.

〈예시 8〉

	(서지카드의 일련번호)
	자료카드의 내용을 알려주는 핵심 표제어
인용한 부분의 해당 페이지	....

〈예시 9〉

	(51)
	잘못 쓰기 쉬운 우리말 표현에 대하여
125면	- 허섭스레기: '좋은 것이 빠지고 난 뒤에 남은 허름한 물건'이란 순 우리말로, '허섭쓰레기'는 잘못된 말이다. - 허접스럽다: '허름하고 잡스러운 느낌이 들다'라는 의미로, '허섭스럽다'로 쓰기 쉬운데 역시 잘못된 말! - 허접: '도망친 죄수나 노비 등을 숨겨 묵게 하던 일'을 뜻하는 명사.

내용이 길어져서 한 장의 카드에 전부 기록하기 어려울 경우에는, 카드에 일련번호를 붙여 쓰면 된다. 조사 내용이 서로 연관되는 것들은 내용 카드에 정리할 경우 동일한 표제어를 달아 분류해 두는 것도 좋다.

셋째, 가장 주의해야 할 것은 서지 사항을 정확하게 기록하는 일이다. 서지카드의 일련번호를 내용 카드의 오른쪽 상단에 써넣으면, 매번 서지사항을 반복적으로 적어야 하는 번거로움을 줄일 수 있다. 다만, 서지 카드에서와 다르게 내용 카드에서는 내용을 정리한 부분이 몇 면에 있는지를 정확히 표시해두어야 주석 작업을 효율적으로 마무리할 수 있다.

서지카드를 따로 만들지 않는 경우에는 내용 카드에 출처에 해당되는 서지사항을 정확히 기록해두어야 한다. 한 장의 내용카드에 서지사항까지 같이 밝혀놓는 경우 〈예시10〉과 같은 방식으로 정리하면 된다.

〈예시 10〉

● 특수 교육의 필요성

"장애 아동이 직면하고 있는 문제를 해결하기 위해서 우리 사회의 인식을 바르게 하고, 장애아와 그 부모가 자신의 문제가 무엇인지 바르게 알아야 한다. 특히, 사고 능력이 부족한 발달지체 아동의 대변자는 부모라는 것을 자각하고 자녀의 권리 주창자로서 이들의 문제 해결에 함께 해야 할 것이다.

모든 아이들이 사회 일원이 되어 생활하기를 원한다면 장애의 정도에 따른 특수 교육이 필요하다. 시각장애, 청각장애, 정신지체, 지체장애, 정서장애, 언어장애, 학습장애, 기타 교육부령이 정하는 장애인이 특수 교육의 대상자이다."

이용교, 『복지공동체 만들기』(광주대학교 출판부, 2000), pp. 92~93.

넷째, 소감이나 평가에 관한 내용은 〈예시11〉에서처럼 정리하는 것이 좋다. 논문의 정확성과 치밀성을 살릴 수 있도록 저자의 것과 자신의 것을 구별할 수 있도록 해야 한다.

〈예시 11〉

● 칭찬의 힘

"항상 염두에 두어야 할 것은 어떤 행동에 대해서 주의를 기울일수록 그 행동이 계속 반복된다는 사실입니다. 범고래들도 잘못한 일 대신에 잘한 일에 관심을 가져주면 올바른 행동을 더 많이 하게 됩니다. 하지만 단순히 범고래들이 쇼를 잘하도록 하기 위해서 긍정적인 면을 강조하는 것은 아닙니다. 그렇게 하는 것은 그것이 옳은 일이기 때문이죠. 저희는 범고래들을 개별적으로 대합니다. 범고래들 모두 발전하고 일을 성취할 수 있는 무한한 가능성을 가지고 있기 때문입니다.

켄 블랜차드 외,『칭찬은 고래도 춤추게 한다』, 조천제 옮김(21세기북스, 2003), pp. 37~38.

※ 나의 소감 : 나 자신에 대해 매우 부정적일 때가 많은데, 자만하지 않을 정도로 스스로에게 칭찬을 하는 것이 나에게 큰 도움이 될 것이라고 생각한다. 주변 사람들에게도 잘한 일에 관심을 갖고 칭찬하는 것이 큰 힘이 된다는 것을 알게 되었다.

(3) 목차 작성

① 목차 작성의 두 가지 규칙

일반적인 글쓰기의 절차에서와 마찬가지로 학술적 글쓰기의 작성에서도 가능한 한 상세한 틀을 짜도록 권장하고 있다. 우리가 흔히 구상개요 작성 혹은 아우트라인(outline) 작업이라고 하는 것을 학술적 글쓰기에서는 목차 작성 작업이라고 칭하고 있다.

일반적인 글쓰기에서도 분량이 많아질수록 개요 작성이 필수적인 것처럼 분량이 많은 학술적 글쓰기에서는 더더욱 목차 작성 작업이 중요해진다. 논의 전개의 일정한 단위별로 해당 부분에서 '무엇'을 다루며, '어떻게' 다룰 것인지에 대하여 구상하는 것은 논지가 다른 곳으로 일탈하는 것을 막아 보다 효율적인 글쓰기가 될 수 있기 때문이다. 논문의 목차 부분을 보면 그 글의 전체를 읽지 않고도 주요한 뼈대에 해당되는 논지 전개 방향을 짐작하기가 어렵지 않다.

다만, 구상 개요에 따라 작성되었더라도 일단 글이 완성되면 이러한 개요 부분을 가능한 한 제시하지 않음을 원칙으로 삼는 일반적인 글쓰기와는 다르게, 학술적 글쓰기에서는 분량이 많을수록 한 장 목차를 통해 글의 상세한 개요를 정리하도록 하고 있다. 필요한 경우 학위논문에서는 도표나 그림의 목차까지도 제시하고 있을 정도로 목차 작성 작업을 보다 엄격하게 하고 있음을 알 수 있다.

따라서 목차 작성을 제대로 하기 위해서는 목차 작성의 기본 원칙을 아는 것이 필요하고, 논점을 살리고 논리적 설득력도 높이는 쪽으로 목차를 조정해주는 훈련이 필요하다.

학술적 글쓰기에서는 목차 작성을 위해 두 가지 규칙을 제시한다. 목차 작성은 글쓴이의 입장에서만 필요한 것이 아니라 글을 읽는 독자의 입장에서도 읽기의 효율성을 극대화시킬 수 있기 때문이다. 그래서 한 장 목차를 작성하는 경우, 일반적인 목차 작성의 규칙이나 자신의 소속 단체에서 정한 규칙에 따라 목차의 형식을 정확히 지켜주는 것이 필요하다.

먼저, 표제 사용의 규칙이 있다. 표제란, 학술적 글쓰기의 해당 부분마다 다루어지는 논의 내용을 압축해 보여주는 것을 말한다. 한 편의 글에 제목이 있어 그 글의 내용을 암시해 주는 것처럼, 표제를 통해 해당 부분의 내용을 짐작하거나 논의의 방향을 알 수 있으므로 소제목의 기능을 하는 것이나 마찬가지이다.

따라서 목차에 사용되는 표제들은 구체적이면서도 적절해야 하며 각 장이나, 절에서 일관성을 유지해야 한다. 더불어 읽는 사람의 주목을 끌 수 있는 것이면 더욱 좋다.

목차 작성에서 표제를 만들 때 유념해야 할 몇 가지 원칙을 소개하면 다음과 같다.

- 논의 내용을 알려주는 키워드(핵심어)를 내세우는 항목식 표제어를 간결하게 단다.
- 내용 전개의 순서는 물론, 크고 작은 논점들 간의 유기적인 관계를 나타낼 수 있도록 구체적이어야 한다.
- '본론' 이라는 말 자체를 항목의 표제로 삼지는 않는다. 본론은 몇 개의 장으로 나뉘고 각 장의 중심 내용이 표제로 나오게 된다.
- 본론을 제외한 나머지 부분에는 서론/결론, 서언/결언, 들어가며/나오며, 문제제기/논의의 전망 등과 같은 표제어를 사용할 수 있다.
- 간혹 목차에는 있는데, 본문에서는 장이나 절의 구분 없이 연속하여 글을 쓰는 경우가 있는데, 이는 잘못된 것이다. 글의 본문에서도 각 장과 절의 소제목을 제시해 주어야 한다.

목차 작성에서 지켜야 할 두 번째 규칙이 부호 사용의 규칙이다. 부호 사용이란, 목차 작성에서 표제들을 제시하기 위해 일정한 숫자나 문자를 동원하는 것을 말한다. 학술적 글쓰기의 목차 작성을 위해서는 표제마다 적절하고도 정확한 부호를 붙여주어야 한다.

예를 들면, 〈예시1〉에서처럼 논의 내용을 압축해준 다음에는, 〈예시2〉에서와 같이 표제를 다듬고 부호를 붙여주어야만 한 장 목차로 완성될 수 있다.

〈예시 1〉

● 세대별로 차이나는 연애 방식이나 특징을 살펴보고 싶다.

● 구세대의 연애 성향으로 두 가지 특징을 주목하자.

- 배우자 선택에서 부모님의 의견을 중시하는 게 마마보이처럼 보인다.
- 애정 표현 방식에서 지나치게 남의 시선을 의식하는 경향이 있다.

● 신세대의 연애 성향으로 역시 두 가지 특징을 주목하자.
- 나의 주관을 중시하는 것을 보면 my-self식 연애라고 할 수 있다.
- 스킨십도 좋지만 애정 표현 방식에서 정도를 지나칠 때가 많다.

● 구세대와 신세대의 연애 성향을 두 가지 측면에서 정리하자.
- 사회적 측면
- 개인적 측면

〈예시 2〉

목 차

Ⅰ. 서론

Ⅱ. 구세대의 연애 성향상 특징
1. 마마 보이식 연애
2. 2% 부족한 애정 표현 방식

Ⅲ. 신세대의 연애 성향상 특징
1. My-self식 연애
2. 2% 넘치는 애정 표현 방식

Ⅳ. 구세대와 신세대의 연애 성향 비교
1. 사회적 측면
2. 개인적 측면

Ⅴ. 결론

참고문헌

부호 사용의 규칙에서도 다음과 같이 유념해야 할 몇 가지 사항이 있다.

- 논점의 크기에 따라 정해진 부호를 써야 한다. 이 때의 부호별 크기가 바로 논점의 관계를 알려주는 중요한 지표가 된다.

- 부호가 작아질수록 들여쓰기를 한다.
- 한 항목만 있을 때는 부호를 붙이지 않고, ; 표시를 이용하여 부제로 처리한다.
- 본문 외의 부분에는 부호를 붙이지 않는다.

학술적 글쓰기의 목차 작성에서 동원되는 부호의 종류는 다양하다. 부호 사용의 체계를 몇 가지 소개하면 다음의 〈예시〉들과 같다. 이 경우 학문 분야에 따라 선호되는 부호 체계가 정해져 있거나, 단체에 따라 일정한 부호 체계의 규칙을 만들어 두기도 한다. 그래서 학교나 학과, 혹은 학회 등에서 약속하는 부호 체계가 무엇인지를 미리 파악해두면 좋다.

다만, 어느 것을 택하건 그 부호체계 안에서 일관되게 사용하는 것이 중요하다.

〈예시 3〉

제1장
  제1절
    제1항
      제1목
      제2목
    제2항
  제2절
  ……
제2장
  제1절
  (이하 생략)

〈예시 4〉

Ⅰ.
  A.
    1.
      a.
        1)
      ……
  B.
Ⅱ.
  A.
  B.
  (이하 생략)

〈예시 5〉

Ⅰ.
  1.
    (1)
      ①
      ②
    (2)
  2.
Ⅱ.
  1.
    (이하 생략)

〈예시 6〉

1.
  1.1
    1.1.1
    1.1.2
  1.2
    1.2.1
    1.2.2
2.
  2.1
  2.2
    (이하 생략)

② 논리성을 살리는 목차 작성의 사례들

학술적 글쓰기에서 자료 정리 작업은 자료를 수집하는 데서 그치지 않고 수집된 자료를 논문 작성에 편리하도록 몇 가지 범주로 분류하는 것을 말한다. 그런 의미에서 자료 분류는 목차 작성의 첫걸음이 된다.

자료를 정리하는 방법은 자신의 관심과 논의 방향, 과제의 성격에 따라 달라진다. 자료의 내용을 중심으로 분류할 수도 있고, 자신의 논의 방향에 맞춰 자료를 논리적으로 체계화하여 정리할 수도 있다.

어떤 사실의 역사적인 변화나 시각적인 추이를 다루는 경우라면 자료를 시간적 순서에 따라 분류하는 것이 편리하다. 시간적 순서에 따라 배열해 보면 사건의 전체적인 윤곽을 쉽게 알 수 있고, 문제의 핵심에 접근하기도 쉽기 때문이다. 또한 주제가 여러 가지 다양한 현상을 다루는 것이라면, 자료를 통해 확인할 수 있는 현상에 따라 자료 자체를 분류해 볼 수도 있다. 비슷한 주제의 영역에 속하는 자료들을 함께 모으는 일은 자료 정리에서 가장 기본적인 작업에 속한다.

만약 자료의 정리 과정에서 논리적인 순서를 생각한다면, 인과적인 순서에 따라 원인에 관련되는 자료를 모으고 그 결과와 관련되는 자료를 한데 묶어 놓을 수도 있다.

자료를 현상에 따라 분류하거나, 자료를 문제되는 안건 중심으로 분류하는 것도 흔히 쓰이는 방법이다. 자료를 연역적 혹은 귀납적 방식에 따라 분류하는 것도 일반적이어서 이러한 순서에 따라 자료들을 분류하고 정리하면 논문 작성에 매우 효과적이다. 그러나 주제에 따라 자료 정리는 다를 수 있으므로 자신의 경험과 아이디어를 사용하면 된다. 면밀한 연구 계획이나 순서에 따라 수집된 자료라고 하더라도 그 분량이 많아져 한눈에 자료의 전모를 파악하기 어렵거나, 자료에 대한 연구자의 시야가 넓어져 처음에 예상했던 것과는 다른 양상을 보일 때는 수집된 자료를 다시 분류하지 않으면 안 된다.

어느 경우에도 자료의 성격과 내용을 정확하게 파악되고 있어야만 자료의 분류와 정리작업이 가능하다. 그래서 자료의 조사 · 정리가 어떻게 이루어지느냐에 학술적 글쓰기의 성패가 달려있다고도 말하는 것이다.

학술적 글쓰기에서 흔히 접하게 되는 과제의 유형별로 목차의 구성을 살피면 다음 장에서 제시한 〈예시〉들과 같다. 이 때, 본론 부분의 구성방식을 눈여겨보면 어떤 식의 논지 전개를 할 것인지에 대해 도움을 받을 수 있을 것이다.

(4) 초고 작성

① 서론과 결론 부분은 이렇게

본문 부분에서 '서론(序論)'이 갖는 역할은 본론에서 전개될 내용의 실마리를 제공하여 논문의 내용을 본격적으로 읽기에 앞서 논문의 내용을 미리 예상하게 하는 데

〈예시 10〉

차　　례

I. 시작하며

II. 일정별 답사 내용
1. 제1일
2. 제2일
(1) 병산서원
(2) 소수서원
(3) 도산서원과 퇴계 종택
3. 제3일

III. 하회마을의 특징과 가치
1. 전통문화보존의 차원
2. 새 시대와의 조율

IV. 마치며

부록: 하회마을 지도

〈예시 11〉

목　　차

I. 서론

II. 이론적 배경

III. 실험장치

IV. 결과 및 논의

〈예시 12〉

차　　례

I. 서인

II. 카페 '알로'의 손님 유형별 특징
1. 첫 번째 유형: 명품 형
2. 두 번째 유형: 덩달아 형
3. 세 번째 유형: 아무거나 형

III. 각 유형별 비중과 이유
1. 대부분을 차지하는 명품 형의 경우
2. 극소수를 차지한 아무거나 형의 경우

IV. 신촌문화권에서 까페 '알로'가 갖는 의미

V. 결언

참고문헌
부록: 설문 조사지

〈예시 13〉

목　　차

I. 서론

II. 포스트모더니즘의 주요 특성과 영화
1. 상호텍스트성
2. 자기반영성
3. 탈장르화 혹은 장르 확산
4. 고급문화와 대중문화의 경계 해체

III. 포스트모더니즘 영화와 이야기의 해체
1. 포스트모더니즘 영화의 서사구조
(1) 이야기의 단순화
(2) 선통적인 시간과 공간의 해체
(3) 편집과 제작방식
2. 포스트모더니즘 영화에서의 등장인물
3. 포스트모더니즘 영화의 장르와 이데올로기

IV. 결론

참고문헌

있다.

특히 학술논문의 서론에서는 왜 이 논문을 쓰는지, 논문에서 다루는 주제의 학문적 의의는 어떠한지, 논문에서 기대되는 효과는 무엇인지 등을 서술하여 논문의 내용을 읽기에 앞서 논문의 의의와 가치를 판단하게 하는 것을 목적으로 삼는다.

서론 부분은 앞으로 진행될 본론에서의 내용을 보다 효과적으로 이해하는데 도움이 되거나 또는 본론을 읽기 전에 그 내용을 미리 판단할 수 있도록 하는데 필요한 것들이 중심을 이루고 있다. 서론에서 서술되는 사항들은 본론에서 본격적으로 다루어질 내용을 간추려 미리 소개하는 것이기 대문에 미래 시제로 서술하는 방식을 취하는 것이 바람직하다.

학문의 분야나 논문의 성격에 따라 쓰는 방식도 차이가 있으나, 대체로 서론에서는 문제의 제기를 하고, 기존 연구의 검토가 있어야 되고, 문제를 구체화하는 과정에서 자료의 범위를 제한해야 하고, 연구의 방법론을 소개하는 것도 필요하다. 대체로 학위논문의 서론에 포함되는 사항을 들어 보면 다음과 같다.

- 문제를 제기하여 논점을 구체화하면서 연구의 의의와 가치를 강조한다.
- 기존에 이루어진 논의 결과나 연구 성과에 대해 구체적으로 검토한다.
- 자료의 범위를 구체적으로 명시하면서 대상 자료의 범위를 제한한다.
- 제기된 문제를 해결할 수 있는 논의의 전개과정을 밝힌다.
- 연구 방법을 소개한다. 널리 알려진 방법이 아닐 경우, 독립된 장을 설정하여 보다 구체적으로 해설하기도 한다.
- 필요한 경우 용어나 개념에 대한 정의를 명확히 해둔다.

학위논문에 비해 분량이 적을 수밖에 없는 리포트에서는 위에서 제시한 사항들을 모두 갖추기가 어렵기에 완성될 글의 분량에 맞춰 조절할 수밖에 없다. 또한 학위과정에서의 학문적 성과를 보여주는 학위논문에서와 다르게, 리포트에서는 위의 사항들이 반드시 필요한 것도 아니기에 다음의 〈예시1〉에서처럼 필요한 사항만을 적절하고도 명확하게 서술해주는 것이 필요하다.

〈예시 1〉

Ⅰ. 서론

홈쇼핑이 등장하기 전 소비자들은 광고를 통해 제품에 대한 정보를 얻거나, 쇼핑 장소에 가서 판매원들과의 대화를 통해 정보를 얻는 것이 일반적이었다. 그러나 홈쇼핑의 등장으로 인해 물리적 공간이 존재하지 않아도 필요로 하는 정보를 얼마든지 얻을 수 있고, 마음에 드는 제품이 있을 때는 즉시 거래가 이루어질 수 있는 새로운 구매 환경이 조성되었다.

모든 상업광고들은 허위 · 과장을 포함하고 있다. 하지만 다른 상업광고에 비해 홈쇼핑 광고의 허위 · 과장이 더 문제시되는 이유는 소비자가 제품을 실제로 볼 수 없는 특성상 광고가 제품 구매의 절대적인 판단 요소로 작용하기 때문이다. 어떠한 광고보다 정보 전달에 있어서 충실해야할 홈쇼핑 광고이지만 소비심리를 자극하는 허위 · 과장으로 인해 소비자들이 피해를 보는 사례가 속출하고 있다. 또한 한국 소비자 보호원의 조사에 따르면 홈쇼핑으로 인해 피해를 보는 이들은 이성적인 판단을 할 수 있는 교육수준이 높은 이들에게 더 많이 발생한다고 한다.

홈쇼핑이란 소비자가 쇼핑을 위해 점포를 방문하지 아니하고, 신문, TV, 컴퓨터 온라인 망 등의 매체를 이용하여 상품이나 서비스를 구입하는 방식이다.[1] 그중 TV 홈쇼핑 채널은 프로그램 전체가 광고를 제공하는 특이한 형태의 TV활동으로 소비자들은 이 방송을 보고 상품을 구매하게 된다.[2] TV홈쇼핑은 다른 홈쇼핑 채널보다 더 설득력을 가지고 있다. 단순히 잘 포장된 정보만을 제공하는 다른 홈쇼핑 채널들에 비하여 TV홈쇼핑은 짧게는 몇 분에서, 길게는 몇 시간동안 끊임없이 소비자에게 강요와 설득을 하고 있다.

현재 상품판매방송심의위원회에서는 관련 법률에 의거하여 규정을 위반하는 것들에 한해 허위 · 과장 광고라 규정하고 있다. 다른 광고에 비해 더 긴 시간과 설득력을 가진 TV홈쇼핑에 있어서 허위과장의 위험성이 더 크다고 생각했고 이에 이 문

1) 안용현, 「쇼핑태도 및 인구통계적 특성이 통신판매 이용에 미치는 영향」(석사학위논문, 연세대학교, 1995), p.2.
2) 김창현, 『홈쇼핑 리포트』(도서출판 사람들, 1998), pp. 106-108.

제를 심도 있게 다루어 보기로 하였다.

본 논문의 구체적인 목적은 다음과 같다. 첫째, TV홈쇼핑의 문제점을 분석한다. 둘째, 개선방안을 강구하여 건전한 쇼핑문화 확립에 기여한다. 이를 위해 이 글에서는 TV홈쇼핑 허위 · 과장 광고의 피해(2장)와 그 이유(3장), 그리고 대안(4장)에 대하여 알아보도록 하겠다.

대개의 경우 리포트에서는 다음과 같은 사항을 담아 서론 부분을 구성하는 것이 일반적이다. 자신이 설정한 주제를 구체적으로 설명하고 앞으로 펼쳐질 논의 과정에 대해 간단히 설명해주는 것만으로도 한 편의 글에 대한 도입의 역할을 충분히 해줄 수 있기 때문이다.

- 주제를 제시하되, 구체적인 관심사를 설명하는 식이면 더 좋다.
- 감상문이나 서평에서처럼 대상 자료에 대한 소개가 필요하다면 서론에서 간단히 한다.
- 앞으로 전개될 논의과정을 한두 문단 정도로 소개한다.

본문 부분의 '결론(結論)' 역시 서론 부분과 마찬가지로 그 작성법이 대체적으로 정해져 있다. 일반적인 글쓰기에서 결론이라 하면 자신의 견해나 주장을 강하게 내세우는 것이라 생각하는 것과 달리, 학술적 글쓰기에서의 '결론'은 지금껏 다룬 논의들을 요약해서 제시하는 부분이기 때문이다. 결론은 이렇게 본론에서 밝혀진 논의 결과를 요약하여 내용을 정리하는 것이라 할 수 있으므로, 서론에서와는 다르게 과거형으로 기술하여 논의가 마무리되었음을 알려주는 서술방식이 바람직하다.

경우에 따라서는 결론 부분에서 논문에서 미진한 부분이나, 문제의 소지가 있을 수 있는 부분을 지적하기도 한다. 이를 통해 다른 사람들이 자신의 논문을 참고로 연구하고 해결할 수 있는 또 다른 기회를 제공할 수 있기 때문이다. 이렇게 서로의 연구 성과에 대해 관심을 두어 논의를 진척시켜 가는 것은 학술적 글쓰기가 단독의 작업이 아니라 해당 학문분야의 학자들이 공동의 학문적 관심사로 맺어진 것임을 재확인하는 것이 된다.

결론에서는 지나친 단정이나 비약된 독단은 피해야 한다. 어디까지나 본론에서 논증된 사실이나 결과만을 제시해야 한다. 본론에서 검토하지 않은 내용이 결론에 들어가서는 안 되고, 검토를 했다 하더라도 확실하게 논증이 이루어지지 않은 문제를 비약해서 결론을 끌어내서도 안 된다. 본론에 걸맞은 결론이 될 수 있어야 한다. 이 점에서 자료는 빈약한데 결론이 거창한 것이나, 자료는 거창한데 결론이 빈약한 것은 모두 바람직하지 못하다.

리포트에서도 논의 내용을 요약하고 간단한 소감을 담는 것으로 결론 부분을 작성하는 것이 일반적이다. 이제, 앞선 설명에 따라 리포트에서 이루어지는 결론 부분의 예를 보이면 다음과 같다. 이 때 완성된 글의 전체 분량에 비추어 〈예시2〉에서처럼 적절한 비중을 두어야 전체적인 균형을 맞출 수 있게 된다.

〈예시 2〉

Ⅴ. 결론

이 글에서는 여러 홈쇼핑 채널 중에서도 TV홈쇼핑에 나타나는 허위 · 과장 광고에 대하여 분석하였다. 결과를 요약하면 다음과 같다.

TV홈쇼핑 허위 · 과장 광고로 인한 피해를 쇼핑호스트의 과장된 표현과 제품정보의 변경 · 누락으로 나누어 정리하였고 피해사례에 대하여 알아보았다. 또한 현재 TV홈쇼핑 시장의 규모와 피해접수 현황을 알아보았고 TV홈쇼핑 이용자의 특성에 대하여 정리하였다. TV홈쇼핑에 허위 · 과장 광고가 발생하는 이유를 홈쇼핑사측과 제조업체와의 구조적인 문제와 현재 법률 규정상의 미비한 점, 그리고 소비자의 소비 성향의 문제점을 통하여 알아보았다. 마지막으로 발생 이유를 통하여 그 대안을 자체 정화 제도 마련, 단속 및 처벌 규제 상화, 현명한 소비 자세로 제시하였다.

TV라는 매체는 공신력 있는 매체이다. 하지만 TV홈쇼핑에 관한 소비자의 인식은 공신력이라는 것과 거리가 멀다는 것을 확인할 수 있었다. 실제로 방송이 갖고 있는 사회적인 책임은 온데간데 없고 무조건 많이 팔고 많은 수익을 내려 하고 있다는 느낌을 강하게 받았다. 결국 한 명의 소비자가 그 한 번으로 끝나는 것이지 계속적으로 재구매를 하는 경우는 일반 상업광고에 비해서 크게 떨어짐을 볼 수 있었다. 즉 현재의 홈쇼핑 산업은 양적인 증가에 치우쳐 있다. 서로간의 신뢰감을 형성하지 못한 이러한 구조는 단기적으로 볼 때는 모르지만 장기적으로 볼 때 결국 소비자들로부터 외면 받게 될 것이다.

홈쇼핑은 분명히 새로운 소비문화의 하나이고 나아가 그 중심이 될 것이 분명하다. 지금의 여러 문제점은 새로운 소비문화 수용에 대한 진통이고, 바람직한 소비문화 정착에 대한 한 과정일 것이다. 즉 TV홈쇼핑이 여러 문제점을 가진 골치 덩어리가 아니라 질적으로 성장하고, 건전하게 정착하기 위한 문제점을 가졌을 뿐이라는 것이다. 어떠한 것도 그 문제점을 해결하지 않고는 앞으로 나아갈 수 없듯이 TV홈쇼핑 역시 위와 같은 문제점들을 알고 고쳐나가는 것이 필요하다.

이 글에서는 홈쇼핑 전문 업체, 인포머셜 업체, 유사홈쇼핑 업체를 모두 포함하여 글을 썼다. 이들 업체의 경우 서로 다른 특성을 가지고 있고 그로 인해 서로 다른 문제점을 가지고 있기 때문에 접근방법을 달리하면 지금과 또 다른 새로운 글이 탄생할 수 있을 듯 보였다. 기회가 된다면 한 업체만을 선택하여 좀 더 심도 있는 글을 쓰고 싶다. 또한 지금의 글에서는 전공 지식을 몇 군데에 활용하는 선에서 그쳤지만 다음번에는 더 많이 활용하고 싶다.

② 본론 부분에서는 이것이 중요하다

첫째, 본론은 논문의 중심 내용을 알 수 있는 가장 중요한 부분이므로, 서론에서 제시된 연구의 목적, 연구 범위 및 방법 등에 따라 전개해야 한다. 본문 부분에서 '본론(本論)' 은 서론에서 제기된 문제를 논술하여 결과를 이끌어 내는 역할을 한다. 서론을 염두에 두지 않으면 서론과 본론이 연결되지 않아 서로 어울리지 않는 논문이 되기 쉽다. 앞서 살핀 서론 부분의 작성법에서 앞으로 전개될 논의과정을 간략히 소개해주는 부분이 필요한 이유를 상기하고, 이에 부합된 본격적인 논의 내용을 담도록 신경써야 한다.

둘째, 본론 부분은 서론이나 결론 부분에 비해 분량이 많기 때문에 다루어야 할 내용을 몇 가지로 분류하고 이를 다시 세부적인 내용으로 구분하는 등의 체계적 구상이 반드시 필요하다. 특히 개요대로 전개해 나가면서 자료와 논거를 잘 활용해야 하며,

이를 바탕으로 추론의 과정을 합리적으로 진행시켜야만 논리적이고 명확한 글쓰기가 될 수 있다.

일반적으로 어떤 종류의 글이든지 글의 진술방식이라 불리는 묘사, 서사, 설명, 논증의 네 방식 중 하나를 주된 것으로 삼고 다른 진술방식을 병행해서 글을 쓰게 된다. 리포트의 진술방식으로 주로 원용되는 것은 설명과 논증이다. 특히 개인적 평가나 비평을 요구하지 않는 보고서 등에는 설명문이 주로 쓰이고, 학생 자신의 주관을 분명하게 내세워야 하는 글에서는 논증이 필요하게 된다.

리포트를 쓸 때 리포트의 의도가 무엇인지 파악해야 한다고 앞서 언급하였는데, 이는 진술방식을 택하는 것에도 영향을 준다. 조사와 그것의 정리 혹은 요약 등의 글쓰기에서는 설명의 방식이, 그리고 논리적인 근거를 제시하면서 자신의 평가를 내세워야 할 때에는 논증의 글쓰기를 적절하게 유지해야 한다. 설명만 해도 충분한 리포트에서 논리적 오류를 감수하며 굳이 논증할 필요까지는 없기 때문이다. 그러나 글을 쓰다 보면 대개 진술방식이 약간씩은 서로 섞이기 마련이므로 주된 흐름을 정확히 유지하는 감각이 필요하다.

셋째, 본론 부분에서는 학술적 글쓰기에서 요구되는 인용과 주석의 방법이 보다 풍부하게 쓰인다. 물론, 서론에서도 기존 논의를 검토하거나 용어나 개념을 정의하기 위하여 인용과 주석의 방법이 동원되기도 한다. 본론은 서론에 비해 상대적으로 분량이 길 뿐만 아니라 다루어야 될 내용도 방대하고 보다 구체적인 논의를 본격화시키는 부분이므로, 그 어느 부분에서보다 인용과 주석 작업이 필수적으로 요청되며 그 빈도도 만만치 않기에 제대로 인용하고 주석 작업을 해낼 수 있어야 한다.

이제 이러한 사항을 염두에 두고 본론 부분을 살펴보자. 〈예시3〉은 〈TV 홈쇼핑에 나타난 허위 · 과장 광고의 원인과 대책〉이라는 제목의 글로, 논의의 중심은 TV 홈쇼핑 허위 · 과장 광고의 피해 사례를 분석하고, TV 홈쇼핑 광고에 허위 · 과장이 나타나는 이유를 살펴 그 대안을 마련하는 데 있다. 이 때, 서론과 결론 부분은 이미 앞선 〈예시1〉과 〈예시2〉에서 보였으므로, 해당 부분의 제시는 생략하기로 한다.

〈예시 3〉

Ⅱ. TV홈쇼핑 허위 · 과장 광고의 피해 분석

1. 허위 · 과장 광고의 유형

(1) 쇼핑 호스트의 과장된 표현

TV홈쇼핑에서 쇼핑호스트는 다양한 설득적 소구를 한다. 한국소비자보호원 보도자료에 의하면 상품구매를 유인하는 요소 중 '쇼핑 호스트의 설명, 권유가 상품구매에 영향을 준다' 고 응답한 경우가 77%로 나타났으며 TV홈쇼핑에서 상품구매를 한 시점이 '쇼핑 호스트의 설명을 들으면서' 가 61%로 가장 많아[3] 대다수의 소비자가 쇼핑 호스트의 설명에 의존하여 상품을 구매하는 것으로 파악되었다.

하지만 쇼핑 호스트들은 '입고만 있어도 살이 빠지는 기적이 일어납니다', '15일 동안 단 5분이면 여러분도 모델이 됩니다. 지금 선택하시죠' 와 같이 광고제품의 구매를 유도하기 위하여 제품의 성능이나 효과 등을 과장하여 설명한다.[4] 쇼핑 호스트의 말을 믿고 화장품, 건강보조식품, 자동차 흠집 제거제 등을 구입하였으나 효과를 느끼지 못하였다는 여러 피해 사례에서처럼 소비자들은 쇼핑호스트의 과장된 표현을 제품에 대한 믿을 수 있는 정보로 잘못 받아들이고 피해를 입게 된다.

(2) 제품정보의 변경과 누락

홈쇼핑 광고에서 허위 · 과장이 가장 쉽고 많이 일어나는 부분이 제품정보의 변경과 누락이다. '식약청 인증 의료기' 로 심의된 내용을 '국내 유일' 이란 단어를 집어넣어 '국내 유일 식약청 인증 의료기' 로 변경하는가 하면, '원적외선 훈열제' 란 내용을 '특허 받은 원적외선 훈열제' 로 사실이 아닌 내용을 집어넣는 등 심의에 없던 내용을 추가하여 상품정보를 변경시킨다.[5]

3) 한국소비자보호원 보도국, "TV홈쇼핑 및 인터넷 쇼핑몰 이용실태 조사", http://www.cpb.or.kr/, (2004년 11월 15일 최종 검색).

4) 한국소비자보호원 생활경제국 표시광고팀, "TV홈쇼핑 광고 실태 조사", http://www.cpb.or.kr/, (2004년 11월 15일).

5) 같은 글.

또한 중국 제품을 Made in France, Made in U.S.A.로 변경시키기도 하고, 농산물의 원산지를 고의적으로 누락시키기도 한다.

이와 같이 제품정보를 변경하고 누락하여 소비자들에게 허위 · 과장 광고를 하기 때문에 소비자는 자신이 생각했던 제품과 다른 제품을 받게 되는 피해를 입게 된다. 실제로 유럽제품인 운동기구를 주문하였으나 배달된 제품은 대만제이고 모양도 주문한 제품과 달랐다든지, 프랑스제 그릇 세트가 알고 보니 국산이었다는 등의 피해 사례가 있다.

2. TV홈쇼핑과 이용자에 대한 데이터

TV홈쇼핑 시장 규모는 계속적으로 팽창되어 오다가 2002년 3조 7,000억 원에서 2003년 3조 6,000억 원으로 축소되었지만 최근 소비자 상담원의 TV홈쇼핑으로 인한 피해 접수현황은 2002년 4,650건, 2003년 5,059건으로 오히려 계속 증가하고 있는 추세다.[6] 한국소비자 보호원이 TV홈쇼핑을 이용하는 성인 498명을 대상으로 조사한 결과 73%가 '홈쇼핑 방송에서 상품이 소개되는 도중 서둘러 주문한다' 고 답했으며 그 중 23%는 '경품이나 가격 할인 때문에', 18%는 '쇼핑호스트(진행자)의 설명에 자극 받아 구매한다' 고 응답했다.

구매한 제품에 대한 소비자불만의 이유는 '성능이 광고와 달라서' 가 40%, '품질 불량' 이 34%, '주문한 것과 다른 상품이 배달' 26%, '충동구매로 인한 후회' 가 13% 등[7]으로 허위 · 과장으로 인한 소비자의 피해가 심각하다는 것을 알 수 있다.

Ⅲ. TV 홈쇼핑 광고에 허위 · 과장이 나타나는 이유

홈쇼핑의 허위 · 과장 광고는 단순히 홈쇼핑 회사만의 문제라고는 할 수 없다. 홈쇼핑사측과 제조업체측과의 구조적인 문제와 현재 법률 규정상의 미비점, 소비자의 소비 성향의 문제점이 하나의 연결고리를 이루어 허위 · 과장 광고의 빌미를 마련해 주고 있는 것이다.

---

6) 김희라,「케이블 TV홈쇼핑을 통한 의류구매자의 만족/불만족 및 불평행동 연구」(박사학위논문, 동국대학교, 2001), p. 5.

7) 한국소비자보호원 보도국, 앞의 글.

1. 구조적 문제

홈쇼핑 업체들간의 과다 경쟁으로 인하여 납품업체들은 제품의 가격과 맞먹는 사은품을 부담하고 있다. 또한 중간 유통 단계를 거치지 않는 홈쇼핑의 특징에도 불구하고 높은 수수료로 인해 납품 업체들은 원가부담을 지게 된다.

하지만 홈쇼핑 회사간의 경쟁으로 인하여 상품판매 가격을 올릴 수 없기 때문에 결국 수익을 맞추기 위해 제품의 품질을 낮추게 된다. 삼성경제연구소의 연구원에 의하면 "홈쇼핑사에서 납품업체들의 이익을 보장하지 않을 경우 납품업체들은 제품 또는 사은품의 품질 수준을 낮춰 수익을 맞추려 들 것이며 피해는 결국 소비자에게 돌아갈 수밖에 없다"[8] 고 지적하였다. 즉, 업체는 판매를 위해 제품의 품질을 속여 허위 · 과장 광고를 하게 된다.

또한 매출액에 비례한 수수료를 매출로 잡는다는 홈쇼핑 특성상 제조자, 홈쇼핑 업체, 쇼핑 호스트는 소비자에게 피해를 줄 허위 · 과장 광고를 묵인하는 유혹에 빠질 수밖에 없는 것이 현실이다.

2. 제도적 문제

상품판매 방송심의 위원회의 심의를 통한 제재조치를 보면 '시청자에 대한 사과 및 해당 방송 프로그램의 관계자에 대한 징계', '시청자에 대한 사과'와 같은 법정 제재는 극히 적었던 반면 '경고', '주의' 등의 가벼운 제재 쪽이 절대적으로 많은 수를 차지하였다.[9] 이러한 미비한 징벌은 홈쇼핑 업체가 허위 · 과장 광고의 유혹에 빠질 수밖에 없게 하는 큰 이유가 된다.

현재 홈쇼핑사업자는 세 가지로 분류된다. 첫 번째가 방송위원회의 승인을 받은 전문 홈쇼핑 채널 사업자로 이 경우 방송 광고가 아닌 방송 프로그램으로 분류되어 사후에 방송심의에 관한 규정을 적용 받고 있다. 두 번째는 인포머셜 사업자로 전문 홈쇼핑 채널 사업자와 달리 방송위원회로부터 전문 홈쇼핑 채널 사업자로 승인을 받지 않은 일반 홈쇼핑 사업자를 말한다. 사전에 방송광고심의에 관한 규정을 받은 후 유선 방송이나 위성방송 채널의 일정 시간대를 할당받아 홈쇼핑 사업을 수행하

8) 강병준, 「TV홈쇼핑업체 외형 불리기 경쟁」, 『중앙일보』2002년 7월 25일자.
9) 박기순 · 조계현, 「케이블 텔레비전의 정책 수립 방향에 관한 연구」, 『커뮤니케이션학 연구』10권 2호 (한국커뮤니케이션학회, 2002), p. 46.

는 사업자이다. 세 번째는 기타 유사, 불법 홈쇼핑 사업자가 있다. 이는 전문 홈쇼핑 채널 사업자의 프로그램을 모방하는 것으로 심의를 받지 않고 불법 홈쇼핑 방송매체를 통해서 방영하는 사업자이다.[10)]

전문 홈쇼핑 업체들은 방송위원회로부터 직접적 제재를 거의 받지 않아 허위 · 과장 광고를 하고 있고, 인포머셜 업체의 경우 사전에 심의 받았던 내용을 수정, 추가하는 등의 제도적 허점을 노려 허위 · 과장 광고를 하고 있다.

3. 소비자들의 소비 성향 문제

일반적인 상업광고의 경우 정보 습득과 구매가 분리되어 이루어지지만 TV홈쇼핑의 경우 홈쇼핑 프로그램을 시청하는 동안 바로 구매 결정이 이루어지기 때문에 소비자들의 충동구매를 유발한다.

한국 소비자 보호원이 20세 이상 여성 중 500명을 대상으로 TV홈쇼핑을 통한 물품구매에 대해 설문 조사한 결과 '다른 사람의 조언이나 추천 없이 혼자서 결정하는 사람'이 응답자의 77%, '구매 전 적극적으로 품질 정보를 확인하는 경우'는 53%에 그쳤다.[11)]

정보탐색과정은 구매 결정에 있어서 중요한 선행단계임에도 불구하고 TV홈쇼핑의 상당수의 소비자는 충분한 정보 탐색 없이 충동적으로 물품을 구매하는 것이다.

또한 일반적인 소비자 의사결정 과정은 필요의 인식에서 출발하지만, 홈쇼핑의 경우 소비에 대한 감정적 충동이 기초가 되어 소비가 일어나게 된다. 그렇기 때문에 구매 후 부조화를 느낄 가능성이 더욱 크다.

Ⅳ. 대안

1. 자체 정화 제도 마련

현재 TV 홈쇼핑 전문 업체들은 스스로 자체 정화 노력을 기울이고 있다. 'CJ 홈쇼핑'의 경우 '삼진 아웃제'를, 'LG 홈쇼핑'에서는 '벌점제'를 시행중이다. 하지만

10) 한국소비자보호원 생활경제국 표시광고팀, 앞의 글.
11) 한국소비자보호원 보도국, 앞의 글.

인포머셜 업체와 유사 홈쇼핑업체는 그러한 노력에 있어서 부족하다.

홈쇼핑 시장이 포화 상태이고 그로 인해 경쟁이 불가피하다는 것은 이제 소비자 위주의 관리체제로 업체들이 변모해야 한다는 것을 보여준다. 뿐만 아니라 홈쇼핑 업체와 납품업체간의 구조적인 문제 역시 홈쇼핑 업체들의 자체 정화 제도를 통해 해결해 나갈 수 있을 것이다.[12] 그렇기 때문에 업체 스스로가 소비자의 입장에서의 생각을 하고 문제가 될 수 있는 내용에 대해 자율적으로 시정해 나가는 것이 필요하다.

2. 단속 및 처벌 규제 강화

방송심의에 관한 규정과 방송 광고 심의에 관한 규정을 살펴보면 원산지, 가격 표시 등에 관한 구체적인 기준이 마련되어 있지 못하다. 구체적인 기준을 마련하여 제도적인 허점을 보완하여야 할 것이고 단속 및 처벌 등의 규제를 강화, 관련 법률 신설이 필요하다.

사후광고심의를 하는 전문 업체의 경우 이미 소비자에게 그대로 광고가 노출되어진 후에 심의를 받게 된다. 그래서 사전 광고심의로 바꾸자는 소리가 있지만 사전 광고심의를 받는 인포머셜업체의 경우 불법적으로 내용을 수정한다는 문제점이 있다. 즉 사전사후 심사제를 병행하면서 모니터링과 함께 강력한 규제가 뒤따라야 한다.

또한 재심사제의 운영을 확대 도입하여야 한다. 재심사제는 현재 사업권을 받은 전문 홈쇼핑 업체들에게만 해당되는 것으로 설립연도부터 3년마다 사업권 재승인을 받는 것으로 표준에 미달될 경우 최종적으로 퇴출 하는 강력한 규제이다.

전문 홈쇼핑 업체들의 경우 사업권 재승인을 위해 서비스품질은 물론 소비자 보호 프로그램 개발 등을 노력하는데, 이를 전문 홈쇼핑 업체뿐만 아니라 타 홈쇼핑 업체에도 적용되도록 해야 할 것이다.

3. 현명한 소비 자세의 촉구

홈쇼핑을 이용하는 소비자들 또한, 아무 물건이나 사지 않고 여러 면에서의 비교

12) 오두범,「인터넷 쇼핑몰과 케이블TV 이용자간의 특성 비교 분석」(석사학위논문, 계명대학교, 2001), pp. 11-13.

를 통해 자신에게 가장 필요한 물건을 현명하게 소비할 줄 아는 자세가 필요하다.

소비자가 피해를 방지하기 이해서는 일단 TV홈쇼핑의 특성상 물건을 직접 확인하고 구입할 수 없다는 사실을 인지해야 한다. 그리고 충동구매와 같은 비합리적인 소비 형태를 지양하고 사전 구매 계획을 철저히 세우고 충분한 정보 탐색을 하는 등의 바람직한 구매 형태를 지니도록 노력하여야 한다.

③ 학술적 글쓰기에 어울리는 문체가 있다

글을 쓴다 하여 다 같은 글이 아닌 것처럼 학술적 글쓰기가 요구하는 글은 독자가 쉽고 정확하게 이해할 수 있도록 쓰는 글이다. 자신의 의견이 아무리 훌륭하다 하더라도 그것을 아무도 이해하지 못한다면 소용이 없게 되어버리므로, 독자의 입장에서 볼 때 이해가 가능하도록 배려할 필요성이 있다.

학술적 글쓰기에 어울리는 문체가 있다는 말을 하는 이유가 바로 여기에 있다. 그 구체적인 세부 사항을 다 열거하기는 곤란하므로, 대학생들의 학술적 글쓰기에서 빈번히 지적되는 몇 가지 사항만을 정리하면 다음과 같다.

첫째, 학술적 글쓰기에서는 객관적인 자료로 논리적인 타당성을 주며 논지를 뚜렷하게 펼쳐야 한다. 사실과 추측과 자기 가치관은 각각 다른 것이다. 피상적인 관찰로 성급한 결론을 내리거나, 타당한 근거를 제시하지 않은 채 글쓴이의 선입견을 강조하는 경우는 피해야 한다. 특히 말을 하다가 자기 말에 취해서 흥분하는 사람이 있듯, 때로는 글을 쓰다가 자기 글의 분위기에 젖어 흥분하는 경우도 있다. 지나치게 흥분하여 어떤 사실을 부정적으로 진술하거나 그 반대로 과장적으로 동조하는 것 모두 논리적인 글쓰기를 방해한다.

그러므로 학술적 글쓰기에서는 반드시 논리적 근거를 토대로 객관적인 설득력을 얻을 수 있게 신경 써야 한다. 자신의 주관적인 판단이나 주장을 서술하면서 객관성을 얻지 못하면 독단적인 글이 되기 쉽다. 막연한 논거에 의존하기보다 적절한 논거를 충분히 제시하여 논의의 객관성과 타당성을 확보하고 있는지를 주목해야 한다.

둘째, 학술적 글쓰기에서는 글쓴이의 입장을 분명히 파악할 수 있게 적합한 진술방식을 선택하고 서술의 일관성을 유지하는 것이 중요하다. 예를 들어 "농업은 1차 산업이다."와 같이 어떤 사실을 제시하거나 사건의 진위에 대해 판단하는 경우라면 대체로 '~이다' 형태로 서술한다. 또한 "과식을 피해야 장수한다"와 같이 가치 판단을 내리는 경우라면, 대체로 '~하(한)다' 혹은 '~하는 것이 좋다'의 형태로 서술하는 게 좋다.

반면, 어떤 대상이나 상황에 대해 주장하는 경우라면, "노동법을 즉시 개정해야 한다." 혹은 '~해서는 안 된다'와 같은 서술방식을 취하는 것이 자연스럽다. 이 경우 구체적인 해결책을 같이 서술하거나, 주장의 근거가 될 만한 이유를 부연하면 훨씬 체계적인 글쓰기가 될 것이다.

셋째, 학술적 글쓰기에서 주관적이고 모호한 문장은 피하는 것이 좋다. 지나치게 감상적인 어투, 혹은 미사여구가 동원된 문장 등도 객관적이고 명확한 느낌을 줄 수 없기 때문에 피하는 것이 좋다. 물론 감상문 등의 글에서는 어느 정도 개성적인 글쓰기를 허용하는 편이므로, 대상 자료의 특징이나 감상문의 분위기에 맞춰 이런 종류의 문체가 사용될 수 있으나 이 경우에도 지나치지 않게 조절하는 것이 중요하다.

특히, '~인 것 같다'나 '~일지도 모른다' 식의 모호한 어투는 자신감이 없고 문장이 간결하지 못하므로, 가급적 쓰지 않는 것이 좋다. 이런 표현은 단정 짓기보다 상대방에게 한 번 더 생각할 기회를 주기 위한 정중한 표현으로 쓰는 의도가 아니라면 자신의 주장에 확신이 서지 않는 모호한 표현으로 오해받을 수 있다.

또한 최근 통신용어의 일상화로 리포트에서조차도 통신 언어를 사용하는 경우가 있는데, 필수불가결한 경우가 아니라면 자제하는 것이 필요하다. 특히 이모티콘은 절대 사용해서는 안 된다.

대학생의 학술적 글쓰기에서는 이러한 사항을 토대로 글쓰기의 논리성과 명확성을 보다 높이는 데 신경 써야 한다. 이를 위해 정확한 문장 쓰기의 중요성과 정서법의 기본 사항을 주지해야 함은 물론이다. 예를 들어, 다음과 같은 주의사항들은 대학생의 글쓰기에서도 반복적으로 지적되는 것들이다.

- 문장의 길이는 50자 내외의 적절한 길이로 조정하되, 하나의 문장에 하나의 개념이나 사실을 담는 진술을 원칙으로 한다.
- 꼭 필요한 문장의 기본 성분을 생략하지도 말며, 문장 성분의 호응이 잘 되도록 다듬는다.

- 길이가 긴 도치문은 부정확한 문장을 만들기 쉬우므로 가급적 피하고, 항상 어순을 바로 하여 자연스러운 문장을 만든다.
- 주어와 술어, 수식어와 피수식어가 멀리 떨어져 있으면, 의미의 혼란을 낳기 쉽다.
- 부적절한 조사나 어미, 단어의 사용을 피해야 문장의 모호성에서 벗어나 논리적인 전달력을 가질 수 있다.

명확한 글쓰기를 위한 기본 지침을 상기하여, 자신의 글쓰기에서 반복적으로 지적되는 부정확한 부분을 고치려 노력하는 것이 필요하다. 기본적인 맞춤법, 띄어쓰기, 문장부호 등에 대한 것을 자신 있게 정리하되, 습관적으로 틀리는 부분을 찾아 정확히 알고 넘어가는 글쓰기 훈련이야말로 학술적 글쓰기의 즐거움을 배가시키는 기본요건이 되기 때문이다.

(5) 퇴고

어떤 종류의 글이건 다 쓴 후에는 한번 읽으면서 전체적인 측면에서 재검토하는 작업을 거쳐야 한다. 퇴고는 단순히 틀린 글자나 문장을 손질하는 수준을 넘어서 글 전체를 자신의 의도에 맞추어 재조정하고 전달의 효율성을 고려하여 재배치하는 작업이 되어야 한다.

효율적인 퇴고 작업이 되기 위해 두 가지 사항을 강조하고자 한다.

첫째, 기본 출발점을 점검하라는 것이다. 리포트를 제대로 작성하기 위해서는 자신이 제출해야 할 리포트가 단순히 요약을 하는 것인지, 혹은 조사를 해야 하는 것인지, 아니면 각자의 주관적인 평가와 견해를 포함시켜야 하는 것인지를 정확히 알고 있어야 한다. 이는 담당교수가 요구하는 바가 무엇인지를 정확히 이해했는지를 의미하는 것이기도 하고, 그만큼 제대로 공부하였음을 말해주는 것이기도 하다. 그러므로 자신의 글쓰기가 과제의 목적에 부합하는 글이 되었는지를 확인하는 것이 중요하다.

또한 대부분의 담당 교수자들은 과제의 평가 항목 및 작성 방식을 미리 고려하고 리포트를 부과하므로, 이러한 평가 기준을 살펴 이에 부합시키는 것은 보다 좋은 학술적 글쓰기를 만드는 방법이 될 것이다. 특히 과제의 제출일과 분량을 제대로 지키지 못하면 잘 쓰고 못 쓰고를 떠나 감점되는 경우가 많으므로, 리포트의 평가 요건과 기준에 적합한 글이 되고 있는지를 확인해야 한다.

둘째, 자신의 글을 독자의 입장에서 읽어보라는 것이다. 표지에서부터 마지막 장까지 문서 작성법의 기본 서식에 맞춰 형식적 통일성을 보이는 것은 독자를 위한 기본 배려가 될 수 있다. 글자 모양이나 글자 크기, 문단 모양에 이르기까지 일정한 서식 지정을 확인하는 것은 물론, 자신의 글쓰기에 동원된 숫자나 문자, 기호 등이 일관성 있게 사용되었는가를 살펴야 한다.

이렇게 독자의 입장에서 자신의 글을 읽어나가려는 태도는 내용적 측면에서 퇴고를 할 때 더욱 요구된다. 다음의 〈예시1〉에서처럼, 자신의 생각이 진지하게 드러나 있다 하더라도 적절한 문단 구성이 이루어지지 않거나 문장의 군더더기가 많으면 차분하게 집중하며 읽어나가기가 힘들기 때문이다. 더구나 적절한 분량을 고려하지 않은 채 비슷한 이야기가 장황하게 서술되고 있으면 독자의 입장에서는 불편함을 느낄 수 있다.

〈예시 1〉

공부라는 것은 그 사람이 속해 있는 위치에 따라 그것에 대한 생각이 많이 달라진다. 중 · 고등학생에게는 교과서에 쓰여 있는 내용을 이해하고 그 것을 암기하는 것이 공부이고 문제를 풀었을 때 많은 문항을 맞는 것이 공부의 목표라고 생각할 것이다. 또 어른들-직장인-들은 사회에서 곧바로 쓸 수 있는 지식이나 기술을 습득하는 것이 공부의 범주에 들어가고 단순 암기대신에 현실에 적용할 수 있는 실용성 있는 학습을 하게 될 것이다. 물론 단순히 실용적 지식뿐만이 아니라 음악이나 미술 등을 취미 삼아 공부할 수도 있을 것이다. 그러나 대학에서의 공부는 조금 다르다. 나는 대학생의 공부는 중 · 고등학생의 공부에서 어른들의 공부로 넘어가는 과도기적인 공부라고 생각한다. 또한 고등학교에서의 공부와는 그 공부하는 방법 등 여러 면에서 많은 차이를 가진다. 대학에서의 공부는 제각기 전공이 정해져있고 공부를 하는 자세나 방법에서도 다르다. 대학에서는 고등학교 때까지 해온 것처럼 이미 정해져있는 내용은 이해하지 않고 그대로 외워버리는 것만으로는 부족하다. 강의에서의 내용을 이해할 뿐만이 아니라 그에 대한 내용을 스스로 공부하여 자신만의 시각과 이해를 가져야 한다. 대학에서의 공부는 그 전까지와는 달리 스스로 공부하는 것을 의미하는 것이다. 중 · 고등학교 때 주어지던 지식을 바탕으로 하여 대학교 때 자신의 시각과 논리를 정립시키고 사회에 나갔을 때 그 지식을 활용한다. 자신의 시각을 만들고 그것을 발전시켜 탄탄하게 만들기 위해서는 공부하는 방법이 중요하다. 대학에서의 기본적으로 공부하는 자세는 '도움을 받되 스스로 할 것' 이기 때문에 주어진 4년이라는 시간을 제대로 보내기 위해서는 효율적으로 공부하는 방법을 알고 그것을 행하는 것이 중요하다고 생각한다. 나는 이제 고등학교를 졸업하고 대학생이 되었다. 그래서 아직 제대로 대학 생활에서 어떻게 공부해 나가는지 모른다. 내가 가진 대학 4년 동안의 시간을 충실하게 보내기 위하여 이제부터 대학생들이 어떻게 공부하고 있는지 알고, 내가 행할 수 있는 효율적인 방법을 찾아보고자 한다.

내용적 측면에서 퇴고의 순서는 글의 전체 구조에서부터 시작하여 세부적인 작은 단위로 나아가는 것이 적절하므로, 다음과 같은 질문을 던지며 자신의 글을 읽어나가는 게 좋다.

- 처음에 설정한 의도대로 주제가 충분히 드러나고 있는가?
- 글의 전체적인 구성은 논점을 살리기에 적절한가?
- 서론과 결론의 작성법에 맞게 쓰이되, 비중이 적절한가?
- 본론에서 내용은 적절하게 구성되었으며, 자연스럽게 연결되고 있는가?
- 단락별로 소제목이 적절하며, 그에 맞게 일관되게 기술되었는가?

이러한 퇴고 작업을 제대로 하기 위해서는 학술적 글쓰기의 완성에 필요한 시간적 여건을 충분히 확보해두는 것이 필요하다. 시간적 여유가 없다고 해서 퇴고 작업을 생략하기보다는, 원고 교정부호를 사용하여서라도 사소한 부분의 오자(誤字)나 오기(誤記), 부적절한 표현 등을 수정하는 것이 보다 현명한 태도이다.

[제3장 학술적 글쓰기에서 제대로 인용하기]

1. 인용 훈련이 중요한 이유

리포트는 대학생들의 과제를 총칭하는 것인 만큼 어떤 부분을 공부시킬 것이냐에 따라, 학생의 수준과 능력, 조건에 따라 유형이 나뉜다. 여러 유형의 특징을 이해하고 익히는 것도 중요하지만, 이들 유형을 제대로 수행하기 위한 기본기를 익히는 것도 중요하다. 이에 학술적 글쓰기의 기본기로 제대로 인용하기의 방법을 소개하기로 한다.

학술적 글쓰기에 필요한 기본기로 제대로 인용하는 방법을 알기 위해서는 먼저 '인용(引用)' 이라는 말의 의미부터 정확히 이해할 필요가 있다. '인용법(引用法, allusion)' 을 소개하고 있는 사전적 정의를 참고하면 다음과 같다.

- 자기의 이론을 증명하거나 주장을 강조하기 위하여 남의 말이나 글을 따오는 수사법.
- 설명이나 해석을 할 때 자신의 말보다 자료 그 자체를 제시하는 것이 독자의 이해를 돕는데 훨씬 효과적이라고 판단되는 경우에 사용하는 방법.
- 남의 말이나 글 또는 고사 등에서 필요한 부분을 인용함으로써 글의 뜻을 더욱 분명히 하는 표현 방법.
- 인유법(引喩法)이라고도 하는데, 남의 말이나 글을 인용해 글의 신뢰도를 높이거나 내용을 충실히 하고, 자기 이론의 정확성을 꾀하며, 문장에 변화를 주는 표현 방법.
- 남의 말이나 글을 그대로 따오는 직접 인용과 그것을 요약 · 정리하여 따오는 간접 인용의 방식이 있다.

인용이란 학술적 글쓰기를 작성하는 데 자신의 것이 아닌, 다른 사람의 글에서 꼭 필요한 부분을 가져오는 것을 말한다. 예를 들면, 권위 있는 사람의 글을 제시하여 자신의 주장이나 논지의 정당함을 입증시키거나, 혹은 자기의 견해와 타인의 견해가 어떻게 다른지를 제시하여 자신의 주장을 강조하는 경우에서처럼 말이다.

학술적 글쓰기 작성에서 인용 훈련의 중요성을 강조하는 것은 우리가 그 어느 때보다 지식과 정보가 무한한 시대에 살고 있기 때문이다. 인터넷의 발달로 정보나 지식을 찾고 수용하는 것이 과거에 비해 훨씬 수월해졌을 뿐만 아니라, 지식과 정보의 양도 방대해졌다. 하지만, 무한한 정보의 바다에서 자신에게 꼭 필요한 지식과 정보를 찾아내기가 쉽지 않으며, 과다한 지식과 정보의 홍수가 오히려 창의적인 사고를 방해하는 경우도 많다.

오히려 지금의 우리에게 필요한 것은 자신의 생각과 의견을 창의적이고 논리적으로 표현하는 훈련이다. 이는 필요한 자료를 선별하여 이를 참조하되 자신의 사고 과정을 통해 적절한 결과로 귀결되는 의사소통의 과정이라고 할 수 있다. 이런 훈련을 통해 필요한 자료의 목록을 확인하고 또 적합한 정보를 수용하여 기본적인 지식 습득의 과정을 거치면서, 다소 소박하거나 미흡한 자신의 지식과 논리가 좀 더 발전되거나 풍부한 단계로 완성될 수 있게 된다.

그런 의미에서 인용은 학술적 글쓰기의 꽃이다. 제대로 인용한다는 것은 제대로 자료를 찾았다는 것이고, 이는 곧 정확히 주석을 단다는 것이고, 아울러 참고문헌 작성까지 제대로 할 수 있다는 것을 의미하기 때문이다. 예를 들어, 다음과 같은 글을 자신의 리포트에 가져오고 싶다면 우리는 먼저 자료 정리의 방법에 따라 한 장 자료 카드로 정리할 수 있고, 이렇게 정리된 것이 바로 〈예시1〉와 〈예시2〉이다.

〈예시 1〉

● 노인의 죽음에 대한 비유

"한 사람의 노인이 죽게 되면, 그것은 도서관 하나가 불타 버리는 것과 같다."

- 출처: 마르틴 라퐁,『파란 앞치마』, 김이소 옮김(도서출판 이레, 2001), 책머리에 있는 글.

〈예시 2〉

● 나이에 관한 고전적 명문

"나는 열다섯에 학문에 뜻을 두고, 서른에 서고, 마흔에 미혹되지 않게 되었고, 쉰에 천명을 알게 되었으며, 예순이 되어 남의 말을 사실 그대로 들을 수 있게 되고, 일흔이 되어 원하는 대로 행하여도 규범의 틀을 넘지 않게 되었다."

– 출처: 『논어』(혜인출판사, 1975), 23쪽.

그리고 이것들을 이용하여 〈예시3〉에서와 같이 자신의 학술적 글쓰기를 완성했을 때, 바로 자료를 '인용' 하고 '주석(註釋) 달기' 까지 하였다고 한다. 이 경우 물론 정해진 방법에 따라 인용과 주석 작업의 규칙을 따라야 함은 당연하다.

〈예시 3〉

과연 어떻게 사는 것이 바람직한 것일까? 이 문제에 대하여 한번쯤 생각해보았을 것이다.

> 나는 열다섯에 학문에 뜻을 두고, 서른에 서고, 마흔에 미혹되지 않게 되었고, 쉰에 천명을 알게 되었으며, 예순이 되어 남의 말을 사실 그대로 들을 수 있게 되고, 일흔이 되어 원하는 대로 행하여도 규범의 틀을 넘지 않게 되었다.[1)]

위의 글은 공자가 그의 일생을 통해 일군 학문을 이루는 과정을 나타낸 것이다. 이 글을 보면, 공자라는 성인도 '학문' 이라는 하나의 뜻을 이루기 위해 평생의 시간을 소비하였다는 것을 알 수 있다.

요즘 우리는 너무 빠른 시대를 살고 있는 것 같다. 무엇이든 빨리 하지 않으면 패배하고 뒤처지는 것으로 간주되는 세상이다. 그러나 과연 '천천히' 사는 것이 실패한 삶이라 단정지어 버릴 수 있는 것일까? 한 사람의 삶은 살고 있는 시간 자체를 통해 완성되는 것이라고 생각한다. 그리고 그런 삶은 다른 세대의 삶의 밑거름이 되어 새 삶을 완성하는 영양분이 된다. 마르틴 라퐁은 한 사람의 노인의 죽음을 '도서

1) 『논어』(혜인출판사, 1975), 23쪽.

관이 불타는 것'에 비유했으니,[2)] 사람이 평생을 위해 완성하는 삶의 의미는 사뭇 큰 것이라 할 수 있다.

무엇인가 삶의 목표를 위해 정진하는 데 있어 시간의 길이는 아무 의미가 없다고 생각한다. 그것을 빨리 끝낸다는 것보다 그것을 음미하고 깨닫는 데 더 의의가 있는 것이 아닐까?

2. 인용의 방법적 요건

(1) 직접 인용의 경우

직접 인용(direct quotation)은 어떤 내용을 원문 그대로 옮겨 놓을 필요가 있을 때 하는 인용의 방식으로, 직접 인용할 때는 글의 내용면에서 뿐만 아니라 문장 기호, 부호 등을 그대로 옮겨야 한다. 〈예시1〉에서 보다시피, 직접 인용은 큰따옴표 (" ")로, 인용 안의 인용은 작은따옴표 (' ')로 처리한다.

〈예시 1〉

우리는 가끔 학문을 배우느냐 아니면 스스로 하느냐 하는 문제를 제기하는 수가 있다. 이 점에 대해 칸트는 일찍이 "철학은 가르칠 수 없고 다만 '철학하는 일'만을 가르칠 수 있다"라고 말한 바 있다.

만약 직접 인용을 하고자 하는 부분이 비교적 길어 인용 부호를 사용하는 것이 글 읽기에 혼란을 주는 경우라면, 다음의 〈예시2〉에서처럼 지문에서 따로 떼어 별도의 단락으로 작성하는 방법을 선택하면 된다.

이렇게 직접 인용의 방법을 택하되, 인용문단으로 처리하는 경우에는 인용 부호를 붙이지 않는다. 단, 인용 부분의 상하와 지문 사이의 1행을 비우고, 인용 부분 전체는

2) 마르틴 라퐁,『파란 앞치마』, 김이소 옮김(이레, 2001), 책머리에 있는 글.

지문의 좌측기선에서 우측으로 두세 자를 들여 쓴다. 또 이때의 인용 부분은 지문보다 행간을 좁히며 글자 크기를 지문보다 작게 하여 시각적으로 인용 부분임을 확연하게 구분할 수 있도록 하는 것이 관례이다.

〈예시 2〉

그 동안의 스포츠는 안전과 절제를 중요시했다. 반면에 이종격투기는 가장 원초적인 상태에서 격투를 진행하고 표현의 수위도 높기 때문에 그 폭력수위가 높은 것이 사실이다. 하지만 이런 변화가 기존 정서에 맞지 않기 때문에 이종격투기를 스포츠가 아니라고 할 수는 없다. 본래 "육체의 전쟁을 규칙화하여 게임으로 만든 것이 스포츠"[1]이고 사실상 이종격투기는 그런 스포츠의 본질에 가장 가깝기 때문이다.

> 주어진 임의의 규칙 속에서 상대자와의 경쟁적 활동을 통해 인간 투쟁적 욕구를 만족시키려는 놀이가 게임이라고 할 수 있다. 이때의 만족은 어떤 복잡하고도 어려운 문제에 직면하거나 상대의 공격을 예측할 수 없는 상황에서 경쟁적 투쟁을 통해 수수께끼 같은 상황을 타개한 해결의 기쁨과 상대를 패배케 한 승리의 쾌감을 중심으로 한다.[2]

위의 글에서도 볼 수 있듯이 인간은 욕구의 만족을 통해 쾌락을 추구하며, 게임을 통해 해결할 수 있는 욕구는 투쟁적 욕구이다. 또한 스포츠를 즐기면 이런 투쟁적 욕구의 해소 뿐 아니라 장애를 해결하여 성취감을 올리고, 나아가 승리를 통한 쾌감까지도 얻을 수 있다.

인용을 하더라도 다음과 같은 경우에는 직접 인용의 방식을 선택하는 게 더욱 효과적이다.

- 원문이 아니고는 다른 적절한 표현을 찾을 수 없을 때

1) 가와베가즈토, 『게임시나리오』, 김태완 역(시나리오 친구들, 1999), 112-113쪽.
2) 설성경 · 김교봉, 『문화산업시대 신국문학을 위한 미디어 문학의 이해』(새미, 2003), 143쪽.

- 원문을 그대로 제시하지 않으면 독자가 그릇된 해석을 할 염려가 있을 때
- 연구자의 입장과는 상충되는 견해를 더욱 분명하게 하고자 할 때

특히, 감상의 대상 자료를 직접 제시해야 할 때 역시 직접 인용의 방법을 사용하는 게 효과적이다. 예를 들어, 한 편의 시를 읽고 감상문을 써야하는 경우 직접 인용의 방법을 통해 대상 작품을 제시하는 것이 효율적일 것이다.

이 경우 시 작품을 직접 인용의 방식으로 제시하는 방법은 다음의 〈예시3〉에서처럼 전문(全文)을 보여주어도 되지만, 〈예시4〉와 〈예시5〉에서처럼 해당 부분만을 발췌하여 보여주어 지면을 효율적으로 절약하는 것도 가능하다. 〈예시6〉의 경우도 흔히 쓰이는 방법이다.

〈예시 3〉

詩 한 편에 삼만 원이면
너무 박하다 싶다가도
쌀이 두 말인데 생각하면
금방 마음이 따뜻한 밥이 되네
시집 한 권에 삼천 원이면
든 공에 비해 헐하다 싶다가도
국밥이 한 그릇인데
내 시집이 국밥 한 그릇만큼
사람들 가슴을 따뜻하게 덮어줄 수 있을까
생각하면 아직 멀기만 하네

- 함민복, 〈긍정적인 밥〉, 전문

〈예시 4〉

詩 한 편에 삼만 원이면
너무 박하다 싶다가도
쌀이 두 말인데 생각하면

금방 마음이 따뜻한 밥이 되네

〈예시 5〉

詩 한 편에 삼만 원이면/ 너무 박하다 싶다가도
쌀이 두 말인데 생각하면/ 금방 마음이 따뜻한 밥이 되네

〈예시 6〉

〈긍정적인 밥〉이라는 제목의 시에서 "詩 한 편에 삼만 원이면/ 너무 박하다 싶다가도/ 쌀이 두 말인데 생각하면/ 금방 마음이 따뜻한 밥이 되네/"라고 시인은 말한다.

직접 인용의 경우에는 앞뒤 문장이나 중간 부분을 생략하는 경우가 있다. 이럴 경우에는 〈예시7〉에서처럼 줄임표(…)를 사용한다. 만약 생략 부분이 한 단락 이상일 경우에는 한 줄 전체를 줄임표로 메워 준다. 인용할 내용이 길다면 줄임표를 적절히 사용하여 중요한 부분만을 언급하면 된다.

〈예시 7〉

"결혼을 하였지만, 그 처녀는 솔거의 얼굴을 보고 기절을 하고 … 깨어나서는 그냥 집으로 도망쳐 버리고 … . 또 한 번 장가를 들어보았지만, 그 색시 역시 … 무서워서 죽어도 같이 못 살겠노라고 …" 도망쳐버리는 바람에, 화공 또한 두 번이나 결혼에 실패한 전력(前歷)을 가지고 있다.

또한, 직접인용의 경우 만일 원문에 잘못 표기되어 있거나 인쇄된 말이 있을 경우, 그것이 잘못된 것임을 알아도 마음대로 바로 잡아서는 안 된다. 원문에 명백한 오류가 있어서 독자가 그것을 오해할 가능성이 있는 경우에는 다음에서처럼 원문 그대로 쓰고 '[원문 그대로]' 라는 표시를 넣으면 된다. 인용 원문 중간에 인용자가 자신의 해석이나 부기 사항을 덧붙이고자 할 때 역시 [ ]를 하고 적어 넣는다.

- "춘향으로 해독할 수 잇음을 술하엿대[원문 그대로]"
- "영조 38년[서기 1762년] 장헌세자[사도세자를 말함]가 참혹한 죽음을 당할 때…"

(2) 간접 인용의 경우

남의 생각을 그 사람이 말한 그대로 인용하지 않고, 일단 논문 작성자의 말로써 바꿔서 인용하는 것을 간접 인용(indirect quotation)이라고 한다.

이것은 원문의 문장을 자기의 표현방식으로 바꾸어 그 내용이나 생각을 자기의 논의 과정에 끌어들이는 것으로, 익숙해지기까지 충분한 연습이 필요하다는 점에서 직접 인용보다 어려운 작업이라 할 수 있다. 더더욱 이러한 작업을 명확하면서도 세련되게 해내기 위해서는 지식을 자기 것으로 소화해내는 인용자의 학문적 식견이 더더욱 요구된다.

다음의 〈예시1〉에서 보다시피, 간접 인용은 원문 그대로의 인용이 아니라 원문의 견해를 풀이하여 그 내용적 핵심만을 전달하는 것을 말한다.

〈예시 1〉

최근의 포스트모더니즘 시학에서도 패러디는 핵심개념이 되고 있는데, 김준오는 포스트모더니즘이 바로 패러디 시학이라고 지적한 바 있다.[1)]

하지만, 간접 인용은 다음과 같은 어려움을 해소할 수 있는 장점을 지니고 있어 보다 보편적으로 쓰인다.

- 원문에서 제시된 형태 그대로를 인용하는 것이 어려울 때
- 문체의 이질감(異質感)이 커 자신의 글쓰기에 어울리지 않을 때
- 원문의 길이 조정이 필요할 때

1) 김준오,「현대시의 패러디화와 이데올로기」,『도시시와 해체시』(문학과 비평사, 1992), 155면.

직접 인용에서는 다른 사람의 말과 그것을 옮겨다 쓰는 사람의 말을 분명히 구별하기 위하여 따다 쓴 말 앞뒤에 큰따옴표를 붙이는 식으로 구별하였지만, 간접 인용에서는 이러한 인용부호를 사용하지 않는다. 간접 인용의 경우, 〈예시2〉와 같이 인용이 끝나는 지점에 주석 번호를 달고 그 출처를 명시하는 방식을 취하고 있기 때문에 표절이 되지 않도록 하기 위해 출처 표기에 더욱 신경을 써야 한다.

〈예시 2〉

미술과 창의성은 미술과의 행동요소인 지적 능력, 표현 능력, 감상 능력 중 표현 능력에 속하는 것[2] 으로 우리가 창의성을 정의할 때 등장하는 개념들은 창의성의 다양하고 복합적인 측면 중에서 어느 부분을 차지하고 있는가에 따라 각기 다른 정의를 도출시키기 때문에 그 개념은 상당히 광범위하고 모호하며 애매하다.

간접 인용에는 요약(summary)과 의역(paraphrase)의 두 가지 방법이 대표적이다.

먼저, 요약(要約)의 방법을 활용하여 긴 내용을 짧게 정리하는 경우를 살펴보자. 이 방식은 원문의 요점만 간추려 짧게 줄인 것으로, 원문 한 페이지가 반 페이지로, 때로는 불과 몇 줄로 간추려진다. 다음에 제시하는 〈예시〉들에서 보는 것처럼, 요약하는 스타일에 따라 여러 가지 글쓰기가 가능해진다.

〈예시 3〉

텔레비전 드라마를 분석한 최근의 한 연구에 따르면, 등장인물 중 남성은 74%가 직업을 가진 것에 비해, 여성의 경우 약 40%가 주부이고 37%만이 직업을 가지고 있는 것으로 나타난다. 뿐만 아니라 남성의 경우에는 전 연령마다 골고루 직업을 가지고 있으며 직종 또한 다양함에 비해 여성들은 대개 미혼 여성이나 특수한 경우(대부분 미망인이나 이혼녀)에 한해서만 직업을 가졌으며 직종도 극히 제한되어 있다고 한다.[3] 이 같은 사실은 어느 정도는 현실을 반영한 것이라 할 수 있다. 문제는 드

2) 홍우경, 『교과교육전서: 미술교육』 (갑을출판사, 1988), 71면.

3) 유정한, 「텔레비전 드라마에 방영된 한국 여성의 역할 및 이미지 연구」(박사학위논문, 한국대학교, 1992), 25~30면.

라마에서 여성의 사회적 활동을 다루고 있는 방식 및 내용에 있다.

〈예시 4〉

각 지방의 향촌사회에서 이들이 벌였던 활동으로 현재의 연구 성과를 통해 포착되는 것을 들자면 두 가지가 있다. 그 하나는 개별적으로 서재를 열어 인재를 양성하고자 한 것[4]이고, 다른 하나는 유향소를 조직하여 향촌사회 통솔을 주도하고자 한 것[5]이다. 이러한 움직임은 북송 구법당이 정치체제의 일차적 기반으로 내세운 향촌지주층의 역할에 꼭 들어맞는 것이라 할 수 있다.

〈예시 5〉

D. S. 라이트는 미국의 경우를 들어 중앙정부, 주정부 및 지방정부 등 각 정부수준간의 실제적 힘의 역학관계를 분리형, 내포형, 중복형으로 구분하고 있다.[6] 이 글에 의하면 분리형은 국가와 주정부가 경계를 이루어 각각 독립적으로 자치권을 행사하는 한편, 지방정부는 주정부에 종속되어 이원적 관계에 놓이는 유형이다.

다음으로, 자기의 말로 바꾸어 표현하는 의역(意譯)의 방법을 사용하는 경우를 살펴보자. 이 방법은 원문의 어구를 다른 말로 바꾸어서 알기 쉽게 말하는 것이다. 원문을 다른 말로 바꾸어 부연하기 때문에, 원문보다 길이가 반드시 줄어드는 것은 아니다. 다음에 제시하는 〈예시〉들에서 보는 것처럼, 의역하는 스타일에 따라 여러 가지 글쓰기가 가능해진다.

〈예시 6〉

"조직의 운영 실태와 조직 목적에 합당한 성과 획득을 위해서는 조직 경영자와 구성원 간의 상호관계가 매우 중요하며, 조직 운영자의 지도성 유형이 조직 구성원의 태도나 사기 및 생산성에 큰 영향을 미치게 된다."

---

4) 강용기,「여말선초의 과업교육」,『역사학보』67호(역사학회, 1985), 49-53면.
5) 조미진,『사림파의 유향소 복원 운동』(역사비평사, 1972), 16면.
6) 라이트,『미국의 지방행정연구』, 노현정 역(돌베개, 1998), 36~44면.

⇓

하나의 조직이 어떻게 하면 보다 능률적으로 운영되며 조직 목적에 합당한 성과를 올릴 수 있는가 하는 문제는 조직 경영자와 구성원의 상호관계에 따라 좌우되며, 조직 운영자의 지도성 유형이 그 구성원의 태도나 사기 및 생산성에 깊은 관계가 있다.[1)]

특히 학교조직체에 있어 구성원의 특성 요인에 따른 효과적인 지도성 행사는 더욱 필요하다고 본다. 왜냐하면 학교 조직체는 전문적인 교육을 받은 사람들로 구성되었기 때문에 교장의 지도성에 대해 민감하게 지각하고 반응하며 이에 따라서 조직에 만족, 혹은 불만족을 초래할 수 있기 때문이다.

〈예시 7〉

"인공수정은 완전히 제거되어야 한다. 생식은 오직 창조자의 의지와 계획에 따라 이루어져야만 하며 배우자간의 존엄성과 물질적이고 영적인 본성, 그리고 아이를 행복하게 키울 수 있는 환경 등이 조화를 이룰 수 있도록 노력해야 할 것이다."

⇓

1949년 교황 파이우스 12세는 "인공수정은 완전히 제거되어야 한다"[1)]라고 천명하면서, 생식이란 오로지 창조자의 의지와 계획에 따라서만 이루어져야 하며, 일단 결혼하여 짝을 이룬 사람들은 배우자 간의 존엄성과 물질적이고 영적인 본성, 그리고 아이를 행복하게 키울 수 있는 환경 등이 조화를 이룰 수 있도록 노력해야 한다는 점을 강조하였다.[2)]

〈예시 8〉

"뇌의 기능적 특성을 살펴보면 다음과 같다. 인간의 대뇌는 좌뇌와 우뇌라는 두 개의 반구로 나뉘어져 있으며, 그 형태와 크기는 동일하다. 그런데 좌뇌는 인체의 오른쪽에서 오는 반응을, 우뇌는 인체의 왼쪽에서 오는 반응을 조절한다. 이처럼 각 반구는 서로 다른 방식으로 정보를 받아들이고 해석하는 것을 뇌의 기능 분화 또는 뇌의 기능적 특성이라 한다."

⇓

인간의 대뇌는 형태와 크기가 거의 같은 두 개의 반구, 즉 좌뇌와 우뇌로 나누어져 있다. 각각의 뇌는 몸의 반대편에서 오는 정보를 수용하고 신체의 반대편을 조절한다. 예를 들어 오른쪽으로 들어온 시각 정보는 좌뇌에서, 왼쪽 눈으로 들어온 시각정보는 우뇌에서 처리된다. 이처럼 좌뇌와 우뇌로 나뉘어져 각각이 서로 다른 기능을 수행하는 것을 뇌의 기능 분화 또는 기능적 특성이라고 한다.[1)]

3. 인용의 형식적 요건

(1) 내용주와 참조주

주석(註釋) 작업이란 원래 "말 또는 책의 본문 가운데에 있는 어떤 부분에 대해 이해를 빠르게 하려고 그 뜻을 풀어주는 보충적 설명"이라는 의미를 지닌다. 그래서 논의 과정에서 보충 설명이 필요한 경우 주석의 방법을 통해 해결하기도 한다. 이것이 바로 내용주(內容註, content notes)로, 〈예시1〉과 같이 작성한다.

〈예시 1〉

1) 화자가 '기존의 규범을 내세워 자신에게 간섭하는 사람들'을 지적한 것은, 그의 문제의식이 과거의 질서를 대행(代行)하는 기성세대로 확대된 결과로 볼 수 있다. 이러한 세대 간 갈등의 경향은 신세대의 새로운 가치추구 자체가 기성세대에 대한 강한 불신을 내포하고 있음을 말해준다.

내용주는 본문 내용에 대한 부연 설명을 하거나, 논외로 이루어지는 보충 설명이 필요할 때 많이 쓰인다. 본문에 넣으면 글의 흐름을 방해하지만 본문의 내용을 이해하는 데 도움이 되는 보충 정보가 있거나, 보충 설명의 내용이 지면을 많이 차지하는 경우에도 내용주의 방법을 이용한다.

경우에 따라서는, 본문에서 사용한 특수한 용어나 공식에 대하여 보충적으로 설명하고자 할 때, 논문 필자의 소속기관 · 직위 · 연락처 · 약력 등을 소개하고자 할 때, 논문을 작성하는데 도움 받은 사람들에 대하여 사의를 표시하고자 할 때에도 내용주를 사용할 수 있다

하지만, 요즘의 학술적 글쓰기에서는 자신이 논의 전개를 위해 자신이 인용하고 참고한 자료의 출처를 밝혀주는 목적으로 주석 작업이 더욱 활발하다. 이렇게 인용된 자료의 출처를 밝혀주는 주석 작업을 참조주(參照註, reference notes)라고 하며, 〈예시 2〉와 같이 작성한다.

앞서 정리한 인용의 방법을 제대로 적용하였다면, 그에 부응하여 출처를 밝히는 참조주의 작업도 정확히 해낼 수 있어야 한다. 곧 다른 사람의 자료에서 직접 인용했을 때뿐만 아니라, 자신이 요약하거나 의역한 부분이 있다면 그 어느 경우에라도 해당 자료의 출처를 분명히 제시할 수 있어야 한다.

〈예시 2〉

1) 이연지, 「한국사회의 갈등구조와 커뮤니케이션」, 『한국의 사회와 문화』제24집(한국정신문화연구원, 1995), 184면.
2) 다치바나 다카시, 『도쿄대생은 바보가 되었는가』, 이정환 역(청어람 미디어, 2003), 237면.
3) 박소희, 『여대생은 무엇으로 사는가』(지형, 2006), 80면.

참조주는 연구에서 인용한 이론 · 자료 · 연구 결과 등을 창출한 원저자의 학문적 공적을 인정하고, 다른 사람의 연구 · 논문 · 보고 · 의견 등을 참조한 사람이 마땅히 해야 할 감사의 표시이다. 독자에게 필요하다면 인용한 자료를 확인 · 검색하거나 이용할 수 있도록 안내하는 역할까지도 한다.

(2) 완전 주석과 약식 주석

주석의 표기 양식은 시대의 흐름을 어느 정도는 반영하며, 무엇보다 학문 분야나 전공 학과에 따라 조금씩 다르다. 이 책에서 다루는 주석의 방법은 가장 일반적으로 통용되는 방식일 뿐이다.

특히 학위논문의 경우에는 학교마다 자체적으로 정한 스타일이 있으므로 주석 작업을 엄격히 지키기 위해서는 이 책에서 소개하는 일반적인 원칙을 토대로 자신의 학교에서 요구하는 스타일을 확인하여야 한다. 경우에 따라서는 학회지를 펴내는 학술단체나 출판사에 따라서도 달라질 수 있는 게 바로 주석의 스타일이다.

주석의 방법을 보다 효율적으로 연습하기 위해서는 출처를 밝히는 일반적인 원칙을 알아두는 것이 필요하다. 일반적으로 주석 작업에서 필수적으로 요구하는 출처는 '저자, 서명, 출판사항, 인용 면수'에 관한 것으로, 그 세부 사항은 다음의 형식에 따르고 있다.

● 저자명의 경우

- 동양인의 경우 성(姓)·명(名)의 순서로, 서양인의 경우 명·성의 순서로 표시한다.
- 저자명 뒤에는 쉼표(,)를 찍어주게 되며, 지은이는 책에 쓰여진 그대로 표시한다.
- 저자는 학술단체나 연구소 등이 될 수도 있다.
- 공저의 경우, 3인까지는 모두 표기하되, 동양인의 경우 이름 사이에 가운뎃점(·)을 찍어 구분하며, 서양인은 2인일 때는 and로 연결하고 3인일 때는 '_____, _____, and _____, '식으로 표시한다.
- 저자가 4인 이상일 경우 간행물에 발표된 맨 처음 이름만을 쓰되 동양인의 경우 '000 외 0명'으로, 서양인의 경우에는 'et al' 또는 'and others'를 붙여준다.
- 편저나 번역서의 경우 이름 뒤에 '편', '역'이라는 말을 쓰며, 서양서는 'ed.', 'trans.'를 사용한다. 번역서의 경우 원저자와 역자를 동시에 적어주는데, 역자는 저서명 뒤에 표기한다.

● 저서명의 경우

- 서양서의 경우 이탤릭체로 표시하며, 이탤릭체가 불가능할 시에는 밑줄을 긋는다.
- 서양서의 경우 대문자 사용에 유의해야 하는데, 일반적으로 관사나 전치사, 접속사 등은 소문자로 시작하고 나머지 단어들은 대문자로 시작한다.
- 동양서는 겹낫표(『 』)로 표시한다.
- 부제목이 존재하면 쌍점(:)을 찍고 표시한다.

● 판차의 경우

- 초판이 아닐 경우 저서명 뒤에 표기하며, 동양서의 경우 '개정판', '증보판' 등으로, 서양서의 경우 'rev.ed.', 'rev. & enl.ed.' 등으로 표시한다.
- 단, 내용상 변화가 없는 판차는 표기하지 않는다.

● 출판사항의 경우

- 전체를 ( )로 묶어서 (출판지 : 출판사, 출판 연도) 형식으로 표기한다.
- 국내 저서의 경우 대개의 출판지가 서울이므로 생략하기도 한다.

● 인용면수의 경우

- 인용한 페이지를 표시할 때에는 인용 페이지 수가 한 페이지라면 'p.' 라고 쓰며, 인용 페이지 수가 두 페이지 이상일 경우 'pp.' 라고 표기한다.
- 최근에는 면, 쪽 등의 표현을 쓰기도 하는데, 어느 경우에나 한 가지 표현으로 통일한다.
- 주석 작업의 마지막에는 반드시 마침표(.)를 찍는다.

● 사용할 부호는 다음과 같이 규정한다.

- 단행본, 문집, 신문, 잡지, 전집류 등 : 『 』
- 학술논문이나 학위논문의 제목 : 「 」
- 시나 소설 등과 같은 작품명 : 〈 〉

그렇다면 다음의 〈예시1〉에서와 같이 인용된 자료의 출처를 밝히고자 할 때, 정확한 주석 작업을 해내려면 어떻게 해야 될까? 일단은 〈예시1〉에서처럼 문장으로 처리하는 것은 비효율적일뿐더러 통용되지도 않는다.

〈예시 1〉

1) '펄프 에세이' 라는 책의 167쪽을 인용하였는데, 서울에 있는 '하늘연못' 이라는 출판사에서 1997년에 나왔다. 저자는 장정일이다.
2) '대학저널' 에 최성일이 쓴 "좋은 책은 그리 좋기만 하나" 라는 글의 23쪽을 인용하였다. 이 잡지는 2002년 3월호이다.
3) 주2)의 책을 다시 인용하였는데, 25쪽이다.
4) 임다솜의 석사학위논문 "대학생의 음주문화" 의 79쪽을 인용하였다. 명지대에서 2000년에 나왔다.
5) 주1)의 책을 다시 인용하였는데, 173쪽에서 178쪽까지이다.
6) 오늘 읽은 '조선일보' 에서 임태원의 칼럼 "대학에서 살아남기" 를 인용하였다.

인용 작업에 필수적으로 뒤따르는 주석 작업을 제대로 해내기 위해서는 완전(完全) 주석과 약식(略式) 주석의 두 방법을 알아두어야 한다. 그래야 〈예시1〉의 주석 작업을 정확히 보완할 수 있기 때문이다. 완전주석은 본문을 쓰는 과정에서 인용하고 참조한 문헌의 출처를 일정한 양식으로 기록하는 방법을 말한다. 약식주석은 완전 주석에서 소개된 문헌을 다시 인용할 때 일정한 부호로 간략하게 기록하는 방법을 말한다.

먼저, 완전 주석을 제대로 하기 위해서는 다음에서처럼 자료의 유형별 서지사항을 적는 방법을 익히는 것이 중요하다.

● 저서의 경우

- 저자명, 『저서명』(출판지 : 출판사, 출판 연도), 인용면수. 의 순서로 표기한다.
  예) 최진원, 『국문학과 자연』(성균관대학교 출판부, 1977), 292면.

- 하나의 주석 작업에서 두 개 이상의 출처를 밝혀야 되는 경우 세미콜론(;)으로 구

분하여 이어서 서술한다.

예) 최진원, 『국문학과 자연』(성균관대학교 출판부, 1977), 292면; 김학성, 「한국고전시가의 미의식 체계론」(박사학위논문, 서울대학교, 1980), 37면.

● 번역서의 경우

- 저자명, 『저서명』, 역자명(출판지 : 출판사, 출판 연도), 인용면수. 의 순서로 표기한다.

예) 빅토르 어얼리치, 『러시아 형식주의』, 박거용 역(문학과지성사, 1983), 23~25면.

● 학술논문의 경우

- 필자명, 「논문제목」, 『게재지명』권 · 호수(발행처, 발행 연도), 인용면수. 의 순서로 표기한다. 발행사항에 대한 것은 생략해도 된다.

예) 성기옥, 「〈도산십이곡〉의 구조와 의미」, 『한국시가연구』제11집(한국시가학회, 2002), pp. 202~203.

- 신문이나 잡지류에 실린 기사 등을 인용하여 출처를 밝혀야 되는 경우도 이에 준한다.

예) 양국화, 「영어 성적 나쁘면 대학 졸업할 자격 없나?」, 『경향신문』 2006년 3월 22일자, 8면.

● 편저의 경우

- 편자보다 원저자를 드러내고자 할 경우에는 원저자명, 「논문제목」, 편자명, 『서명』(출판지 : 출판사, 출판 연도), 인용면수. 의 순서로 쓴다.

예) 최재남, 「16~17세기 향촌 문화공간의 미학과 시가문학」, 한국시가학회 편, 『시가사와 예술사의 관련양상 Ⅱ』(보고사, 2002), p. 99.

● 학위논문의 경우

- 필자명, 「논문제목」(학위종류, 학교, 연도), 인용면수. 의 순서로 정리한다.

예) 김학성, 「한국고전시가의 미의식 체계론」(박사학위논문, 서울대학교, 1980), 37면.

● 인터넷 웹 문서 자료인 경우

- 필자명, "글 제목", 웹 주소, (최종검색일). 의 순서로 정리한다. 전자문헌은 인터넷상의 웹 주소 뿐만 아니라, 가능하다면 해당 자료의 저자명과 제목도 함께 제시하여 다른 검색엔진을 통해서도 정보를 얻거나 확인할 수 있도록 하는 것이 좋다. 인터넷을 이용한 전자문헌의 경우 자료 내용이 수시로 새롭게 갱신(update)되므로 유일한 발행일이 존재할 수 없다. 따라서 이러한 경우에는 최종 검색한 일자를 출판일로 기재해야 한다.

예) 마이클, "전자 문헌 세계의 무질서와 목록의 문제", http://www.nanet.go.kr/nal/neal70423.html, (2004. 3. 21. 최종검색).

다음으로, 약식 주석의 경우에는 앞서 출처를 밝힌 문헌을 다시 소개하는 번거로움을 피하기 위해 일정한 부호나 약어(略語)를 사용하고 있다. 약식 주석에 사용하는 약어를 살피면 다음과 같다.

● 앞서 인용한 자료를 거듭 인용하는 경우

- 앞의 주석에서 다루어진 문헌을 다시 언급할 때는 '저자명, 앞의 책, 인용면수' 의 형식으로 쓴다. 서양서의 경우 자주 쓰이는 Op. cit.는 '인용된 작품에서' 라는 뜻의 라틴어 opere citato의 약어이다. 한자어 표현을 즐겨 쓰던 시대에는 '전게서(前揭書)' 라는 표현을 쓰기도 하였지만, 최근에는 단행본의 경우 '앞의 책' 이라는 표현을 쓰고, 그 외의 자료에서는 '앞의 글' 이라는 표현으로 대신하고 있다.

예) 1) 최진원,『국문학과 자연』(성균관대학교 출판부, 1977), 292면.

2) 빅토르 어얼리치, 『러시아 형식주의』, 박거용 역(문학과지성사, 1983), 23~25면.

3) 최진원, 앞의 책, 294면.

● 연이어 동일한 문헌을 인용하는 경우

- 동일한 문헌을 연이어 인용하는 경우에는 주석 작업에서 저자명을 생략하고 '같은 책, 인용면수'라고 쓰면 된다. 서양서의 경우 흔히 쓰이는 Ibid.는 '같은 자리에' 라는 뜻의 라틴어 ibidem의 약어이다. 한자어 표현으로, '상게서(上揭書)'라 하기도 한다.

  예) 4) 성기옥, 「〈도산십이곡〉의 구조와 의미」, 『한국시가연구』제11집(한국시가학회, 2002), 202~203면.

  5) 같은 책, 245면.

- 연이어 동일한 문헌을 인용하되, 인용면수조차도 같다면 '같은 책, 같은 곳.'이라고 써도 된다. 서양서의 경우 Loc. cit.는 '인용된 자리에서' 라는 뜻의 라틴어 loco citato의 약어이다.

  예) 6) 최규수, 『19세기 시조 대중화론』(보고사, 2005), 292면.

  7) 같은 책, 같은 곳.

이제 생소하기만 했던 주석 작업의 방법에 대해서는 어느 정도 익숙해졌을 것이다. 그렇다면 앞서 제시한 〈예시1〉의 주석 작업을 이제 마무리해보자. 완전 주석과 약식 주석의 방법에 의거하여 정리한 주석 작업은 〈예시2〉와 같다.

〈예시 2〉

1) 장정일, 『펄프 에세이』(서울: 하늘연못, 1997), 167쪽.

2) 최성일, 「좋은 책은 그리 좋기만 하나」, 『대학저널』 2002년 3월호, 23쪽.

3) 같은 글, 25쪽.

4) 임다솜, 「대학생의 음주문화」(석사학위논문, 명지대, 2000), 79쪽.

5) 장정일, 앞의 책, 173~178쪽.

6) 임태원, 「대학에서 살아남기」, 『조선일보』 2008년 3월 2일자, 칼럼.

(3) 각주와 미주

주석 작업에서는 주석 부분을 어느 위치에서 제시하느냐에 따라 각주(脚註, footnotes)와 미주(尾註, endnotes)로 구별한다.

미주는 각 페이지에 위치시키지 않고 장이나 절의 끝 부분, 또는 연구논문 전체의 말미에 제시하는 방법이다. 논문의 끝 부분에 주석 작업을 제시한다는 의미에서 후주(後註)라고 부르기도 한다.

본문에서는 인용된 부분마다 주번호만 보일 뿐 주석의 구체적인 내용은 논문의 말미에 모아 놓았기 때문에 본문의 흐름을 좇아 논지를 따라 읽어나가기는 훨씬 수월하다. 하지만, 그때그때 확인해야 하는 주석 작업이 많아지면 글의 앞뒤를 왕복하며 읽어가야 하는 번거로움도 있다. 예전에는 편집상의 어려움으로 인해 미주 방식이 선호되었지만, 문서 작성 기술이 발달한 오늘날에는 잡지류와 같이 학술적 성격이 약화된 저술에서 통용될 뿐, 미주 방식은 극히 제한적으로 사용된다.

각주는 본문 페이지의 하단에 7cm 정도의 검정 선을 긋고, 그 하단에 주석 작업을 정리해놓는 것을 말한다. 그래서 예전에는 각주를 일명 하단주(下段註)라고도 하였다. 최근 보다 다양한 주석의 양식들이 등장하였다고 하지만, 학술적 글쓰기에서는 여전히 각주 방식을 기준으로 삼는 경향이 보편적이다.

특히 학위논문 작성에서는 각주 방식을 기준으로 삼으며, 리포트 작성의 경우에도 특별한 스타일을 제시하지 않는다면 각주의 방식을 취하면 된다.

(4) 참고문헌 작성

참고문헌(參考文獻) 작성이란, 연구를 수행하는 전체 과정에서 참고한 문헌과 자료를 일정한 형식에 맞추어 정리한 목록으로 연구논문 말미에 제시하는 것을 말한다.

참고문헌을 목록으로 만들어 제시하는 목적은 연구에서 인용한 자료의 출처를 밝힘으로써 관심 있는 독자가 각각의 자료를 확인하고 검색하는데 필요한 정보를 일목요연하게 제공하는 동시에 연구의 타당성을 입증하기 위함이다. 참고문헌 목록은 경우에 따라서는 연구논문의 성격과 질적 수준을 판단하는 자료로 활용될 수도 있으므로 분명하게 작성되어야 한다.

참고문헌의 세부 형식은 주석 작업에서 제시한 방법에 준한다. 다음과 같은 몇 가지 방식에 있어서는 주석 작업과는 다르게 표시하는 경향이 있다.

우선, 기본적인 서지사항에서 달라지는 부분이 있다. 곧 저자와 저서명 사이에 있는 쉼표를 마침표로 바꿔주고, 저서명 다음에 마침표를 찍는다. 출판 사항은 괄호로 묶지 않는다. 참고문헌에서는 인용면수를 표시하지 않고, 발행 연도 다음에 마침표만을 찍는다.

[주석] 최규수, 『고전시가 연구의 전망과 모색』(도서출판 다운샘, 2007), pp. 72-78.

[참고문헌] 최규수. 『고전시가 연구의 전망과 모색』. 도서출판 다운샘, 2007.

다음으로, 참고 문헌의 배열이 주석 작업의 순서와는 다르다. 인용된 순서를 따르는 주석 작업과 다르게, 참고문헌 작성에서는 다음에서 보는 바와 같이 대상 자료의 서지사항 중 저자명을 기준으로 하여 가나다 순서로 배열한다.

만약 참고문헌의 양이 많다면, 자료와 저서 및 논문으로 나누거나, 국내 문헌과 외국 문헌 등으로 나누어 정리하는 것이 효율적이다. 참고한 외국 문헌의 양이 많을 경우에는 다시 동양서(東洋書)와 서양서(西洋書)를 나누어 보이는 게 좋다.

남정희. 「18세기 京華士族의 시조 향유와 창작 양상에 관한 연구」. 박사학위논문, 이화여자대학교, 2002.

성기옥. 「〈도산십이곡〉의 구조와 의미」. 『한국시가연구』 제11집. 한국시가학회, 2002.

최규수. 『19세기 시조 대중화론』. 보고사, 2005.

______. 『고전시가 연구의 전망과 모색』. 도서출판 다운샘, 2007.

최진원. 『국문학과 자연』. 성균관대학교 출판부, 1977.

빅토르 어얼리치. 『러시아 형식주의』. 박거용 역. 문학과지성사, 1983.

4. 인용의 효율성을 높이려면

첫째, 인용의 효율성을 높이기 위해서는 무엇보다도 인용되는 자료가 신뢰할 만한 것이어야 한다. 신뢰할 만하다는 것은 출처가 정확하다는 것 뿐만 아니라, 인용함으로써 자신의 논지 전개에 힘이 될 만한 설득력을 가짐을 의미한다. 예를 들어, 전거(典據)로서의 충분한 권위가 있거나 최근까지의 연구 성과를 정확히 보여주는 것인지 등을 살펴 제대로 인용해주어야 한다. 무턱대고 인용하기보다는 자신에게 필요한 부분을 살릴 수 있도록 옥석(玉石)의 가치를 가려 사용하는 안목이 그래서 중요해진다.

다음에 제시한 〈예시1〉의 글들을 읽고, 자신에게 필요한 부분을 골라보자.

〈예시 1〉

● 사람이 자신을 알기 위해서는 자기를 둘러싼 껍질 속에서 나와서 자기 자신을 냉정히 볼 줄 알아야 한다.

- 출처: 마하트마 간디, 『날마다 한 생각』, 함석헌 역(호미, 2002), 56면.

● "어떤 책은 맛만 볼 것이요, 어떤 책은 통째로 삼켜버릴 것이요, 또 어떤 책은 씹어서 소화시켜야 할 것이나."

- 출전: 베이컨, 『독서의 기술』, 최지우 역(동아출판사, 2003), 38면.

둘째, 인용의 효율성을 높이려면 정확하게 인용하는 자세가 중요하다. 출처만을 정확히 밝히는 것은 지나치게 소극적이다. 오히려 학술적 글쓰기를 통해 학문하는 자세를 훈련하는 우리들에게 중요한 것은 원래의 취지와 의도를 왜곡시키거나 편파적으로 자기식의 해석을 가하는 경우를 경계해야 한다. 자신의 생각을 정확하게 표현하기도 어렵지만 타인의 생각을 자신의 글 안에 제대로 융화시키기도 어렵다. 자의적인 해석이 지나치면 독자의 혼란을 불러일으키기가 쉽기에, 인용하는 글쓰기에서는 보다 정확하게 인용하면서 자신의 뜻을 명확히 전달할 수 있어야 한다.

셋째, 인용의 효율성을 높이기 위해서는 문체적 측면에서 거친 부분을 다듬어주는 것이 필요하다. 인용이 제대로 효과를 보기 위해서는 원문의 내용과 구성에 있어 동반자 내지 협력자의 역할을 할 수 있어야 하기 때문이다. 그래서 자신의 글이 아닌 남의 것을 자기의 글에 융합시켜 문장 구조와 논리 전개를 조화롭게 하는 능력이 필요하다.

인용 부분의 처리는 인용 부분의 길이나 성격에 따라 좌우된다. 인용문을 도입할 때마다 '누구는 이렇게 말했다' 또는 '다음과 같이 말했다'는 식으로 천편일률적으로 처리한다면, 논문의 문장이 단순해질 뿐만 아니라 무엇이 핵심인지 알기 어렵게 된다.

덧붙여, 인용 부분의 길이는 논문의 핵심을 해치지 않고 인용의 목적을 달성할 수 있는 범위 안에 그쳐야 한다. 인용 부분은 길어도 반면을 넘기지 않는 것이 좋다. 만일 인용문이 한 면 전부를 차지하면 독자는 그 글이 인용문이라는 사실을 잊고 필자의 견해로 오인하기 쉬울 뿐더러 문제의 초점을 흐리게 만들 우려도 있다. 만약, 자신의 논문에 필요 불가결의 인용문으로 도저히 길이 조정을 할 수 없을 정도로 길다고 생각되면 부록으로 통해 전문을 보여주는 방법을 써도 된다.

다음의 〈예시2〉와 〈예시3〉은 공통적으로 〈예시1〉을 이용하여 인용의 방법을 선택했음에도 독자에 따라 호오(好惡)의 평가가 나뉠 수 있다. 어떤 점에서 그러한지를 살피면서 자신의 글쓰기에서 부족한 부분을 돌아보는 계기로 삼기 바란다.

〈예시 2〉

"어떤 책은 맛만 볼 것이오, 어떤 책은 통째로 삼켜버릴 것이오, 또 어떤 책은 씹어서 소화시켜야 할 것이다"[23]라는 말에서 알 수 있듯이, 책은 그 종류와 성격에 맞게 읽어줘야 한다. 이것은 독서가 어떻게 하면 작가의 생각과 지식을 효율적으로 받아들일 수 있을까하는 고찰에서 나온 것이라 할 수 있다.

책을 읽음으로써, 독자는 해보지 못한 경험이나 지식의 확장, 감동 등을 느낄 수 있을 것이다. 이것은 마치 자신을 알기 위해서는 자신을 둘러싼 껍질 속에서 나와 자신을 냉정히 봐야 하는 것[24]처럼 자신의 입장에서만이 아닌 작가의 입장에 서서 세상을 바라보는 경험일 것이다. 바로 이것이 독서의 절대적인 필요성이 아닐까 싶다.

23) 베이컨, 『독서의 기술』, 최지우 역(동아출판사, 2003), 38쪽.

24) 마하트마 간디, 『날마다 한 생각』, 함석헌 역(호미, 2002), 56쪽.

〈예시 3〉

책을 읽는 방법에는 크게 세 가지가 있다. 베이컨에 따르면[25] 어떤 책은 맛만 볼 것이라고 했다. 이런 책은 목차만 훑어 내려가거나, 검색하듯이 필요한 부분만 읽는 책을 말한다. 다른 책은 둘째로 삼켜 버릴 것이라고 한다. 이런 책은 처음부터 끝까지 정독해서 읽고, 내용 파악에 힘을 기울이는 책이다. 또 어떤 책은 씹어서 소화시켜야 한다고 말한다. 내가 권장하고 싶은 독서가 바로 이런 책이다. 베이컨의 표현처럼 씹어서 소화시킨다는 것은 결국 온전한 내 것으로 만들어서 나의 행동과 인식을 변화시키는 것이다.

"사람이 자신을 알기 위해서는 자기를 둘러싼 껍질 속에서 나와서 자기 자신을 냉정히 볼 줄 알아야 한다"[26]라는 말이 있다. 나는 세 번째 책의 종류가 이러한 변화를 일으킬 수 있다고 생각한다. 예를 들면, 학문 서적의 경우 나와 무관한 전공의 책을 봄으로써 나의 학문적 식견과 견줄 수도 있고 자신의 식견 안에서 알 수 없었던 사실을 알게 되면서 더욱 반박의 근거를 찾거나, 나의 의견을 제시하는데 좋은 증거가 될 수도 있다. 또 다른 예를 들면, 지침서의 경우에는 자신의 경험 밖의 이야기를 읽으면서 그 글의 주인공에 나를 대입시켜 또 다른 이야기를 만들어 낼 수도 있는 일이다.

그렇다면, 이제 스스로 인용문을 만들고 주석 작업을 할 수 있도록 연습을 충분히 해보는 것이 필요하다. 다음에 제시한 〈예시4〉의 글들을 자유롭게 인용하며 한 문단 이상의 글을 만들어보자. 인용이 되었다면 주석 작업도 반드시 이루어져야 함을 기억하되, 기계적인 인용에서 벗어나 효율성을 극대화할 수 있는 방법들을 찾아보는 것이 필요하다.

〈예시 4〉

(1) "사명은 인간의 정신적 지주요, 목표 확립이요, 방향 설정이다. 나의 설 자리를 찾고 나의 할 일을 깨닫고 나의 갈 길을 발견하는 것이다. 인생은 너와 나와

25) 베이컨, 『독서의 기술』, 최지우 역 (동아출판사, 2003), 38쪽.
26) 마하트마 간디, 『날마다 한세상』, 함석헌 역 (호미, 2002), 56쪽.

의 깊은 만남이다. 인생의 만남 중에서 가장 중요한 만남은 생명과 사명과의 만남이다. 나의 생명이 나의 사명을 만나는 것처럼 중요한 것이 없다. 나의 생명이 나의 사명을 만날 때 나의 생명은 감격하고 깊어지고 위대해진다. 나의 생명은 나의 사명을 만나야 한다. 사명을 만나지 못하는 생명은 허전하고 무의미하다. 만남은 감격이다. 깊은 만남은 깊은 감격이다. 깊은 만남은 커다란 기쁨이다. 갈릴리 호반에서 고기를 낚던 베드로는 어느 날 그리스도를 만나 새사람이 되어 위대한 사도의 길을 걸었다. 젊은 안연(顔淵)은 학성(學聖) 공자를 만나 깊은 진리를 깨달았다. 20세의 젊은 청년 플라톤은 철인(哲人) 소크라테스를 만나 정치가의 길을 버리고 그의 스승의 뒤를 따라 철학자가 되었다. 33세의 청년 유학도(儒學徒) 율곡(栗谷)은 35세 연장인 퇴계(退溪)선생을 찾아 뵙고 깊은 정신적 조우(遭遇)와 학문적 감화(感化)를 받고 조선 유학의 거봉(巨峰)이 되었다. 깊은 만남은 커다란 감격의 원천이다."

- 출처: '철학과 현실사' 라는 출판사에서 1997년에 나온 '인생론' 이라는 제목의 책인데, 94쪽에 있는 글이다. 저자는 안병욱이다.

(2) "나와 같이 징역살이를 한 노인 목수 한 분이 있었습니다. 언젠가 그 노인이 내게 무얼 설명하면서 땅바닥에 집을 그렸습니다. 그 그림에서 내가 받은 충격은 잊을 수 없습니다. 집을 그리는 순서가 판이하였기 때문입니다. 지붕부터 그리는 우리들의 순서와는 거꾸로였습니다. 먼저 주춧돌을 그린 다음 기둥 · 도리 · 들보 · 서까래 · 지붕의 순서로 그렸습니다. 그가 집을 그리는 순서는 집을 짓는 순서였습니다. 일하는 사람의 그림이었습니다. 세상에 지붕부터 지을 수 있는 집은 없습니다. 그럼에도 불구하고 지붕부터 그려온 나의 무심함이 부끄러웠습니다. 나의 서가(書架)가 한꺼번에 무너지는 낭패감이었습니다. 나는 지금도 책을 읽다가 '건축' 이라는 단어를 만나면 한동안 그 노인의 얼굴을 상기합니다."

- 출처: 신영복이 쓴 〈드높은 삶을 지향하는 진정한 합격자가 되십시오〉라는 글이다. 이 글은 신영복의 책 「나무야 나무야」 90면에 있는데, 이 책은 '돌베개' 라는 출판사에서 1996년에 펴냈다.

[제4장 유형별로 살펴보기]

앞서 학술적 글쓰기의 형식과 절차, 그리고 기본기로 요구되는 인용의 방법에 대하여 살펴보았다. 이제 제2부의 내용을 마무리하면서 흔히 접하게 되는 학술적 글쓰기의 유형을 몇 가지로 나누어 소개할까 한다.

다음에 제시하는 두 유형은 학술적 글쓰기의 기본기를 토대로, 대학 생활 내내 다양한 과목들에서 응용되거나 변형되어 부과되는 학술적 글쓰기라 할 수 있다. 물론, 과목마다 담당교수마다 부과되는 리포트는 매우 다양해서 일률적으로 말하기는 곤란하기에, 과제의 목적이나 분량, 주의해야 할 사항 등에 맞춰 조정해야 하는 것이 필요하다.

1. 서평(書評)

서평은 책을 읽고 난 후 그 글에 대해 논평하는 글이다. 대학생의 학술적 글쓰기에서 서평 훈련을 강조하는 이유는 서평의 과정을 통해 대상 자료에 담긴 사실을 정리하고, 한걸음 나아간 지점에서 그에 대한 분석과 평가의 과정을 거치는 것이 지성적 사고 훈련에 효과적이기 때문이다.

이 때 누구나 할 수 있는 내용 정리나 평가는 적절하지 않다. 글쓴이 자신의 고유한 사고 과정이 논리적으로 드러나면서 설득력을 얻을 때 비로소 창의적인 사고 훈련이 가능해진다. 이러한 효과를 얻기 위해서는 해당 작품에 대해 진지하게 접근하고 스스로 문제를 발견하여 해결해 나가려는 성실한 태도가 있어야 한다.

좋은 서평을 쓰기 위해 특히 유념해야 할 세 가지 사항을 소개하고자 한다.

첫째, 좋은 서평을 쓰기 위해서는 무엇보다도 책을 상세히, 꼼꼼히 읽어야 한다. 중심 줄기를 놓치지 않아야 하는 것은 물론, 부분적인 의미들도 잘 새겨 읽어야 한다. 요약의 기술을 충분히 활용하여 대상 자료의 내용을 제대로 요약해놓되, 논평의 단계로까지 발전시키면 서평 작업을 훨씬 수월하게 마칠 수 있게 된다.

책을 읽으면서 미리 표제를 붙여 메모를 해두는 것도 좋은데, 글의 길이가 긴 책일 경우에는 절이나 장마다 내용을 요약하는 표제를 적어 두면 좋다. 착상과 의문이 떠오르면 그때그때 적어두는 것도 도움이 된다. 편지나 일기 형식으로 독서 일기를 써보는 것도 도움이 될 것이다. 이런 맥락에서 〈예시1〉을 살펴보자.

〈예시 1〉

『나무를 심은 사람』을 읽고

Ⅰ. 서론

수업시간에 '나무를 심은 사람'이라는 책 제목을 들었을 때는 진부한 이야기려니 하는 생각이 문득 스쳤다. 그렇지만 나는 이 책을 소개해 주시는 교수님의 그 다음 말씀에 귀 기울이게 되었다. 한 사람이 평생 동안 나무를 심은 이야기라고……

나는 그동안 어떤 한 가지 일에 자신의 평생을 바치고 살아가는 사람들을 우러러 보고 있었던 터라 그러한 대목에 끌렸다. 현재 내가 생각하고 있는 점들이라면 자신의 인생을 걸 수 있을 만한 열정은 어디에서 나오는지, 또 그 열정이 식지 않게끔 해주는 원동력은 무엇이며, 어떤 계기로 자신의 길을 확신하게 되었는지 등이다. 왜냐하면 졸업을 앞두고 있는 상황에서 이젠 정말 나 자신이 가야 할 길을 정해야 하고, 다른 사람의 삶의 이야기를 통해서 그 확신을 본받고 싶었기 때문이다.

서평을 쓰기 위해서는 책에 대한 평가 기준을 세워야 한다. 그래서 나는 세 가지 평가 기준을 세우게 되었는데, 그 첫 번째는 아주 얇은 이 책이 여러 나라 말로 번역이 되어 널리 읽혀졌다는 점이다. 두 번째는 책의 절반을 차지하는 삽화도의 비중과 그 효과에 대한 것이고, 세 번째는 이 책이 가져온 영향력에 대한 것이다.

Ⅱ. 개괄적 소개

20세기 프랑스 전원 문학을 대표하는 소설가인 장 지오노는 1895년 프랑스 남부 오트 프로방스의 작은 마을 마노스크에서 태어나 평생 고향을 지키며 창작의 밭을 일궜던 지방작가이다. 그의 고향은 『나무를 심은 사람』의 배경이기도 하여 책의 첫 페이지에는 그 곳의 지도가 있다. 그런 그의 생활환경 때문인지 그는 제1차 세계대전 당시 몇 차례 사선을 넘나들면서 전쟁에서 서구 문명의 야만성에 대한 체험으로 현대문명을 비판적으로 성찰했고, '자연 앞에선 인간' 을 형상화하면서 인간과 자연, 무생물이 합일되는 범신론적 생명관을 노래했다. 그리고 75세에 집안에서 편안하게 잠을 자던 중 타계했다.

책이 나오게 된 배경을 간단히 소개하자면, 이 책은 실화를 소재로 했으며 원제목은 〈나무를 심었던 사람〉으로 엘지아 부피에라는 사람을 모델로 한 이야기이다. 작가는 그가 살던 오트 프로방스의 고산지대를 여행하다가 홀로 묵묵히 나무를 심어 숲을 만들어가는 어떤 사람을 만나 큰 감명을 받은 뒤 이 작품을 썼다. 그는 사람들이 나무를 심는 것을 사랑하게 하기 위해 이 작품을 썼다고 한다. 작가는 이 책이 처음 출판되었을 때 한 푼의 인세도 받지 않았다고 하니, 자신의 책을 여러 사람이 나누어 읽고 그가 소망한 '공동의 선' 을 위한 메시지가 순결하게 전해질 수 있기를 소망했던 것을 짐작할 수 있다.

이 책은 115페이지의 분량인데 주 내용은 전체의 절반 가량밖에 되지 않는다. 게다가 중간 중간 들어있는 삽화도 한 쪽 혹은 두 쪽을 차지하고 있다. 이 작품의 줄거리는 분량만큼이나 아주 간단하다. 이기주의를 벗어나 공동의 선을 위해 나무를 가꾸는 한 사람의 끈질긴 노력 끝에 새로운 숲이 탄생했고, 결국 황무지였던 그 지역에는 희망과 행복이 부활한다는 내용이다.

나머지는 편집자와 옮긴이가 이 책의 내용과 장 지오노의 작품세계에 대해서 친절하게 설명해 주고 있다. 작품의 주인공 엘지아 부피에라는 사람에 대해 분석도 해놓았으며, 지오노의 범신론적인 세계관과 당시 줄곧 주장해 온 문명 비판에 대한 그의 의견들도 써놓고 있어서 독자들에게 배경지식을 전해주고 있다. 또한 지구의 위기라는 소제목 안에는 지구 생태계의 위기에 대한 학설과 그 심각성에 대해 자료를 제시해 주고 있어서 독자들로 하여금 환경문제에 대해 다시 한 번 심각하게 생각하게끔 해준다. 어쩌면 이러한 설명은 짧은 책의 내용에 비해 다소 많은 부분을 차지하고 있는 건 아닌가 싶기도 하지만, 나는 이런 점이 이 책을 더 잘 이해하는데 도움을 주고 있다고 생각한다.

Ⅲ. 세 가지 기준에 대한 평가

1. 짧은 글임에도 불구하고 많이 읽혀졌다는 점

내가 이 책을 평가하기 위해 내세운 기준의 첫 번째는 얇은 이 책이 여러 나라 말로 옮겨져 세계적으로 널리 읽히고 있는 단편소설이라는 점이다. 1953년 처음 발표한 이래 약 50년에 걸쳐 널리 읽히면서 어린이부터 어른들까지 모두에게 메시지를 전해준다는 점들을 주목할 때 이 작품의 흡인력은 놀랍다.

그리고 그 힘의 원천은 바로 이 책이 주고 있는 아주 강력한 메시지일 것이다. 내용에 들어가기에 앞서 작가는 이런 말을 써놓고 있다.

> 한 사람이 참으로 보기 드문 인격을 갖고 있는가를 알기 위해서는 여러 해 동안 그의 행동을 관찰할 수 있는 행운을 가져야만 한다. 그 사람의 행동이 온갖 이기주의에서 벗어나 있고, 그 행동을 이끌어 나가는 생각이 더없이 고결하며, 어떠한 보상도 바라지 않고, 그런데도 이 세상에 뚜렷한 흔적을 남겼다면 우리는 틀림없이 잊을 수 없는 한 인격을 만났다고 할 수 있다.[1)]

이 부분에서 우리는 이 책의 내용과 작가가 얘기하고자 하는 바를 알 수 있다. 즉, 우리는 이 책을 통해 한 고결한 인격을 만나게 되는데 그것은 현대를 살아가는 우리들에겐 어쩌면 매우 보기 드물기는 하나, 본받아야 할 인간상이라는 것이다.

그런데 그런 한 사람의 이야기가 삽화와 함께 한 편의 모노드라마처럼 유연하게 표현되어 있고 게다가 실화를 바탕으로 하고 있으니 사람들에게 사랑을 받을 수밖에 없지 않을까. 한창 자라고 있는 청소년들에게는 정서 교육에 더 없이 좋은 책이

1) 장 지오노, 『나무를 심은 사람』, 김경은 역(두레, 1995), p.11.

될 테고 더불어 우리 삶에 있어서 자연이 얼마나 중요한지 깨닫게 해 줄 것이다. 그리고 어른들에겐 바쁘게 돌아가는 일상 속에서 다시금 나 자신을 들여다보고 반성하고 묵상하는 기회를 주는 아름다운 내용이라 할 수 있다.

2. 책 속 삽화의 비중과 효과

두 번째로 살펴 볼 수 있는 점은 이 책의 또 하나의 특징으로 꼽을 수 있는 '삽화'이다. 판화형식의 삽화가 내 마음을 차분하게 만들어 주었기 때문이다. 어쩌면 뻔하다고 생각할 수도 있는 짧은 내용 속에서 군데군데 끼워져 있는 삽화들이 이야기 속의 주인공을 정말 살아있게 만든다.

그 중 인상적인 삽화 몇 개를 예로 들어 보자면, 31쪽에 있는 주인공 엘지아 부피에의 모습이다. 그의 오른손엔 쟁기가 들려 있고 배경은 역시 그가 나무를 심어야 할 풀밭이다. 주목할 점은 그의 얼굴 모습인데, 판화임에도 불구하고 그의 얼굴에는 인자한 인상이 풍겨져 나온다. 그의 눈빛은 선함으로 가득 차있으며 머리 뒤에서 올라오고 있는 태양은 마치 부처나 하느님에게서 볼 수 있는 광배 같다.

그리고 또 하나는 55쪽에 있는 도판인데, 부피에가 도토리 하나를 정성스레 땅에 묻으려하고 있는 손의 모양이다. 그의 투박한 손이 작은 도토리 알갱이를 심으면서 무슨 말을 하고 있는 것 같다. 이러한 것이 작가의 의도였는지는 확실히 모르겠지만, 작가가 이 작품을 20년 동안 공들여서 썼다는 점으로 미루어 짐작한다면 그러한 그의 노력이 당연히 이 그림에도 투영되어 있었을 것이라는 생각이 든다.

또한 판화라는 형식의 그림을 넣었다는 점을 굉장히 좋게 평가하고 싶다. 왜냐하면 판화 중에서도 '목판화' 라는 느낌이 확 나는 점은 이 책의 내용과 완전 부합하고 있었기 때문이다. 내용에서도 그림에서도 나무의 향기가 나고 있었다.

게다가, 이 책은 세계적인 화가 프레데릭 바크가 그림을 그려 애니메이션 영화 〈나무를 심은 사람〉을 탄생시키기도 했다. 우리나라에도 비디오로 나와 있다고 해서 나도 찾아서 봤는데, 색연필과 파스텔의 부드러운 색감이 놀랄 만큼 역동적으로 움직이고 있었다. 한 사람의 손에서 생명을 받아 나무가 자라고 숲이 생기고 공원이 조성되며 아이들이 웃고 노는 터전이 돼가는 화면은 잔잔하지만 큰 감동을 주었다.

3. 이 책의 영향력

세 번째 기준으로 삼을 수 있는 것은 바로 이 책이 사람들에게 준 영향력이다. 여러 나라 사람들에게 심적으로 많은 영향을 주기도 했지만, 눈으로 볼 수 있는 이 책의 영향력은 바로 '나무심기 운동' 이었다. 캐나다에서는 이 책을 읽거나 이 애니메이션 영화를 보고 큰 감명을 받아 전국적인 나무심기 운동을 벌여 자그마치 2억 5천만 그루의 나무를 심었다고 한다. 또한 미국 삼림 협회도 나무를 심어 지구온난화의 위협을 완화하기 위해 적극적인 활동을 벌이고 있는데, 그들은 자신의 뜻을 펴기 위해 이 책을 교육 자료로 널리 알리고 있다.

이 자그마한 책이 어떻게 그와 같이 거대한 결과를 가져올 수 있었을까? 우선 이 작품은 한 사람의 불굴의 정신과 실천이 이 땅에 기적 같은 결과를 만들어 낼 수 있다는 것을 보여주고 있으며, '실천하지 않으면 이룰 수 없다' 는 교훈을 주고 있다. 그래서 이 책을 읽은 사람들은 작게만 생각한 자신들의 힘이라도 여러 사람과 협동한다면 세상을 바꿀 수 있으리라는 믿음을 실천으로 옮기게 된 것이다. 그들은 독서를 통해 실천하는 자의 아름다움을 몸소 느꼈던 것이다.

Ⅳ. 그 밖에 이 책을 통해 생각해 볼 수 있는 것들

우리는 주인공의 삶을 통해 희망, 인간에의 고독, 모든 살아있는 것에 대한 사랑, 생명의 세계관, 묵묵히 한 길을 고집하는 신념과 더불어 봉사정신과 희생정신에 대해 생각해 볼 수 있다.

나는 그 중 인간의 고독에 대해 더 느끼게 되었는데, '이런 뛰어난 인격을 가진 사람을 더 깊이 이해하려면 우리는 그가 홀로 철저한 고독 속에서 일했다는 것을 잊어서는 안 된다.'[2]라는 대목이 나를 감동시켰다. 주인공 부피에는 시종일관 나무를 심는데 자신이 하는 일에 대해 의심을 품거나 실의에 빠지거나 하는 일이 없어 보인다. 그렇지만 그는 홀로 철저한 고독 속에서 일하다가 말년에는 말하는 습관까지 잃어버렸다고 하니 그의 시련과 좌절은 하나님이 다 아실 것이다.

한 사람의 순수한 열정이 승리라는 열매를 거두기 위해서는 절망과 싸워야 한다

2) 같은 책, p. 79.

는 점은 나뿐만 아니라 누구나 알고 있는 사실이다. 그러나 내가 과연 그 열매를 생각하는 만큼 절망을 이겨낼 마음 자세를 가지고 있는지 스스로에게 묻는다면 이내 고개가 숙여지니 또 한 번 반성할 일이다.

Ⅴ. 결론

척박한 땅에 심은 도토리 알이 세계대전을 넘고 파괴된 자연을 소생시켜 하늘이 내린 축복의 현장으로 변한 뒤에도 자신이 한 일을 죽을 때까지 밝히지 않는 묵묵함의 엘지아 부피에는 많은 교훈을 남긴다.

또한 보잘것없는 작은 씨앗이 일으킨 기적은 동화 속 장면처럼 아름답고 숭고하기까지 하다. 작은 내 노력이 세상을 변화시킬 수도 있다는 것, 나로 인하여 굉장히 풍요로운 것이 태어날 수도 있다는 상상을 선사해 주는 인상 깊은 책이라 할 수 있다. 나는 이 책을 읽고 간접적으로나마 온갖 이기주의에서 벗어난 고결한 인격과 마주할 수 있게 된 것에 감사하고, 이 행운이 많은 사람들에게 전해지길 바란다.

둘째, 좋은 서평을 쓰기 위해서는 책을 평가하는 기준과 입장을 가지고 있어야 하며, 그 기준과 입장을 글에서도 밝혀야 한다. 이를 위해서는 책의 전체적인 구성과 내용을 정확하게 파악해야 한다. 특히 기본 독서의 수준을 벗어나 분석 독서의 수준에서 효율적으로 독서를 하여 책의 논리적 구성을 파악하는 작업이 중요하다.

서평의 중심은 대상 자료에 대한 평가 작업이 되어야 하므로, 저자나 대상 자료에 대한 개괄적 소개는 간략하게 필요한 정도로만 줄이는 게 효율적이다. 저자의 사상이나 이론적 배경, 혹은 작품의 역사적 배경을 파악하는 것도 중요하지만, 이것 역시 서평의 중심을 차지할 정도로 장황해져선 아니 된다. 오히려 저자의 견해가 갖는 독자성, 성과와 한계 등을 살펴 논평 작업으로 연결시키는 것이 효율적이다.

그러므로 책의 내용을 수용하되 저자의 견해에 의문을 품고 질문하며 대화하는 자세로 책을 읽어야 한다. 책을 읽는 나, 저자와 대화하는 나, 책을 통해 사고를 계발하는 나가 모두 존재해야 창조적인 독서를 할 수 있다. 그리고 단순한 이해를 넘어서는 비판적이고 창조적인 독서를 할 때 좋은 서평을 쓸 수 있다. 이런 맥락에서 〈예시2〉를 살펴보자.

〈예시 2〉

'생각'으로 묻어 두는 것과 '말'로 공표하는 것은 하늘과 땅의 차이
-『아들아 머뭇거리기에는 인생이 너무 짧다-커뮤니케이션 편』을 읽고 -

Ⅰ. 서언

1. 책을 택하게 된 동기

'영어학 특강'이라는 수업시간에 있었던 일이다. 남자와 여자의 서로 다른 대화 방식에 대해서 프레젠테이션 형식으로 수업이 진행되고 있었다. 발표가 시작된 지 채 10분도 지나지 않아 학생들은 하품을 하는 등 지루하고 따분하다는 반응을 보이기 시작했다. 왜냐하면 발표자가 준비해온 보고서를 고개를 푹 떨어뜨린 채 책을 읽듯이 줄줄 읽고 있었기 때문이다.

발표자의 말하기 태도와 청자들의 반응을 살펴보던 필자는 '청자의 호기심을 불러일으키기에 충분한 저 주제를 왜 저렇게 지루하게 말하고 있는 것일까?' 하는 의문이 생기며 답답한 마음이 들었다. 이 일화뿐만 아니라 우리는 종종 같은 이야기임에도 불구하고, 어떤 이가 하면 배꼽이 빠질 정도로 웃긴 이야기도 어떤 이의 입을 통해 나오면 시시하고 지루한 이야기가 되어버리는 경우를 보게 된다.

우리는 혼자서는 살아갈 수 없는 사회적인 동물이다. 따라서 우리가 세상을 살아가기 위해서는 반드시 다른 이와 관계를 맺으며 살아가야 하고 그 관계를 유지하는 데 꼭 필요한 요소 중의 하나가 커뮤니케이션 능력임을 부정할 수 없다. 더구나 21세기는 넘쳐나는 정보의 홍수와 끊임없이 발전되는 뉴미디어의 굴레 속에 있기 때문에 자신의 생각을 말로서 풀어낼 수 있는 커뮤니케이션 능력이 중요한 경쟁력이라 할 수 있다.

필자 역시 이러한 시대를 살아가는 대학생이기에, 『아들아, 머뭇거리기에는 인생이 너무 짧다 2 커뮤니케이션』편을 통하여 이 글의 저자가 말하고 있는 토크파워가

무엇인지 인지하고 어떻게 커뮤니케이션 능력을 키울 수 있는지 알아보고자 한다.

2. 이 책에 대한 개괄적 소개

이 책은 저자가 『아들아, 머뭇거리기에는 인생이 너무 짧다』 1권 비전 편에서 강조했던 비전을 현실로 이루기 위한 무기, 즉 토크 파워를 기르는 방법을 소개하고자 스승인 이원설과 함께 공동 집필한 260쪽의 책이다.

1권의 경우와 마찬가지로 한언출판사에서 발간된 이 책은 1권에서 노란색 수채물감으로 붓터치를 한 듯한 책표지의 형태를 그대로 유지하면서 색상만 연두색으로 바뀌었다. '아들아, 머뭇거리기에는 인생이 너무 짧다' 라는 주제목보다 '2 커뮤니케이션 편' 을 중앙에 더욱 크게 배치하고 있는데, 이는 이 책이 무엇에 대한 내용인지를 확실하게 말해주지 못하는 주제목의 한계를 극복하려는 것으로 보인다. 책 표지의 뒷장에는 '토크 파워! 당신 인생을 가치 있게 만들어주는, 가장 강력한 무기입니다' 라는 문구를 빨간색으로 강하게 제시하여, 서점에 진열되어 있는 수많은 자기계발서 중에서 독자의 관심을 유도할 수 있도록 하고 있다.

책의 앞날개에서는 저자의 이력에 대한 소개를 하고 있고 뒷날개 부분에서는 '생각을 열어주는 한언의 책' 이라는 표제로 『아들아, 머뭇거리기에는 인생이 너무 짧다』1권 비전 편, 3권 리더십 편, 그리고 만화판에 대한 간단한 소개를 하고 있다.

책을 펼쳐보면 '사랑의 메시지' 라는 장을 마련하여 이 책을 다른 이에게 선물할 경우 짧은 메시지를 전달할 수 있도록 하고 있다. 서장에 들어가기에 앞서 1권 비전 편에 대한 독자의 서평을 2면에, 2권 커뮤니케이션 편에 대한 서평을 3면에 걸쳐 싣고 있는데, 보통 다른 책의 경우 책에 대한 평을 뒤표지에 짧게 싣는 것과 비교해 보았을 때 약간 부정적인 시선으로 바라보게 하였다. 물론, 이러한 구성이 독자에게 책의 내용에 대한 신뢰를 미리 심어 줄 수도 있겠지만, 필자의 경우는 이 책의 1권을 읽어보지 않은 상태에서 2권을 접하게 되었고 아직 책의 내용을 파악하지 못한 상태였기 때문에 이 책이 너무 자화자찬에 빠져있는 것은 아닌가 하는 생각이 들었던 것이다.

이 책의 서장에서는 본문에 서술되고 있는 내용을 개괄적으로 살펴보면서 저자가 이 책을 집필하게 된 동기를 밝히고 있다. 본문은 1장 '말이 힘이며 운명이다' , 2

장 '일단 입부터 열어라', 3장 '그들이 말을 잘하는 이유', 4장 '말의 예산서를 작성하라', 5장 '말로 머리를 연다', 이렇게 총 5장으로 구성되어 있다. 다시 말해 1, 2, 3장에서는 말의 힘과 역동성에 대해서 서술하고 있고, 4장에서는 힘 있는 말을 하기 위한 여러 가지 방법론을 소개하고 있으며, 마지막으로 5장에서는 말이 주는 또 다른 이득으로써의 두뇌개발을 말하고 있다. 에필로그를 대신하여 '진정으로 말을 잘하려면'에서는 이 책의 내용을 다시 한 번 요약 강조하여 저자가 독자에게 궁극적으로 말하고자 하는 내용을 밝히고 있다. 뒤이어 참고자료 목록과 저자소개, 출판사 한언의 사명 선언문 등을 실었다.

여기까지 필자는 이 책을 택하게 된 동기와 책에 대한 간략한 소개를 하였다. 앞으로 이어질 내용에서는 전반적인 내용, 구성, 성과 · 한계의 측면 등을 기준으로 이 책에 대한 종합적인 평가를 하겠다.

Ⅱ. 전반적인 내용에 관한 평가

1. 설명 방식의 적절성

이 책은 제목이 『아들아, 머뭇거리기에는 인생이 너무 짧다』인 점을 고려해서인지 경어체를 사용하고 있다. 즉 '~했다' '~이다'가 아닌 '~했습니다', '~입니다'의 문체를 쓰고 있다는 말이다. 이와 같은 문체의 사용은 독자를 단순히 지식을 전달받는 수용자의 입장이 아니라 저자의 말에 공감하고 능동적으로 활용할 수 있는 주체로 인식하고 있는 듯한 느낌이 들게 하였다. 이로 하여금 다소 어려운 내용에 대해서도 교과서 같은 딱딱한 느낌이 아니라 편안한 느낌으로 받아들이는데 효율적이었다.

설명방식에서 또 하나의 큰 특징은 각 소주제마다 사회적으로 유명한 인사의 사례를 인용하여 설명하고 있다는 점이다. 예를 들어, 1장 '말이 힘이며 운명이다'에서 전 미국 국무장관이었던 콜린 파월의 프레젠테이션 사례를 인용하여 '프레젠테이션으로 성공의 사다리를'이라는 소제목을 효과적으로 설명하고 있다.

다만 아쉬운 점은 유명인의 사례를 인용함에 있어 그 인사들의 말을 직접 인용하기 보다는 그들의 이력과 성공만을 부각시키고 강조하였기 때문에 '도대체 그 사람들이 어떤 말을 어떻게 했기 때문에 성공했다는 거야?' 하는 독자의 의문을 풀어주기에 한계가 있다는 점이다. 이 책의 큰 주제가 '커뮤니케이션' 이라는 점을 감안해 볼 때 그 인사의 말을 직접 인용하는 것이 독자들이 토크 파워의 중요성을 더욱 쉽게 이해할 수 있었을 것이라는 생각이 들었다. 가령, 해리 트루먼이 소련의 팽창을 억제했다는 것을 "미국 외교정책은 압제로부터 벗어나 살 수 있는 환경을 만드는 것이다. …미국은 자유 국민을 지원해야 한다."처럼 트루먼의 말을 직접 인용하는 것이 더 효과적이었을 것이다.

2. 제목 선정의 적절성

'제목을 정했으면 반은 마친 것이다' 라는 말이 있듯이 제목을 선정하는 것은 결코 쉬운 일이 아니다. 제목은 글의 내용을 함축하고 있으면서 동시에 주제를 단적으로 보여줄 수 있어야 하기 때문이다. 따라서 제목의 적절성은 독자가 글을 이해하는 데 있어 큰 영향을 끼친다고 볼 수 있다.

이러한 면에서 우선 이 책의 제목인 '아들아, 머뭇거리기에는 인생이 너무 짧다' 는 주제를 함축적으로 보여주기에는 무리가 있다고 보인다. 이 책의 큰 주제가 '커뮤니케이션 능력 키우기' 라는 것을 생각해 볼 때 '아들아, 말을 잘하는 것이 경쟁력이다' 라는 제목이 주제를 함축하기에는 더 적절하지 않을까 하는 생각을 해보았다. 하지만 '들어가며' 에서 언급했던 것처럼 이 책이 1권 비전 편에 이어 발행된 것이라는 점을 감안한다면 제목의 선택이 자유롭지 못했을 것이라는 생각이 든다.

앞에서 책의 제목이 주제를 함축적으로 보여주기에는 무리가 있다고 보았지만 이 책의 소제목들은 각 장의 제목과 잘 연결되고 있으며 각각 말하고자 하는 소주제를 잘 표현하고 있다고 평가할 수 있다. 예를 들어 2장의 경우를 살펴보자. 2장의 제목은 '일단 입부터 열어라' 이고, '입을 열어야 원하는 것을 성취할 수 있다', '자신을 표현하지 못하는 자는 죽은 자나 다름없다', '닫힌 입이 운명을 가로 막는다' 등의 소제목으로 구성되어 있다. 이러한 소제목들이 결국 2장에서 이야기하고자 하는 주제인 '입을 여는 것이 커뮤니케이션 능력의 시작이다' 를 잘 함축하고 있으며 하나의 주제로 통일되고 있는 것을 볼 수 있다.

3. 독자 참여란의 적절성

필자가 이 책을 읽을 때 가장 마음에 들지 않았던 부분은 바로 '당신의 생각은?' 이라는 독자 참여란이었다. 이 책은 하나의 소단원에서 언급했던 내용이나 그에 반하는 내용을 번호를 달아 서술하고 각각에 (O, X)를 독자에게 표시하게 하고 있다. 이것은 단순히 독자가 수동적인 독자에 머무는 것이 아니라 스스로 판단하고 활용할 수 있도록 유도하려는 긍정적인 의도로 해석될 수 있다. 하지만 '당신의 생각은?' 에 서술되고 있는 문장들은 필자의 눈살을 찌푸리게 하는 내용들이 많았다.

예를 들어 1장 '인류의 미래를 바꾼 말 한마디' 에서 '케네디가의 영광과 비극을 되돌아 볼 때 한마디 말로 세계를 움직이는 위대한 일을 하는 것도 좋지만, 평범하고 안락한 삶도 매우 소중하다는 생각이 든다' 라는 문장을 제시하며 독자에게 O, X 둘 중에 하나를 고르라고 하고 있다. 그런데 이 문장은 중간 입장은 허용하지 않는 지나치게 이분화된 흑백논리에 빠져있는 오류를 범하고 있다는 생각이 들었다.

또 하나의 예로 4장 '연습버전보다 후회버전이다' 에서 '토크를 위해 원고를 사전에 미리 준비하는 것은 원고에 매달린 말을 하게끔 해서 자연스러운 흐름을 방해하는 요소가 될 수 있다' 라는 문장을 제시하고 있다. 앞의 내용에서 저자는 '루스벨트식' 토크법을 말하면서, 말하기 전에 말해야 할 내용들을 모두 원고로 작성하는 것이 중요하고 원고의 연습용 버전, 실제 토크 버전, 원고용 버전, 후회 버전이 미래의 토크를 위한 훌륭한 도구라고 강조하고 있다. 그리고 나서 '당신의 생삭은?' 에서 위와 같은 문장을 제시한다는 것은 독자의 능동적인 참여를 바란다기보다는 저자의 의견에 반하는 생각이 잘못된 것임을 강조하려 한다는 느낌을 주었다.

'큰소리로 읽어 봅시다' 의 경우 역시 이 책에서 마음에 들지 않았던 부분이었다. 물론 '큰소리로 읽어 봅시다' 에 제시되어 있는 문구들은 모두 좋은 내용이고 크게 읽어 마음에 새겨두면 좋은 양식이 될 수 있는 것들이었다. 필자가 여기서 문제 삼고자 하는 것은 그것의 내용에 관한 부분이 아니라 소주제와의 연관성에 관한 부분이었다. 4장 '현장에 있는 물건과 상황을 활용하라' 에서는 '큰소리로 읽어 봅시다' 에서 길가의 무화과나무를 이용해 믿음에 대해 말하였던 예수의 일화를 말하고 있다. 이는 소주제와 잘 연결되는 내용이라서 좋은 인상을 주었다.

하지만 3장 '작은 성공이 큰 성공의 밑거름이다' 에서는 '끊임없는 말의 연습과

한 번의 성공으로 인한 자신감이 큰 성공의 바탕이 될 수 있다' 라는 소주제와는 상관없이 '큰소리로 읽어 봅시다' 에서는 레스 브라운의 말을 인용하여 '철저한 조사를 통해 청자를 파악하라' 고 하고 있다. 이는 독자로 하여금 '지금 이 이야기가 여기서 왜 나온 거지? '하는 의문을 갖게 만든다.

또 한 가지 아쉬운 점은 '큰소리로 읽어 봅시다' 에서 인용된 문장을 말한 사람에 관한 정보가 전혀 제시되어 있지 않다는 점이다. 필자가 '너 자신을 알라' 라고 말하는 것이 위대한 그리스 철학자인 소크라테스가 말하는 '너 자신을 알라' 와 같은 가치를 가질 수 있는가! 이처럼 명언이라는 것은 그 말을 한 사람이 어떤 영향력을 가진 사람이냐에 따라 그 가치가 달라지는 것인데, 이 책은 독자에게 그러한 정보를 전혀 전달해주지 못하고 있다.

Ⅲ. 구성에 관한 평가

1. 장(章) 배열 순서의 적절성

앞에서도 언급한 바와 같이 이 책은 총 5장의 본문으로 구성되어 있는데 필자가 보기에는 이 책의 각 장의 배열 순서가 적절하다고 여겨진다.

우선 1장 '말이 힘이며 운명이다' 에서 말 한마디가 한 사람의 인생에 있어서 얼마나 커다란 영향력을 발휘할 수 있는지를 보여주며 말의 힘을 생각하게 한다. 그리고 나서 그러한 말의 힘을 발휘하기 위해서 무엇보다 먼저 입을 열어 자신의 생각을 표현해야 한다는 것을 2장 '일단 입부터 열어라' 에서 느끼게 해준다. 독자가 이제 입을 열 준비가 되었을 때 3장 '그들이 말을 잘하는 이유' 에서 여러 유명인사들이 어떻게 언변의 달인이 될 수 있었는지를 제시하여 독자스스로 자신에게 적용시킬 수 있는 내용을 습득하게 한다.

3장에서 약간은 추상적인 방법론을 제시해주었다면, 4장 '말의 예산서를 작성하라' 에서는 말하는 법, 듣는 법, 기억하는 법등을 조금 더 구체화시켜 보여준다. 마지막으로 5장 '말로 머리를 연다' 에서 앞에서 소개한 방법론에 맞추어 커뮤니케이션 능력을 계발하게 되면 두뇌 또한 동시에 좋아질 수 있다는 것을 서술하여 다시 한 번 1장의 말의 힘과 중요성을 강조하며 본문을 마무리한다.

이러한 본문의 배열순서는 독자가 책의 내용을 물이 흐르듯이 자연스럽게 받아들일 수 있도록 유도하여 4장의 구체적인 방법론처럼 다소 딱딱하고 어려운 내용을 맞닥뜨리게 되더라도 지루해하지 않고 자신에게 활용해보기 위해 정독하게 만든다.

2. 참고자료(주석) 위치의 적절성

필자가 이 책을 읽으면서 불편을 느꼈던 부분 중의 하나가 참고자료 즉 주석의 위치였다. 저자가 타인이나 다른 저서의 말을 인용하였을 경우 주석을 표시하고 대부분 주석의 내용을 책 아랫부분에 표기하는 것이 일반적이다.

하지만 이 책은 인용문구들의 출처를 '참고자료' 라는 항목을 만들어 본론이 끝나고 난 후의 지면에 따로 마련하여 두고 있다. 따라서 이 글을 읽는 독자는 이 책에서 인용되고 있는 문구의 출처를 확인하기 위해서 책장을 앞뒤로 넘겼다 돌아왔다 하는 수고를 해야 하며, 필자의 경우처럼 이것이 이 글의 저자가 한 말인지 아니면 다른 곳에서 인용해 온 것인지 혼란스러워질 수도 있다. 따라서 필자는 인용 출처를 그 해당 페이지의 아래쪽에 표기하는 것이 더욱 효과적이지 않았을까 하는 생각을 해본다.

Ⅳ. 이 책의 성과와 한계

1. 이 책의 성과

필자가 이번 학기에 수강하고 있는 '대중문화와 매스컴' 이라는 과목에서는 70명이 넘는 학우들 앞에서 자신이 소망하는 미래의 직업을 공표하도록 하고 있다. 이것은 이 책의 2장 '사명선언의 효과' 와 같은 맥락에서 해석될 수 있는 행동이다. 즉, 이 책에서 말하고 있듯이 '생각' 으로 묻어 두는 것과 '말' 로 공표하는 것은 하늘과 땅의 차이라서 입을 통해 공표하는 순간 내가 말한 것을 이뤄내야 한다는 사명감이 생긴다는 것이다. 이처럼 이 책을 통해서 독자는 말의 중요성과 힘을 깨닫게 되고, 4장에서 제시되었던 여러 가지 방법을 자신의 생활과 말하기 방식에 적용해봄으로써 커뮤니케이션 능력을 키우는데 도움을 받을 수 있다.

더 나아가 필자는 이 책을 읽으면서 '삶의 대한 태도의 변화' 도 터득할 수 있다고 생각하였다. 예를 들어 2장 '부정적인 말은 부정적인 운명을 만든다' 에서 '말이 씨가 된다' 라는 속담처럼 긍정적인 말로 미래를 표현하면 밝은 미래가 실현되고 부정적인 말로 미래를 표현하면 부정적인 미래가 실현된다고 말하고 있다. 이 내용을 통해 독자는 긍정적인 삶의 태도가 자신의 미래를 어떻게 운명 지을 수 있는지는 깨닫고 사물을 바라보는 긍정적인 시선을 가지려 노력할 것이다.

마지막으로 이 책의 성과로 꼽을 수 있는 점은 커뮤니케이션 능력의 향상을 위해 우리의 문화가 입을 닫게 하는 문화에서 열게 하는 문화로 변화되어야 함을 역설하고 있다는 점이다. 가만히 있으면 2등은 하는 것이 아니라, 정답을 말한 사람은 1등, 틀린 답을 말한 사람은 2등, 아무 말도 하지 않은 사람은 꼴등이 되는 문화 정착의 필요성을 독자들로 하여금 일깨워 줄 수 있다.

2. 이 책의 한계

필자가 느끼는 이 책의 한계는 바로 이 책을 제대로 습득할 수 있는 독자층이 누구에 맞추어져 있냐는 점에 있다. 이 책의 제목인 '아들아, 머뭇거리기에는 인생이 너무 짧다' 에서 짐작할 수 있는 독자층은 청소년이다. 저자가 수원 비전스쿨에서 청소년의 비전 형성 교육에 힘쓰고 있는 것을 볼 때도 역시 이 책의 주요 독자층은 청소년이 될 것이라 생각할 수 있다. 그런데 이 책이 전달하고 있는 정보의 구체적인 면에 있어서 이 책은 청소년이 이해하기에는 무리가 있어 보인다.

단적인 예로 우선 이 책에 제시되어있는 사례들은 거의가 외국 유명인사의 사례라는 점이다. 미국의 TV 미니시리즈 '뿌리' 의 쿤타 킨테 할머니라는 캐릭터를 아는 청소년이 얼마나 될 것이며, 그 역을 연기하는 마야 앙겔루가 미국에서 어떠한 위치에 있는 사람인가를 가늠할 수 있는 한국의 청소년들이 몇 명이나 될 것인가? 필자의 경우 얼마 전 다른 수업 때문에 '독트린' 에 관한 배경지식을 조금 알고 있었기 때문에 이 책에 나오는 '트루먼 독트린' 의 내용을 겨우 이해할 수 있었다. 이처럼 이 책은 문체나 구성의 면에서는 독자에게 쉽게 다가가기 위해 노력하고 있지만 사례 제시의 면에 있어서는 충분한 배경지식 없이는 쉽게 이해할 수 없는 한계를 가지고 있다.

또 한 가지 이 책의 내용 중 꽤 많은 부분이 기독교와 관련된 용어와 사례들로 채워져 있다는 점이다. '비전', '사명'과 같은 용어는 기독교에서 흔히 사용되는 용어이며 '열매를 맺는다'라는 표현 또한 기독교적인 색이 느껴지는 표현이다. 저자는 예수가 최고 경영자라고 직접 언급하며 성경 구절을 '약', '잠'과 같이 축약하여 표현하고 있는데 기독교를 종교로 가지지 않은 독자층에게 반감을 불러일으키지는 않을까하는 염려가 되었다.

Ⅴ. 결언

필자는 이 글을 시작하며 이 책을 선택하게 된 동기와 책에 대한 간략한 소개를 하였다. 본론 부분에서는 이 책을 전반적인 내용의 측면, 구성의 측면, 성과 · 한계의 측면에 기준을 두어 평가해 보았다. 전반적인 내용에 관한 평가에서는 설명 방식, 제목 선정, 독자 참여란의 적절성 여부를 평가해보았고, 구성의 측면에서는 각 장의 순서가 알맞게 배열되었는지, 참고자료(각주)의 위치는 효율적이었는지를 평가해보았다. 마지막으로 성과 · 한계의 측면에서는 이 책이 말의 힘과 중요성을 파악하고 더 나아가 긍정적인 삶의 자세도 불러일으킬 수 있다는 성과를 가지지만, 내용을 이해함에 있어 많은 배경지식을 필요로 하기 때문에 독자층이 뚜렷하지 않다는 한계도 제시하였다.

이 글을 작성하며 한 권의 책을 읽는다는 것을 단순히 인쇄되어진 글자를 보는 것, 책에 제시되어있는 정보만을 습득하는 것이라 여겼던 데서 벗어나 비판적인 책 읽기의 면모를 깨달을 수 있었다. 즉, 어떻게 이 책의 주제가 효율적으로 전달되고 있는지, 이 책이 가지는 한계점은 무엇인지를 파악해나가는 과정에서 그 동안 단순히 수용만 하는 입장의 독자일 때 느끼지 못했던 능동적인 독서의 재미를 느낄 수 있게 되었다는 말이다.

이 책에서 역설하고 있는 토크 파워, 그것은 분명히 21세기 자기 PR시대를 살아가고 있는 우리들에게 꼭 필요한 요소일 것이다. 생각을 마음속에 담아두는 것에 그치는 것이 아니라 나의 생각을 효율적으로 표현해 낼 수 있는 토크 파워를 통해서 내가 원하는 것을 능동적으로 성취할 수 있는 발판을 마련하는 자세를 가져야하겠다. 앞서 밝혔듯 '생각'으로 묻어 두는 것과 '말'로 공표하는 것은 하늘과 땅의 차이이다.

셋째, 서평에서 요구되는 논평적 작업을 제대로 쓰기 위해서는 논평의 근거가 되는 책의 내용을 정확히 제시해주되, 해당 부분이 길다면 인용의 방법을 적절하고도 정확히 사용하는 기술이 필요하다. 책에서 말하고 있는 부분과 그에 대한 자신의 입장이나 주장을 잘 구분해주어야 독자의 오해를 피할 수 있기 때문이다.

서평을 쓸 때에는 그 책의 해설이나 이미 나와 있는 서평 등을 참고로 해도 좋지만 자신의 생각을 갖추기 전에 기성(旣成)의 비평에 지나치게 의존하는 것은 바람직하지 못하다. 책과 일 대 일로 만나 스스로 그 내용을 이해하고 생각하면서 비평하고, 그런 다음 글로 쓰는 것이 중요하다. 책에 무조건 종속되거나 반항하지 말고 설득력 있는 의견, 주체적인 시각과 태도를 전개해야 한다.

대상 자료의 성격에 따라서는 자신의 개성적인 생각과 하고 싶은 이야기를 서평에 담아두는 것도 가능하다. 모범 답안 같은 내용, 서평적인 문체나 형식에 얽매이지 말고 자신만의 독특한 생각을 중심으로 전개해 나가면 개성적이면서도 매력적인 서평을 쓸 수 있다. 그러므로 제시된 예들에 구애받지 말고 보다 효율적인 서평의 틀과 문체를 생각해보기 바란다. 이런 맥락에서 다음의 〈예시3〉을 살펴보자.

〈예시 3〉

웃음이 함께 하는 섬뜩함

-『자살토끼』를 읽고 -

Ⅰ. 들어가며

'ABBA'의 레코드판에 목 잘리기, 거대한 시계탑 분침에 목 매달기, 돋보기로 태양빛을 모아 그 빛에 타 죽기……. 어이없는 발상이긴 하지만 실제 그런 죽음을 상상해 보라. 생각만 해도 끔찍한 자살의 방법들이다. 이런 방법들을 한두 개도 아니고 수십 개씩 시도하는 토끼들이 있다. 처음엔 한 마리가 계속 실패하나 보다 했더니, 간혹 하나의 장면에 얼핏 두세 마리씩 등장하기도 하는 것이 토끼가 한 무리쯤 되나 보다. 대체 이렇게 죽고 싶어 안달이 난 토끼가 어디서 그렇게 나오는지, 책장을 넘길 때마다 기가 막히는 토끼의 자살 이야기는 계속 이어지고, 그 섬뜩함에 얼굴을 찌푸리면서도 어느새 그 어이없는 방법에 내 입가에는 웃음이 흐른다.

이렇게 사람을 이상한 상태로 몰고 가는 '자살 토끼'의 신비한 매력에 벌써 몇 만 명이나 되는 세계 독자들이 반했단다. 그래서 읽어보니, 책장도 술술 잘 넘어가고 제법 읽을 만한 책이다. 게다가 현대 사회의 쟁점이 되는 자살이란 코드를 만화의 형식을 빌려, 그것도 그 주인공을 털이 복슬복슬한 토끼로 설정하여 풀어냈다는 것이 아주 흥미롭게 느껴졌다. 그래서 본격적으로 이 책이 가지는 만화라는 형식에서 오는 참신함과 웃음으로 던지는 죽음에 관한 역설의 내용들을 살펴보면서 자살의 사회적 의미를 알아보고, 이 책이 사람들을 동요시키는 매력에 한번 빠져 보기로 하겠다.

Ⅱ. 대상자료의 특징 분석

1. 만화의 참신함

책의 저자 앤디 라일러는 영국의 유명한 만화가이다. 만화가란 직업이 본인이 하고픈 이야기를 만화로 전달하는 것이니, 그 사람이 말하고자 하는 바는 그의 특기인 만화를 통해 서 가장 잘 드러날 수 있을 것이다.

작가는 자신의 능력을 이 책에서 아주 잘 활용하고 있다. 만화라는 형식은 사람들이 이 책에 쉽게 다가와 부담 없이 시도할 수 있게 하여 작가가 말하고자 하는 바를 많은 사람들이 들을 수 있게 하였다. 그런 쉬운 접근 방식뿐만 아니라 형식에 있어서도 구체적인 이미지의 제시는 내용을 사람들의 마음에 좀 더 오래도록 지속될 수 있게 한다는 장점을 가지고 있다.

여기에 라일러의 '자살 토끼' 만의 무기는 구체적 장면을 보고 기억하는 것 그 이상을 준다는 데 있다. 그것은 바로 그 장면을 통해 독자가 또다시 상상하게 한다는 점이다. 작가는 이 책에서 글로 된 부연 설명이나 대사를 거의 사용하지 않았다. 간혹 사용한 곳에서는 극히 제한적으로만 허용하여 작가가 책의 이미지로부터 펼칠 수 있는 상상의 세계를 최대한 방해하지 않으려 애쓴다. 만화가 이렇게 무궁무진한 상상을 제공한다는 것, 이 책이 독자들에게 주는 신선한 서비스가 아닌가 생각된다.

물론 그런 장점만 가지고 있는 것은 아니다. 말을 너무 아낀 나머지 독자가 작가

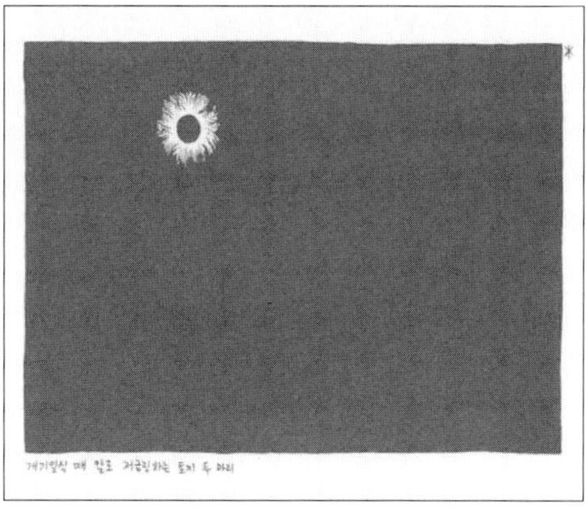

의 의도가 무엇인지 이해할 수 없는 부분도 있다.

이런 부분들은 아마도 글이 없는 데에서만 오는 것은 아닐 것이다. 독자층이 다양할 수밖에 없는 장르이므로 배경지식이 부족한 층에서는 다소 이해하지 못하는 부분이 있기도 할 것이다. 예를 들어 위의 그림은 저글링이 무엇인지, 그리고 개기일식 때 저글링을 하는 것이 무슨 의미인지 모르는 독자들에게는 이해하기 힘든 내용이 될 것이다.

어쨌든 다소 그런 부분이 있다손 치더라도 이 책의 구성의 효용성을 낮게 평가내릴 수는 없다. 이 책의 형식이 살리고 있는 주제 전달의 효과를 무시할 수는 없기 때문이다.

2. 역설이 던지는 내용의 깊이

이 책의 주인공 토끼는 자살을 시도하는 극한의 상황에 있다. 그러나 책을 읽는 독자들은 토끼의 표정에서 죽음에 대한 두려움이나, 포기할 수밖에 없는 자신의 삶에 대한 서러움 등은 찾아볼 수가 없다.

여기 나오는 토끼는 아무런 표정이 없다. 이 토끼가 대체 죽음을 앞에 두고 무슨 생각을 하고, 어떤 감정을 느끼고 있는지, 작가는 독자들에게 아무 것도 제시해 주지 않는다. 그것이 이 책을 읽는 독자가 채울 가장 의미 있는 빈칸이기 때문이다.

이 빈칸은 다른 빈칸을 인식하는 하나의 실마리가 되어 독자들을 '삶' 이라는 주제를 가진 심오한 세계로 빠져들게 하는 열쇠 역할을 한다. 그럼 작가가 시키는 대로 그 '의미 있는 빈칸' 을 나름대로 한번 채워보기로 하자. 필자는 이런 답을 내렸다.

> 토끼는 지쳐있는 것이다. 삶까지 포기하려는 상황이라면 가혹한 현실이 주는 고통에 얼마나 지치고 무감각해져 있겠는가? 아마도 토끼의 무표정은 그런 현실에 대한 체념의 표현일 것이다.

그런데 빈칸을 열심히 채우다 보니 문득 그런 생각을 하고 있는 내게 웃음이 난다. 사실 토끼가 자살을 시도하는 것 자체가 어이가 없다. 그런데 한술 더 떠 그런 토끼의 표정에서 무언가 심오한 의미를 찾아내려 애쓴다는 것이 우스운 행동처럼 느껴진다. 여기서 독자는 작가가 설정한 두 번째 의미 찾기의 열쇠를 발견하게 된다.

우리는 토끼의 자살이 왜 우습게 느껴지는지 생각해 볼 필요가 있다. 보통 사람들에게 인식되어 있는 토끼의 이미지는 유순하고 귀엽고 순진한 이미지이다. 적어도 자살 따위를 시도할 만한 비관적인 이미지는 아닌 것이다. 그런 순진한 토끼와 비관적 자살의 연결은 작가가 주제를 좀 더 효과적으로 드러내기 위해 이 책의 주된 방법으로 가져온 '역설적인 기법'이 된다.

뭐니 뭐니 해도 이 책에 장치된 가장 역설적인 요소는 등골을 오싹하게 하는 토끼의 다양한 자살 시도를 보면서 독자가 웃음짓는 바로 그것일 것이다. 목이 달아나고 몸이 녹아내리고 신체가 두 동강이 나거나 아예 갈려 없어지는데도 책을 읽는 이들은 웃고 있다. 그렇다면 이 책은 그런 끔찍한 광경을 보며 묘한 쾌감을 느끼는 인간의 내면 깊이 잠재된 정신병적 본능이 있다고 믿고 그것을 끌어내려는 시도를 하고 있는 것인가? 너무 심각하게 갔다. 책의 표현적인 부분을 자세히 살펴본다면 작가를 악마적인 성향으로 몰고 가는 이런 결론에는 도달하지 않아도 된다.

토끼의 자살은 일상적인 도구, 전쟁 상황, 과학적인 방법의 이용 등 매우 다양한 방법으로 시도되고 있는데, 이것들은 모두 평범한 사람이 알고 있고, 한번쯤은 상상해 봤음직한 장면들이다. 그러나 중요한 것은 그것이 다소 우스꽝스러운, 실제로는 불가능하기까지 한, 코미디 프로그램에서나 나올 설정들이라는 것이다. 노아의 방주 앞에서 바캉스를 즐기며 대홍수를 기다리고 있다든가(홍수는 언제 올지, 아니 오는지 여부조차 모른다.), 단두대의 날카로운 칼날 아래 토끼가 탑처럼 쌓여 있다든가(단두대란 역사 속으로 사라진 지 오래다.), 창 던지기 경기를 하다 제 창에 찔려 죽는 설정(자기가 던진 창이 떨어지는 곳까지 달려갈 수 있는 초고속 토끼가 있을까?)은 실제로 다소 억지스럽다. 그렇지만 아예 불가능한 일은 아니다. 억지와 불가능의 묘한 경계를 넘나드는 상황의 설정, 그것이 바로 '자살'이라는 극한의 상황을 우리가 유머로 넘어갈 수 있게 하는 장치가 되고 있다.

또 토끼가 시도하는 방법 중에는 쉽고 빠른 방법이 하나도 없다. 모든 방법들이 죽기까지 어느 정도의 노력과 시간을 필요로 한다. 볼록렌즈에 빛을 모아 그 열에 타죽기를 기다리는 일이라든가, 신체 모든 구멍에 불붙인 담배를 끼워 넣고 익사하길 기다린다든가, 돌아가는 헬리콥터의 프로펠러에 부딪쳐 떨어지지 않고 통과해 두 동강이 나는 절묘한 타이밍을 맞추는 일은 모두 죽기 위해 어느 정도의 정성을 들여야 한다.

이제 죽어 없어질 것을, 사라져 버릴 것을, 거기에도 노력을 들여야 한다는 아이러니함은 허무감을 느끼게 하고 여기서 작가가 궁극적으로 말하고자 하는 바가 명료하게 드러나고 있다. 죽는 것도 쉬운 일이 아님을, 죽기 위한 노력들은 결국 허무한 웃음을 짓게 만드는 아무런 의미 없는 일일 뿐이다. 그래, 살아 보자. 죽으려는 노력으로 다시 한 번 살아 보자. 죽음을 보여줌으로서 삶의 새로운 희망을 발견케 하는 힘이 바로 이 책에 담겨진 천만금의 가치를 가진 깊이이다.

Ⅲ. 현대 사회에서 '자살 토끼'가 가지는 의미

얼마 전 한창 주가를 올리고 있던 영화배우 이 모 양이 돌연 자살을 했을 때, 사람들은 적잖은 충격을 받았다. 사람들이 이 일을 크게 주목한 데에는 자신의 가치가 점점 더 올라가고 있던 여배우가 자살을 했다는 것도 그렇지만, 그것보다 자살의 원인이 '우울증'에 있었다는 데에 더 큰 이유가 있었다. 전에는 누구나 다 조금씩 가지고 있는 정신적인 경향으로 인식되었던 우울증이 이 사건을 계기로 심각한 사회문제로 떠오르게 되었던 것이다.

자살예방협회가 발표한 2005년 자료에 따르면[1] 1990년부터 2002년까지 자살로 사망한 사람은 72,782명 (남성: 50,795, 여성: 22,142)으로, 1990년 8.8명에서 2002년 18.7명 (81%), 2003년 23.3명 (165%)으로 자살률이 증가한 것으로 관찰되었다. 또 자살의 연령층도 눈에 띄게 다양해지는 양상을 보이고, 그 원인으로 우울증이 현저히 증가하고 있는 것으로 보고되고 있다.

물질문명이 발달하고 인간의 삶이 편해질수록 사람들은 자신의 존재의 의미에 대한 상실감에 빠진다. 또, 과거의 자아 성취라고 여겨졌던 '남을 위해 헌신하는

1) 남윤영, 「우리나라 자살 경향과 특징」, 『자살예방협회보고서』(자살예방협회, 2005).

삶' 과, 현대와 미래사회의 자아성취라고 여겨지는 '나를 위한 삶' 이라는 가치의 충돌은 사람들의 머릿속에 '나' 라는 존재를 규정하기 어렵게 만들어 우울증에 빠지게 만들기도 한다. 대기업에 다니던 어느 40대 직장인이 어느 날 갑자기 해고를 당했을 때, 자신이 아무 것도 아닌 그저 회사를 돌아가게 하는 부품과 같은 존재였을 뿐이고, 이제는 다 낡아 빠져 쓸모없어져 버린 존재라는 자괴감에 빠져 자살 시도를 하는 사건은 이제 신문에도 올라오지 않을 만큼 진부한 이야기가 되어 버렸다.

또 평생을 가족을 위해 헌신한 한 주부가 아이들이 다 성장해 떠나고, 남편은 자신을 신경 써 주지 않는 나이가 되었을 때, 자기가 이룬 것이 무엇이며 자신은 무엇을 위해 살았나를 생각하다 비관하여 우울증에 빠지는 일도 '갱년기 여성 우울증' 이라는 특별한 단어가 생길 만큼 다반사가 되어 버렸다. 그녀들 중 일부는 극단적인 방법을 택해 어느 날 갑자기 유서 한 장만을 달랑 남긴 채 자살을 시도하기도 하는 것이다.

앞선 예들이 낯설지 않을 만큼 현대 사회가 가진 정신 병리의 한 코드가 되어버린 '자살' 은 이제 사람들에게 아무런 감정적 동요도 일으킬 수 없는 주제가 되어버렸는지도 모른다. 그런 현실이 '자살 토끼' 의 무표정한 표정에, 아무런 주관도 반영되지 않은 채 그저 보여주기만 하는 무미건조한 이미지에 투영되어 있다. 결국 '자살 토끼' 는 가장 쉽고 가벼운 방법으로 사회의 가장 민감한 부분을 건드려 공론화 시키려 하고 있는 것이다.

Ⅳ. 나오며

지금까지 『자살토끼』를 통해 현대 사회에서의 자살의 현황과 원인, 그리고 그 원인을 뛰어 넘어 살고자 하는 의지가 어디로부터 나올 수 있는가에 대해 살펴보았다. 만화라는 다가가기 쉬운 매체를 이용한 이 책은 부담 없는 웃음을 담은 내용으로 '자살' 이란 다소 무거운 주제를 약간은 허무하고, 조금은 어이없이 풀어내고 있다. 그러나 그 속에 담긴 웃음은 삶에 희망을 주는 웃음이었다.

그토록 쉽게 다가오는, 페이지 당 2~4컷 정도 되는 이 책이 역설적으로 그렇게 깊은 의미를 내포하고 있고, 그것이 현대 사회의 쟁점화 되고 있는 한 코드와 맞물리고 있다는 것은 결코 우연이 아니다. 여기서 다소 괴짜스럽게 다가가고 있는 '자살'이란 주제는 이제 사회 극소수에게만 일어나는 신문 한 켠의 작은 기삿거리가 아니라 사회의 전체 구성원이 의식하고 대책을 세워야 하는 일이 되었음을 의미한다.

자살은 비관의 극한점이다. 그 극한에 매달린 사람을 데려오자면 또 다른 극한으로 잡아당기는 힘이 필요하다. 바로 희망의 힘으로, 낙천적인 자세로, 여유 있는 웃음으로 그들을 그 극한에서 한 발짝씩 물러나도록 해야 하는 것이다. 그런 힘이 바로 여기, '자살 토끼'의 아이러니한 유머 속에 있다.

2. 감상문

감상문(感想文)은 요약의 경우에서와 마찬가지로 대상 작품의 종류나 범위가 다양하다. 문학작품을 대상으로 하면 독서 감상문 혹은 독후감이라 부르고, 영화를 보고 나서 작성하는 경우 영화 감상문이라 부르듯 대상 자료의 특성에 맞춰 감상 작업을 행한 후 만들어지는 글쓰기가 바로 감상문이다.

동일한 대상 작품을 보고도 감상자마다 그 반응과 평가가 다를 수 있듯이, 감상문을 쓴다는 것은 자신의 생각이 무엇인지를 파악할 수 있는 가장 근본적인 훈련이 될 수 있다. 대상작품을 감상하면서 스스로 무엇을 느끼고 어떻게 생각하는지에 대해 이야기할 수 있어야 하기 때문이다. 감상문 과제가 대학생들의 학술적 글쓰기에서 적지 않은 비중을 차지하는 이유가 되기도 한다.

그런 의미에서 감상문은 자신의 주관적인 견해를 독자에게 설득력 있게 전달하고 독자의 공감을 받을 때 좋은 평가를 받게 마련이다. 이를 위해서는 다음에 제시한 〈예시1〉에서처럼 대상작품을 어떻게 감상하였는지를 살피고, 감상문에서 부각시킬 감상의 포인트가 무엇인지를 고민해보는 것이 필요하다.

〈예시 1〉

● 감상문의 대상자료

한 남자

박 용 재

부인이 지켜보는 가운데 죽었다지 그는. 아마 그렇다지. 남이 피우다 버린 담배꽁초만 주워 피웠다지 그는. 아마 그렇다지. 어느 해변가 드럼통 옆에서 따순 바람 몇 조각을 끼고 살았다지 그는. 아마 그렇다지. 그는 깨어진 거울 한조각을 들고 세상을 돌아다녔다지. 아마 그렇다지. 그는 어느 개인 날 아침 흰모래 해변에서 장가를 들었다지. 아마 그렇다지. 그의 부인은 창녀였대지. 아마 그럴 거야. 그는 지구의 한 동네에서 살았다지. 아마 그럴 거야. 그는 싸구려 술집을 매일 배회했다지. 아마 그럴 거야. 그의 재산목록 1호가 햇빛이었다지. 아마 그럴 거야. 그의 삶이 행복했다지. 아마 그렇지.

● 이복남의 감상 메모

- 〈한 남자〉에서 주인공은 바람, 햇빛 등을 자신의 재산목록 1호라고 여기지만, 세속적 기준에서 보자면 이것조차도 재산이라 할 수 없다. 그럼에도 그는 더할 나위 없는 행복을 느끼고 있다. 그렇기에 주인공은 아무 것도 가지려 하지 않는 무소유의 삶을 살았다고나 할까?
- 그래서 나는 현대의 물질 지향적 삶을 돌아보며 각박함을 느끼는 현대 사회와 비교해 진정한 삶의 의미가 무엇인지를 감상의 포인트로 잡았다. 행복의 의미를 다시 되새기게 되었거든.
- 이를 위해 시에 나타난 주인공의 삶의 태도를 관심 있게 살펴보았어. 예를 들어, 자연을 벗 삼는 무소유의 삶이 그 하나라면, 소소한 것에도 행복을 느끼는 삶이 다른 하나가 되겠지. 이런 부분들을 보여주는 시의 표현들을 예시하고 분석하고 싶어졌어.
- 이번 감상문에서는 시인 소개나 표현법을 설명하기보다는, 내 마음을 울리는

두 가지 사항을 서술하는 데만 집중하게 될 거야.

● 조미진의 감상 메모

- 나의 경우에는 이 시를 두 가지 차원으로 나누어 감상하니 훨씬 흥미로웠어. 예를 들자면, 같은 말을 반복하는 표현상의 특징을 볼 때 어떤 효과가 있지 않을까 궁금해졌고, 서술형의 선택에서도 뭔가 독특한 것 같거든.
- 이런 표현상의 특징 말고도 이 시에서는 나름대로의 스토리가 있는 것 같아서 주인공의 일생이 과연 어떠했을지 절로 상상하게 되었어. 표면적으로는 그렇게 보이지 않는 남자의 삶을 행복했을 거라고 말하는 부분을 보고 우리의 인생에서 행복의 의미가 무엇인지 생각해보았는데, 쉽게 결론이 나지는 않았어.
- 시의 주인공은 정말 행복했을까?

감상문을 잘 쓰기 위해서는 역설적으로 '좋지 않은 글의 요건'을 되돌아보는 것이 중요하다. 대학생들의 감상문 과제에서 빈번하게 지적되는 다음의 사항들이 바로 좋은 글쓰기를 방해하는 요소들이기 때문이다.

첫째, 감상문은 자신의 감상을 나타내는데 중점을 두어야 한다. 자신의 감상이 빠진 채 내용만을 요약하거나, 작품 외적인 사실만을 소개하는 데 그쳐서는 안 된다. 작품 외적인 사실을 소개하고 내용을 요약해주는 것은 감상문에서 대상자료를 소개하는 쪽으로 연결시키면 된다.

둘째, 자신의 감상을 충분히, 설득력 있게 서술하기 위해 자신이 무엇을 어떻게 느꼈는지에 대한 구체적인 메모를 하여두는 것이 필요하다. 이를 위해서는 대상작품을 제대로 감상하는 것이 무엇보다 중요하다. 경우에 따라서는 영화나 소설, 오페라나 미술 전시품 등을 이해하기 위한 기본 용어나 배경지식 등을 미리 점검해두는 것도 유용하지만, 그렇다고 이러한 지식이 반드시 절대적인 것은 아니다.

셋째, 자신의 감상이나 생각이 빠진 채 전문가의 견해를 무조건 가져와 인용하는 태도는 피하는 것이 좋다. 멋지게 쓰려는 욕심이 지나치면 스스로도 이해하지 못하는 내용이나 현학적인 표현을 남용하기 쉽다. 이런 글일수록 무엇을 썼는지 알 수 없거나, 알 수는 있어도 재미가 없는 글이 되고 만다.

다음에 제시하는 〈예시2〉와 〈예시3〉은 모두 단편소설 작품을 읽고 자신의 감상을 피력한 독서 감상문이다. 〈예시2〉에서는 〈철제계단이 있는 천변 풍경〉이라는 소설을 읽고 혼전 동거(婚前 同居)에 대한 젊은이들의 풍속도를 '휴지(休止)' 와 '생동(生動)' 의 감정적 고리로 그려내고 있다고 보아, 이러한 부분을 인상적인 감상의 지점으로 삼고 있다. 그래서 주인공들의 혼전 동거가 옳다 혹은 그르다 식의 논쟁적 서술로 이어지기 보다는 소설에서 작가가 인상 깊게 그려내려 한 동거의 개연성과 우연성이라는 부분에 감상의 포인트를 맞추고 있다. 〈예시3〉은 중년 부부의 결혼생활을 소재로 한 〈토끼를 기르기 전에 알아두어야 할 것들〉이라는 소설을 읽고 쓴 감상문이다. 소설을 읽어나가며 토끼를 기르는 일이 부부 사이에 갖는 의미와, 특히 갈등을 빚고 있는 부부간 심리 묘사를 흥미롭다고 느껴서인지 감상문의 중심 내용은 토끼의 의미와 결혼이라는 주제로 압축되어 있다. 특히 중년 부부간의, 사랑에 관한 좁혀질 수 없는 견해 차이에 흥미를 느끼며 자신의 감상을 자연스럽게 이어나가고 있다.

〈예시2〉의 경우 목차의 제시를 통해 논의의 전개 과정을 미리 알려주고 있어 독자의 입장에서는 감상의 포인트나 글의 흐름을 미리 짐작할 수 있게 된다. 필요하다면 감상문의 경우에도 자신의 감상 작업을 뒷받침하기 위해 적절한 인용과 주석의 작업을 병행하는 것도 가능하다. 〈예시3〉의 경우에는 따로 목차를 제시하지 않고 한 편의 글로 감상문 과제를 작성하고 있다. 감상문의 경우에는 특별히 목차를 요구하지 않기도 하며, 목차 작성이 글의 분위기를 경직되게 한다고 느껴지면 목차 부분을 생략하기도 한다. 다만, 글의 분량이 길어지면 독자의 입장에서는 글의 흐름을 단번에 따라가기가 어려울 수 있으므로, 〈예시3〉에서 활용한 것처럼 적절하게 내용 분단(分段)의 지점들을 표시해주는 것도 좋다.

〈예시 2〉

〈철제계단이 있는 천변 풍경〉에 담긴 휴지(休止)와 생동(生動)의 세계

Ⅰ. 들어가며

소설 〈철제계단이 있는 천변풍경〉은 1999년 한국일보 신춘문예로 등단한 작가

김도언의 첫 작품이다. 이 작품은 임의의 만남으로 이루어진 '신가족'이라고 하는 작은 군집에 대한 불안과 삶의 불온을, 동거라는 만남을 통해 해결하려 하는 젊은 남녀의 삶에 관한 이야기이다.

버스 정류장에서 우연히 만난 여자를 집에 데리고 온 주인공은 스물여덟 개의 철제계단이 있는 그의 집에서 아무런 이유 없이 그 여자와 동거에 들어간다. 갑작스런 그녀의 출현에 주인공은 약간의 삶의 변화를 겪게 되지만, 그는 곧 그러한 변화가 자신의 삶 안에서 '새로운 질주를 위한 휴지' 였음을 깨닫게 된다는 내용이다.

이 소설에서 작가 김도언은 그 스스로 작가 자신의 소설에 관한 주제가 '인간과 사회의 관계 맺기' 에 관한 것[1]이라고 말할 정도로 인간과 사회의 괴리에 관한 현상을 독자들에게 보여주려 하고 있다. 따라서 우리는 지금까지 이 소설을 단순히 '동거' 라는 단순 차원의 문제로 배웠다면, 나는 더 나아가 그 이상의 차원에서 글을 써보고자 한다. 말하자면, 내가 생각하는 이 소설의 느낌을, 단순히 남녀 사이의 '동거' 가 아닌, 그 안에 담겨있는 현실의 괴리를 휴지(休止)와 생동(生動)이라는 세상과 연관시켜 이야기해 보고자 한다.

Ⅱ. 동거 이야기

1. 책 밖에서 말하는 동거의 개연성

삶이 기계화됨에 따라 동거는 가족이라는 합법적인 결혼보다는 단순히 가족관계를 원하는 젊은 세대들이 주로 선택하는 형태라고 말할 수 있다. 보수적이며 전통적인 기성세대에서보다는 선택적이며 자유 결합을 원하는 젊은이들에게 보다 많이 나타난다. 여기서 선택적, 자유적이라는 말은 각자의 권리와 그들이 버는 수입에 있어서 여자든 남자든 어느 한쪽에 의지하지 않고 각자의 자율성을 갖는 것을 의미한다.

비록 저소득층에서는 대부분 경제적인 연유로 동거를 한다 하더라도 그 동기는 사람마다 다르기 때문에 일률적으로는 말할 수 없다. 따라서 동거 기간이나 관계 특성에 따라 동거의 유형을 몇 가지로 나누어 다음과 같이 말할 수 있다. 첫째, 일시적인 편의에 의한 동거. 둘째, 단순히 둘이 원해서 하는 동거. 셋째, 결혼을 목적으로

1) 정천기, 「인터뷰: 첫 소설집 낸 김도언」, 『연합뉴스』 2004년 1월 14일자, 기사 첫머리.

장기간 살 수 있는 사람인지 알아보려 하는 동거. 넷째, 결혼한 것과 같은 삶을 살고 있으나 종교적인 것이나 법률적인 절차를 걸치지 않은 동거 등이다.[2] 이처럼 현대 사회에서의 동거 목적은 그들 나름대로의 목적과 개연성이 있다.

하지만 『철제계단이 있는 천변풍경』에서도 이러한 필연성과 개연성을 담고 있을까? 서론에서도 언급했다시피 그들의 만남은 우연성에 기인했을 뿐, 어떠한 필연적인 모습은 보이질 않는다. 왜냐하면 이 책은 다른 목적을 위한 소재를 '동거' 라는 탈피의 개념으로써 글을 썼기 때문인데 과연 그렇다면, 그 다른 목적이란 것이 무엇일까? 그것을 알기 위해서는 우선 소설에서 그려진 동거의 모습을 살펴 볼 필요가 있을 것이다.

2. 책 안에서 말하는 동거의 우연성

책 안에서 두 남녀는 앞에서 언급한 것처럼, 어떠한 목적을 위해 시작한 동거가 아닌 '비' 라는 매우 자연적인 원인에 기인한다.

> "왜 당신은 비를 맞지요?", "당신은 그러면?"
> 뜻밖에 그녀가 반문했다. 믿진 않겠지만 나는 그 순간 나를 사로 잡아오던 예감의 끈적끈적한 느낌에서 나의 몸이 스르르 풀려나는 것을 분명히 느낄 수 있었다.
> "비스가 곧 올덴데요. 뭐.", "비가 곧 그칠 텐데요. 뭐."
> 놀라운 일이 벌어진 건 그 다음이었다. 나는, 나도 모르는 사이 아니면 누가 나를 속이는 사이 그녀에게 '나를 따라와요' 손짓으로 말하고 있었다.[3]

그 후 그 둘은 자취방에 도착해 아무런 물음 없이 동거를 시작한다. 이것은 우리가 앞에서 말한 동거의 목적과는 그 성격이 매우 다르다. 또한 이러면서도 그 둘은 각자의 생활에 대해 존중하며 이해한다. 얼마 전 유행했던 한 책에서는 '만남' 이라는 것에 대해 다음과 같이 언급한다.

---

2) 김태현 외, 앞의 책, p. 310.
3) 김도언, 『철제계단이 있는 천변풍경』(이룸, 2004), p. 14.

> 남녀가 서로 다르다는 것을 모르고서는 사이좋게 지내기 어렵다. 남자와 여자가 서로에게 화를 내거나 실망하는 이유는 이런 중요한 진실을 망각했기 때문이다. 우리는 상대방이 우리 자신과 비슷해지기를 기대한다. 그리고 '우리가 원하는 것을 원하고, 우리가 느낀 대로 느끼기'를 바란다.[4)]

위의 말처럼 남녀관계에서 '진실어린 이해'란 다른 어떤 한 것 보다 중요한 부분을 차지한다. 주인공 또한 이와 같이 그녀의 친구들과 그녀의 생활, 그리고 그녀의 삶을 이해했다. 그는 단순하게도 그녀의 만남을 통해 오래도록 겪어온 휴지(休止)의 세계 속에서 벗어나는 줄로만 알았을 것이다. 하지만, 그것은 더욱 발전된 생동(生動)을 위한 휴지(休止)였음을 나중에야 인식 할 수 있었다.

Ⅲ. 휴지(休止)와 생동(生動)의 관계

1. 주인공이 알게 된 휴지(休止)의 세계

처음에 그는 그녀를 통해 새로운 세상을 만들 것만 같았다. 그래서 그는 필연적인 인연처럼 아무 말 없이 동거에 들어갔고, 그 생활을 주인공은 오래된 휴지의 세계에 대한 탈피로 받아들였을 것이다. 동거를 하면 그렇게 될 줄만 알았을 것이다. 이 말은 주인공은 일상적이고 외로움에 싸인 삶 속에서 현실탈피의 수단을 동거라는 새로운 것으로 '승화' 하려 했다는 말이다.

그뿐만 아니라 이전까지 그 철제계단이 있던 그의 집은 그가 휴지(休止)의 세계를 유지할 수 있었던 그만이 사랑한 장소였음은 분명한 사실이다. 그 장소에서 그는 그 나이만큼의 철제계단에서 나오는 공명음을 자신의 대변인인 양 사랑했고, 냉동창고의 육중한 문을 사랑했으며, 그 곳을 지나는 모든 것들을 사랑했다. 아니 그의 입장에서 사랑하지 않으면 안 될 처지였는지도 모른다.

그런 그만의 장소를 이명이라는 여자 또한 편안히 생각했다. 그런 그는 그녀를 좋아할 수밖에 없었고, 그에게 이명은 휴지를 같이 나눌 수 있는 유일한 사람이었던 것이다. 하지만, 그의 집에 걸려오는 전화와 그녀를 알아갈수록 변하는 자신의 생각은

4) 존 그레이, 『화성에서 온 남자, 금성에서 온 여자』(친구미디어, 2004), p. 23.

그가 원했던 생동의 세계와는 다른 휴지의 세계로 더욱 깊어져만 갔던 것이다.

소설의 마지막 부분에서는 이런 말이 나온다. "그 여자의 이름은 이명이라고 했다. 그녀는 내가 알 수 없는 사이에 나를 이완된 휴지의 세계로 안내했다. 그것은 헤무르고 처진 세계이기도 했다. 처음엔 느끼지 못했지만 그 세계는 점차 길고 지루해졌다."[5] 이처럼 그는 자신이 생각한 휴지의 탈피 방법이 무언가 잘못 되었음을 인식하게 된 것이다.

2. 소설에서 말하는 휴지와 생동의 연관성

동거의 목적에도 다양한 이유가 있듯이 사람마다 느끼는 삶에 대한 목적과 이유도 가지각색일 것이다. 역동적인 삶이나 혹은 평범하고 조용한 삶을 살던 간에 말이다. 때문에 우리가 누군가에게 '너는 OO같은 삶을 살고 있다' 고 말하는 것은 삶에 대한 다양성을 무시하는 매우 위험한 행동인 것이다. 삶에 대한 평가기준은 상호간의 비교 대상일 뿐, 그 비교가 정의를 만들지는 못한다.

소설의 주인공 또한 동거녀의 역동적일 삶을 그 자신의 생동에 대한 밑바탕으로 생각하였으나 후에는 다음과 같은 변화된 모습을 보이게 된다. "같은 사람일지라도 그 삶의 전력 질주나 휴지의 방식이 어떤 막다른 입지나 기호에 따라 얼마든지 다를 수도 있다는 것을 나는 깨닫고 있었던 것이다. 나는 여자의 손을 뿌리치고 그 갑갑한 이완의 세계를 탈출하였다. 그러고는 400미터 주자처럼 눈 내리는 성탄 전야의 거리를 전력 질주하기 시작했다.[6]

이처럼, 그가 동거를 통해 생각한 휴지에 대한 탈출은 그만이 해결하고 바꿀 수 있는 것이지, 단순히 남을 따른다고 하여 그와 동일시 될 수는 없는 것이다. 누군가에게 휴지가 된다고 하면 자신에게는 생동이 될 수 있는 것이고, 또 다른 누군가에게는 그 생동이 더욱 더 큰 생동으로 느껴질 수도 있는 것이다.

5) 김도언, 앞의 책, p. 36.

6) 같은 책, p. 37.

Ⅳ. 나오며

지금까지 소설 『철제계단이 있는 천변풍경』에서 바라본 동거의 모습과 그 속에 비춰진 삶에 대한 '휴지와 생동의 관계'에 대해서 알아보았다. 솔직히, 나는 글을 쓰는 동안 이 책을 수없이 많이 되새기며 읽었다. 그러면서도 막상 글을 쓰려고 하면 '망치로 머리를 맞은 마냥' 아무생각 없이 깜깜해지곤 했다. 물론 그 이유 또한 알지 못했다. 주인공이 바라던 생동의 기준이 무엇인지 계속 이해하지 못했던 것이다. 하지만 나는 이제 "유레카!"라고 외치며 글을 쓰고 있다.

책속에서 주인공이 말하는 '휴지와 생동의 세상'이 나와는 달랐다는 것을 이제야 깨달을 수 있었다. 비록 소설이란 한 작가가 쓴 작품이더라도 한쪽으로 치우쳐진 나의 '선입견' 속에, 책 속 주인공의 세상은 그 순간부터 나와는 다른 행동과 말투 그리고 그것에 대한 자신의 생각을 계속해서 고치고 있었던 것이다. 한마디로, 나는 나만의 기준으로 그의 세상을 '비교'가 아닌 '평가'만 하고 있었던 것이다.

나는 이제야 세상을 살아간다는 것, 그리고 그 속에서 나와 같은 삶을 찾아 동일시 한다는 것이 얼마나 힘들고 어려운 것인가를 깨달았고, 이 짧은 단편소설을 읽으며 생각나지도 않는 과거에 대해서 반성도 할 수 있었다. 하지만 이 책이 말하는 가장 중요한 것은 주인공이 마지막에 했던 행동처럼 자신의 방향을 스스로 찾는 것이 자신의 삶 속에서 얼마나 중요한 것인지를 나에게 궁극적으로 말하고자 하는 교훈이 아닐까 하는 생각을 해보며 이만 글을 마치고자 한다.

〈예시 3〉

결혼, 인간 본연의 온전함 찾기

-〈토끼를 기르기 전에 알아두어야 할 것들〉을 읽고-

1.

처음 이 책을 읽은 느낌은 말로 표현할 수 없을 정도였다. 물론 장르 자체가 워낙 환상적이고 독특하다는 교수님의 말씀이 있었지만 결혼과 관련된 소설이라는 생각에 성급히 읽어 내리기엔 그동안의 내 좁은 견해가 무참히도 무너져 내리는 기분이라고 설명해야 할까? 아무튼 그랬다. 박형서라는 신예작가가 데뷔작으로 선보인 이 작품은 흥미 위주의 소설이나 사실적인 풍속소설과는 다른 풍부한 체험과 깊은 사색을 기초로 하여 만들어진 것임에 틀림없었다.

주인공 '나'과 그의 아내는 30년을 함께 살아온 부부 사이이다. 아내는 3주 동안 기르던 토끼가 별다른 이유 없이 죽자 그 죽음의 원인을 알아내기 위해 애쓰다 못해 토끼 흉내내기에 이른다. 토끼가 '뷔페식' 식사를 즐겼던 마당을 발가벗고 돌아다니면서 토끼가 먹었던 풀을 한 가지씩 맛보던 아내는 3일 만에 갑작스레 죽어버린다. 그리고 '나'는 아내의 죽음을 통해 외로움의 실체를 엿보게 된다.

이와 같은 줄거리를 가진 황당하고도 엽기적인 이 작품은 의아한 부분도 많고 한번쯤은 진지하게 생각해 볼 만한 시사점도 던져주었다. 이제부터 이 책을 읽으면서 느꼈던 점을 중심으로 토끼의 의미와 결혼이라는 주제로, 특히 중년 부부간의 사랑에 관한 좁혀질 수 없는 견해 차이를 집중적으로 다루면서 이야기를 시작해 보겠다.

2.

서영은의 〈아름아 돌아오라〉라는 작품에서 아내는 '아름이'라는 이름을 가진 고양이에게, 남편은 '난 화분'에게 관심을 쏟는 것처럼 이 작품에 등장하는 부부의 관심사는 서로 다르다. 그 와중에 등장한 토끼부부는 어쩌면 부부를 하나의 관심사로 이끌어 줄 수 있는 하나의 매개물이 될 지도 모른다. 남편에게 토끼 모양의 담배 파이프를 주고 바니 티셔츠를 입히는 아내는 적어도 토끼를 통해 남편과 공유하고 싶은 무언가가 생겨서 몹시도 신이 났을 것이다. 그러나 커피만 마셔대는 남편은 마치 카페인의 환각에 사로잡힌 듯이 자신의 합리적이고 이성적인 생각만이 옳다고 생각하고 아내의 행동은 도무지 이해하지 못한다. 아니, 아내가 죽기 전까지는 이해하려는 시도조차 하지 않는다.

이 모습을 지켜보는 내내 나는 서로 나눌 수 있는 무언가를 상실한 이 시대 부부들을 생각하면서 안타까운 생각이 들었다. 아무리 서로 다른 환경에서 삼십 년을 살았더라도 부부가 된 이래로 반평생을 함께 하는 동안에 공유할 것이 없다는 것은 그만큼 서로를 이해하려고 하지 않았다는 뜻일 것이다. 그 점에서 토끼는 중요한 존재였지만 그것 역시 남편의 협조 없는 아내의 일방적인 노력으로는 그 존재의 가치를 제대로 발휘할 수 없었다는 점에서 더더욱 아쉬운 생각이 들었다.

작품 안에서 토끼에 대해 주인공 부부가 가지는 의미는 앞서 말했듯이 부부간의 매개물이지만, 작품 밖에서 이 소설을 읽는 독자가 느끼기에 토끼는 마치 아내를 대변하는 하나의 상징물과도 같은 존재이다. 토끼가 죽고 난 뒤 아내가 벌이는 일종의 퍼포먼스는 아내가 토끼라는 사실에 의심할 여지가 없게끔 한다. 그 밖에도 작품 마지막 부분에서 남편은 아내의 사인을 추리해 나가다가 결국 아내가 일전에 했던 말 - "응애, 하고 태어날 때부터 난 그랬는걸요. 매력도, 사교성도 없던 주제에 외로움만큼은 언제나 질색이었지요. 마치 토끼처럼요." - 을 상기하는 장면이 있는데 이것은 '아내=토끼' 라는 공식을 성립시키는 데 중요한 단서가 된다.

결국 토끼는 아내를 상징하는 하나의 상징물이라고 할 수 있다. 그러므로 아내가 남편에게 원했던 토끼에 대한 관심과 사랑은 바로 토끼로 투영된 자신에 대한 애정과 사랑이었다고 볼 수 있다. 아내는 남편의 사랑을 필요로 했던 것이다.

종합해 볼 때, 이 작품의 제목 '토끼를 기르기 전에 알아두어야 할 것들' 이란 바로 아내와 함께 살기 전에, 즉 결혼을 하기 전에 알아두어야 할 것들이라고 해석할 수 있을 것이며 이 작품의 주제를 함축적으로 잘 표현한다고 할 수 있다.

3.

이 작품은 토끼의 죽음 이후 토끼의 똥, 오줌을 치우지 않았던 남편에게 핀잔을 주는 아내와 그것에 반박해 자신도 나름대로 치웠다고 주장하는 남편의 대화로 시작한다. 여기에서 우리는 남편과 아내가 생각하는 관점이나 기준이 다르다는 것을 알 수 있다. 즉, 아내가 원하는 관심과 정성을 쏟은 보살핌과 남편이 생각하는 최소한의 '편안하고 안락하게 살 만한 수준 유지' 인 보살핌은 그들의 견해 차이를 여실히 보여주는 장면 중의 하나라고 볼 수 있다.

이것을 더 확장시켜 말하자면 결국 아내가 본질적으로 말하고자 했던 것은 토끼로 투영된 자신에 대한 관심과 사랑을 뜻하는 것이라고 볼 수 있다. 건강하지 못한 부부는 배우자의 '말' 만 들을 뿐 그 말에 함께 묻어나온 정서나 내면의 소망, 욕구를 감지하지 못한다. 이 작품에서처럼 서로 단절된 의사소통은 단지 부부관계 뿐만 아니라 인간관계에서도 큰 장애물로 작용한다.

한편 가정을 이루고 함께 있는 것이 자신이 할 수 있는 유일한 사랑표현인 남편과 '사.랑.해.요.' 라고 직접적인 말로써 표현을 자주했던 아내의 상반된 애정 표현에서 무언가 이질적이고도 좁혀질 수 없는 견해 차이를 느낄 수 있었다.

4.

지금까지 박형서의 소설 〈토끼를 기르기 전에 알아두어야 할 것들〉를 읽고 작가가 말하고자 했던 바를 나름대로 추리해가며 토끼의 의미에 대해 생각을 해보고, 주인공 부부의 삶을 조명해 봄으로써 남녀간의 사랑에 관한 좁혀질 수 없는 견해 차이에 대해서 살펴보았다.

이 작품은 다른 어떤 것보다 결혼을 통해 우리가 극복하고자 하는 외로움의 실상을 잘 표현한 작품이라고 생각한다. '나' 와 30년을 함께 부부로 살아온 아내는 3주간의 토끼 사육을 통해 자신의 내면을 들여다보게 되고 자신과 같은 속성을 지닌 토끼를 소중히 여긴 나머지 3일간의 '토끼 되기' 를 통해 결국 자신도 죽음을 맞이한다. 즉, 죽음을 무릅쓰고 외로움을 넘어서기 위해 '적극적인 타자 되기' 를 감행한다는 도식으로 요약할 수 있겠다. 인간관계에서도 진정한 이해란 얼마나 요원한 것인가를, 어쩌면 죽음을 각오해야 하는 일임을 작가는 말하고 있는지도 모르겠다.

우리는 플라톤의 신화적 주인공들처럼 절반으로 쪼개진 채 불완전한 삶을 살아간다. 이 세상에 태어나는 순간부터 정도의 차이는 있겠지만 우리는 누구나 자기 몫의 심적 상처를 입게 마련이다. 스스로 그 상처를 치유하기 위해 온갖 방법을 다 동원해 보지만 결국 우리 내부에는 늘 공허함이 자리한다. 때로는 음식이나 술, 담배와 같은 수단을 통해 이 끝없는 공허를 채우려 애쓰기도 한다.

하지만 과연 우리의 정신적 공허가 그런 것들로 채워질 수 있을까? 그럴 수 없음을 우리는 이미 잘 알고 있다. 그렇다면 우리가 진실로 갈망하고 추구하는 것은 무엇일까? 그것은 결국 인간 본연의 온전함이 아닐까? 그리고 이 인간 본연의 온전함을 우리는 '결혼' 이라는 관계를 통해 회복할 수 있으리라 믿는다.

그리하여 우리는 그 믿음을 가지고 이상적이고 완벽한 배우자를 찾아 나선다. 하지만 내가 찾던 대상 또한 나와 같은 소망을 지닌 한 인간일 뿐이다. 내가 그를 원하였듯 그도 내게 그러길 원하고서 결혼한다. 실은 그것은 끊임없이 예견되던 사실이기도 하다. 그렇기에 결혼은 심리적인 과정이다. 어린 시절부터 지금까지 받아온 마음의 상처를 따뜻하게 안아주고 치유할 수 있도록 서로 돕는 기회가 바로 결혼이며 부부의 깊은 인연인 것이다.

그렇다면 영화의 경우는 어떠할까? 다음에 제시하는 예는 〈아라한 장풍 대작전〉을 보고 만들어진 영화 감상문이다. 영화라는 매체가 대중적인 만큼 감상의 폭이나 표현 방식에 있어서도 좀 더 자유롭고 다양한 글쓰기가 가능할 수 있다. 그런 의미에서 〈예시4〉는 '장풍(掌風)'에 초점을 맞춰 자신의 발랄한 감상을 넘치지 않게 표현하려 애쓴 부분을 높이 살 만하여 소개한다.

〈예시 4〉

아라한, 세상을 향해 장풍을 쏘다!
- 영화 〈아라한 장풍 대작전〉을 보고 -

1. 장풍 준비

영화는 감독이 만들어 낸 새로운 세계의 모습을 보여준다. 나는 영화를 보면서 이러한 감독의 의도를 찾아 가는 것을 즐긴다. 다른 사람은 찾지 못하는, 감독이 숨겨놓은 영화 속 의미를 찾아내면서 내 나름대로의 해석을 하는 재미로 영화를 본다. 이런 감상법은 주로 스릴러, 공포영화에 적합하며, 따라서 나는 이 두 가지 장르의 영화를 좋아한다. 나는 생각할 여지를 남겨주지 않는 액션, 드라마 등의 장르를 매우 싫어한다. 특히 유치한 제목과 문구로 관객을 유혹하는 오락영화는 거들떠보지도 않는다.

〈아라한 장풍대작전〉도 개봉 당시 거들떠보지 않았던 영화다. 장풍, 대작전, 이런 단어들이 들어간 영화는 보나마나 뻔한 영화라고 생각했다. 지난 추석에 TV에서도 방영해 준 것으로 기억하지만 볼 마음이 전혀 없었다. 그런데 4학년 2학기 리포트와 논문작성이라는 과목의 과제를 위해서 지정된 영화가 〈아라한 장풍대작전〉이라니……. 류승완 감독과 그 동생이자 배우인 류승범 형제의 실력은 다른 영화들을 통해서 인정하고 있었지만, 왠지 이 영화에서는 그 진가가 드러나지 않을 것 같았다.

혹시나 했지만, 역시나 영화는 형제 감독과 배우의 실력을 고스란히 담고 있었으며, 기존에 내가 영화에 대한 가지고 있던 선입견과는 다른 심오함과 사회비판의 정신을 담고 있었다. 지금부터 아라한이 이 세상에 쏘는 장풍을 지켜보자. 합!

2. 아라한, 사회에 장풍을 쏘다

영화의 주인공인 류상환(류승범 분)은 작고 볼품없고 초라한 경찰관이다. 정의의 지팡이이자 사회를 수호하는 대한민국의 경찰이지만, 지하세계에서 싸움질하는 폭력배에게 굽실거리고 급기야 얻어맞기까지 한다. 이러한 세상에 너무나 화가 나는 상환은 우연히 세상을 지키는 7명의 도인을 만나게 되고, 도인들은 상환의 숨겨진 능력을 알아본다.

상환은 장풍을 쏘겠다는 일념 하에 수련을 시작한다. 처음에는 자신의 능력을 의심하고 진실된 마음으로 수련에 임하지 않고 장풍을 빨리 쏠 수 없다는 것에 대해 불만을 가지지만, 성실하고 지속적인 훈련과 할 수 있다는 마음가짐이 결국은 그를 아라한[1]의 경지까지 이른 강한 무술인으로 변모시킨다.

아라한의 위치에 오르고 세상에 평화를 가져오기 위해서는 열쇠를 가지고 제단에 서야 한다. 7명의 도인 중 한 명인 흑운(정두홍 분)은 자신이 힘을 가지고 세상에 평화를 지배하기를 원한다. 상환은 이런 흑운과 대결을 펼치고, 결국 상환이 장풍으로 흑운을 물리치며 아라한의 자리에 오른다.

상환이 무술을 터득하여 아라한의 자리에 오르는 과정에서 감독은 전형적인 권선징악의 모습을 보여주었으며, 그 주체가 평범한 사람이라는 점에서 매우 뻔한 내용이지만 변하지 않는 대의명분이 사람들에게 쾌감을 준다고 했다.[2] 지금 이 세상은 권력을 가진 소수의 사람의 손에 의해 움직여지고 있지만, 최고의 자리는 누구에게나 열린 기회이며 노력하는 자의 것이라는 것을 보여주고 있다. 이는 감독이

1) 소승(小乘)의 수행자들, 즉 성문승(聲聞乘) 가운데 최고의 이상상(理想像). 나한(羅漢)이라고도 한다. 아라한은 본래 부처를 가리키는 명칭이었는데, 후에 불제자들이 도달하는 최고의 계위(階位)로 바뀌었다. 수행결과에 따라서 범부(凡夫) · 현인(賢人) · 성인(聖人)의 구별이 있는데, 잘 정비된 교학(敎學)에서는 성인을 예류(預流) · 일래(一來) · 불환(不還) · 아라한(阿羅漢)의 사위(四位)로 나누어 아라한을 최고의 자리에 놓고 있다.

2) 류승완, 「사망 30주년, 이소룡 다시 보기, 동그란 딱지 속에서 그를 발견했다」, 『씨네 21』통권 411호 (한겨레신문사, 2003), 109면.

소수에게 권력이 집중된 사회를 비꼬면서 누구나 '장풍'을 쏠 수 있다는 것을 보여 주는 것이다.

아라한은 이 세상에 평화를 가져오는 존재이며 아라한이 되기 위해서는 제단에서 열쇠를 이용해야 한다고 나온다. 그 제단은 용산 전쟁기념관 안에 있으며, 전쟁기념관은 국방부 앞에 있다. 왜 하필 국방부 앞 전쟁기념관일까?

한겨레신문 '평화 만들기' 홈페이지에서 김승국은 "아직도 북한을 주적(主敵)으로 삼고 있는 국방부와 용산 미군 사령부 사이에 똬리를 틀고 있는 전쟁기념관에서 '평화'는 언감생심이다."[3]라고 했다. 류승완 감독 역시 비슷한 의도를 가지고 전쟁기념관 안에 제단을 배치한 것으로 보인다.

아라한이 승리하며 세상의 평화를 완성하는 장소이지만, 그 장소는 절대 평화적이지 않으며 전쟁과 죽음의 공포로 가득 찬 곳이다. 평화를 위해 상환은 흑운과 싸움을 해야 하며, 그 싸움의 장소는 싸움과 희생을 상징하는 전쟁기념관 안이다. 감독은 이 같은 평화를 얻는 과정의 모순점을 제단의 아이러니컬한 배치로 표현함으로서 지금까지 우리나라와 세계가 평화를 얻는 데 사용된 전쟁과, 싸움들에 대해 장풍을 날리고 있다.

3. 인간의 이기심에 장풍을 쏘다

영화에서 악역으로 등장하는 흑운은 본래 7인의 도인 중 하나였다. 7명의 도인들은 모두 인간세계의 평화를 바라고 있었지만, 인간들의 이기심과 욕심이 너무나도 컸기 때문에 더 이상 손을 쓸 수 없는 상태였다. 모두들 포기를 할 때 흑운은 참지 못하고 평화를 위해 아라한이 되겠다는 결심을 했다. 평화를 이룩하겠다는 이 결심은 겉으로는 숭고해 보이지만, 그 뒷면에는 욕심과 이기심이 자리잡고 있었다.

흑운은 그 욕심을 채우기 위해 아라한이 되기 위한 열쇠를 가지려 동료 도인들을 죽이고 제단에 선다. 그러나 상환을 이길 수 없었다. 상환은 바라는 것이 없었으며 모든 것을 버릴 준비가 되어 있었다. 법정스님이 아무것도 갖지 않을 때 비로소 온 세상을 갖게 된다는 것은 무소유의 역리(逆理)[4]라 했던 것처럼 아무것도 가지지 않

3) 김승국, "평화 그리고 생명 전쟁 기념관을 평화의 전당으로", http://peace.hani.co.kr/life/view.php?tbn=essay&page=1&num=8&key=&keyfield, (2005.11.28)

4) 법정, 『무소유』(범우사, 1998), 54면.

으려 하고 모든 것을 버리려 했던 상환이 아라한의 지위를 얻었다.

아라한이 된 이후에도 상환은 자신의 실력을 헛되이 사용하지 않고 본래 일상생활로 돌아가서 평상시의 모습으로 산다. 자운(안성기 분)이 상환을 훈련시킬 때 보여준 일상생활을 살아가는 도인들처럼 아라한도 일상생활을 사는 평화의 수호자로 돌아간다. 아무것도 가지지 않을 때 모든 것을 가졌으며, 모든 것을 가졌지만 일상으로 돌아가는 아라한의 모습은 지금을 사는 현대인들과는 사뭇 달라 보인다.

〈아라한 장풍 대작전〉이 말하고자 하는 궁극적인 내용은, 인간의 이기심은 끝이 없으며, 그것을 다스려 거두는 자가 모든 것을 가진다는 것이다. 영화 초반에 백풍(이외수 역)이 죽음을 맞이하는 순간에 오버랩되는 장면은 80년대 우리나라에서 벌어진 격렬한 민주화 투쟁의 폭력진압 장면을 연상시킨다. 흑운이 등장할 때는 성수대교와 삼풍백화점의 붕괴장면이 보인다.

폭력진압이나 붕괴사고는 특정계층이 자신의 이익만을 추구하다가 벌어진 참사이다. 백풍은 그러한 이기심의 희생양의 모습을 나타낸 것이며, 흑운은 이기심의 상징으로써의 사고의 장면과 함께 등장한다. 사람의 이기심이 얼마나 큰 재앙을 가져오며 많은 사람의 희생을 필요로 하는가를 보여주는 장면이다.

아라한이 쏘는 장풍에 맞아 사라지는 것은 흑운이 아니라 이기심이다. 감독은 인간의 이기심을 비판하기 위해 장풍대작전을 기획하고 그 작전을 성공으로 이끌었다. 최후에 승리하는 상환은 모든 이기심과 욕심을 버린 상환이었으며, 이기심으로 가득 찼던 흑운은 최후를 맞이한다. 또, 이기심과 욕심으로 가득찬 전쟁기념관에서 이기심이 패배함으로써 전쟁기념관이 가진 공포와 살육의 기운도 함께 패배하는 모습을 감독은 의도한 것으로 보인다.

나 역시 이기심이 가득한 인간으로서 아라한이 날리는 장풍을 정면으로 맞았다. 욕심과 이기심으로 가득 찬 내 가슴이 뻐끈해진다.

4. 장풍을 거두며

중도를 지킨다는 것이 얼마나 어려운 일인가? 〈아라한 장풍대작전〉은 중도를 지키는 영화이다. 모든 것을 가지되, 아무것도 가지지 않고 자신의 위치를 지키는 아라한을 보여 주었다. 또 이 영화는 유치해 보이되, 유치하지 않았으며, 아무런 의미가 없는 오락영화처럼 보이지만, 그 안에는 신랄한 사회 비판이 들어 있었다.

아무 기대 없이 봤던 〈아라한 장풍대작전〉에서 느낀 인간의 이기심과 욕심의 모습을 주로 논의하며 이 글을 마치고자 한다. 인간의 이기심과 욕심은 무엇을 가지고자 하는 욕구에서 발생한다. 현실에 안주하는 것 역시 바람직한 일은 아니지만, 자신이 가진 필요 이상의 것을 원하는 것도 바람직하지 않다. 따라서 중도를 지켜야 하는데, 현대사회에서 중도를 지키는 사람은 많지 않으며, 중도는 곧 안주이며 패배라는 인식이 팽배하다.

자신이 가지지 못한 것과 자신에게 필요 없는 것을 잘 구분할 줄 아는 것이 현대사회에서의 중도라 생각한다. 가지지 못한 것은 자신의 능력이 허락하는 한 노력하여 가지는 것이 옳지만, 필요 없는 것이라면 일찌감치 마음을 접고 다른 곳에 힘을 기울이는 것이 어떨까? 필요 없는 것을 가지기 위해 장풍을 날려 싸움과 이기심과 욕심을 만드는 어리석은 짓은 하지 않는 사회가 만들어지기를 바라며 이 글을 마친다.

제3부 자기를 드러내는 글쓰기의 세계와 활용

[제1장 자기를 드러내는 글쓰기와 친해지기]

1. 자기소개서 작성의 특별한 의미

과연 내가 나를 알기 위해서는 어떻게 해야 할까? 스스로를 제대로 알기 위해서는 자기를 둘러싸고 있는 껍질 속에서 나온 후 자기 자신을 냉정하게 볼 줄 알아야 한다는 말이 있다. 그렇다면 자기를 둘러싸고 있는 껍질에서 나오는 방법은 무엇인가? 또한 자신을 냉정하게 보려면 어떻게 해야 하는가?

이 두 가지 질문의 해답을 자기를 드러내는 글쓰기의 이해와 활용에서 찾고 싶다. 자기를 둘러싸고 있는 껍질을 발견하는 데에 '맛보는 글' 을 사용하고, 그 껍질에서 나오는 데에 '통째로 삼킬 글' 을 사용하고, 껍질에서 나와 자신을 냉정히 바라보는 데에 '씹어서 소화시킬 글' 을 사용한다면 자기 자신을 분명히 알 수 있을 것이기 때문이다.

모든 글에 글쓴이의 면모가 드러나기는 하지만, 특별히 '자기를 드러내는 글' 이라 할 때의 드러냄은 글쓴이의 개성과 의도와 면모가 좀 더 자유롭고 솔직하게 드러나는 것을 의미한다. 예를 들어, 일기에서와 같이 글쓴이가 자신을 들여다보고 자신을 솔직하게 드러내는 글쓰기가 있다. 일기쓰기는 그날그날의 일을 적어두는 자신의 기록인 만큼 가장 솔직하고 진실한 말로 써야 한다는 점에서 자기를 드러내는 글쓰기의 대표항이 될 수 있다. 자신을 들여다보고 솔직하게 드러내는 일은 인간이 성장하고 성숙하는 데 가장 중요한 밑거름이다.

하지만, 일기는 지극히 사적인 글쓰기이고, 더구나 글쓴이가 독자로 회귀되는 점 때문에라도 그 범위가 좁아질 수밖에 없다. 편지가 읽는 이를 분명히 설정하여 쓰이는 것과는 분명히 다른 점이기도 하다. 편지는 어떤 특정의 사람에게 읽힐 것을 목적으로 쓰는 글이다. 따라서 편지에서는 그 편지를 읽을 독자의 입장과 생각을 잘 고려해서 그에 알맞게 글을 쓸 수가 있고, 또 그래야 할 것이다. 다음의 〈예시1〉에서처럼 독자와의 관계에 따라 말투가 달라지고, 내용을 전개하는 표현법이 달라지는 개방성과 유연성이 있게 된다.

〈예시 1〉

반말의 어투로 쓰는 것을 용서해라. 나는 선생이라기보다는 형이라 부르는 것이 적당할 정도의 나이다. 너희들이 대등한 인간으로 대접받기를 원하고 존댓말을 쓰는 것이 그러한 요구를 충족시키는 방법의 하나라는 것을 알면서도 반말을 쓰는 것은 너희들이 선생인 나와의 사이에 두고 있는 벽을 조금이라도 부수고 싶어서이다. 형이라고 부르는 게 적당한 젊은 선생에겐, 존댓말을 쓰는 것이 너희들과의 벽을 두텁게 하는 것처럼 느껴질 때가 있단다. 더구나 너희들과 내가 함께 생활하는 학급이라는, 학교라는 사회에 대해 마음을 터놓고 이야기하는 이런 자리에서는 말이다.

(김진경, "스스로를 비둘기라고 믿는 까치에게")

대부분의 글은 특정의 사람에게 읽힌다는 제한이 없이 쓰게 된다. 누구나 독자가 될 수 있는 경우, 필자가 염두에 두어야 할 것은 일반성이다. 독자의 일반성을 고려한다면 소재나 내용이 보편타당한 것이어야 하고, 그 표현에 있어서도 난해한 어휘나 극단적이고 자기만 아는 말은 피해야 한다. 아마도 이런 맥락에서 수필을 떠올리는 사람이 많을 것이다.

수필은 전문인이 아니더라도 누구나 쉽게 쓸 수 있으며, 소재의 제약을 받지 않는다는 점에서 앞서 언급한 편지나 일기의 장점을 그대로 물려받는다. 이런 자유로움은 글의 형식에도 적용되어 편지나 일기, 기행문, 자서전까지도 수필의 범주에 들어가며 그러한 형식을 새롭게 채용하여 수필을 써나가기도 한다.

중요한 것은 수필이 글쓴이 자신의 체험과 성찰을 실마리로 삼기 때문에 수필 안의 '나'는 언제나 글쓴이 자신이라는 점이다. 수필은 흔히 '붓 가는 대로' 쓰는 글이라 하지만, 이는 소재가 다양하고 형식의 제한을 특별히 받지 않는다는 데서 빚어진 자유로움을 달리 표현한 것일 뿐이다. 다음의 〈예시2〉에서처럼 일반적인 글쓰기의 형식을 무시하지 않은 상태에서 글쓴이의 체취를 드러내면서 수필의 향기가 무르익게 되는 것이다.

〈예시 2〉

지수와 함께 한다는 것

지난 주말 '햇살 가득한 집'에 다녀왔고, 열두 살 말없는 소년 지수를 만났다. 이곳은 서대문 장애인복지관의 단기보호센터로, 지체 장애 성인들의 주간 보호 프로그램과 특수학교 아동들의 방과후 교실을 운영하고 있다. 인문캠퍼스의 교수선교회에서는 지난 학기부터 매주 토요일 2인 1조로 자원봉사를 나가 이들의 야외활동을 도와주고 있다.

지난 가을 처음 들렀을 때는 북아현동의 비탈길에 노란 은행잎들이 가득했었다. 봉사라는 말이 새로워 잠깐 설레기도 했던 내게 장애우들과의 경복궁 나들이는, '정신지체 1,2급 장애, 듣기는 하나 말을 하지 못하며, 의사소통 불편'이라는 설명을 들어 알고 있었음에도, 생각보다 힘들었다. 의욕만큼 몸이 선뜻 나서주지 않아서이기도 했고, 무엇보다 장애우들을 낯설어하는 마음이 의외로 컸기 때문이다. 일견 씁쓸하고도 괴로운, 이런 발견이 그 가을에는 나를 잠시 우울하게 했었는데, 이곳의 새순 돋은 은행나무를 보니 다시금 설레었다.

이번 나들이는 북아현동의 뒷길을 따라 봉원동 뒤편에 있는 안산의 봉수대까지 다녀오는 것이다. 짝이 된 지수는 개나리가 참 좋구나, 하는 나의 탄사에는 아무 대꾸도 않더니, '산불조심'이라 쓰인 현수막이 나무 사이에서 펄렁이는 모양에는 반색을 하며 좋아라 한다. 발돋움을 하며 콩콩 뛰다 못해 양말을 벗어 들어 바람에 날려보기까지 하는 지수를 보며, 숲 속 작은 집에 살고 싶다 한 오에 겐자부로의 소박한 꿈이 떠올랐다. 누구라도 한번쯤은 꿈꾸었을 이런 소망은, 학교라는 작은 사회에조차 적응하지 못하고 오히려 숲 속의 새를 보며 행복해한 장애 아들을 둔 그에게는 아주 절실한 것이었다. 지수에게 필요한 것 역시 자연의 빛과 소리가 아닐까 하는 생각에, 말을 걸기보다 낮게 흥얼거리며 노래를 불러주었다. 지난번보다 익숙해서일까, 나 역시 어린 아들과 함께 한 봄나들이마냥 적당히 노곤하고 푸근해져 있었다.

이곳의 주임사회복지사인 성수진 선생은, 그 역시 장애우로 장애를 극복하기까지 누구보다 치열하게 살았을 터인데, 일주일에 한번 이렇게 자연 속으로 나들이하는 시간이 이들에겐 소중하다고 말한다. 의사소통이 불편한 이들에게 음악이나 미술을 '프로그램'으로 만들어 지도하는 것이 어려운 일이어서이기도 하지만, 그보다는 자연을 '자연스레' 느끼는 것 이상의 공부가 어디 있을까 싶은 생각에서이기도 하단다. 무엇보다 산을 오르며 육체적으로 힘들기는 장애우나 봉사자나 마찬가지여서, 지치기 쉬운 하행길에 서로가 손을 붙잡아주는 것만으로도 보람 있으리라는, 어눌하나 힘찬 그의 이야기를 나는, 말없이 대화하는 법을 배우지 않았느냐는 의미로 새겨듣고 있었다.

오를 땐 혼자여도 내려올 땐 친구가 된다는 광고가 굳이 아니더라도, 정도의 차이가 있을 뿐 누구에게나 산행은 힘들고, 혼자 하는 산행이라면 더더욱 외롭다. 내가 지치고 힘들 듯 상대방도 그러함을 배려하는 마음이 봉사의 출발점이라면, '베푸는' 것만이 아니라 '함께 누리는' 것도 봉사가 아닐까? 이런 생각으로 비탈길을 내려왔고, 해질 녘이라 바람이 차가웠음에도 마음이 따뜻하게 데워졌다. 아아, 이 봄날에 지수를 만나고 왔다!

자기를 드러내는 글쓰기에 자서전의 경우도 해당된다. 한 개인의 일생의 사적(史蹟)을 적은 기록을 전기(傳記)라 하고, 특히 자기가 쓴 자신의 전기를 자서전(自敍傳, autobiography)이라 한다. 자서전은 개인적인 과거 회고를 바탕으로 다가올 미래의 여생을 계획하기 위한 길잡이가 되기도 한다. 자서전의 본질은 적나라한 자기 내면의 토로라고 한다. 그래서 자서전에서 우리가 발견할 수 있는 것 역시 개인적이고 독특한 삶의 유형들이나 상황에 대한 글쓴이의 특별한 해석, 삶의 사건에 대한 적응 방법과 해결책, 주위 환경의 변화나 자신의 노화에 대한 수용, 인간 영혼의 다양한 표현 등과 같이 매우 다양할 수 있다.

이제 다음의 〈예시3〉을 읽고 잠시 나의 자서전을 구상해보자. 이 때, 이른바 수기풍의 자전적 에세이들의 경향에 대해 자신의 생각을 정리하는 것도 도움이 된다. 예를 들어, 내가 쓴 나의 이야기를 남들은 어떻게 읽을까, 혹은 나는 나의 이야기를 어떻게 풀어가고 싶은가 등등의 물음을 던져보는 것이다.

〈예시 3〉

인간은 자기 이야기의 부분적인 작가인 동시에 관리자이다. 우리는 타인과 세계에 의해 만들어지고 있지만, 동시에 역설적으로는 우리 스스로가 우리 자신이나 세계를 만들기도 한다. 우리의 인생은 유전과 같은 타고난 것들의 영향을 받기도 하지만, 사회적, 환경적 영향을 받기도 한다. 우리가 누구인가는 단지 한두 가지 요인만으로 결정되는 것은 아니다. 우리는 의미를 만들고 발견해 나가는 능력을 가지고 있으며, 우리 자신의 이야기를 써나가는 공동 작가이다. 그렇다고 해서 자신이 원하는 어떠한 이야기라도 만들어 낼 수 있다거나 혹은 우리 의지대로 줄거리를 완전히 바꾸어 버릴 수 있다는 의미는 아니다. 왜냐하면 인간은 현실과 가능성 사이에서 한계를 지니고 있기 때문이다.

우리는 말할 만한 이야기거리를 가지고 있을 뿐만 아니라, 바로 우리 자신이 이야기가 되기도 한다. 따라서 한 개인의 이야기를 완벽하게 이해할 수 없는 또 다른 이유는 우리 한 사람 한 사람이 각각 특별하기 때문이다. 우리는 하나의 이야기가 아니라 다양한 이야기들이다. 이야기들은 결코 비슷할 수 없으며, 시작과 중간과 끝맺음이 완벽하고 세련되게 들어맞아야 할 필요도 없다. 상세한 전기나 인생이야기가 반드시 좋은 이야기로 구성되어져야 할 필요는 없다. 우리는 이미 서로 다른 이야기의 한 부분이다. 나 자신이 나의 이야기의 공동 저자가 된다는 것은 내가 만든 것, 내 자신의 특징에 관해 발견할 것을 깨닫는 것이다.

그렇다면, 자기소개서는 자기를 드러내는 글쓰기에서 어떤 의미와 비중을 차지하는 걸까? 자기소개서는 일상에서 쉽게 쓸 수 있는 글이기는 하지만, 편지나 일기와 같이 편안하게 쓸 수 있는 것도 아니고, 수필과 같이 문학성이 뛰어난 것도 아니고, 자서전과 같이 자신이 살아온 인생의 의미까지 아울러 담아내는 무게감이 있는 것도 아니다. 모든 글쓰기의 절차가 그렇듯 한 편의 글을 완성하기까지 그 과정은 어렵고, 완성된 글을 보는 뿌듯함은 크다. 그렇다고 해서 수필이나 자서전만큼의 의미를 한 통의 자기소개서에 부여하기는 어려운 게 우리의 현실이다. 자기소개서는 그저 자기소개서일 뿐이기 때문이다.

그럼에도 자기를 드러내는 글쓰기의 이해와 활용에서 자기소개서 작성을 특별히 강조하는 것은 실용적인 글쓰기라는 특징 말고도 문학교육적 차원에서 자기소개서 작성 훈련이 갖는 중요한 미덕이 있기 때문이다. 그 구체적인 배경과 의도를 담은 글을 〈예시4〉에서 소개하는 이유가 여기에 있다. 다소 딱딱하기는 하지만, 앞선 장에서 이미 학술적 글쓰기의 형식과 절차를 이해한 만큼 글쓴이의 의도를 이해하기는 어렵지 않을 것이며, 이해한 만큼 자기소개서 작성의 기본 전제를 정리할 수 있으리라 기대한다.

자기를 드러내는 글쓰기의 세계를 이해하고 다양한 글의 형식을 연습하는 것은 중요하다. 이 책에서는, 그리고 이 장에서는 특히 자기소개서 작성의 특별한 의미를 강조하고 싶다. 한 편의 글을 쓰기 위해 그 과정 하나하나를 소중하게 생각하는 만큼, 이제 한 통의 자기소개서를 쓰기 위해 우리는 자기를 돌아보고 미래를 구상하는 소중한 시간의 터널을 지나게 될 것이다.

〈예시 4〉

1. 대학 작문에서 자기를 소개하는 글쓰기의 현실적 위상

교육이 인간의 성장에 대한 활동이라면, 삶의 총체적 궤적과 작용을 담아내는 문학 교육이야말로 자아의 발현과 성장에 다가갈 수 있는 매우 유익한 접근 통로라 할 수 있다. 특히 글쓰기와 같이 교육의 현장에서 이루어지는 결과물이 개인의 문제와 긴밀해질 때 교육자로서의 고민은 늘상 있게 마련이다.

그런 의미에서 매번 강의 초년생의 마음으로 강단에 서며 21세기를 살아가는 이들 대학생에게 글쓰기를 어떻게 가르칠 것인가에 대해 스스로 묻게 된다. 이는 문학교육에 대한 기왕의 연구 성과와 논의 과정을 지켜보면서, 문학교육학이 수용자의 측면을 중심으로 논의가 진행되어야 하며 문학교육의 장이 수용자의 창조적 능력에 중심을 두어야 함에 충분히 동의하기 때문이다.

다만, 최근에는 훨씬 복잡다단해진 대학생들의 다양한 특징들과 글쓰기 관련 이슈들이 함께 뒤섞이면서 그에 대한 답을 선뜻 구하기가 어려워졌다. 교육현장에서의 글쓰기는 우리의 일상과 밀착되지 못한 채 대상에 대한 이해와 표현에 있어 욕망과 자유의 적극적인 발산이 제한적인 게 당면한 현실이기 때문이다.

그 어려움은 자연스레 이들에게 글쓰기가 왜 필요한가 하는 근본적인 질문과 연관되어 대학 작문 교육의 실질적인 출발점으로 자기성찰의 문제를 주목하게 하였고, 거창한 외피를 벗어던지고 나니 자기소개서 작성의 실천적 문제가 중요함을 깨닫게 되었다. 문학교육의 의미를 상상력의 세련이나 삶의 총체적 경험에서 찾거나, 개인의 사고력 성장과 관련시키거나, 혹은 문화 실천에서 찾거나 하는 논의들의 다양성에도 불구하고, 이들 논의의 공통항이 교육적 성장에 대한 전제에 있다면, 대학 작문의 교과 목표 역시 이 점에서 예외일 수 없을 것이다.

이에 이 글에서는 '자기를 드러내는 글쓰기'에 초점을 맞추되, 직접적으로는 자기소개서 작성에 대한 평소의 고민과 발전 방향에 대한 관심을 밝힘으로써 자기 성찰의 글쓰기에 대한 문제로까지 발전할 수 있기를 기대한다.

1.1 일회적 혹은 입문적 주제의식에서 빚어진 단순화

자기를 소개하는 글쓰기의 현실 진단에서 제일 먼저 주목되는 현상은 일회적 혹은 입문적 주제로 다루려는 경향이다. 대개 학기가 시작한 후 곧바로 쓰기에 접근할 수 있는 주제가 바로 '나'에 관한 것인데, 통상적으로는 자신에 관한 소개, 경험에 대한 이야기, 혹은 미래의 계획을 이야기하는 식의 단발성 주제로 다루고 있기 때문이다.

아마도 이러한 경향은 대부분의 대학에 공통적인 것으로, 자기를 소개하는 글쓰기에 대한 비중을 극소화한 경우일수록 첫 주의 강의계획을 설명하는 자리에서 같이 이루어지는 경향이 크게 마련이다. 예를 들어, 나의 성장에 관한 주제를 3분 스피치 형식으로 발표하거나 나의 글쓰기 습관과 자기소개를 같이 겸하는 식으로 진행되는 첫 주 수업내용은 세부적인 관련 주제로 나의 삶에 영향을 끼친 사건이나 인물에 대해 생각하거나, 나의 성장과정 서술이나 약식 자서전 등의 형식 연습 등을 내거는 식이라 해도 본격적인 수업내용과 긴밀히 연결하기가 쉽지 않은 게 우리의 현실이다.

이렇게 자기를 소개하는 글쓰기가 겉돌게 되는 것은 교과 목표의 설정과 연결되는 부분이기도 하다. 다음의 예는 손쉽게 구할 수 있어 인용하는 것으로, 대부분의 대학 상황을 대변하고 있는 것이라 판단된다.

> 이 과목은 학생들로 하여금 국어 문장의 독해와 작문 능력을 신장시킴으로써 대학 과정을 원활하게 이수할 수 있게 하며 교양인이 갖추어야 할 종합적인 언어 능력을 배양하게 하는 데 목적이 있다. 특히 설명과 논증의 방법을 익혀 논리적인 사고력과 작문력을 신장시키는 데 중점을 둔다.[1]

이러한 목표를 달성하기 위한 구체적 수업 구성을 살피면, 수업에서는 독해와 작문의 이론적 측면을 학습하고 실제 작문과 발표활동, 교수평가를 통해 작문 · 발표 · 토론 능력을 기르며, 수업 외에서는 한자어 익히기의 독습과 평가시험, 조별 소논문 작성과 발표 · 토론 평가 등을 실시하는 것으로 되어있다. 이 때 자기소개서를 어떻게 다루고 있는가 하는 문제는 첫 주의 수업내용에서 확인된다. 첫 주의 오리엔테이션으로 자기소개하기를 설정하여 자기 소개문 써오기 과제를 부과하고 있으나, 이에 대한 연계성 있는 수업내용은 강의계획표상으로는 확인되지 않는다.

중요한 것은, 작문 능력 신장의 구체적인 항목으로 설명과 논증의 방법을 근간으로 하는 논리적 사고력 배양에 초점을 두고 있다는 점이다. 이를 위해 강조하고 있는 독습 · 발표 · 소논문 작성 등의 내용 등은 그야말로 한 학기 글쓰기 수업에서 다루어야 할 구체적 실질이 얼마나 다양하고 방대한지를 알게 하는 대목인데, 이러한 경향이 최근에는 아예 학술적 글쓰기 일변도로 향하고 있어 주목된다.[2]

이는 글쓰기의 교과 목표를 지적인 사고력을 바탕으로 대상에 대한 견해를 논리적으로 서술해가는 데 두는 것으로, 경험과 지식을 바탕으로 상상력을 통해 세계를 구성해가는 문학적 글쓰기와 변별하는 이분법적 구분에 근거한 결과이기도 하다.[3] 이러한 검토에서 필자의 관심을 끄는 부분은, 대학 작문이 무엇을 위해 존재하는가 하는 근원적 물음과 연결되는 것들이다.

먼저, 자기소개서에 대한 일회적이고 입문적인 접근 방식은 모든 과목에 공통적으로 적용될 기술적 교수법으로 활용되는 것일 뿐, 글쓰기 과목만의 고유한 지점은

1) 2004년 1학기까지 서울대학교의 대학 국어 강좌의 경우이다.

2) 2004학년도 2학기부터 교양 교과목(학문의 기초)으로 개설되는 글쓰기 교과목은 학문 분야별(인문학 글쓰기, 사회과학 글쓰기, 과학과 기술 글쓰기)로 나뉘어있다. 학생들은 이 과목에서 주어진 학문적 주제에 관해 탐색하고 스스로 문제의식을 발전시키며, 이로부터 자기 나름의 주장을 이끌어내고, 그 주장을 논리적으로 뒷받침하고 표현하기까지, 한 편의 소논문을 쓰는 전 과정을 한 학기 동안 담당 교수의 지도와 동료 학생들과의 토론 속에서 경험하게 된다고 소개하고 있다.

3) 김정자, 「글쓰기의 관습과 창의성」, 『문학교육학』 3호(문학교육학회, 1999), 58-62면.

아니라는 점이다. 자기 소개서 자체가 대학입학 이전(혹은 이후)에도 워낙 익숙하게 연습되는 것이기도 하지만, 그렇게 자기소개서 연습을 생략하는 이유에는 자기소개서 자체를 사소한 실용문 정도로 여기는 인식이 깔려있고, 구태여 자기 성찰의 글쓰기 영역에 포함시킬 필요가 있겠느냐는 우리들 대부분의 회의적 사고가 반영된 것이기도 하다. 그렇기에, 자기소개서를 다룬다면 '어떻게' 다룰 것인가에 대한 문제 제기도 함께 병행되어야 할 것이다.

다음으로, 이렇게 일회성으로 다루다보면 학생이나 교수자나 '나(를 소개하기)' 의 문제를 단순하게 접근하기 쉬우며, 이러한 단순화는 살면서 꾸준히 부딪치게 되는 자기소개서 작성을 순전한 개인적 차원의 단순 반복 작업으로 귀결시키게 마련이라는 점이다. 경험컨대, 자기소개서를 (잘) 쓰기란 쉬우면서도 어려운 일이다. 이는 무엇보다 내가 어떤 사람인지 간단명료하게 이야기하기가 쉬우면서도 어려운 일이기 때문이다. 나를 소개하는 구체적인 항목들에 들어가는 가치관 형성이나 자기 본질에 대한 탐색 혹은 성찰이 대학 작문에서 차지하는 중요성과 비중을 따질 때, 우리는 새로운 문제의식으로 자기소개서 작성(그리고, 교육)에 대해 고민해야 할 것이다.

1.2 실용적 혹은 기술적 글쓰기의 영향에서 빚어진 편파성

그렇다면 실용적 글쓰기의 독립적인 한 종(種)으로 다루어지는 자기소개서 작성 자체에는 문제점이 없는가? 결론부터 앞세워 말하자면, 실용성과 진정성은 대척되는 것이 아님에도 우리의 현실에서 이 둘은 묘한 상극관계를 이루고 있다는 점이다.

대개의 작문 교재 혹은 수업에서 자기소개서는 주로 취업과 관련하여, 입사지원서(또는 이력서)와 더불어 서류 전형에 구비해야 할 서류 중의 하나로 규정하고 있다. 그리고 자기 소개서 자체의 내용적 측면 역시 특정한 기업의 입사를 위해 작성하는 의도성에 초점을 맞추어야 됨을 강조하고 있다.

원론적인 설명대로라면, 한 개인을 객관적으로 이해할 수 있는(하지만, 증빙 자료를 통해서만 확인되는) 자료가 이력서라면, 자기소개서는 이력서에 명시된 개인의 신상명세로는 파악할 수 없는, 실제 기업에서 궁금해 하는 사항들(예컨대, 개인에 대한 구체적인 정보와 특히 성장 과정과 배경이 드러나는)에 대한 일종의 브리핑

자료라 할 수 있다. 따라서 자기소개서는 필자의 입장에서는 해당 지원 회사에 자신이 적합하다는 것을 피력하는 글이어야 하고, 독자(곧 인사 담당자)의 입장에서는 회사가 필요로 하는 사람을 선택할 만한 요소를 발견할 수 있는 글이어야 한다. 이런 맥락에서 자기 소개서가 지닌 실용적 글쓰기로서의 면모의 강조는 필연적이게 마련이다.

이러한 특징은 글쓰기 훈련에서 독자의 존재를 강하게 의식하여 독자를 배려하는 글쓰기를 가능케 한다는 점에서는 충분히 긍정적일 수 있다. 협소한 의미라 하더라도 독자의 존재가 명확할 때의 글쓰기는 '나'라고 하는 필자적 입장에서의 전열 정비를 가능케 하기에, 글쓰기의 원론적 입장에서 강조되는 예비적 조건(예컨대, 글을 쓰는 동기, 문제에 대한 태도와 관점, 읽는 대상의 분석, 읽는 사람을 위한 고려 등과 같은)의 훈련이 충분히 가능해질 수 있다는 이점(利點)이 크게 부각될 수 있다. 또한 자기소개서가 입사지원자로서는 결코 소홀히 할 수 없는 중요한 입사서류로 단순히 입사지원자의 글 솜씨나 원대한 포부 등을 들어 보기 위해 형식적으로 작성하는 서류가 아니라는 점을 명확하게 인식하고, 기업의 인사 담당자가 매년 수백에서 수천 통의 자기소개서를 읽어내야 하는 현실에서 좀 더 경쟁력 있는 표현 전략을 강조하는 것 역시 중요하고도 불가피하다.

하지만, 현실적 필요성이 극대화된 상황에서 쓰이는 맥락만을 중시하다보면 당연히 형식적이고도 지극히 이해타산적인 자기 성찰을 강요하게 되는 부작용을 낳게 마련이다. 자기소개서 작성 요령에서 반복적으로 강조되는 사항들, 예를 들어 기업은 사람을 구하는 입장에서 지원자의 지원동기와 장래성을 보므로 지원동기가 확실하고 일을 하려는 마음의 자세가 되어 있는지를 확실히 보여주는 것이 좋다거나, 그 사람의 성장배경을 통해 대체적인 성격과 인생관 등을 파악하게 되므로 이 방면의 덕목(德目)을 좀 더 목적에 적실(的實)하게 표현하라거나 하는 구체적인 유의사항들은 지나치게 독자의 입맛만 맞추는 편파성을 경계하게 하지 않을 수 없다는 것이다.[4)]

이런 상황을 역으로 되짚을 때 제기되는 문제가, 바로 성실성이나 적극성, 솔직

4) 이런 편파성이 급기야 자기소개서만을 적절하게 조합하여 작성케 하는 유료 사이트의 등장까지 낳게 되었다. 이렇게 자기소개서에 관한 정보를 제공하는 인터넷 사이트의 내용을 살펴, 현실에서 상투적으로 통용되는 자기성찰의 내용에 대해 비평적으로 검토하는 시간을 갖는 것도 중요하고도 필요한 작업이라 생각한다.

함 등과 같이 주관적이고도 철학적인 덕목을 실용적인 자기소개서 작성과 어떻게 연결시킬 것인가 하는 부분이다. 자기 성찰의 과정이 생략된 이런 표현은 하나의 미사여구(美辭麗句)에 불과할 텐데, 작문 교육의 현장에서 이를 다시 반복하는 것은 어찌 보면 무모하고 어찌 보면 씁쓸하기 때문이다. 취직을 하여 좀 더 안정적이고 향상된 삶을 원한다는 것은 무슨 의미를 갖는가? 우리에게 풍요로운 삶이란 현재적 삶에서 그보다 좀 더 발전된 미래적 삶으로 나아가는 것이고, 이를 위해서는 최소한 현재적 삶에 내재되어 있는 문제를 제기할 수 있어야 한다. 이를 감당하고자 하는 욕구에 의한 글쓰기가 바로 자기 성찰의 글쓰기라 한다면, 그것은 현재적 삶의 이면을 들여다보고 그것의 또 다른 의미를 구성해내는 것과 다름없고, 바로 이런 국면이 자기소개서가 필요한 현실적 맥락과 닿아있어야 한다.

2. 자기를 소개하는 글쓰기에 대한 문학교육적 접근의 필요성

국어교육이 실제의 언어생활에 소용되는 기능을 가르치는 데 주력한다는 것은 나름대로 의미가 있을 것이며, 이런 맥락에서 실용주의로서의 설득력과 효용성을 가질 수 있다. 물론 실용을 지향한다고 해서 실생활의 모든 국면을 다 실습해야 되는 것은 아니며, 실제로 그럴 수도 없다. 그렇기에 자기소개서를 실생활에 유용한 잡동사니 하나쯤으로 전락시키는 단편적인 교육은 지양되어야 할 것이다.

자기를 소개하는 글쓰기에 대한 문학(혹은 문화)교육적 접근이 필요한 이유가 바로 여기에 있다. 문학에 말하고 듣고 쓰고 읽는 모든 원리가 다 갖추어져 있다면,[5] 우리는 강의현장에서 자기소개서 한 통을 쓰게 하는 데 그칠 것이 아니라, 그러한 한 통의 자기소개서가 문학(혹은 문화)의 여러 영역에서 어떤 위상을 차지하는가를 먼저 환기시킬 필요가 있다. 최근의 논의들이 자전적 서사 장르라는 용어를 통해 일상적으로는 자기소개서 다큐멘터리 등에서의 라이프 스토리 구술 연행을, 제도적 글쓰기에는 자서전이나 자전 소설, 수필 등으로 광범위하게 활용하는 측면을 부각시키는 이유와 연결되기도 한다.[6]

무엇보다 대학생에게 자기 성찰의 글쓰기는 어떻게 이루어지는가의 문제를 해결

5) 언어란 단순히 의사표현이나 사상과 감정을 전달하는 도구만이 아니라 존재 혹은 사고 그 자체라 할 수 있다. 그런 의미에서 국어란 언어교육인 것이며, 언어교육이란 바로 문학의 교육이 되는 것이다. 오세영,「국어교육과 문학」,『문학교육학』7호(문학교육학회, 2001), 4면.

할 수 있어야 한다. '모든 문학 작품은 자전적이다' 라고 이야기하는 게 가능하다면, 자기소개서는 공인되지 않았을 뿐 대학 작문의 현장에서 보자면 가장 가깝게 연습될 수 있는 자전적 글쓰기의 필수항으로 들 수 있을 것이다. '자기' 에 대한 성찰과 탐색이, '소개' 라는 실용적인 목적성을 부여받을 때 좀 더 적극적으로 자기 이야기를 풀어갈 수 있으리라는 기대가 가능해지는 것도 이러한 이유 때문이다. 나아가 대학생이라는 세대 공통항으로서 자의식의 편린과 가치관의 면면을 확인하는 작업을 병행할 수 있다면, 자기소개서는 쓰는 것 이상으로 철학적, 사회학적, 심리학적, 문학적 등등의 가치를 획득하는 중요한 교양수업의 일환이 될 것이라 기대한다.

3. 대학생의 글쓰기 훈련에서 자기 탐색이 갖는 의미

자기 탐색이란, 일차적으로 나의 생각이 일정한 사회적 문맥과 배경 속에서 형성되었음을 성찰하는 작업이다. 이런 작업은 '나 자신' 에 대해 질문하고 회의함으로써 나의 생각을 무반성적으로 고수하는 한계에서 벗어나 나 자신의 생각을 보다 객관적으로 맥락화하는 방법을 생각해보는 과정이라 할 수 있다.[7] 대학생의 글쓰기 훈련에서 자기 소개서가 중요해지는 이유는 바로 자기 탐색이 갖는 이러한 의미와 연결된다. 이는 '자기 자신' 에 관한 주제야말로 수업 운용이 잘 되었을 경우 자기를 대상화함으로써 자신에 관한 통찰을 가능케 한다는 점에서 일정 시간 이상을 할애해야 하고, 수업의 시작에서뿐만 아니라 어느 때라도 기대되는 만큼의 효과를 얻을 수 있다는 점에서 대학생활 중 반드시 거쳐야 되는 통과의례적 주제인 것이 분명하기 때문이다.

물론 글쓰기의 질적 심화를 충분히 이루기 위해서는, 어떠한 주제이건 그러하지만, 주제에 대해 심층적으로 접근할 수 있도록 교수자의 철저한 준비가 필요하다. 자신의 의견이 제대로 정립되지 않은 상태에서는 아무리 훌륭한 주제라도 대상에 대한 피상적인 이해와 관찰, 그리고 미봉적인 해결로 끝맺기 쉽다는 점에서 학생들에게 가장 친숙한 주제를 택하는 것이 수업의 효율성을 높이는 지름길이 된다. 그리

6) 최윤 외, 『자전소설 나의 나』(문학동네, 1996); 우한용, 「나를 원천으로 한 창작」, 『문학과 의식』 49집(2000); 최인자, 「자아 구성활동으로서의 자전적 서사 쓰기」, 『현대소설』 2000년 12월호; 최혜실, 『디지털 시대의 문화 읽기』(소명출판, 2001); 이남희, 『자기 발견을 위한 자서전 쓰기』(교보문고, 2001).

7) 신형기 외, 『글쓰기』(연세대출판부, 2003), 87면.

고 자기를 소개하는 글쓰기에서는 더더구나 자득(自得)의 방법에 의존하지 않고 보다 효율적인 수업 운용의 방향과 모델을 제시하는 것이 필요하다.

예를 들어, 자기소개서의 필수항목으로 들어가는 '가정환경 및 성장과정, 학력 및 경력사항, 성격의 장단점, 교내외 활동, 인생관 및 직업관 등'이 과연 어떻게 정리되고 한 편의 글로 연결될 수 있을 것인가? 과연 그 항목들이 그렇게나 간단한 것인가? 무엇보다 이들이 자기를 소개하는(혹은 드러내는) 글쓰기의 핵심이라 할 자기만의 오리지낼리티(originality)를 발견하고 그를 글 안에서 제대로 발휘할 수 있을 것인가?

이에 대한 답은, 다소 성급하지만, 숙고(熟考)된 열정이 충분히 뒷받침되었다 하더라도 결코 낙관적이지 않은 게 우리의 현실이다. 이는 무엇보다 오늘날 대학생의 글쓰기 실태에 대한 저간의 다소 흉흉한(?) 지적들을 돌아보면 쉽게 수긍될 만하다. 최근 여러 대학에서 글쓰기 교육을 강화하고자 발족한 여러 기관들의 가시적 성과 역시 이러한 현실을 직시한 것으로, 대학마다 창조적 인재의 양성이 중요함에 동의하며 이러한 동의를 실천하는 우선적인 작업으로 글쓰기 관련 강좌를 기술적 능력의 배양이 아닌, 교양 교육의 주요한 토대로 삼으려 하고 있기 때문이다.

이는 오늘의 상황에서 보다 시급히 필요한 것이 무엇인지를 올바로 인식한 결과이기도 하다. 그렇기에 대학 작문의 목표에 빠짐없이 들어가는 '교양인', '전인교육' 등과 같은 덕목적 표현의 실질이 가장 소박하게는 나를 찾기 위한 글쓰기, 나를 치유하는 글쓰기[8]와 잇닿아 있다고 할 수 있다. 하지만 우리는 나를 돌아보고 나의 상처를 치유하는 데 너무 인색하다. 더욱이 대학 신입생들이 치열한 입시 전쟁을 뚫고 어떤 의미로든 상처투성이일 것이라는 사실을 망각한 채 다시금 목표를 향한 맹진(猛進, 혹은 盲進)을 강요하는 우리의 현실에서 대학 작문의 목표 내지 구체적인 성과가 함께 검증되어야 할 것 같지 않은가?

결국 대학생의 글쓰기 훈련에서 자기 탐색의 의미를 강조하는 이유가 대학 교육의 목표, 교양교육의 목표와 상관있다고 할 때, 자기소개서는 우선적으로 자기가 기술하는 개인사(個人史)로 접근하는 방법이 전제되어야 한다. 이는 자기소개서 작성이 현재 시점에서 이루어지는 자기 성찰 작업임에도 그 근간으로 현재에 이르기까

8) 루츠 폰 베르더, 『교양인이 되기 위한 즐거운 글쓰기』(들녘, 2004).

지의 과거사를 돌아보는 정리 작업이 필수적으로 선행되어야 하고, 다른 한편으로는 어떤 미래를 계획하고 있는가에 따른 구체적인 전망을 해내는 작업 역시 필수적으로 요청되기 때문이다.[9)]

자신을 통시적으로 정리해낼 수 있는 이 작업이 있은 이후에야, 비로소 소재를 취사선택하는 과정에서 드러날 그 사람의 단면(斷面)이라고 하는 것이 이른바 '독자를 고려한 실용성'으로 연결될 수 있게 된다. 예를 들어, 자신의 변화에 대한 시점과 이유 등을 따져본다거나 자신이 중요하게 여기는 부분을 설명한다든가, 혹은 일상과 관련된 크고 작은 일을 돌아보고 자신을 소개하는 제재로 선택하여 다듬어 표현하는 과정 자체가 크게는 자기 성찰의 작업이 될 수 있기 때문이다.

이러한 개인사에 대한 탐색을 토대로 취사선택의 과정과 정리 작업을 통해서 비로소 완성되는 한 통의 자기소개서는, 비록 드러난 실질은 그 과정을 생략한 것과 대동소이하다 해도 그 과정에 동참하는 시간 자체는 소중하다. 그나마 '내가 어떤 사람인가'에 대해 스스로 객관화시킬 수 있는 하나의 계단으로 걸음을 떼고, 하여 이제야말로 독자와 주체적으로 대면할 준비가 되어있을 수 있기 때문이다.[10)] 무엇보다 현재의 대학 작문 교육에서 시급히 필요한 것이 다매체 시대 다양한 자극을 수용하며 급변하는 대학생들의 내, 외적 특징을 파악할 수 있는 데이터베이스를 확보하는 것이라 할 때, 제2의 사춘기를 겪는 대학생들이 이제 사회로 나아가는 길목에서 자기성찰의 기록을 정리하는 것은 충분히 유의미하다 할 것이다.

9) 최인자, 「새로운 자아관 확립과 자서전 장르 다시 쓰기」, 『국어교육의 문화론적 지평』(소명출판, 2001), 189-192면.

10) 예를 들어, '내가 보는 나와 남이 보는 나'와 같은 식의 주제 탐색이 병행되거나, 나의 라이프 히스토리에서 변화란 무엇이며 그 계기는 어떤 것인가를 따져보는 작업이 필요한데, 이러한 활동들이 별개의 것으로 놓여있어서는 아니 되며, 자기 성찰의 과정적 작업으로 크거나 작은 맥락을 갖도록 하는 것이 중요하다.

2. 이력서와의 차이를 아는 지혜

(1) 간단명료한 이력서 작성법

효율적으로 자기소개서를 작성하기 위해서 우선 이력서 작성법에 대한 설명을 하고자 한다. 이는 구직용 서류의 대표항으로 자기소개서와 이력서를 들고 있는 만큼 이 두 가지 서류를 얼마나, 어떻게 잘 마련하느냐가 구직에서의 부담을 덜어줄 것이기 때문이다. 무엇보다 이력서와 자기소개서는 구직을 목적으로 한 상황에서 거의 동시에 쓰이기 때문에 유사한 것이라 간주하기 쉬운데, 공통적인 부분 외에 다른 부분도 있고, 이를 분명히 알아야 자기소개서 작성을 보다 효율적으로 할 수 있게 된다.

먼저 이력서의 구성 항목을 살피기 위해 이력서의 양식을 소개하면 다음쪽에 제시한 〈예시〉들과 같다. 국문 이력서의 양식에는 크게 '인사서식 제1호'의 보통 이력서 양식과 기업 자체에서 발부하는 소정 양식의 두 가지로 나뉜다. 기업 자체 양식의 경우에는 작성 요령에 대한 안내책자가 함께 배부되므로 지시에 따르기만 하면 된다. 물론, 예시된 것 외에도 이력서 양식은 구직하려는 직종이나 분야, 기업이나 단체에 따라 매우 다양하게 나타날 수 있다.

이력서는 주어진 서식에 맞게 다음의 사항들을 기입하는 것을 원칙으로 삼는다.

첫째, 인적사항에 대한 것을 정확하게 기입한다. 인적사항은 성명, 주민등록번호, 생년월일, 주소, 호주와의 관계 등이다. 현주소는 통, 반까지 정확히 기재하며, 인적사항이 실제와 다르다 하더라도 주민등록 등 · 초본에 기재된 내용과 동일하게 기록해야 한다. 특히 유의할 일은 '호주와의 관계'인데, 이는 호주 쪽에서 본 관계를 말하는 것이므로 자기 쪽에서 본 관계를 쓰는 일이 없어야 한다. 예를 들어 '부', '모'가 아니라 '장남', '차녀', '삼녀' 등으로 기재해야 한다.

좌측상단에는 응시부문, 우측에는 긴급연락처를 쓴다. 대부분의 기업들이 합격 여부나 다른 연락사항을 이메일이나 전화로 통보하고 있기 때문이다. 특히 이력서의 이메일주소가 틀리지 않도록 주의한다. 이력서의 주소지와 현 거주지가 일치하지 않을 경우에는 분명하게 연락받을 수 있는 곳을 명시하는 것이 좋다.

〈예시 1〉

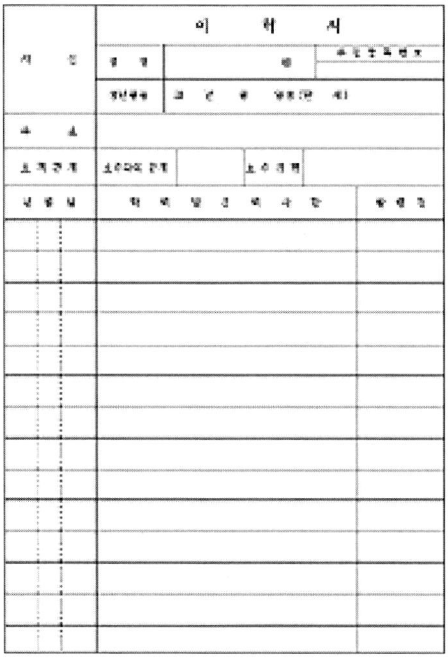

이 력 서

〈예시 2〉

이 력 서

자필 국문이력서에는 필수적으로 사진 부착이 요구된다. 사진은 될 수 있으면 최근 3개월 이내에 촬영한 사진을 붙이되, 이력서의 사진부착란에 연연해 사진을 손상시키기보다는 부착란에 조금 넘치더라도 인물의 원형을 보기 좋게 살려주는 것이 낫다. 온라인 이력서의 경우 사진을 스캔 받아서 적당한 크기로 만들어두면 편리하게 쓸 수 있다.

둘째, 학력 및 경력에 관한 사항을 빠짐없이 쓴다. 학력 및 경력사항은 이력서 내용 중 가장 중요한 부분이다. 학력은 고등학교 때부터 적는 것이 일반적이며, 졸업날짜는 관계서류를 찾아 정확히 기재하는 성의가 필요하다. 남자는 군복무사항을 학력 사이의 해당기간에 넣는 것도 유의해야 한다. 경력사항은 현재 또는 퇴사 직전 업무내용의 전모가 명확히 드러나도록 상세히 기재한다.

셋째, 특기사항을 빠짐없이 쓴다. 특기사항에는 각종 자격증, 면허증 발급사항 등을 기재하되 국가가 공인한 자격증만을 적는 것이 좋다. 특히 대부분의 기업들이 컴퓨터와 외국어 능력을 중시하기 때문에 컴퓨터 · 외국어와 관련된 수상 경력은 언급해 두는 것이 좋다. 경우에 따라서는 미미한 수상 경력이라도 지원 회사의 업종과 연관성을 가져 뜻밖의 효과를 볼 수도 있으므로 수상 경력을 그때그때 융통성 있게 기재하는 재치도 필요하다.

넷째, 날인하는 부분을 적고 서명한다. 날짜는 우송한 날 또는 직접 접수하는 날로 기입한다. 이메일로 보낼 때에는 접수 당일보다는 전날에 보내는 것이 전송 에러가 적게 날 수 있으며, 에러가 나더라도 다시 돌아온 이메일을 보낼 여유가 있게 된다.

자필 이력서에 도장은 똑바로 깨끗이 찍는다. 온라인 이력서의 경우에는 사인을 스캔 받거나 이미지 프로그램으로 만들어 놓는 것이 세심하다는 인상을 줄 수 있다.

이력서는 인사담당자들이 가장 먼저 보고, 주의 깊게 보는 서류이므로 자신의 모든 것을 빠짐없이 기록하여 최대한 자신을 나타낼 수 있어야 한다. 비교적 간단해 보이는 이력서 작성에서도 보다 훌륭한 이력서가 되기 위해 신경 써야 할 몇 가지 원칙이 있다.

먼저, 간결한 이력서가 보기에도 좋다는 점이다. 자신의 이력을 빠짐없이 기록하되, 간결하면서도 일목요연하게 작성해야 한다. 자필 이력서의 경우, 필기구는 검정 펜을 사용한다. 글씨는 한 자 한 자 또박또박하게 신중히 쓴다. 오자나 탈자에 주의하고 틀린 것은 고쳐 쓴다.

온라인 이력서의 경우에는 HWP나 MS-Word 등 호환성이 좋은 프로그램을 사용한다. 서체는 굴림체나 명조체 등으로 호환이 좋은 것을 선택하는 것이 좋다. 온라인 이력서의 경우에도 정확성이 우선되어야 하므로, 먼저 초벌로 종이에 쓴 것을 워드로 바꾸는 작업이 편리하며, 특히 표나 사진이 깨지지 않았는가에 유의한다.

다음으로, 거짓이 없어야 한다는 점이다. 자신의 장점을 최대한 살리되, 결코 허위사실이나 과장된 내용을 기재해서는 안 된다. 허위사실이 면접과정에서나 입사 후에라도 밝혀지면 입사가 취소되므로 반드시 사실만을 기재하도록 한다.

이를 위해서 이력서를 작성할 때에는 번거롭더라도 증빙자료를 확보하여 해당 사항을 확인하며 정확히 옮겨주는 것이 필요하고, 경우에 따라서는 해당 서류를 같이 첨부할 수 있어야 한다. 구김이나 흠이 없도록 깨끗이 제출하는 것을 염두에 두어, 이력서와 증빙 서류를 봉투에 넣어 보관하면 효과적이다.

마지막으로, 수정한 이력서는 안 된다는 점이다. 자필 이력서의 경우에는 글씨가 깨끗하지 못하거나 이곳 저곳을 고쳐 지저분한 이력서는 결코 좋은 인상을 줄 수 없다. 가급적 미리 다른 곳에 충분히 연습한 후에 이력서를 작성하는 것이 좋다. 부득이하게 수정을 해야 할 경우에는 수정한 부분에 본인의 도장으로 정정하는 것을 잊어서는 안 된다. 온라인 이력서의 경우에도 이와 비슷한 실수를 하지 않도록 여러 번 확인하는 것이 필요하다. 남의 HTML문서를 이용하여 작성한 경우, 소스까지 깨끗하게 수정해야 한다.

(2) 자기소개서가 필요한 이유

여기에서의 자기소개서는 주로 취업과 관련하여, 입사지원서(또는 이력서)나 성적증명서와 더불어 서류 전형시 구비해야 할 서류 중의 하나를 말한다. 입사 지원서가 한 개인을 개괄적으로 이해할 수 있는 자료가 되는 한편, 자기소개서는 이력서에 객관적으로 명시된 개인의 신상명세로는 파악할 수 없는, 기업에서 궁금해 하는 대인관계, 조직에 대한 적응력, 경력, 성격 등 개인에 대한 구체적인 정보와 성장과정이 드러난다.

자기소개서는 특정한 기업의 입사를 위해 작성하는, 일정한 의도를 가진 글이다. 따라서 본인의 입장에서는 그 지원사에 자신이 적합하다는 것을 피력하는 글이어야 하고, 기업의 입장에서는 회사가 필요로 하는 사람을 선택할 만한 요소를 발견할 수 있는 글이어야 한다.

그렇다면 기업의 인사담당자는 자기소개서라는 몇 장의 글을 통해 무엇을 파악하려는 걸까?

첫째, 기업은 사람을 구하는 입장에서 지원자의 지원동기와 장래성을 본다. 아무리 그 사람의 성장과정이나 능력의 정도가 객관적으로 인정할 만한 수준의 것이라 하더라도 그 회사나 업무에 대한 뚜렷한 동기나 목적의식을 가지지 않는다면 입사 후 자신의 일에서 성취감을 얻기 힘들 뿐 아니라 장래성까지도 보장할 수 없기 때문이다. 그러므로 지원동기가 확실하고 일을 하려는 마음의 자세가 되어 있는지를 먼저 확인하려 하는 것이다.

둘째, 그 사람의 성장배경을 통해 대체적인 성격과 인생관 등을 파악한다. 자기소개서에는 나름대로의 개성이 드러난다. 인생에서 누구나 겪을 수 있는 같은 사건이라도 그것을 보는 시각이나 수용하는 입장 등이 다르게 나타나기 때문에 노련한 담당자들은 행간에서 그 사람의 성격을 읽을 수 있게 된다.

또한 자기소개서는 자기가 기술하는 개인사(life history)이므로 소재를 취사선택하는 과정에서 그 사람의 단면이 드러난다. 그 사람이 중요하게 여기는 부분이라든가 자랑하고 싶은 것 등이 이미 그 사람의 성격이 될 수 있기 때문이다. 특히 가정생활이나 학교생활, 친구관계 등 일상과 관련된 일을 표현하는 시각에서 이 점이 중요하게 감지된다.

셋째, 자기소개서를 통해 문서 작성과 자신의 논리를 전개시켜 나가는 능력을 본다. 조직사회에서 업무의 진행이나 의사전달은 주로 문서로 이루어지므로 글을 다루는 능력이 필수적으로 요구된다. 이에 자기소개서에서 일정한 소재로 문장을 전개시켜 나가는 재량과 더불어 문장들의 논리적 연관성 정도를 통해 문제를 분석하고 종합해 낼 수 있는 능력을 보는 것이다.

넷째, 자기소개서는 면접의 자료가 된다. 면접관은 입사지원서와 자기소개서, 성적증명서 등을 자료로 하여 그 사람의 자질과 능력을 평가할 수 있는 질문을 채택하게 되는데, 이때 자기소개서는 입사지원자에 대한 구체적인 정보와, 또한 그것이 얼마나 적절하고 정확하게 표현되었는지 평가할 수 있는 근거를 면접관에게 제공한다.

이상과 같이 자기소개서는 입사지원자로서는 결코 소홀히 할 수 없는 중요한 입사서류이다. 단순히 입사지원자의 글 솜씨나 원대한 포부 등을 들어 보기 위해 형식적으로 작성하는 서류가 아니라는 점을 명확하게 인식할 필요가 있다. 더구나 기업의 인사담당자는 매년 수백에서 수천 통의 자기소개서를 읽는다. 따라서 그 글이 얼마나 제대로 성실하게 작성되었는지의 여부는 손쉽게 가려낼 수 있다. 성실성과 적극성, 이것이 자기소개서의 가장 중요한 핵심이다

자기소개서 작성에서도 주의해야 할 사항이 있다.

첫째, 기본적인 내용을 포함시키는 것이 필요하다. 회사가 제시한 양식으로 쓰는 경우에는 그 틀에 맞게 쓰면 되지만, 일정한 양식이 정해져 있지 않은 경우 개성 있고 독

특한 방식의 글을 쓰려는 욕심으로 자칫 자기소개서가 갖추어야 할 기본적인 사항을 빠뜨리는 경우가 있기 때문이다. 이 경우에도 자신이 드러내고 싶은 부분에 중점적인 투자를 하되, 사람을 이해하는 데 기본적인 요소가 되는 성장배경 · 학력사항(특히 대학의 전공분야) · 지원동기 등은 꼭 포함시키도록 해야 한다.

둘째, 객관적인 서술을 하는 것이 필요하다. 자기소개서는 자기의 이야기를 하는 것이지만 남을 염두에 두고 쓰는 글이기도 하다. 따라서 자신이 좋아하는 소재나 단어에 얽매이지 말고 타인과의 의사소통이 가능한 어휘나 소재를 선택하는 것이 좋다. 또한 자신의 주장을 피력하는 부분이 들어가는 경우, 지나치게 배타적인 시각이나 강경한 서술은 되도록 삼가고 상식적인 선에서 거부감 없는 내용이 되도록 조정하는 것이 중요하다.

셋째, 모든 서술이 자신을 나타내는 데 충실하도록 신경 쓰는 것이 필요하다. 이는 앞서 말한 객관적인 서술 태도와 연결되는 문제이기도 하다. 특히 지원 동기나 인생관 등을 나타내는 부분에서 자신의 이야기를 뒤로 한 채 특정 사안에 대한 일반적인 주장을 펴는 경우가 많은데, 이는 지금 하고 있는 글쓰기가 자신을 누군가에게 소개한다는 전제를 망각하였기 때문이다. 일단은 타인에게 자신을 소개한다는 본래의 취지를 염두에 두고, 그러한 전제하에 사실과 주장이 균형을 이룰 수 있도록 모든 이야기들이 그 목적을 뒷받침하는 구성으로 이끌도록 해야 한다.

넷째, 추상적인 문구는 지양하는 것이 필요하다. 성격이나 장래의 포부 등을 말할 때 특히 주의해야 할 사항이다. '성격이 원만하고 적극적이다', '최선을 다 하겠다' 와 같은 막연하고 일반적인 문구는 다른 표현으로 구체화시키는 것이 좋다. 이런 식의 말들은 이제까지의 자기소개서에 너무 많이 사용한 표현들이어서 상투적이고 주의를 끌지 못하기 때문이다. 뿐만 아니라, 그 부분에 대한 지원자의 구체적인 관심이나 지식의 결여로도 읽힐 수 있다. 모든 사실의 서술에서 정확하고 구체적인 표현으로 치밀하고 솔직한 인상을 심어 주도록 한다.

다섯째, 한자나 외래어 사용에 주의하는 것이 필요하다. 문장에서 불가피하게 한자나 외래어를 써야 하는 상황이 있을 때, 자신이 확신하는 선에서 주의를 기울여 사용하도록 한다. 한자나 외래어는 뜻이 빠르게 전달되고 문장이 고급스러워질 수 있는 반면, 잘못 사용됐을 경우 사용하지 않은 것만 못한 효과를 낼 수도 있기 때문이다.

여섯째, 표현에 일관성을 유지하는 것이 필요하다. 흔히 문장의 첫머리에 '나는 …이다' 라고 했다가 어느 부분에 이르러서는 '저는 …했습니다' 라고 혼용하는 경우가 많다. 그 어느 쪽을 쓰든 한 가지로 일관되게 통일해서 써야 한다. 동일한 대상에 대한 반복 표현을 피하기 위해 다양한 표현을 쓰는 것은 좋으나, 호칭이나 종결형 어미, 존칭어 등은 일관된 표현을 쓰는 것이 바람직하다.

[제2장 효율적으로 자기소개서 구성하기]

1. 구성의 기본과 제목의 포인트

(1) 항목식 구성

자기소개서가 실용적인 차원에서 다양하게 쓰일 수 있는 만큼 통상적인 글쓰기와 다른 면모가 있는데, 그 일차적인 지점이 바로 항목식으로 글을 구성할 수 있다는 점에 있다. 대부분의 구직용 자기소개서에서는 다음과 같이 항목을 미리 제시하는 경우가 많은데, 이는 자기소개서에 담아야 할 내용을 몇 가지로 제한하려는 의도와 자기소개서에 담긴 내용을 좀 더 간명하게 파악할 수 있다는 효과가 맞물려있는 셈이다.

〈예시 1〉	〈예시 2〉
1. 希望職務 및 志願動機	(1) 성장과정과 가정환경
2. 成長 課程 및 性格	(2) 성격 및 교우 관계
3. 學窓時節 및 經歷事項	(3) 교내외 활동 및 경력
4. 人生觀 및 職業觀	(4) 인생관 및 직업관
	(5) 지원동기 및 포부

다음의 〈예시3〉을 보면 문헌정보학과에 입학한 글쓴이는 전공 수업을 본격적으로 들으면서 학교도서관의 역할이 매우 중요하다는 것을 깨닫고, 자신이 만약 사서가 되면 어떤 식으로 운영할까에 대한 구상을 많이 하였다고 한다. 이에, 글쓴이는 학교도

서관의 사서가 되기 위한 목적으로 자기소개서를 작성하되 항목식 구성방식을 선택하고 있다.

〈예시 3〉

성장 과정과 가정환경

제가 제일 존경하는 사람이 아버지입니다. 아버지도 장남으로 태어나 어려운 형편 속에서 철도고등학교에 진학하여 공무원으로 일하시면서 지금의 저희 가정을 일구어 내셨기 때문입니다. 부모님은 제가 초등학교 때부터 맞벌이를 하셨기 때문에 아버지께서 집안일을 많이 도와주셨습니다. 저도 어려서부터 그런 아버지를 본받아 스스로 집안일을 하였습니다.

고3인 제가 수능 공부를 할 때 아버지께서 '무슨 일을 하든 최선을 다해서 후회하지 말라' 라고 얘기해 주신 것이 큰 힘이 되었습니다. 그 이후로 저는 제가 맡은 일은 끝까지 책임을 지려 합니다. 한 집안의 가장으로 가족을 위해 희생하고 노력하시는 아버지께서 저의 인생관이나 가치관에 많은 영향을 끼쳤습니다. 군대 생활이 무척 힘들 때 어머니보다는 오히려 아버지 생각을 많이 하면서 어려움을 이겨낼 수 있을 정도였습니다. 그래서인지 아버지 연배의 웃어른들을 보면 저는 몸가짐을 바로 하고 예의바르게 행동합니다.

교내 · 외 활동 및 경력

어렸을 때부터 체격이 좋아서인지 저는 운동을 좋아하는 편입니다. 특히 고등학교 때는 등산부 선생님의 '산에 올라 갈 때는 힘들지만, 올라가면 멀리 볼 수 있고 하늘과 좀 더 가까워질 수 있다' 는 말씀을 듣고 등산부 활동을 하며 등산을 즐기게 되었습니다.

대학생이 되어 여러 활동을 하였는데, 가장 기억에 남는 것은 응원단 활동과 사이클로 했던 전국일주입니다. 저는 문헌정보학과에 입학하여 학과 응원단 활동을 하였는데, 역동적인 활동과 학과 친구들과의 교류가 무척 좋았습니다. 특히 인문대 응원 연합회에서 있은 신입생을 위한 응원 공연에서는, 방학 기간 중임에도 매일 천

안에서 학교까지 왕복하며 고된 연습을 하여 훌륭한 무대 공연을 펼칠 수 있었다는 보람을 느낍니다.

그리고 1학년 때 사이클 동아리에 가입하여 그해 여름 방학 때 14박 15일 동안 사이클을 타고 1300km 정도의 전국일주를 했던 것도 대학생활에서 가장 보람되고 뜻 깊은 추억으로 남습니다. 전국일주가 쉽지는 않았고, 아프고 힘들어 때론 포기하고도 싶었습니다. 하지만 20대의 화산 같은 열정으로 '난 남자다, 앞으로 이보다 더 힘든 일이 많은데 여기서 포기하면 안 된다' 하면서 저를 채찍질하여 결국은 완주를 하게 되었을 때 '나도 할 수 있다' 라는 자신감이 정말로 컸습니다.

군 입대 후 행정병으로 복무하면서 사무적인 일에 대해 경험을 쌓았고, 지금은 복학을 해서 앞으로의 취업에 필요한 자격증 공부를 하고 있습니다.

지원동기 및 포부

사서라는 직업은 봉사하는 직업입니다. 다른 사람의 입장에서 많이 생각해보고 그 사람이 요구하는 정보에 맞게 제공해주어야 하기 때문입니다. 지금까지의 학교 도서관은 단순히 책을 빌려주는 역할을 하는 데 머물렀지만, 지금은 학교 교육의 중심 공간으로 교육 목표에 맞게 교과 교사와 연계하여 수업도 하고 학생들과 쌍방의 정보를 교환할 수 있는 공간으로 역할이 변하고 있습니다. 저는 새 시대의 역할에 부응하는 사서가 되고 싶습니다.

'책이 사람을 만든다' 라는 말이 있습니다. 성공한 사람들은 늘 독서를 가까이 하였고, 그렇게 읽은 책들이 지금의 자신을 만들었다고 합니다. 또 안중근 의사는 '일일부독서 구중생형극(一日不讀書 口中生荊棘)' 이라 하였습니다. '하루라도 책을 읽지 않으면 입안에 가시가 돋는다' 라는 이 말처럼, 예로부터 독서의 중요성은 강조되었고, 100년 대계라 하는 교육에서도 독서는 중요하다고 생각합니다. 저는 독서토론 대회나 독후감 경연대회 등과 같은 다양한 행사를 마련하여 학생들의 독서활동을 권장하면서 보다 수준 높은 봉사가 무엇인지를 고민하며 학교 교육에 이바지하고 싶습니다.

항목식 구성방식은 글쓴이의 입장에서도 주어진 항목에 맞게 적절한 내용을 담으면 되기에 특별히 구성에 대한 고민을 따로 하지 않아도 되는 편리함이 있다. 하지만 천편일률적인 항목 구성은 자칫 자기소개서에서 요구하는 개성과 참신성을 제대로 발휘하지 못하게 하는 경향도 있게 된다.

이런 단점을 보완하려는 의도에서 다음의 〈예시4〉는 항목의 순서를 조정하고 부제를 붙이는 방법을 선택하고 있다. 자기소개서의 내용은 생략하고 항목만을 보였지만, 〈예시4〉에서 글쓴이는 지원하려는 회사의 인재상을 먼저 알아본 뒤, 자신의 성장 과정에서 배운 점과 군 입대 전 자회사의 의류매장에서 일한 경험을 통해 얻게 된 가치관이 적합함을 부각시키는 데 자기소개서 작성의 포인트를 두고 있다.

〈예시 4〉

제목: 닻을 올려라!

1. 지원동기: 항해사를 꿈꾸며

2. 나의 경력사항: 이랜드 학원을 경험하다

3. 나의 성장과정: 독불장군, 옷을 벗다

4. 나의 각오: 이제 바다로 나간다!

〈예시4〉는 항목식 자기소개서이지만, 주어진 항목에 부제를 붙여 이러한 의도를 부각시키는 쪽으로 자기소개서를 구성하고 있는 점이 칭찬할 만하다. 항목식 자기소개서의 경우 주어진 항목을 기준으로 하되, 항목마다 적절한 소제목을 붙여주면 필자의 의도와 자기소개의 포인트를 보다 요점적으로 파악할 수 있어 독자에게 전달력을 높이는 효과를 얻을 수도 있다.

최근에는 다음의 〈예시5〉에서처럼 동일한 구직용 자기소개서의 경우임에도 좀 더 구체적이고 자유롭게 제시되기도 한다.

〈예시 5〉

Q. 학업 이외에 자신이 가장 자랑스럽게 생각하는 성취 경험에 대하여 기술하십시오. 그 이유는 무엇입니까?

Q. 살아오면서 가장 큰 장애물은 무엇이었으며, 그 난관을 극복하기 위해 어떠한 노

력을 하였고, 그 결과는 어떠했는지 기술하십시오.

Q. 생각의 차이로 다른 사람과 갈등을 겪었던 경험에 대하여 기술하십시오. 어떤 상황이었으며 당신은 어떻게 행동하였습니까?

Q. 당신의 10년 후 모습을 그려 보십시오. 그 목표를 달성하는데 있어 (주)규맥에 입사하는 것이 어떤 의미가 있는지 기술하십시오.

Q. 자신만의 창의적인 아이디어를 발휘하였던 경험을 기술하십시오.

Q. 친구들이 당신에게 붙인 별명이 있다면 어떤 것이며, 왜 그런 별명을 붙였다고 생각하는지 기술하십시오.

(2) 수필식 구성

수필식 구성방식은 항목식 구성방식과 달리 한 편의 글로 만들어 보이는 것으로, 비항목식 구성방식이라고도 한다. 꼭 써야 하는 항목을 제시하지 않아 내용 선택을 글쓴이가 자유롭게 할 수 있다는 점에서 수필의 경우처럼 자유롭다는 이점이 있지만, 제대로 자기소개서를 작성하기 위해서는 좀 더 효율적인 내용 구성과 자연스럽게 읽힐 수 있는 방법을 고민해야 되는 어려움이 있다.

수필식 구성방식에서 자주 쓰이는 구성방식을 소개하면 다음과 같다.

첫째, 논리적 구성으로 글의 전개방식을 논리적으로 구성하는 것을 말한다. 이는 시간이나 공간적인 여건에 따르는 것이 아니고 개념들 사이의 논리적인 연결 관계에 따라 글을 배열하는 것이다. 다음에서 보다시피, 논리적 구성방식은 주제를 세부사항으로 나누어 간단한 줄거리를 이루고 있음을 알 수 있다.

● 주제문

학창시절의 경험에서 얻은 지식을 살리면서, 인간이 인간답게 살 권리를 주장하는 귀사(貴社)의 기업정신과 함께 하고자 지원했다.

● 글의 구성

1. 대학시절 다양한 여행 경험과 학생회 활동을 통해 인간답게 사는 것이 무엇인지에 대해 관심을 갖기 시작했다.
2. 이제, 대학을 마치면서 사회의 일원으로서 충실히 일하고 싶다.
3. 귀사가 환경오염에 관한 많은 문제 제기를 하며 대안을 마련하는 등 인간으로서의 생존권을 주장하는 점에 호감을 가졌다. 때문에 귀사에서 일하고 싶다.

둘째, 시간적 구성은 과거로부터 현재, 경우에 따라서는 미래까지 이어지는 시간에 따른 구성법을 말한다. 자기소개서의 경우, 다음에서처럼 시간적 구성방법을 따르는 게 일반적이다. 시간적 구성은 일이 되어왔던 시간에 따라 엮어 가는 것이므로 시점의 구분만 알맞게 해주면 비교적 쉬운 구성법이기는 하나, 시간의 흐름만을 좇다보면 글의 분위기가 단조롭게 보일 우려도 있음을 조심해야 한다.

· 출 생 : 출생 및 배경
· 성장기 : 가정환경 등이 성격 형성에 미친 영향
· 청년기 : 대학과 전공학과 소개 및 동아리 · 학생회 활동 요약
· 현 재 : 사회에 첫 진출을 앞둔 자신의 각오

셋째, 소설작품 등에서 볼 수 있는 것과 같이 사건의 시간적 배열이 기본축으로 설정되기는 하지만, 그것에 얽매이기보다 비교적 자유롭게 구성하는 방법을 선택할 수도 있다. 예를 들어, 〈예시1〉에서처럼 자신을 비유할 수 있는 대상을 정해 구성하는 것도 여기에 포함될 수 있다. 이러한 구성법은 입체적이므로 단조로운 느낌은 적으나, 자기소개서의 모든 항목을 다 담아놓는다 생각할 때 자칫 글이 길어질 우려가 있다. 그렇기 때문에 분량이 제한되고 형식이 정해진 자기소개서에는 사용하기가 어려울 수 있으나, 개성적인 자기소개서를 작성하는 한 방법으로 참고할 만하다.

〈예시 1〉

나는 공무원을 나의 직업으로 생각하고 있다. 아버지께서 공직에 계셨던 것과 어머니께서 내가 공무원이 되길 간절히 바라고 계신 것도 이유가 되겠지만, 안정적인

생활과 무엇보다도 국가를 위해 일한다는 것이 이 직업을 선택한 이유이다. 아버지께서 공무원이셨기 때문에 이 직업이 보수가 넉넉하지 않다는 것은 알고 있다. 내가 보기에 공무원은 명예직에 가까운 것 같다. 한번은 아버지께서 진급을 하셨는데 본봉이 만 원 올랐다고 하셨다. 참 가슴이 아팠다. 이렇듯 공무원은 보수를 바라고 일한다기 보다 자부심을 가지고 일을 해야 한다고 생각한다.

나는 강릉에서 태어나 자랐다. 바닷가와 접해있는 도시라 물 좋은 생선을 많이 볼 수 있었다. 그 중에서 식구들 모두 즐겨먹는 생선은 바로 명태였다. 말려서도 먹고 얼려서도 먹고 알도 먹고 창자도 먹고 구워서, 쪄서, 조려서, 끓여서 혹은 생으로까지, 내가 모르는 방법도 수십 가지는 있을 것이다.

나의 어린 시절은 생태라고 표현할 수 있겠다. 넓은 바다에서 앞으로 자기의 미래에 대해 아무것도 모르는 생태. 실로 나는 무척 순하다는 말을 많이 들었는데, 미래에 대한 생각은 거의 하지 않았다. 장래 희망도 그냥 무턱대고 좋아 보이는 것이면 무조건 한다고 덤벼들었다. 물론 다른 아이들도 그러했겠지만, 나는 더욱 그러했던 것 같다. 하지만 생태와 다른 점이 있다면 엄청난 희생정신이다. 지금 생각해도 대견한 어린 나의 희생정신을 생각하면 미소를 머금게 한다. 은근히 욕심이 있었어도 그건 다른 아이들에 비하면 매우 미약했다. 난 무엇이든지 양보했다. 다른 아이들이 욕심을 부리면 난 너그러이 양보하는 그런 아이였다. 세상 물정을 너무 몰라서이었겠지만 손해를 보면서까지 양보하는 나는 정말 흔히 말하는 순둥이였다. 착하고 순한 성품, 희생정신은 정말 내 최고의 장점이 아닌가 싶다. 이런 점을 공무원이 되어서 활용할 수 있게 된다면 국가에 많은 보탬이 될 자신이 있다.

학창시절도 역시 착하고 유순한 성격으로 공부도 열심히 하며 친구들과도 잘 지냈다. 한번 굳은 나의 우정은 결코 변함이 없었다. 딱딱한 동태처럼 결코 쉽사리 깨지지 않는 우정을 과시할 수 있는 학창시절이었다. 소극적인 성격 탓에 많은 친구들과 어울리지는 못했지만 한번 친해진 친구와는 나의 대단한 희생정신으로 결코 우정이 흐트러지는 일은 없었다. 소극적이라는 말은 그만큼 꼼꼼하고 침착하다는 면에서도 작용하므로 친구들을 잘 챙기는 편이었다. 초등학교와 중학교 때까지만 해도 수학과 시 쓰기에 꽤 재능 있는 촉망받는 학생이었다. 그런데 무슨 이유에선지 시에 흥미를 잃게 되었고 그 후로는 공부에만 전념하고 친구들과 돈독한 우정을 유지하는 학생이 되었다. 아마도 나의 재능은 동시에만 있었기 때문에 중학교 때까지가 한계였던 것 같다. 하지만 그때까지는 대회에서 몇 번 입상하기도 하고, 지역 신문에 나의 시가 수차례 실리기도 했다. 비록 나의 이런 재능은 다 시들어 버린 듯하지만, 친구와의 곧은 나의 우정은 결코 시드는 법이 없었다. 이런 나의 성격은 공무원으로 몸 담으면서 동료와 잘 어울리고 동료의 믿음을 절대 저버리지 않는 훌륭한 파트너가 되기에 충분한 자질이라고 본다.

군대시절은 나에게 추운 기온에 얼렸다가 말렸다가를 반복하는 '황태' 와 같은 시기였다. 비록 나름대로 힘들고 고생도 했지만 나중에는 황금빛을 발하는 최상급의 황태가 되었기 때문이다. 소극적인 성격 탓에 고참들에게 욕도 많이 먹었지만 앞에서 말한 나의 희생정신과 굳건한 전우애로 고참들이 많은 애정을 주기도 했다. 남들은 군대에서 많은 것을 잃었다고 말하지만, 나는 잃은 것보다 얻은 것이 더욱 많았다. 나의 소극적인 성격도 많이 고칠 수 있었고 추진력과 리더십도 익힐 수 있었다. 그리고 많은 사람을 얻었다. 군대에 가기 전까지는 고생이라고는 해보지 못한 내가 군에서 많은 것을 경험하고 잊지 못할 추억을 함께한 사람들을 얻은 것은 나의 인생에 있어서 커다란 변환점이 되었다. 나를 명태에서 황태로 만들어준 소중한 시간들이었다.

물론 내가 부정적인 시각으로 매사에 불만만 털어 놓았다면 결코 얻지 못했을 것이다. 모든 것을 긍정적으로 보고 적극적으로 대처해야만 얻을 수 있었던 소중한 선물. 이것 또한 나의 장점이라 할 수 있겠다. '좋은 것이 좋은 것' 이라는 말이 있지만, 이렇게 생각한다면 '나쁜 것도 좋은 것' 이 될 수 있다. 이렇게 매사에 긍정적이고 적극적인 사고가 나의 공무원으로서의 자질 형성에 지대한 영향을 주었다.

나는 생태, 동태, 황태 등 여러 과정을 거쳐 왔다. 이제는 내가 공무원이 되어서 어떻게 요리되느냐만 남았다. 얼큰하게 혹은 구수하게 공무원의 역할을 열심히 해낼 자신감이 가득 차 있다. 나의 알로 명란젓을 만들거나 나의 창자로 창란젓을 만들 수도 있다. 어떠한 일을 하게 되더라도 잘 해낼 수 있도록 꾸준히 준비해 왔다. 적극적이고 대인관계도 원만하고 때로는 양보하고 희생할 줄도 아는 공무원. 자부심과 투철한 소속감으로 무장된 명예로운 공무원. 바로 지금 여기에 있다. 나는 7급 명태다.

(3) 제목으로 포인트 주기

제목은 글에 붙인 이름이라 할 수 있다. 따라서 그 제목을 보고 무엇에 관한 글인지, 또는 어떤 주제를 담고 있는 글인지 등을 짐작할 수 있도록 붙여져야 한다. 뿐만 아니라 제목은 읽는 이로 하여금 흥미를 유발시키고 깊은 인상을 남길 수 있어야 한다.

예를 들어, 자기소개서라 해서 제목이 없거나 제목의 위치에 '자기소개서'라 붙여 제출하는 것보다는 다음과 같이 흥미롭고 인상적인 제목을 붙이는 것이 독자의 관심을 끄는 데 유익할 것이다.

- 국제화 시대에 인재를 양성할 훌륭한 영어 교사가 되기 위하여
- 성실히 노력하고 경험을 쌓아 나가자!
- 사랑을 실천하는 기쁨을 알고 싶어요
- 우리 가락, 풍물을 꿈꾸며
- 양은 냄비
- 탐스러운 열매가 되기까지
- 한발씩 빠르게 전진하는 거북이처럼

물론, 부적절하고 부자연스런 느낌이 든다면 역효과를 낼 수 있으므로 효율적인 제목이 될 수 있게 다듬고 매만지는 작업이 필요하다. 이를 위해 자기소개서의 제목 붙이기와 내용 구성의 예를 보이면 다음 쪽에 제시한 〈예시1〉과 같다.

이제 자기소개서를 쓰기 위한 준비 작업으로 〈예시2〉의 틀을 토대로 구체적인 계획을 준비해보자. 중요한 것은 자기소개서가 필요한 목적을 분명히 하여 구체적인 상황을 설정할 수 있어야 된다는 점이다. 자기소개서에 담을 내용을 간략히 정리하고, 인상적인 제목을 붙여두는 것만으로도 자기소개서 작성의 막막함을 벗어버릴 수 있을 것이다. 여기에서 한 걸음 더 나가고 싶다면 항목식 구성이나 수필식 구성의 방식을 선택하여 그에 맞는 내용을 구체적으로 구상해두면 된다.

〈예시 1〉

제 목	상황 설정(목적)	내 용
법학도의 꿈을 펼치고자	자원봉사단체에 가입하려는 목적의 글(친교)	자원봉사단체에 가입하여 조직적 활동을 경험하며, 법학도에게 필요한 협동심과 적응력을 키워나가고 싶다.
산행길 인생길	산악회에 가입하려는 목적의 글(친교)	등산이 자연을 이기는 것이 아니라 자기 자신을 이기는 일인 것처럼 산악회에 가입하여 자신과의 싸움에 강한 의지로 서로를 독려해 나갔으면 좋겠다.
호모 사피엔스	도서관 사서직에 지원하려는 목적의 글(구직)	학과의 성격과 밀접한 도서관 사서가 되기 위한 노력을 밝히면서 독서의 유용성과 도서관 활용 방안에 대한 나의 포부를 밝힌다.
시간은 나의 보람을 재는 척도	영업직 사원에 지원하려는 목적의 글(구직)	쇼펜하우어의 명언을 좌우명으로 삼아, 직장 내에서도 시간을 지혜롭게 사용하는 사람이 되어 효율적인 업무수행을 하겠다.
유물은 사랑하는 사람의 것이다	미술사학도로 대학원 과정에 진학하려는 목적의 글(진학)	미술사학과에서 공부하며 느낀 기쁨과 보람을 설명하면서 진학해서도 이 방면의 전문인이 되도록 최선을 다해 학문에 매진하겠다.

〈예시 2〉

제 목	상황 설정(목적)	내 용

2. 자기소개서를 제대로 쓰려면

(1) 상투성에서 벗어나기

자기소개서는 말 그대로 자신을 남에게 알리는 글로 어렸을 때부터 한번쯤은 써봤음직한 글이다. 자기소개서의 종류도 여러 가지지만 그 중에서도 취업할 때 필요한 자기소개서는 입사 시험의 필수 전형이기 때문이다. 이렇듯 면접과 더불어 입사의 당락에 큰 영향을 미치는 자기소개서를 잘 써야 하는데 자기소개서를 써보라 하면 막막하기 그지없고, 쓰고 나서 읽어보면 다른 사람들과 비슷하여 진부하기 짝이 없다.

"적을 알고 나를 알면 백전백승이다."라는 말이 있다. 기업이 의도하는 바를 파악하고 자신을 알고 강점을 부각시킨다면 자기소개서를 쓸 때 머리를 쥐어뜯는 일은 없을 것이다. 자기소개서를 쓸 때에 명심해야 할 것은 "내가 나를 설득하지 못하면 남도 설득할 수 없다"는 점이다. 단지 취업에 급급해 점수 받기 위해 마지못해 쓰던 리포트처럼 자기소개서를 쓰게 되면 그 글은 상투적인 자기소개서에 머물게 될 뿐이다.

최근 경향신문에서 밝힌, 자기소개서에서 반드시 '피해야 할' 7가지 유형을 정리하면 다음과 같다. 이 기사의 마무리에서는 "자기소개서는 읽으면 구직자의 이미지가 떠오르도록 써야 한다"며 "지원회사의 문화를 이해하고 경력과 경험 중심으로 자기소개서를 작성하는 것이 좋다"는 충고를 덧붙이고 있다.

- 가문 자랑형: 자신보다 가문의 자랑을 줄줄이 늘어놓는 것은 주객이 전도된 느낌을 준다.
- 과대 포장형: 과장이 많으면 진실한 감동을 주기가 어렵다.
- 수다형: 신변잡기를 중언부언하다 정작 일과 관련된 내용은 빼버리는 스타일이다. 네티즌이 쓰는 이모티콘으로 자신을 표현하거나, 반말 등 구어체를 구사하는 경우까지도 있다.
- 간결형: 자기소개서 분량이 A4 용지 반 페이지에도 못 미치는 유형으로, 지나치게 짧으면 자기소개의 목적을 달성하기 어렵다.

- 아부형: '뽑아만 주신다면 무슨 일이든 열심히 하겠다'는 돌쇠 스타일로, 채용 자체에 연연하고 '채용가치'에 대한 설명이 없다는 게 이 유형의 약점이다.
- 신앙 중심형: 업무의 성격과 상관없이 종교와 신앙 활동에 대한 이야기만 서술하는 것도 주객이 전도된 느낌을 주게 된다.
- 편년체형: '저는 언제 어디서 태어나…'로 시작하는 경우, 첫머리부터 진부할뿐더러 이런 유형일수록 끝까지 읽어도 인사담당자가 구직자의 특징을 파악하기 어려운 경향을 보인다.

이에 이 장에서는 자기소개서에서 흔히 빠지기 쉬운 상투성을 소개하면서 이러한 상투성에서 벗어나야 하는 몇 가지 이유를 살피고자 한다.

첫째, 진부함에서 벗어나는 것이 필요하다. 문장의 첫머리에 '저는', '나는'이란 단어로 시작하는 것은 마치 일기의 첫머리에 '오늘…'이란 말로 시작하는 것과 똑같다. 지금 쓰고 있는 자기소개서는 그 누구의 것도 아닌 바로 자기 자신에 대한 소개서이며, 이는 이미 독자로 설정된 인사 담당자도 알고 있는 사실이다. 또한, "저는 1983년 8월 20일에 태어나서…"와 같이 이력서에 이미 기재가 된 사항을 중복해서 자기소개서에 쓸 필요는 없다.

이런 맥락에서 다음의 기사 내용을 정리해보자.

〈예시 1〉

취업 담당자들은 취업 서류를 작성할 때 무엇보다 자신이 지원하는 직종과 관련된 구체적인 경험이나 능력을 기재하는 것이 중요하다고 입을 모은다. 막연히 '능력이나 열의가 있다.'는 식의 표현보다는 과거 에피소드 중심의 사항을 많이 기재하는 것이 필요하다는 것. 그러기 위해선 평소 '거리'를 많이 만들어야 한다고 했다. 최정호 코잡 본부장은 "되도록 하창 시절 초반에 자신의 지원 분야를 정하고 학업 외에 지원 분야와 연관이 있는 아르바이트나 봉사활동, 자격증, 동아리 생활 등을 두루 경험해보는 것이 유리하다."라고 말했다.

또 서류 작성시 입사 동기와 지원 포부에 특히 정성을 기울이라고 조언한다. 이경미 대구종합고용센터 직업진로팀장은 "자기소개서(자소서)에서 입사 동기와 지원 포부에 50% 정도, 나머지를 적절히 안배하는 전략이 필요하다."라고 말했다.

취업 담당자들은 자소서를 기업들이 잘 보지 않는다는 인식은 구직자들이 쉽게 생각하는 오해 중 하나라고 했다. 실제로 대구종합고용센터에서 최근 대구 지역 47개 업체를 대상으로 설문 조사를 한 결과, 무려 35개 업체가 자소서를 끝까지 읽는다고 대답했다. 그만큼 자소서는 취업에 있어 중요한 요소라는 것.

그렇다고 내용을 너무 많이 기재하는 것은 피해야 할 사항. 자칫 인사 담당자들이 지루해할 수 있기 때문에 A4용지 2, 3장에 핵심적인 내용을 요약해 자신이 별도로 소제목을 달아 정리하는 것이 필요하다고 했다.

최정호 본부장은 "이밖에 지나친 한자어나 영어, 반복적 표현 등도 마이너스 요인"이라고 했다. 취업담당자들은 평소 노동부의 성취프로그램이나 각종 취업사이트의 개발 프로그램 등을 들으면서 감각을 키우고 자신만의 기본적인 자소서 틀을 만든 뒤 계속 수정해가는 것도 요령이라고 덧붙였다.

진부함에서 벗어나기 위해서는 자기소개서에 대한 감각을 키우는 것이 필요하다. 대부분의 글쓰기에서와 마찬가지로 이 방면의 글을 다양하게 접하면서 독자로서 느끼는 반응과 호응을 미리 체험해두는 것이 중요하기 때문이다. 예를 들어, 구직용 자기소개서를 써야 한다면 자신이 지원할 직종의 사람들이 올려놓은 자기소개서를 여러 통 읽어보는 것이 필요하다. 맛있는 음식을 만들기 위해 다양한 음식을 먹어봐야 하듯이 자기소개서를 잘 쓰기 위해서는 다른 사람들이 어떻게 썼는지 확인해 볼 필요가 있기 때문이다. 자신이 인사 담당자라면 어떤 인재를 뽑을 것인지 생각하며 여러 통의 자기소개서를 읽다보면 최소한 이렇게 적어서는 안 되겠다는 감을 잡을 수 있을 것이다. 아울러, 눈에 잘 들어오는 소개서는 어떤 건지 체크해 놓는 것은 자신의 글쓰기 실력을 키우는 좋은 훈련이 되기도 한다.

둘째, 누구라도 쓸 수 있는 당연한 말은 차라리 쓰지 않는 게 낫다. 굳이 쓰고 싶다면, 구체적으로 예를 들어 다르게 표현하는 것이 필요하다. 예를 들어, "다양한 아르바이트를 통해 경험을 쌓았습니다."라는 말보다는 어떤 아르바이트를 하면서 무슨 일을 하였고, 그러한 것들이 현재 어떤 식으로 도움이 되는지 구체적으로 기술하는 것이 좋다. "여행을 통해 많은 것을 느꼈습니다."라는 말 역시, 여행의 어떤 점이 와 닿았는지, 또 그것이 스스로의 성장에 어떻게 작용했는지 언급해 준다면 훨씬 훌륭한 자기소개서가 될 것이다. 자기소개서에서는 글쓴이가 구체적으로 표현해야 읽는 이도 구체적으로 생각하게 된다.

그렇기 때문에 다음에서 보다시피 자기소개서를 구체적으로 쓰기 위해서는 글쓴이 나름대로의 경험과 구상이 필요하다.

〈예시 2〉

올 2월 안동대를 졸업한 권영민(27) 씨는 최근 '겹경사'를 맞았다. 지난 달 2007 대구경북 취업서류 콘테스트에서 당당히 최우수상을 수상한 데 이어 안동 농협에도 덜컥 붙어 1일부터 출근하게 된 것.

권 씨는 무엇보다 자기소개서(자소서) 작성에 공을 많이 들였다. 남들보다 스펙이 그리 뛰어나지 않아 자신의 장점을 극대화할 필요가 있었기 때문이다. 3년 전부터 공기업 취업을 준비한 권 씨는 지원 서류를 낸 곳만 200여 곳에 이른다. 선배들로부터 서류는 가능한 한 많이 내보라는 조언을 들었기 때문. 권 씨는 "여러 곳에 서류를 내면서 회사마다 어떤 것을 원하는지 파악하고 어떤 점을 보완해야 하는지 응용력이 생긴다."고 말했다. 지난해 9월 취업 시즌을 맞아 권 씨는 자신만의 자소서 틀을 완성했고 그것을 바탕으로 조금씩 내용을 고쳐 원서를 내왔다는 것.

권 씨는 자소서에 될 수 있으면 자신이 경험한 사례를 많이 집어넣었다. "지난해 안동 국제탈춤페스티벌에서 외국 VIP를 에스코트한 적이 있었어요. 그때 폴란드 친구들이 제가 한명 한명을 끝까지 책임지고 안내하는 걸 보고 대단하다는 이야기를 했어요. 그 내용을 자소서에 넣었죠." 어찌 보면 사소한 거지만 그런 경험담을 통해 책임감 강한 자신의 성격을 간접적으로 드러낼 수 있다는 것.

또 권 씨는 한국전력에 지원할 때는 아무래도 회사에서 안전을 중요시하기 때문에 자신이 포스코에서 아르바이트를 한 내용을 집어넣었다. 권 씨는 "보잘 것 없는 분기구 청소지만 혹 소홀히 하면 안전에 치명적이라는 회사 직원의 말을 인용했다."고 했다. 이를 통해 꼼꼼하고 철두철미한 모습을 간접적으로 보여주었다는 것.

권 씨는 자소서에 지원 직종과 관련된 여러 경험담을 담으면 면접에도 상당히 유리하다고 했다. 면접관들이 자소서의 내용에 대한 질문을 많이 하기 때문에 그만큼 면접 준비도 수월해진다는 것. 권 씨는 "과거엔 스펙이 우선시되었지만, 지금은 기업들이 자소서와 면접을 점차 중요시하고 있다."고 전했다.

그러므로 대부분의 자기소개서에서 흔히 보이는 〈예시3〉과 같은 표현들은 보다 구체적으로 서술하는 것이 필요하다. 〈예시3〉의 문장들을 좀 더 구체적이고 개성적인 표현으로 바꾸어보자.

〈예시 3〉

① 학생 때는 공부를 열심히 했습니다.

② 군대시절 군복무를 충실히 했습니다.

③ 친구들과는 의리 있게 지냈으며, 우정이 돈독합니다.

④ 부모님께 효도를 하며 자랐습니다.

⑤ 입사하면 열심히 하겠습니다.

셋째, 제시된 자기소개서의 틀과 구성에 수동적으로 안주해서는 안 된다는 점이다. 자기소개서도 한 편의 글인 만큼 글쓴이 나름의 구성과 내용 안배에 대한 고려가 중요할 수밖에 없다. 구직용 자기소개서의 경우 항목을 제시하는 경우가 많은데, 그렇다고 하여 주어진 항목의 순서가 그대로 중요도의 순서가 되는 것은 아니기 때문이다.

그러므로 자기소개서 작성에서는 자신에게 필요하고 중요한 내용을 강조하여 비중 있게 다루려는 구성의 안목과 균형 잡힌 서술 감각이 무엇보다 요구된다. 내용의 비중을 고려하지 않고 쓰다 보면 주어진 적절한 분량에서 글의 균형을 깨거나 용두사미가 되는 경우가 생기기 쉽기 때문이다.

다음에 제시한 최근의 기사에 따르면, 기업들은 사원 채용시 일단 이력서를 볼 때는 학교와 학과를 가장 먼저 보고, 자기소개서에는 직업관과 지원동기를 유심히 본다고 하며, 면접에서는 태도와 자세에 가장 높은 점수를 부여한다고 한다. 취업 · 인사포털 인크루트가 기업들이 서류전형과 면접 등 채용과정에서 어떤 부분을 중점적으로 보는지를 알아보기 위해 종업원수 100인 이상의 기업 223개사를 대상으로 단계별 채용과정의 중점 평가항목에 대해 조사한 결과라고 한다.

〈예시 4〉

필기시험과 인 · 적성검사처럼 명확하게 점수화되는 경우를 제외하면 기업이 각 단계에서 어떤 부분을 중점적으로 보는지에 대해서는 정확하게 알려지지 않았다.

먼저 이력서에서 어떤 항목을 가장 중점적으로 평가하는지 물은 결과 가장 많이 나온 응답은 학교(21.7%)와 학과(20.3%)로 나타났다. 학력사항을 가장 우선시하고 있는 것이다. 10.8%의 기업이 봉사활동이라고 대답했고 △학점 8.7% △연령과 △사진(외모)이 각각 7.2% △관련 자격증 5.8% △공인어학성적과 △오피스 프로그램 활용능력 △성별이 각각 4.3% △해외연수 경험과 △기업체험 및 인턴경험이 각각 2.9%로 집계됐다.

자기소개서에서는 직업관이 27.8%, 지원동기가 25.6%로 가장 많이 꼽힌 항목이다. 직업관에서는 지원자가 일을 대하는 태도와 열정을, 지원 동기는 지원 회사에 대한 관심과 애정, 명확한 목표의식과 동기부여가 되어있는지를 살펴보기 위한 것으로 풀이된다. 이어 △성격(13.0%) △입사 후 포부(11.2%) △가정환경 및 성장과정(10.3%) △생활신조(7.6%) △학창시절(4.5%) 등의 순으로 나타났다.

특히 자기소개서의 독자라 할 인사 담당자들이 어느 부분에 관심을 보이는가 하는 내용을 포함하고 있어 흥미로운데, 다음 기사에서도 마찬가지 내용을 싣고 있다.

〈예시 5〉

국내 기업 인사 담당자 10명 가운데 3명은 입사 서류인 자기소개서 가운데 '입사 후 포부'를 가장 중점적으로 평가하는 것으로 나타났다. 코리아 리쿠르트(www.recruit.co.kr)는 기업 인사 담당자 184명을 대상으로 설문조사를 한 결과 응답자의 33.2%인 61명이 신입 자기소개서에서 가장 중점적으로 평가하는 항목으로 '입사 후 포부'를 꼽았다고 7일 밝혔다. 이어 성격의 장단점(21.3%), 지원 동기(20.7%), 성장 과정(13.1%), 학창생활(8.4%) 등의 순이었다.

그렇다면, 독자의 입장이 되어 다음의 〈예시6〉을 읽고 장 · 단점을 가린 뒤 보다 효율적인 표현들로 고쳐보면 어떨까?

〈예시 6〉

① 성장 과정

바람직한 인격 형성을 위해선, 유년 시절은 자연과 벗하고, 청소년기는 친구와 벗하고, 청 · 장년기는 치열한 사회와 접해야 한다고 합니다. 어려서는 시골에서 보냈고, 이후에는 공부에 대한 열정이 있어 서울로 전학을 오게 되어 많은 친구를 사귀었으며, 친구나 선배와의 많은 교류를 가졌습니다.

능력 있고 자신 있는 사회인이 되기 위해, 대학에서 자신의 계발에 많은 시간을 할애했습니다. 물론 많은 시행착오를 겪었지만 거기에 머무르지 않고, 그것을 통해서 새로운 경험과 개선점을 찾으려는 노력을 게을리 하지 않았습니다.

② 성격 및 특기

한마디로 말하면 '하면 하고 안 하면 안 한다' 는 것입니다. 사소한 것에서는 양보를 많이 하는 편이지만 내가 한 번 승부를 건 일에 대해서는 절대 양보하지 않습니다. 그렇다고 무턱대고 아무 것에나 승부를 걸지는 않습니다. 어떤 현안이 있을 때 너무 완전한 방법을 강구해 놓고 행동하기보다는 일단 저질러 놓고 사태를 수습하는 스타일입니다.

성격은 차분하면서도 사교적이고, 인물형은 리더형이라기 보다는 참모형입니다. 단점은 한 가지 일에 너무 몰두하여 다른 일들을 간과하는 경우가 종종 있다는 것입니다.

③ 교내외 활동과 중요경력

대학 1학년 때 교내 써클인 '자명고' 에 들어 거기에서 음악 활동 이외에도 엄격한 조직사회를 배웠습니다. 그해 여름에는 '한국자유총연맹' 에서 주최하는 '중국 연수단' 에 선발되어 낯설었던 중국과 접하게 되었습니다. 그리고 2005년 9월에서 2007년 9월까지 중국어 연합서클인 '자금성' 에서 회장 일을 맡아 하면서 중국문화와 언어에 조예를 키웠습니다. 이런 경험들을 통해 중국을 위시한 동양의 시대가 오리라는 확신이 섰습니다.

대학에서는 사회학을 전공했고, 중국어는 부전공으로 했습니다. 중국어에 있어서만큼은 자신 있는 중국통(中國通) 입니다.

④ 지원동기

자신에 대한 신념이 있고 기업에서 자기 꿈을 실현하고자 하는 사람이면 누구나 보다 안정적이고 누구나가 인정해 주는 곳에서 일하고 싶어 합니다. 이것 이외에도 보다 중요한 것은 개인 역량의 실현 여부에 있습니다. 제 개인적으로는 돈 많이 주는 회사보다는 제 능력을 발휘할 수 있는 회사에서 일하고 싶습니다.

그리고 사원들을 위한 지속적인 교육프로그램이 많은 회사에서 일하고 싶습니다. 자신의 계발 없이는 발전이 없으므로 이런 것들이 충족된 귀사에서 일할 수 있었으면 합니다.

⑤ 입사 후 희망 업무와 포부

세계화 조류에 뒤지지 않기 위해, 일선에서 뛰는 해외 영업 파트에서 일하고 싶습니다. 특히 중국 전문가가 되고 싶습니다. 무역을 하기 위해서는 우선 어학이 기본이 되어야 하는데 중국어를 바탕으로 전문 무역가가 되어 조직 사회에서 제 능력을 인정받고 싶습니다.

제가 비록 무역을 전공하지는 않았지만, 입사 후에는 무역 부문에서 부족한 점을 집중적으로 학습할 것입니다. 그리고 인생을 살면서 최종적으로 추구하고 싶은 것은 시대감을 잃지 않고 그 시대를 끌어가며 살아가는 것입니다.

(2) 제대로 서사하기

보다 세련되고 효과적인 자기소개서가 되려면 글의 성격에 적합한 표현방식을 채택하여 전달력을 높이는 게 필요하다. 글의 내용이 보다 효과적으로 읽는 사람에게 전달되도록 하는 것이 글쓰기에서의 진술방식 혹은 기술(記述) 양식이다. 글의 기술양식은 글의 성격과 의도에 따라 설명과 논증, 묘사와 서사 등의 4가지 유형으로 나누어진다.

설명이란 어떤 대상의 의미나 원리 등에 대해 잘 알고 있는 사람이 그것을 모르는 사람에게 설명함으로써 읽는 이의 이해를 도와주려는 목적으로 사용되는 기술양식이다. 설명은 대상을 상대방이 잘 이해할 수 있도록 하는 것이 목적으로, 예컨대 오렌지를 설명하기 위해 겉모양뿐만 아니라 비타민 C의 함유량이나 재배 요건과 생산지, 다양한 요리법 등에 대해 서술함으로써 오렌지에 대한 이해를 높이는 서술방식이다. 사실적인 지식과 정보의 전달을 목적으로 하기 때문에 객관적인 서술의 형태를 지니게 되는데, 비교와 대조, 예시, 분류와 구분, 분석, 정의 등과 같은 다양하고 세부적인 방법들이 존재한다.

비교는 두 대상의 유사성에, 대조는 차이점에 초점을 맞추어 연관시킴으로써 두 대상을 부각시키는 설명방식이다. 예시는 예를 들어 설명하는 방식이고, 분류와 구분은 둘 이상의 사물에서 그 종류를 나누는 것으로 하위에서 상위로 이행하는 것을 분류, 그 역순을 구분이라고 한다. 분석은 어떤 사물이나 개념의 구성요소들을 분해해서 각각의 의미나 기능 등을 설명해 나가는 방식으로 복잡한 구조를 가지고 있는 대상을 다룰 때 효과적이다. 마지막으로 정의는 'A는 B다' 라는 서술형식을 취하는 설명방식이다.

논증이란 글을 읽는 사람에게 자신의 주장과 생각을 납득시키고 이해시켜서 그 타당성을 인정하도록 만들기 위한 글쓰기의 방식이다. 독자의 이성적 판단에 호소하기 때문에 자신의 주관적 견해를 펼쳐나가는 과정에서 객관성이 요구되게 마련이다. 논증은 근거를 들어 남을 설득하며 논리적 근거에 의지해 쓰는 만큼 논리적 오류가 없도록 신경 써야 한다.

대상의 구체적인 모습을 중심으로 한 방법을 묘사라 하고, 사건의 구체적인 사실을 중심으로 한 방법을 서사라 한다. 서사와 묘사를 나누는 가장 간단한 기준은 시간을 고려했는지의 여부에 있다. 시간을 고려한 것은 서사로, 일정한 시간에 일어나는 사건이나 행동을 글로 나타내는 방법을 말한다. 서사가 두드러지는 글들은 '설악산을 다녀와서' 와 같은 기행문, '도산 안창호의 생애' 와 같은 전기문, 그리고 역사소설 등이 대표적이다. 오늘 하루를 돌아보고 쓰는 일기 형식에도 서사의 방법이 녹아있게 된다.

반면, 묘사는 어떤 대상의 구체적인 모습을 그림을 그리듯이 나타내는 방법으로, 글쓴이가 인상 깊게 느낀 것을 중심으로 감각적으로 그려내는 데 목적이 있다. 대상을 세부적으로 정확하게 그려내어 실감나게 전달하게 되므로, 다른 진술방식에 비해 문학성이 풍부해질 수밖에 없다. 시나 소설과 같은 문학작품에서뿐만 아니라, 내 친구의 얼굴이나 내 방안 풍경, 또는 겨울 바닷가나 단풍이 든 청계산의 풍광과 같은 소재들은 묘사의 방식이 두드러지게 활용되는 것들이다.

글을 쓸 때 어떤 기술양식을 선택할 것인가의 문제는 글을 쓰는 의도와 목적에 따라 달라진다. 하지만 어떤 글에서 전적으로 한 가지 기술양식만을 고집하기 어려운 것이, 소설이라 해도 서사와 묘사의 방식을 중심으로 하되 때로는 논증이나 설명의 방식이 필요할 수 있기 때문이다. 한 편의 글에는 하나의 주된 의도가 있고 이러한 주된 의도에 상응하는 주된 진술방식이 있게 된다. 예를 들면, 설명문은 독자가 모르고 있는 사실을 알린다는 데 글쓰기의 주된 의도가 있기에 이러한 의도를 달성하기 위해 설명의 방법을 주된 기술양식으로 선택하게 되지만, 논증이나 서사, 묘사와 같은 기술양식이 부분적으로 가미되는 것이 얼마든지 가능한 것이나 마찬가지이다. 따라서 효과적으로 한 편의 글을 쓰기 위해서는 주된 의도와 그것에 맞는 기술양식을 미리 결정하는 것이 좀 더 효율적인 글쓰기 방식이 될 수 있다.

이런 맥락에서 자기소개서 작성에서 제일 중요하고도 필요한 연습은 제대로 서사하기의 문제라 생각한다. 이는 자기소개서의 특성상 자신의 성장과정이나 대학시절 경험 등 시간의 흐름을 좇아 글을 써나가야 되는 부분이 많고, 이러한 부분을 제대로 서사하지 않으면 글 전체의 분위기가 산뜻하게 살아나지 못하게 되기 때문이다.

이를 위해 제대로 서사하는 몇 가지 원칙을 정리하고자 한다.

먼저, 자신의 라이프 스토리를 돌아보고 주관적으로 시간을 배분하는 것이 필요하다는 점이다. 서사의 방식을 쓸 때 흔히 시간을 객관적으로 배분하면 이력서에 상술된 입학과 졸업 등과 같은 사항들이 서사에서의 시간적 기준이 되기 쉽다. 그러나 중학교나 고등학교 졸업, 혹은 대학교 입학 등이 곧바로 자신의 변화와 긴밀히 연결되는 것은 아니다. 오히려 자신의 변화를 이야기해주는 것은 자신의 라이프 스토리에서 인상 깊은 경험이나 사건, 인물들과의 조우 등에서 빚어지게 마련이다. 그런 의미에서 자신의 인생을 이야기할 때 의미 있는 계기를 중심으로 시간을 주관적으로 배분하는 것이 중요하다.

다음의 〈예시1〉은 박완서가 쓴 "작가 자신이 쓴 연보" 중에서 뽑은 일부분으로, 시간을 주관적으로 배분하여 중요한 부분을 강조하여 서술하는 부분을 눈여겨볼 만하다. 주관적인 시간 배분을 토대로 중요한 부분을 강조하고 그렇지 않은 부분은 간략히 요약하는 서술방식이 자기소개서를 지혜롭게 쓰는 한 방법이 될 것이다.

〈예시 1〉

1950년 서울대 문리대 국문과에 입학했다. 박명성도 같은 국문과였고 한말숙은 언어학과였다. 곧 6.25가 났다. 오빠와 숙부님이 비명에 죽고 고향땅은 북쪽 땅이게 되었다. 나는 오빠하고의 우애도 각별했지만 숙부님은 아버지 없는 우리들에게 물심양면으로 아버지와 다름없는 분이었으므로 충격이 컸다. 전쟁의 와중에서 죽었으되 전사도 폭사도 아닌, 사상의 대립이 초래한 동족 간의 전쟁이라는 특수성에 희생된 고통스럽고 값없는 그들의 죽음은 그 후 오랫동안 나에게 악몽으로 남아있다.

졸지에 노모와 올케, 조카 등 오빠가 남긴 유족의 생계가 나에게 실려 왔으므로 당시의 가장 손쉬운 직업으로 미군부대를 전전했다. 이내 지금의 남편과 알게 되어 사랑에 빠졌다. 1953년 가족들의 완강한 반대에 부딪쳤으나 그와 결혼했다.

그 후 10년 동안에 1남 4녀의 아이를 낳았다. 아이를 낳고 기르는 일에 열중했고, 행복했다. 현대문학지를 통해 데뷔한 한말숙이가 가끔 놀러와 살림에만 파묻힌 나에게 더러 자극이 될 만한 말을 해주었으나 살림 재미에 사로잡히다시피 한 나는 그 밖의 일에는 아무런 관심이 없었다. 자연 그녀와의 관계도 소원해졌다.

막내까지 잔손이 안 가게 길러놓고 나니 나는 심심해졌다. 심심하다는 느낌은 느닷없이 엄청난 불행감이 되어 나를 엄습했다.

다음으로, 서사라 하여 무조건 시간의 흐름을 좇아 시간에 따른 변화를 순차적으로 보여주는 것만이 능사는 아니라는 점이다. 서사에서는 사건이나 행동의 변화를 일어난 시간적 순서로 전개하는 방법도 있지만, 독자의 흥미와 관심을 끌기 위해 결과를 먼저 제시하고 원인을 나중에 제시하는 인과적 순서의 방법도 취한다는 점을 기억해 둘 필요가 있다.

다음의 〈예시2〉는 이문열의 소설 〈우리들의 일그러진 영웅〉 중의 한 부분으로, 주인공인 화자가 독자에게 직접 자신의 학창시절을 설명하고 있다. '그 때'를 배경으로 하고 있지만 시간의 흐름이나 행동은 일시 정지된 상태로, 구체적인 과거의 사건이나 장면 등은 직접적으로 제시되고 있지 않다. 그럼에도 '그 때' 화자의 특징적 국면에 대해서는 선명하게 이해할 수 있다는 점에서, 자기소개서 작성에서도 자신의 성장과정이나 학창시절을 소개하는 한 방법으로 눈여겨볼 만하다.

〈예시 2〉

그 때 내게는 나름으로 내세울 만한 게 몇 있었다. 첫째는 공부. 일등은 그리 자주 못했지만, 그래도 나는 그 별난 서울의 일류학교에서도 반에서 다섯 손가락 안에는 들었다. 선생님뿐만이 아니라 아이들과의 관계에서도 내 이익을 지켜주는 데 적지 않은 몫을 하던 내 은근한 자랑거리였다.

또 나는 그림에도 남다른 솜씨가 있었다. 역시 전국의 어린이 미술대회를 휩쓸었다 할 정도는 아니었어도, 서울시 규모의 대회에서 몇 번의 특선을 따낼 만했다. 내 성적과 아울러 그 점도 어머니는 몇 번이나 강조하는 듯했는데, 담임선생님은 그 모두를 깨끗이 무시해 버린 것이었다.

마지막으로 강조하고 싶은 사항은 장면 묘사와 같은 방법을 가미하는 것이 인상적일 수 있다는 점이다. 묘사란 인간이 체험한 것이나 대상을 언어를 이용하여 마치 그림처럼 보여주는 기술양식으로, 어떠한 글의 이야기를 전개하기 위해 꼭 필요한 수단은 아니지만 묘사를 통해 어떤 대상이나 사건을 더욱 감각적이고 구체적으로 보여줄 수 있기 때문이다. 예를 들어, 자신을 변화시킨 중요한 경험이나 의미 있는 사건 등은 묘사의 방식을 가미했을 때 훨씬 생동감 있게 전달되게 마련이다.

묘사의 경우에도 두 가지 방식이 존재한다. 먼저, 객관적 묘사는 설명문에 많이 쓰이는 것으로, 대상의 객관적 상태를 있는 그대로 치밀하게 그려내는 묘사이기에 과학적 묘사 또는 설명적 묘사라고도 한다. 예를 들어, 다음과 같이 까치를 묘사하는 경우이다.

까치는 몸길이가 45센티미터 안팎으로, 그 중의 반은 꽁지다. 어깨와 배의 하얀 부분을 빼놓은 다른 부분은 언뜻 보아 검은색인데, 각도를 달리하여 보면 날개와 꼬리깃이 아름다운 청록색을 띤다.

주관적 묘사는 대상에 대한 글쓴이의 주관적인 느낌이나 인상을 그려내는 묘사로, 다음에서처럼 수필이나 소설에서 흔히 쓰인다. 문학적 묘사 혹은 인상적 묘사라고도 한다.

짐승 같은 달의 숨소리가 손에 잡힐 듯이 들리며, 콩 포기와 옥수수 잎새가 한층 달에 푸르게 젖었다. 산허리는 온통 메밀밭이어서, 피기 시작한 꽃이 소금을 뿌린 듯이 흐뭇한 달빛에 숨이 막힐 지경이다.

묘사가 구체적으로 이루어지려면 시각 · 청각 · 후각 · 미각 · 촉각 등을 이용한 감각이 중요하다. 다음의 〈예시3〉은 예문 전부가 순수한 사건의 진행으로 이루어져 있다고 할 만큼 장면 묘사에 치중하고 있다. 흔히 '극적 제시' 라고도 하는 이러한 서술방식은 일어난 사건을 생생하게 재현함으로써 현장감과 생동감을 살릴 수 있다는 장점을 지닌다. 자기소개서에서 이러한 방법을 제대로 활용하려면 글 전체의 분위기를 해치지 않는 범위에서 사건이 실제로 눈앞에서 일어나고 있는 것처럼 사실적으로 표현하는 것이 무엇보다 중요하며, 대화나 장면 묘사를 효과적으로 사용하는 것도 필요하다.

〈예시 3〉

귓가에 엄마가 틀어놓은 라디오 소리가 들린다. 구전 민요가 흘러나오는 걸 보면 6시가 채 되지 않은 것 같다. 귀는 깨어 있어도, 눈은 뜨고 싶지 않다. 이렇게 흐리멍덩한 상태로 얼마간 있다 보니 '아침을 달린다' 의 사회자 목소리가 들려오고, 좀 있으니까 초대 손님의 목소리가 들린다. 틀림없이 6시 40분이나 50분쯤 되었을 것이다. 아마 조금 있으면 7시 뉴스를 하겠지, 생각하며 나의 옅은 잠은 계속된다. 잠시 후 "홈런 출발!"이라고 외치는 소리와 함께 엄마의 목소리도 그 뒤를 따른다. "봉선아, 일어나!"

잠이 덜 깨어 몽롱한 채로, 하는 수 없이 일어나 욕실로 향한다. 세수를 하고 나니 정신이 좀 맑아지는 것 같다. 목에 잘 넘어가지 않는 아침밥을 몇 숟갈 뜬 후, 서둘러 학교에 갈 준비를 한다. 옷가지와 머리핀, 그리고 자고난 이부자리까지 어수선한 내 방을 뒤로 하고 허둥지둥 집을 나서는데, '아현동 마님' 이라는 라디오 연속극이 막 시작하는 소리가 들린다. 좀 일찍 일어나서 여유 있게 준비할걸, 하는 매일 아침마다 해보는 후회를 오늘도 또 반복해본다.

(3) 자기소개서의 미덕 갖추기

자기소개서는 리포트처럼 조사나 연구과정을 밟아야 하는 것도 아니고, 논설문처럼 입론의 독창성이 있어야 하는 것도 아니다. 또는 제한된 시간에 제시된 제목에 따라 작성하는 시험작문도 아니고, 어떤 주장과 그를 뒷받침하는 논거가 있어야 하는 것도 아니다. 자기 소개서는 일정하게 규정된 격식이 없는, 비교적 자유로운 형식의 글이기 때문이다. 하지만 형식적 제약이 없는 만큼 쓰기에 쉽지 않은 면도 있다. 자기 소개서는 자기의 개성과 능력 장점 등을 부각시키고, 자기소개의 목적에 부합되는 자기의 면모를 충분히 강조하는 데 목적이 있다. 고로 자신의 성격, 일에 대한 열정이나 성실성, 적합성, 재능 등을 효율적으로 드러내는 전략이 필요하다.

이런 맥락에서 어느 신문의 독자마당에 실린 〈예시1〉을 살펴보자.

〈예시 1〉

신입사원의 자기소개서를 검토하던 중 우연히 같은 문장을 발견했다. 해외 배낭여행 경험을 쓴 내용이었는데 여행 코스와 머문 시간, 식당 등이 일치했다. 심지어 여행에서 느낀 점까지 모두 똑같았다. 하지만 이내 그 원인을 알았다. 그 두 입사 지원자는 가지도 않은 배낭여행 경험을 책에서 무작정 인용했던 것이다. 그것이 우연히 같은 회사의 지원서로 작성됐다. 최근 허위 경력 이야기가 적지 않다는 사실을 듣기는 했지만 이제 막 사회생활을 시작하는 대학생들까지 이런 허위 경력에 휩싸인다는 것은 왠지 마음을 무겁게 했다.

물론 기업마다 다양한 사회 경험과 활동을 중요시하는 풍조에 따른 것임을 이해하지 못하는 바는 아니다. 하지만 이것은 아니라는 생각이 든다. 좀 더 진실된 마음가짐이 필요하다. 우리 사회가 이렇게 짝퉁 천지가 된 데 대해 안타까움이 앞선다. 젊음은 젊음다워야 한다. 떳떳함만큼 좋은 입사지원서는 없다.

자기소개서의 작성을 어떻게 할 것인가의 문제에서 자기소개서의 미덕을 갖추는 문제를 정리하는 이유가 바로 여기에 있다. 그렇다면 어떠한 것들을 자기소개서의 미덕으로 꼽을 수 있을까?

첫째, 솔직성이다. 남에게 보이기 위해서 거짓된 내용을 담아서는 안 되며, 자신을 지나치게 미화시켜서도 안 된다. 자칫하면 면접 과정에서 심도 있게 질문을 받아 자신의 거짓이 드러날 수 있기 때문이다. 이야기를 극적으로 전개하기 위해 솔직성을 벗어나거나 지나친 수식어의 사용으로 그 글의 목적이 흐려진다든지 해서는 안 되며, 초점 없는 빗나간 얘기 등을 끌어와서도 안 된다. 가능한 한 솔직하게 자신을 표현하는 것이 무난하며, 그래야 내용도 충실해질 수 있다.

둘째, 타당성이다. 타당성이란 주장하는 내용의 근거나 이유가 얼마나 보편성 또는 설득력을 가졌느냐이다. 예를 들어, '저는 귀사에 입사를 원합니다.' 라고 한다면 '원하는' 이유에 대한 설득력이 있어야 하고, 그 설득력은 보편성을 가져야 한다. '나는 대학을 졸업했으므로 입사를 원한다' 라든지 '전공과목과 일치하므로' 입사를 원한다는 식의 이유는 적절하지 않다. 따라서 자기소개서의 내용들은 논리적인 구조로 짜여져 있고 전체적으로 설득력을 가져야 한다. 주제와 내용의 일관성은 평범한 문장일지라도 설득력을 배가시키기 마련임을 명심해야 한다.

셋째, 성실성이다. 성실한 태도의 첫걸음은 초고 작성에서부터 시작된다. 자기소개서는 분량이 적은 글임에도 단번에 흡족한 글로 마무리하기가 어렵다. 따라서 한 번에 작성하지 말고, 초고를 작성해 여러 번에 걸쳐 수정 보완을 하는 것이 만족도를 높이는 방법이 될 것이다. 글이 완성된 후 퇴고하는 작업에서도 글쓴이의 성실성이 드러나게 마련이다.

덧붙여, 자신감 있게 작성하는 것이 필요하다. 강한 자신감은 지원자에 대한 신뢰와 더불어 인사 담당자의 호기심을 자극할 수 있다. 따라서 문장 전체적으로 나를 뽑아주십사 하는 청유형의 문구보다는, 자신감이 흘러넘치는 문구가 좋다. 스스로 가진 능력이나 기술이 뛰어나다 해도 자신감이 없는 사람은 주목받지 못한다. 능력과 자신감 중 인사 담당자들은 자신감에 더 높은 점수를 준다. 자신감을 가지자!

이제, 다음의 〈예시2〉를 읽고 글쓴이의 상황에 맞춰 자기소개서를 쓴다고 하면 어떤 글이 가능할지 예상하여 보자.

〈예시 2〉

나는 여자 예비역이었다. 대학교 2학년 여름방학 중에 휴학했고, 3년 뒤에야 제대한 남자 동기들과 함께 복학했다. 3년은 그리 길지 않은 시간이었다. 어느 순간 돌이켜보아도 후회 없을 만큼 그때는 끊임없이 일하고, 여행하고, 고민하는 시간을 보냈다. 겁도 없이 배낭하나 달랑 메고, 또 배낭만큼 무거웠던 고민을 등에 지고 호주 농장 곳곳에서 하루 일당을 차곡차곡 모으면서, 내가 무엇을 해야 할지에 대한 명쾌한 답을 내지 못하고 있었다. 내 전공이 관광경영이라 유럽의 문화유산을 보면 전공 쪽에 좀 더 애정이 가려나 했지만, 그것도 아니었다.

귀국하여 다시 일 년을 일했다. 더 이상 복학을 미뤄서는 안 된다는 스트레스와 함께 끝내지 못한 방학숙제를 들고 개학을 하루 앞둔 초등학생처럼 하루하루 우울하게 보내던 때쯤이다. 그 우울증을 영화 보기로 풀면서 잡지를 뒤적거리던 어느 날, 〈죽거나 혹은 나쁘거나〉라는 영화의 눈물겨운 제작일지를 보게 되었다. 그리고 약간 술렁거리는 마음으로 나는 〈죽거나 혹은 나쁘거나〉를 만나게 되었다.

나에게도 '죽거나 혹은 나쁘거나' 같은 시절이 있었다. 2년여 간의 긴 여행을 마치고 얻은 후유증과 함께 현실의 무게에 짓눌려 미래를 고민했던 1999년 무더위가 숨죽일 무렵. 밤 9시 코아아트홀에서 혼자 〈죽거나 혹은 나쁘거나〉의 심경으로 이 영화를 대면했던 것이다. 〈It' s the end〉가 흘러나오고 영화의 엔딩 크레딧이 올라가는 동안, 나는 그저 멍하니 스크린을 쳐다보고 있다가 눈물을 뚝 떨어뜨렸다.

십대 시절이 가지기 쉬울 법한 호기를 부리며 건달을 꿈꾸다 칼받이가 되어 쓰러진 상환의 마지막 모습에서 뜻대로 되어주지 않는 인생의 수렁이 왜 그리도 절절히 느껴졌는지…. 경쾌하게 웃다가 그냥 끝나는 영화가 아니었다. '삶이 녹록하지 않다' 라는 진실을 처절하게 그리고 있기 때문이었다. 각각의 옴니버스가 다른 장르로 전개됨에도 불구하고 맥을 잃지 않고, 통통 튀는 대사와 사소한 디테일들이 살아 있는 이 영화의 캐릭터들이 우리네 모습과 너무나 닮아 있는 연유와 더불어 일전에 읽었던 눈물의 제작일지가 준 감흥은 이 신선한 영화에 더욱더 깊은 애정을 실어주었다. 그리고 그날 밤 나는 〈죽거나 혹은 나쁘거나〉의 홈페이지를 찾아가 박수치는 마음으로 네티즌 펀드에 투자하고, 류 감독의 팬모임을 만들었다. 그리고 이것으로 나는 지난 3년 동안의 고민에 종지부를 찍게 되었다.

이후부터 나의 영화사랑은 더욱 각별해졌다. 영화 한 편마다에 고민하고, 두근거리고, 가슴 아파하고…. 학교 시나리오 수업을 듣고 문화센터 영화강좌를 좇아다니는 등 영화에 대한 설렘을 거침없이 키워나갔다. 그리고 그 짝사랑은 아직도 여전하다. 영화는 그저 벽에 걸려 있는 액자 속의 그림처럼 볼 수는 있되 만질 수는 없는, 그러한 막연한 동경의 대상에만 있었다. 질퍽거리는 길을 3년이나 걸어갔는데도 나를 미치게 하고 애타게 할 만한 '내가 원하는 게 뭐야' 를 찾지 못한 그 길목에서 〈죽거나 혹은 나쁘거나〉를 만난 건 유행가 가사처럼 행운이었다. 가장 감동스럽게 본 영화 혹은 내 인생의 최고의 영화를 꼽으라면 다른 영화를 고민했을 것이다. 그러나 〈죽거나 혹은 나쁘거나〉가 나에게 주는 의미는 '내 인생의 영화' , 바로 그것이다.

(최윤진, "내가 원하는 건 이거야")

3. 유형별로 살펴보기

(1) 구직의 경우

대학생들에게 취업(就業)의 의미는 무엇일까? 어떤 이는 "갈매기가 알에서 깨어나 성장한 뒤 바다를 향하여 둥지를 박차고 비상하는 발판과 같은 역할"이라 하고, 어떤 이는 "성인으로서의 완전한 독립"을 의미하는 것이라 한다. 또, 대학생들이 가장 두려워하는 것은 시험의 어려움이나 치열한 경쟁률보다는 이 과정에서 겪게 되는 패배의식과 자신감 상실이라고도 한다. 그래서 취업을 앞둔 20대의 젊은이들에게는 '남을 위한 취업' 이 아닌, 오히려 '나를 찾는 취업' 을 위해 준비하는 시간이 필요하다고 조언하기도 한다. 원하는 바를 성취하기 위해 꼿꼿한 심지를 갖고 최선을 다하는 그대들에게 격려의 박수를 보낸다. 힘내자!

구직(求職)을 위한 자기소개서는 직장에 취업하는 것뿐만 아니라 임시직의 아르바이트를 구하는 경우까지 넓게 적용된다. 구직을 위한 자기소개서는 직장을 얻고자 하는 글쓴이와 직원을 구하고자 하는 읽는 이의 목적성이 합치된다는 점에서 가장 실용적이고 실제적인 목적에서 쓰이는 글이라 할 수 있다.

이렇게 실제적인 효용성이 크다보니 자기소개서라 할 때 대개는 구직의 목적을 먼저 떠오르게 되는데, 효용성을 제대로 얻기 위해서는 다음과 같이 구직의 목적에 맞게 포인트를 맞추는 것이 필요하다.

첫째, 지원하려는 분야를 명확히 하고 그에 맞는 면모를 부각시키는 것이 필요하다는 점이다. 아무리 잘 쓴 자기소개서라고 해도 지원자가 어느 분야에 지원하기 위해 쓴 것인지 알 수 없다면 인사 담당자 눈에 들지 못할 것이며, 어떤 분야나 어느 직종에 제출해도 무방한 자기소개서는 인사 담당자에게 신뢰감을 줄 수 없다. 아무 일이나 다 할 수 있다는 것은 아무 일도 못한다는 말과 같으므로, 어떤 업무를 하고 싶은지 분명하게 기술하는 것이 필요하다.

따라서 자기소개서를 작성하기 전에 자신이 지원한 일에 대해 어떠한 생각을 가지고 있으며, 이 일에 지원한 이유가 무엇인지를 정확하게 파악하는 것이 필요하다. 그래야만 자신의 어떤 면모와 경력 사항들이 이 일에서 장점으로 작용할 수 있는지를 명확히 표현할 수 있기 때문이다. 일반적인 자기소개서에서 벗어나기 위해서는 적어도 지원한 업무를 하기 위해 어떤 준비와 공부를 했는지 정도는 구체적으로 기술해주는 것이 자기소개서의 미덕으로 요구되는 성실성과 충실성을 갖추는 것이 된다.

이를 위해서는 지원하려는 회사에 대해 구체적인 정보를 수집하는 관심과 애정이 필요하다. 구직하려는 회사의 정보를 얻기 위해 홈페이지나 신문을 검색하는 방법이 많이 활용된다. 뿐만 아니라 사보를 받아보거나 해당 공기업 견학을 하는 등 살아있는 정보를 활용하는 것도 유익하다. 그렇다고 다음의 〈예시1〉에서처럼 막연하게 조사하거나 인상적으로 서술하는 단계는 확실하게 넘어서야 한다.

〈예시 1〉

어학연수로 영국에서 생활하고 있을 때 영어회화를 늘리기 위해 사용한 방법이 영화관람이었습니다. 런던 중심가에 있는 Leicester Square에는 큰 광장을 중심으로 극장들이 모여 있습니다. 우선 많은 상영관 덕분에 한눈에 상영 영화를 확인할 수 있어서 너무 좋았고 그 편리함이 인상적이었습니다. 각종 대형 시사회 등이 열리고 특히 'star wars' 시사회는 가장 인상적이었습니다. 더욱 인상적이었던 것은 시대가 지난 명화와 다시 보고 싶어 하는 영화, 명화 페스티벌 등을 주최하는 영화관이었습니다. 영화를 사랑하는 사람들에게 철 지난 영화는 꼭 비디오나 DVD로 봐야 한다는 고정관념을 완전히 깨뜨렸고, 일반 영화보다 싼 값에 좋은 영화를 많이 볼 수 있었으며. 저예산 단편영화와 우리나라 영화도 종종 상영하여서 시간 맞춰 영화를 보러 간 적도 있었습니다. 우리나라에도 이런 영화 하면 떠오를 수 있는 장소가 있었으면 합니다. 그것이 영화보급 1위 기업 CJ이었으면 좋겠기에, 마케팅부서에 지원하였습니다.

둘째, 지원 분야에 맞게 자신을 소개할 수 있어야 한다는 점이다. 이를 위해서는 학교를 다니면서 본인이 했던, 남들과 차별되는 일을 입사할 기업에 맞게끔 설명하는 것이 필요하다. 기업 입장에서는 지원자가 어떻게 살아왔는가 보다는 무엇을 할 줄 알고 입사 후 무엇을 잘하겠다는 판단이 서도록 작성해야 한다. 따라서 학교생활에 비중을 두어 학과 활동 및 과외 활동 등에 포커스를 맞추는 것이 기본 사항이 된다. 덧붙여, 지원 분야와 관련 있는 자격증을 첨부하여 자신의 능력을 증명해 줄 객관적인 자료로 활용하는 것도 중요하다.

만약 지원 분야와 밀접한 아르바이트 경험과 직장경력이 있다면 일의 분야와 성격, 수행한 업무 성과 등에 대해 자세하게 기술하는 것이 좋다. 이 때, 일의 분야와 맡았던 업무뿐만 아니라 회사 정보 및 근무기간 등에 대해서도 구체적으로 밝히면 더욱 상세한 이해가 가능해질 것이다. 〈예시2〉를 참고하되, 좀 더 깔끔하고 명확하게 다듬어 읽기를 해보자.

〈예시 2〉

1학년 때부터 지금까지 '무릉도원' 이라는 검도 동아리에서 활동하였습니다. 동아리 활동은 많은 공연과 토론을 통하여 사람과 사회에 대한 다양한 사고를 접하고 제 나름의 시각을 정립할 수 있었던 광장이었습니다. 특히 기획부장으로 동아리의 행사를 주관하며 조직 안에서의 '관계' 에 대한 이해를 얻을 수 있었으며, 대내외 시합을 통해 수많은 '사람' 으로서의 사회를 만날 수 있었습니다. 동아리에서의 경험들은, 제가 앞으로 살아나가면서 어떤 식으로 사회생활을 하고 꿈을 펼쳐야 하는가에 대한 명확한 가치관을 심어주었습니다. 곧, 타인을 나의 일부로 받아 안을 수 있는 건전한 사고를 부여해 주었으며, 또한 조직과 구성원 개인이 함께 성장하고자 하는 의지만이 모두에게 이익이 되는 'win-win' 전략으로 상황을 이끌 수 있다는 결론을 얻을 수 있었습니다.

대학생활을 시작하며 저는 '넓은 세상 경험하기' 라는 목표를 세웠습니다. 꿈을 실현시키기 위해 일찍부터 아르바이트를 하며 노력한 끝에 대학 2학년 때 유럽여행을 다녀올 수 있었습니다. 학교를 휴학한 대신 유럽 10여 개국을 여행하며 개성 있는 삶을 사는 세계 각국의 젊은이들을 만났으며, 새로운 문화를 체험하며 우리나라를 더욱 사랑하는 마음을 배웠습니다.

저처럼 외국에서 온 일본인이나 남미인들과의 교류를 통해 감성에서 벗어나 열린 시각으로 세상을 대할 수 있게 된 것입니다. 미국적인 사고만이 옳은 것이라는 생각이 어떻게 나왔는지, 일본의 젊은 세대들은 한국에 대하여 어떤 감정과 생각을 가지고 있는지, 남미에서의 경제 실패로 인한 이민 러시와 지금의 한국 상황은 어떤 유사점이 있는지 등에 대해 각국의 젊은이들과 토론하였습니다. 그리고 이렇게 다양한 사고와 생활을 이해하고 받아 안는 것이 사회생활을 하는 데 필요한 사고라고 생각하며, 그것 자체로 이미 Global Mind의 한 축을 이루고 있다고 생각합니다.

대학에서 저는 교수님의 지도 아래 CPIM(생산재고관리사) 스터디에 참여한 바 있습니다. CPIM을 통해 저는 기업의 생산 계획 Hierarchy를 중심으로 고객 만족을 위한 기업들의 노력과 그 사례 등을 배우며 3년 동안 배웠던 경영학의 지식들을 정리할 수 있는 기회를 가졌습니다. 이는 스터디 지식으로만 그치지 않고 저의 관심을 CRM이라는 구체적 방향으로 이끌었습니다. 고객의 가치창조는 곧 그 기업의 가치증가로 이어집니다. 더 이상 고객은 제 발로 기업으로 향하지 않습니다. 고객은 기업이 고객을 끌어들이기 위해 최선을 다할 때에만 뒤돌아 볼 뿐입니다. 저는 입사를 통해 제가 배웠던 CRM 마인드를 업무에 투영시켜 고객만족을 위해 올바른 서비스를 제공하고 새로운 비전을 제시해줄 수 있는 사원이 되도록 노력하겠습니다.

셋째, 구직용 자기소개서는 다른 목적의 자기소개서보다 보다 실용적으로 쓰기 쉬운 경향이 있지만, 그렇다고 해서 개인을 이해하는 데 필요한 가치관의 측면을 배제해서는 안 된다는 점이다. 지원 분야와 관련되어 참고가 될 만한 성장배경이나 성격을 밝혀주는 것은 개인을 제대로 이해하는 데 매우 중요하기 때문이다.

이력 사항을 항목화하여 간단히 기술하게 되는 이력서와는 다르게, 자기소개서에서는 이런 사항들을 글로 표현할 수 있는 여지가 크다. 따라서 자신이 어떻게 살아왔나를 보여주는 것만큼이나 앞으로 어떻게 살아갈 것인가를 보여주는 것이 가능한 형식의 글이기도 하다. 이렇게 드러나는 개인의 내면적인 면모와 가치관 등은 직업관이나 인생관, 인간관 등으로 변형되어 서술될 수 있다.

다음의 〈예시3〉은 구립도서관의 사서로 일하기 위해 직무와 관련된 충분한 이해 능력과 지식의 구비를 단지 나열하는 것이 아니라, 자신의 각오와 좌우명과 연결하여 설명하고 있음이 돋보이는 글이다. 자신의 좌우명을 밝히면서 도서관 업무를 어떻게 해나갈 것인지를 언급하면 좋을 것이라는 글쓴이의 구상이 치밀해 보이며, 이와 연결하여 사서의 자질에 대해 스스로 정리하고 있는 부분도 글쓴이가 지원 분야에 대한 확고한 신념과 지식을 갖고 있음을 분명히 알려주는 지점이어 칭찬할 만하다.

〈예시 3〉

저의 좌우명은 '무엇을 하느냐도 중요하지만, 어떻게 하느냐도 중요하다' 입니다. 어떤 일을 한다고 할 때, 그 대상이 되는 것에 집중을 하는 것도 중요하지만 그 일이 이루어지는 과정도 중요하다는 의미입니다.

이 좌우명은 고등학교 때 운동회를 하면서 가지게 된 생각으로, 반에서 발야구를 할 학생을 뽑는데 저는 자진하여 참가하게 되었습니다. 그때는 반 친구들과 함께 하는 것이 재미있어서 반드시 이겨야겠다는 생각은 별로 없었습니다. 야간자율학습 시간에 친구들과 패스 연습도 하고, 서로 요령을 가르쳐 주면서 자연스럽게 경기에 몰입하여 최선을 다하게 되었던 것입니다. 비록 경기에서는 졌지만 게임 후에 느낀 감정은 패배감이 아닌 만족감과 성취감이었습니다. 만족감과 성취감은 경기에서 이기고 지는 것에서 떠나, 경기 자체를 즐기고 그 과정을 중시하게 하였으며, 앞서 언급한 좌우명을 수립하게 하였습니다.

규맥도서관의 사서가 된다면, 사서 업무도 하고 대(對)이용자 봉사도 하게 될 것입니다. 이에 저는 사서 업무를 수행하기 위하여 사무적으로 일을 처리하지 않겠습니다. 모든 과정에 심신을 기울여 사서 업무를 효율적으로 처리하기 위하여 노력할 것이며, 융통성 있고 유연성 있게 수행하기 위해 노력하겠습니다. 그리고 대이용자

봉사에 있어서, 다만 이용자가 원하는 도서를 찾아주고 이용자의 질문에 대답하는 것이 아니라 이용자와 함께 도서를 검색하고 도서에 대해 이야기하겠습니다. 그리고 질문에 대한 답을 상호 커뮤니케이션을 통해 협동하여 찾아볼 것입니다. 저의 좌우명을 토대로 도서관 업무에 전념하겠습니다.

제가 생각하는 사서의 자질은 바로 '봉사정신' 입니다. 이것은 사회봉사활동이나 장애우에게 하는 봉사와는 조금 다릅니다. 왜냐하면 도서관 이용자는 어떤 정보를 찾고자 하는 의지와 욕구를 가졌기 때문입니다. 그들의 의지에 부응하기 위해 사서는 이용자를 단지 도서관을 방문하는 '손님' 으로 여길 것이 아니라, 도서관의 '주인' 으로 여겨 봉사하는 마음을 가져야 한다고 생각합니다. 또 이를 통해 이용자가 사서라는 직원에게 갖는 막연한 두려움을 해소시키고 친근감을 유발시켜 활발한 상호 커뮤니케이션 달성에 도움이 되어야 한다고 생각합니다.

그렇다면, 아르바이트의 경우에는 어떻게 쓰는 것이 가능할까? 대개의 아르바이트가 자기소개서 제출을 생략하고 있는 편이기는 하지만, 그렇다고 자기소개서 작성이 전혀 요구되지 않는 것은 아니다. 아르바이트를 위해 자기소개서를 써야 된다면 구직용 자기소개서의 범위에서 쓰되, 그보다는 정도를 완화하여 조금은 융통성을 갖고 유연하게 쓰는 것이 가능할 것이다.

다음의 〈예시4〉는 인생에 도움이 되는 경험을 쌓고, 알찬 겨울방학을 보내기 위해 스키장에서 아르바이트 활동을 하기를 원하고 있다. 글 전체의 분위기는 대학생답게 재치 있고 발랄한데, 글쓴이 스스로 자신이 원하는 일이라면 열정적이고 성실히 수행하는 면모가 있음을 잘 알고 있어 자신감이 넘친다. 이런 인상 덕분인지 아르바이트 경험이 처음이라 함에도 성실히 최선을 다해서 맡은 바 책임을 다할 것이라는 글쓴이의 소신과 각오가 공허하게 들리지 않는다.

〈예시 4〉

(1) 지원동기 - 새로움과 경험을 얻고 싶습니다!

사람들은 새로운 것을 찾아 헤매며, 특히나 젊을 때는 새로운 것에 대한 욕구가 가장 강한 때라고 생각합니다. 저에게 있어서 스키장이란 곳은 한 번도 접해

보지 못한 미지의 영역이며, 아르바이트 역시 마찬가지입니다.

새로움에 대한 욕구만큼이나, 젊었을 적 고생은 사서한다고들 하죠. 전 여기서 고생을 풍부한 경험이라고 생각하며, 그 경험이 한 사람을 성숙된 이로 성장하는 데 절대적인 역할을 한다고 생각합니다. 열정적으로 무언가를 느끼고 싶어 하는 이 청년에게, 성숙한 사회인으로 성장하고 싶어 하는 미성숙자에게 새로움을 겪고 고생을 살 기회를 주시기 바랍니다.

(2) 나의 성장과정 - 영화에서 배운 삶의 나침표!

중학교 1학년 때, 친구들과 영어과외를 받은 적이 있습니다. 다들 꽤나 친하게 지냈기 때문에 우리는 가을의 어느 날을 맞이하여 2박 3일간 여행을 갔습니다. 도시와는 달리 풀내음과 바닷내음이 나는 곳에서 지내던 우린 선생님의 권유로 읍내 영화관에서 '위대한 유산' 이라는 영화를 보았습니다. 편협한 이기주의적 요소가 강했던 사춘기의 소년에게 영화는 '성실히, 순수하게 살라' 는 인생의 지침을 던져 주었습니다.

살아온 날들보다 앞으로의 인생이 더 많이 남은 저입니다만, 나이가 들수록 제 자신이 황폐해지는 것을 느끼곤 합니다. 하지만 이상하리만치 잊히지 않는, 어릴 적 본 그 영화 덕분에 항상 북극을 가리키는 나침판처럼 흔들리는 자신을 붙잡아 올바른 곳을 보고 살아가도록 노력하고 있습니다.

(3) 성격 - 노력하자!

예전의 저는 과묵한 편이어서, 한때 동네 아주머니들로부터 '한과묵' 이란 별명을 얻을 정도였습니다. 교우관계 역시 그다지 폭넓지 못했기에 저의 이런 성격을 바꾸기로 마음먹었습니다. 그래서 누군가를 처음 접할 때도 친근하고 다정하게 대할 수 있도록 노력했으며, 그런 노력 덕분이었는지 '참 달라졌다' 라는 말을 많이 듣게 되었습니다. 노력하면 된다는 사실을 이때 가슴깊이 새기게 되었으며, 노력하는 자세야말로 저의 가장 큰 장점으로 꼽고 싶습니다.

또한, 저는 중산층의 집안과 다정다감한 부모님 밑에서 자라서인지 크게 모난 점은 없으나 자신의 주장을 쉽게 꺾지 않는 면도 있습니다. 단체 활동에서 이런 성격은 자칫 마이너스적인 요소가 될 수 있지만, 상대방의 의견에 경청하는 자세를 갖고 있는 저이기에, 제 의견이 틀렸다고 생각하면 수정하는 여유를 갖고 있습니다. 이는 다른 한 편으로 남의 말에 휘둘리지 않을 수 있는 플러스적 요소가 될 수도 있을 것입니다. 실제로 이런 자세는 친구들과 대화를 할 때 많은 도움이 되어 주었습니다.

(4) 사회경험 - 복지관에서의 소중한 활동들!

고3 시절을 제외하고는 방학 때마다 복지관을 다니면서 봉사활동을 했었고, 두 번이나 반장을 했던 저는 지도하시는 선생님과 함께 친구들을 이끌었습니다. 복지관에서는 외로이 홀로 사시는 노인분들을 만나드리고, 미흡하나마 말벗이 되어드리는 활동을 주로 하였습니다. 이를 통해 나만을 생각하는 이기적인 모습에서 벗어나 정신적으로 성숙하게 될 수 있었죠.

다들 어린 학생이다 보니 봉사활동 이외의 놀이적인 요소가 결합된 활동들도 했었습니다. 조를 짜서 산행을 통한 지도 그리기와 그것에 대한 발표 등이었는데, 수동적으로 수련회의 규칙에 따르는 것이 아니어서 자발성과 적극성을 요구하는 활동들이었습니다. 이러한 일련의 활동들은 조원들의 많은 대화와 노력이 요구되었기 때문에 단체 활동에서 필요한 리더십과 협동심을 배울 수 있었습니다.

이렇게 다양한 활동들을 통해 쌓은 경험과 자신감은 혼자가 아닌 여럿이 함께 일하며 고객에 봉사해야 하는 스키장 아르바이트에 보다 큰 재산이 될 것이라 생각합니다. 저는 정신적으로나 육체적으로 이 곳에서 일할 만반의 준비가 되어 있다고 확신합니다.

(2) 진학의 경우

자기소개서는 진학(進學)을 위한 목적으로도 쓰인다. 대학원에 입학하여 학위과정을 밟아 공부를 계속하려는 경우, 자기소개서 작성이 요구되기도 하기 때문이다. 경우에 따라서는 어학연수 등과 같이 자신에게 필요한 공부를 더 하고 싶을 때 자기소개서 작성이 요구된다.

진학용 자기소개서는 앞서 설명한 구직용 자기소개서와 달리 '진학'에 포인트를 맞추는 것이 필요하다. 곧, 자신이 원하는 분야에서 제대로 된 공부를 계속 해나가며 실력을 쌓아 성취할 수 있는 면모를 부각시키는 게 포인트라면 포인트가 된다. 물론, 이러한 포인트를 제대로 살리려면 구직용의 경우에서와 마찬가지로 지원하는 학문분야에 대한 정보를 수집하고, 그에 맞게 자신의 성격이나 관심사, 경력 사항 등을 부각시키는 것이 필요하다.

다음의 〈예시1〉은 문헌정보학과 영어영문학을 복수전공한 글쓴이가 교육대학원에 진학하려는 동기로 쓰인 글이다. 글쓴이는 복수전공을 하느라 깊이 있게 공부하지 못했던 교육학 분야의 학문을 좀 더 심도 있게 학습하고 싶어 하며, 아울러 교원 임용고시에 응시할 수 있는 자격을 취득하기를 원하고 있다. 자기소개서의 내용은 자신의 성격을 영어 교사의 자질과 연결하여 설명하면서 유능한 영어 교사가 될 수 있으리라는 잠재적 가능성을 강조하는 데 중점을 두고 있다. 진학을 위한 자기소개서에서도 이렇듯 구체적인 진학 동기와 목적의식이 분명한 게 좋다.

〈예시 1〉

나는 아이들을 참 좋아한다. 아직 순수하고 깨끗한 아이들과 있는 것이 나는 참 좋다. 또한 나는 영어를 참 좋아한다. 중학교 시절 이후로 지금까지도, 내가 가장 좋아하는 과목을 꼽으라면 주저하지 않고 영어를 선택한다. 성적에 있어서도 다른 과목들보다 나았던 걸로 기억한다.

요즘은 워낙에 외국에서 공부를 하다온 사람들이 많고 영어를 원어민만큼이나 잘 하는 사람이 많아서 영어를 잘한다는 것 하나만으로는 큰 무기가 될 수 없다. 그러나 중요한 것은, 나는 영어실력을 향상시키기 위해 공부하는 것 자체로 즐거움을 느낀다는 것이다. 내가 영어 공부를 한다는 것은 흔히 보통의 한국 사람들이 하는 것처럼 토익이나 토플의 시험점수를 올리기 위한 것이 아니다. 나에게 영어는 하나의 언어이고, 언어인 이상 의사소통 수단이 되어야 한다고 생각한다. 그렇기에 내게 영어공부는 외국인과 의사소통을 잘 하기 위한 목적이 우선되며, 영어를 공부하고 익히는 그 자체가 즐겁고, 점차 실력이 나아지는 것을 느낄 때마다 뿌듯함을 느낀다.

무엇보다 나는 논리적이고 분석적인 사람이다. 이것은 창의적인 사고를 방해할 우려도 있지만, 적어도 교사가 되려는 사람에게는 필수적인 자질이라고 생각한다. 어떤 것을 '잘 하는 것' 과 '잘 가르쳐줄 수 있는 것' 은 다르다고 생각한다. 기본적으로 어떤 것을 누군가에게 잘 설명해주고 가르쳐주기 위해서는 그것에 대해서 많이 알아야 한다. 나는 내가 알고 있는 것을 상대방이 쉽게 이해할 수 있도록 논리적으로 설명해주는 것에 더 자신 있다. 이러한 면면은 영어교사라는 직업과 잘 맞는다고 생각하며, 영어교사의 꿈을 이루기 위한 과정으로 교육대학원에 진학하고자 한다.

교육대학원에서의 교육은 사범대에서의 학사과정보다 더 심도 있는 석사학위과정이므로, 학습하는 데 있어서 더 많은 노력이 필요할 것이다. 대학생활을 하면서 교사의 경험을 쌓기 위한 방법으로 과외 위주의 소극적인 방법을 택했는데, 이제는 학원 강사나, 경기가 안 좋아서 힘들다면 야학이나 구내 노인 복지 센터 혹은 청소년 복지센터에서 자원봉사 형식으로 경험을 쌓을 생각이다. 그리고 영어 공부에 있어서도 지금까지는 회화 위주의 실용영어를 공부해왔는데, 이제는 학생들을 가르치는 데 도움이 될 수 있도록 문법과 독해 중심으로 가르치는 연습도 해 볼 생각이다.

영어는 스트레스를 받으며 공부해야 하는 지식의 한 분야가 아니라, 다른 나라 사람들이 의사소통을 위해 사용하는 언어일 뿐이고, 국제화 시대에 접어들고 있는 요즘 영어는 필수가 아니라 기본이다. 내가 교사가 된다면 학생들에게, 영어 공부를 하며 내가 느껴온 즐거움을 전해주고 싶다.

둘째, 대학원 진학 후의 학습계획과 훗날 학업을 마쳤을 때의 포부 역시 구체적으로 서술하는 것이 필요하다. 다음의 〈예시2〉는 미술사학과를 졸업하고 대학원 과정에 진학하기 위해 작성된 글이다. 글쓴이는 미술사학이라는 학문이 특히 범위가 포괄적이고, 이 분야에서 일을 하거나 학자가 되기 위해서는 대학원을 가는 것이 필수라고 생각하고 있다. 그리고 다른 나라의 미술사학도 연구해야 하는 학문의 특성을 이해하여 이를 실천할 수 있는 계획을 세우려 하고 있다. 미술사학을 전공하여 학예사가 되고 싶은 자신의 미래를 위한 준비과정에 대학원 진학의 의미가 있는 만큼 대학원 진학후의 공부에 대한 의욕과 미래에 대한 기대와 포부가 넘친다.

〈예시 2〉

파노프스키라는 유명한 미술사학자는, 작품을 심층적으로 해석하기 위해서는 그 시대의 사회적 계층 · 종교 · 철학의 기본적인 태도와 맥락을 이해해야 한다고 하였다. 나는 이러한 파노프스키의 생각에 전적으로 동의한다. 미술사학도 하나의 역사이기 때문에 주변의 영향을 받는 것은 당연한 것이다. 그렇기 때문에 근시안적인 시각으로 미술에 대해 공부하기보다는 여러 가지를 알아야 한다고 생각한다.

이를 위해 내가 준비하고 있는 것은 다음과 같다. 우선, 미술사학을 제대로 이해하기 위해서는 당시의 역사에 대한 공부가 필수적으로 요청되기에 사학과를 부전공으로 채택하여 공부를 하고 있다. 둘째, 우리나라 그림을 제대로 알기 위해서는 이웃나라인 중국과 일본에 대해 잘 알아야 한다고 생각한다. 일본어를 공부한 뒤 중국어를 배우면서 간단하게라도 해당 분야의 서적을 읽을 수 있기를 기대하고 있다. 셋째, 아직은 자료 소개가 뜸하여 충분히 공부하기가 어려운 여건이지만 제3세계의 미술에도 관심을 가지고 알아봐야 한다고 생각한다. 역사가 오랜 나라의 찬란한 문화를 접해야 한다고 생각하며 알아가기 위해 노력중이다.

기술이 발달하고 살기 편해질수록 과거를 뒤돌아보게 된다고 한다. 이러한 상황에서 과거와 현재를 오갈 수 있는 미술사학을 공부하고 싶어지는 것은 나로서는 당연하다. 아직은 학생의 신분이라 여러 나라를 가보지는 못했지만 가까운 곳은 배낭여행을 다니며 문화재를 직접 보고 느끼며 생각하고 알아보고 싶다. 대학원에 가서 좀 더 깊이 있게 공부하고 매 학기에 있는 발굴사업과 해외답사에 적극적으로 참여할 것이다. 이렇게 작은 것에도 호기심을 가지고 차근차근 알아보면 언젠가는 내가 원하는 박물관 학예사도 반드시 할 수 있을 것이라 생각한다.

비빔밥에 마지막으로 들어가는 참기름 한 방울처럼 미술사학이라는 분야에서 꼭 필요한 사람이 되고 싶다. 참기름은 소량이지만 고소한 맛을 내면서 떳떳하게 자신의 목소리를 내는 것 같아 좋아한다. 나도 이러한 사람이 되어, 보기에는 있는 듯 없는 듯하면서도 없으면 허전하고 다른 사람들과 잘 어울리면서도 내 소신껏 말할 수 있는 사람이 될 것이다.

그렇다면 어학연수를 위한 자기소개서의 경우는 어떻게 작성하는 것이 가능할까?

연수과정 또한 진학의 의미를 크게 벗어나지 않으므로, 앞서 설명한 주의사항을 그대로 지키는 것이 필요하다. 다음의 〈예시3〉을 참고하여, 이제 자신의 경우에 맞게 한 통의 자기소개서를 작성해보기 바란다.

〈예시 3〉

제 꿈은 중국문학 번역과 중국어 동시통역 능력을 겸비한 전문가가 되는 것입니다. 제가 다니던 중국어 학원에서 처음 뵌 선생님이 그런 분이셨습니다. 학원 강의 외에도 중국서적을 번역하시고 중국과 우리나라를 오가며 동시통역까지 하시는 분이셨는데, 그 당당함이 막연하게 미래를 생각하던 저에게는 큰 충격이었습니다. 그 선생님을 만난 이후, 나도 저런 당당함을 갖고 싶고 그렇게 될 수 있게 열심히 노력하겠다고 스스로에게 다짐했습니다.

북경 어언대학은 1962년 6월 중국의 외국 유학생을 위하여 설립된 예비학교로 중국 국가교육위원회 직속의 국가중점대학 중 하나라고 알고 있습니다. 1년에 약 4000명의 유학생들이 어언대학으로 중국어를 배우기 위해 가고 있고, 그만큼 어디에도 빠지지 않는 최고의 커리큘럼을 가지고 있다고 들었습니다.

저는 북경 어언대학에서 어학연수를 받고 싶습니다. 1년의 예정기간을 넘어서는 일이 있을지도 모르겠습니다만, 얼마간의 시간이 더 필요하다고 해도 많이 노력하고 배울 것입니다. 중국어 능력시험인 HSK에도 계속 응시할 것이고, 중국의 대학에도 입학할 수 있는 자격이 주어지도록 열심히 공부할 것입니다. 그러고 난 후에 중국의 대학에서 중국문학을 공부해보고 싶습니다. 한국에서 공부하면서 짧기는 했지만 중국 고전시가와 문학을 조금씩 접해보았습니다. 중국시가 특유의 문장과 그 속에 담긴 오묘한 의미에 끌려서 더 깊이 공부해보고 싶다는 생각을 하게 되었습니다. 또 중국문학을 제대로 공부해야 나중에 중국서적을 번역하는 일을 할 때 도움을 받을 수 있을 것이라는 생각도 했습니다.

어언대학에서의 어학연수는 제게 있어서 오랫동안 가져왔던 꿈을 실현하는 첫걸음입니다. 그만큼 두렵기도 하고 설레기도 합니다. 저는 제 자신의 당당한 미래를 위해 이 곳에서 제 꿈의 첫걸음을 내딛고 싶습니다. 저는 반드시 꿈을 이룰 것이고, 이 대학에 꼭 필요한 사람이 될 것이라고 자신할 수 있습니다. 제 자신을 소개할 수 있는 기회를 주셔서 감사합니다.

(3) 친교의 경우

앞서 살핀 구직이나 진학의 목적이 아니더라도 자기소개서를 쓰게 되는 상황은 의외로 많다. 다름 아닌 친교(親交)의 목적을 위한 것으로, 새로운 단체에 가입하고자 할 때 자기를 소개하는 경우는 매우 흔한 상황이다. 대학생활의 꽃이라 하는 동아리 활동뿐만 아니라 방학중 특별행사에 참여하기 위해 자기소개서를 써야 하는 경우가 생기기 때문이다. 개인적인 교류를 위해 자기소개서를 쓰거나 구애나 구혼의 과정에서 자기소개서를 쓰게 되는 경우 역시 드물지 않다.

친교를 목적으로 하는 자기소개서의 경우 앞서 살핀 구직이나 진학의 목적에서처럼 정해진 틀이나 필수사항이 있는 것은 아니다. 친교의 상황이라는 것이 대단히 포괄적이고 다양한 만큼 자기소개서를 작성하는 일반적인 원칙을 지키는 선에서 유연하고 개성적으로 접근하는 것이 필요할 것이다.

이에 이 장에서는 친교의 상황에서 쓰인 자기소개서의 몇 가지 사례를 짚어보는 것으로 설명을 대신하고자 한다. 주어진 사례를 꼼꼼히 분석하여 자신에게 필요한 부분을 챙기되, 독자의 입장에서 어떤 반응이 가능할지를 아울러 살피는 것이 또 다른 공부가 될 것이다.

먼저 입회를 목표로 쓰인 사례를 검토하자. 입회를 목적으로 하는 만큼 구체적인 동기가 분명히 제시되어야 하는 것은 필수사항이다. 다음의 〈예시1〉은 자신이 풍물 동아리에 가입하고 싶은 이유를 명확히 제시하고 있다.

〈예시 1〉

제가 풍물동아리에 들고 싶은 동기는 풍물을 처음 접한 순간 '해보고 싶다'는 느낌을 받았기 때문입니다. 저절로 흥이 나는 우리 가락의 멋과 마음까지 울리는 장구, 북, 꽹과리, 징은 저의 마음을 사로잡았습니다.

중학교 때 숙제로 인해 공연을 관람하기 전까지 직접 풍물을 본 적이 없었습니다. 텔레비전에서 얼핏 보는 것이 다였는데, 공연으로 직접 보았을 때의 그 두근거림은 정말 잊을 수 없습니다. 그래서 그 뒤에 저의 마음속에는 항상 '언젠가 풍물을 배워서 장구도 쳐보고 북도 쳐볼 것이다' 라는 생각이 있었습니다. 하지만 중, 고등학교 때 배우는 것은 무리여서 마음속에서 점차 흐려지고 있었습니다. 그러나 대학생이 되고 나서 다시 한 번 저의 마음속에는 풍물에 대한, 풍물을 하고 싶은 생각이 강하게 들고 있습니다.

흔히 20대를 탄산음료에 많이 비유합니다. 톡톡 쏘는 맛을 개성이 강하고 자기 멋대로인 20대를 상징한다고 생각하고서 비유하는데, 저는 그 톡톡 쏘는 것이 금방 빠져서 나중에는 밍밍해지는 것도 20대를 설명하는데 중요하다고 생각합니다. 20대의 열정이 지속되지 않고 일회성으로 한 번에 끝나는 것을 뜻한다고 생각합니다. 하지만 저의 풍물에 대한 열정은 그러한 일회성이 아닙니다. 오랫동안 마음속에 품어두고 있었던 풍물을 배운다면 정말 기쁜 마음으로 꾸준히 연습할 것입니다.

다음의 〈예시2〉 역시 봉사활동단체에 가입하려는 목적으로 쓰인 글이다. 아이들을 보살피는 봉사 연합 동아리에 자신이 얼마나 적합한 사람인지를 보여주기 위해 자신의 성장과정과 성격에서 연결고리를 찾아내고 있음을 칭찬할 만하다.

〈예시 2〉

1. 입회동기 - 사랑을 필요로 하는 아이들에게

나의 사랑을 필요로 하는 사람이 있고 또 그 사랑을 누군가에게 전해줄 수 있다는 것은 참으로 의미 있고 행복한 일이다. 그런 의미에서 부모에게 버려진 아이들은 특히 내가 가진 사랑을 나누어 줄 수 있는 아름다운 존재라고 생각한다. 사랑을 받으며 자라야 할 자격이 있는 아이들에게 비록 작은 힘이겠지만 하늘의 해가 그렇듯 나도 사랑을 쏟아주고 싶다.

2. 성장배경과 가정환경 - 사랑을 배우다

부모님의 큰 사랑은 나를 끊임없이 성장하고 깨우치게 만들었지만 내게만 사랑을 쏟으신 것은 아니었다. 어렸을 때부터 어머니는 불우이웃돕기 성금을 거르지 않고 내셨는데, 돈의 액수를 떠나 누군가를 도와 줄 수 있다는 기쁨을 몸소 보여주신 것이라 생각한다. 아버지께서도 한 달에 두 번쯤은 근처 양로원에서 봉사활동을 하셨다. 한번은 아버지를 따라 양로원에 갔었는데, 그 곳에서의 일들이 내게는 결코 쉽지 않았다. 그래서인지 청소를 하고 할머니들의 이야기 상대가 되어주고 할아버지의 목욕을 시켜드리는 아버지의 모습이 퍽이나 인상적이었다.

이렇게 두 분이 나에게 몸소 보여주신 것은 남에게 베푸는 사랑의 실천이었다. 사랑은 받을 때도 행복한 것이지만 사랑이 필요한 누군가에게 주는 것이야말로 진정한 행복이라는 것을 부모님께 배우며, 사랑은 나눌수록 커진다는 것의 의미를 깨닫게 되었다.

3. 성격 - '情'으로 말하다

정이 많고 남에게 싫은 소리 한번 제대로 못하는 여린 마음은 부모님의 성격을 그대로 닮아버린 것 같아서 속상한 적도 많았다. 자기주장을 확실히 하는 사람이 당당해보이기도 하고, 사회에 나가서도 대접받는다고 여기기 때문이다. 하지만, 정이 많은 여린 마음 때문에 어려운 처지의 사람을 보면 언제나 도와주고 싶어 하는 나를 볼 때 조금은 위안이 되기도 하였다.

무엇보다도 정이 많고 여린 내 성격이 사랑 받기를 원하는 아이들을 돌봐주기에는 나쁘지 않다고 생각한다. 봉사활동을 하는 사람 중에는 한 번 해보고 나서는 그 뒤로는 발을 끊는 경우가 많아, 부모에게서 버림받은 아이들에게 더 큰 상처를 남기는 경우도 있다고 한다. 내가 만약 아이들을 만나게 된다면 한번 맺은 정 때문에 그 아이들과의 관계를 쉽게 끊지 않고 계속적인 활동을 이어 갈 수 있다고 확신한다. 그리고 나의 여린 마음이 그 아이들이 받은 상처를 함께 아파하고 이해하며 그들에게 부족한 사랑을 조금이라도 더 채워주려고 노력하게 할 것이다.

다음으로, 다음의 〈예시3〉은 대학생을 대상으로 한 특별한 행사에 지원하기 위한 목적으로 자기소개서를 작성하고 있다. 어느 단체에서 주관하는 국토대장정의 참가자 중 한 명이 되고 싶어 하는 글쓴이의 의욕과 패기가 재치 있는 표현들과 잘 어울려 개성적인 자기소개서의 분위기를 만들고 있다.

〈예시 3〉

얼마 전 학교 게시판에서 '박카스 국토대장정' 포스터를 보았는데, 문득 '구구단을 외자~ 구구단을 외자~' 라는 오래된 광고가 생각났다. 아마도 신입생이었을 당시, 나는 대학의 자유와 낭만에 대한 부푼 꿈을 안고 고향인 포항에서 서울로 진학을 하게 되었다. 고등학교와는 엄청 다른 분위기에 쉽게 적응할 수 없었지만 금방 동기들과 친해져서 거의 매일 음주가무를 즐기면서 방탕한 생활을 했었다. 결국 내게 남은 것은 '학사경고' 라는 딱지뿐이었고, 대학생활에 대한 회의가 들어 휴학을 하고 해병대를 지원하게 되었다.

답답하긴 했지만 군대라는 곳도 나쁘지는 않았다. 그저 아무 생각 없이 지내기에는 더할 나위 없이 좋았지만, 제대 날짜가 다가오고 보니 미래에 대한 걱정을 하지 않을 수 없었다. 지금까지 나를 돌아보는 시간을 가져본 적이 없었기에, 나의 적성이나 취미, 특기와 같이 기본적인 것조차 자신 있게 말하기 곤란했다. 조언을 구한 소대장님이 권한 방법이 "제대하면 한 달 정도 무전여행 형식으로 배낭여행을 다녀보라" 는 것이었다.

하지만 제대한 지 1년이 다 되어 가는데도 이런 저런 핑계로 그 계획을 실천으로 옮기지 못했다. 제대하면서 앞으로는 정말 열심히 살아보자고 결심했건만 아직까지 이룬 것이 없는 나를 보니 마치 양은냄비 같다는 생각이 든다. 양은냄비는 어떤 요리든 정말 빨리 해치워버린다. 그런 만큼 요리가 끝난 후에도 그 열을 금방 방출해 버려 안에 있는 요리의 식는 속도가 다른 냄비에 비해 아주 빠르다. 이처럼 나도 어떤 일을 할 때는 양은냄비가 끓어오르는 속도처럼 빨리 해치워 버리지만, 냄비를 가열해주는 불이 없어지면 그동안 끓었던 모든 것들이 남들에 비해 더 빨리 식어버리는 것이다.

하지만, 양은냄비로 만든 요리가 오히려 더 맛있을 수도 있다. 나 역시 비록 어느 한 분야 뛰어난 것이 없을 지라도 결코 남들에게 못났다는 소리는 듣지 않는 편이다. 학교일뿐만 아니라 아르바이트를 할 때에도 못 한다는 소리를 들어본 적이 없고, 오히려 의외라고 말하는 사람들이 더 많은 편이다. 물론, 뚝배기처럼 오랜 시간 동안 그 열을 보존하지는 못하기에 오랫동안 일을 한 적은 없지만, 일하는 순간만큼은 결코 뚝배기 못지않게 맛있는 요리를 만들어 내는 재주는 가졌다고 생각한다.

국토 대장정은 '나'라는 양은냄비에 그동안 잊고 지냈던 불을 다시 한 번 지펴줄 기회라고 생각한다. 나는 한국을 아끼고 사랑할 수 있고 나의 경쟁력도 키울 수 있는 여행을 꿈꾸고 있다. 그래서 이번에 이 대장정 프로그램을 지원하게 되었다. 아스팔트를 깨고 나온 한 송이 민들레처럼 어려움을 이겨내고 나라는 존재를 세상에 드러낼 수 있게 키워보고 싶다. 지금 뭘 해야 될지도 모르는 상황에서 군 입대처럼 또 한 번의 도피가 아닐까 하는 생각에 주저되기도 하지만, 나와의 싸움이라는 점에서 도전하고 싶다. 뿐만 아니라 또 하나의 작은, 그렇지만 아주 힘든 사회에서 동료들 간의 우정을 머리가 아닌 가슴으로 배울 수 있을 것이라 기대한다.

찌그러진 양은냄비처럼 온갖 시련을 겪더라도 버려지지 않고 다시 때워져서 언제까지나 서민들의 주방에서 그 자리를 잃지 않을 지위를 갖춘, 화려하지는 않지만 그 쓰임이 너무 좋아서 버리려야 버릴 수 없는 그런 존재. 비록 난 아직 양은냄비의 그런 점을 본받지는 못했지만 이번 기회를 통해서 눈 속에 핀 한 송이 매화처럼 지금까지의 모든 아픔을 딛고 양은냄비를 닮은 멋진 남자를 만들어 보고 싶다.

그렇다면, 순수하게 자신을 알리고 싶은 의도로 자기소개서를 쓰려할 때는 어떻게 하면 좋을까? 자신을 잘 들여다보고 자신의 면면을 솔직하고 담백하게 드러내는 것이 필요하지 않을까? 어느 글쓴이가 자기소개서의 끄트머리에 붙인 〈예시4〉에서처럼, 우리 모두 거울 앞에서 스스로의 얼굴을 들여다보며 이렇게 나를 북돋아 격려하는 것이 필요하다, 정말로!

〈예시 4〉

넓은 이마는 항상 준비된 자세로, 관대한 자세로 당신을 대하기 위함이요,
나란히 나있는 눈썹은 당신과 동등함을 주장하기 위함이다.
마음의 눈은 열린 마음으로 당신의 의도를 알기 위함이요,
큰 코는 당신에게서 의심과 궁금증의 냄새를 맡아 그것을 해소시키기 위함이다.
빨간 입술은 나의 정열로 당신에게 최선을 다하기 위함이요,
얼굴의 미소는 당신과 조화를 이루어 내기 위함이다.

[제3장 개성적으로 표현하기]

1. 좋은 문장의 토대 갖추기

개성적으로 표현하기를 위해 좋은 문장의 토대를 갖추는 문제를 다시 한 번 강조하고자 한다. 이는 개성적인 표현이라는 것도 그 토대에는 좋은 문장의 조건을 깔고 있기 때문이다.

첫째, 좋은 문장의 토대를 갖추기 위해서는 명료성과 간결성을 갖추기 위해 노력하는 것이 필요하다. 알맹이도 없는 이야기를 중언부언할 때 듣는 사람은 지루함을 느끼게 된다. 글도 마찬가지이다. 별 대단한 내용도 없으면서 길기만 한 글은 읽는 사람에게 지루한 느낌을 줄뿐더러 무슨 내용인지를 알 수 없게 하고 읽고 싶은 마음도 사라지게 한다. 따라서 글은 명료하면서도 간결해야 한다.

명료하면서도 간결한 글을 쓰기 위해서는 무엇보다 일관성이 있는 구성을 갖추는 것이 중요하다. 하나의 글에서 하나의 원리와 태도, 일관된 관점 등을 유지하도록 한다. 모든 글은 순차적으로 이해되므로 그 순차성이 일관성에 바탕을 두지 않으면 이해를 어렵게 하기 때문이다.

또한 주-술 관계, 수식-피수식 관계에 유의하여, 짧고 분명한 문장으로 글을 쓰는 태도가 필요하다. 가능한 한 능동문을 사용하도록 하고 문장이 복잡해지지 않도록 유의해야 한다. 구체적인 단어의 사용도 명료성과 간결성을 살리는 데 필요하다. 추상적인 어휘 사용을 억제하고 불필요한 말을 반복해서 사용하지 않도록 하며, 장식적인 수식어를 사용하지 않도록 한다.

그렇다면, 다음의 〈예시1〉에서 명료성을 해치는 표현을 찾고, 보다 구체적이고 명확한 표현으로 바꾸어보자.

〈예시 1〉

① 우리는 좋은 상태를 유지하고 있다.

② 〈친절한 금자씨〉는 좋은 영화다.

③ 그는 너무 이기적이다.

④ 너의 글은 별로 좋지 않다.

둘째, 유창성과 진지성에 대해 고민하는 것이 필요하다. 글이 유창하면서 동시에 진지하기는 어려운 것으로 생각하기 쉽다. 유창하다고 하면 청산유수처럼 거침없이 말을 하는 것을 떠올리고, 진지하다고 하면 심각하게 생각해서 말을 더듬는 것으로 오해하기 때문이다. 그러나 유창하다는 것은 글의 흐름에 관한 것이고, 진지하다는 것은 문제에 대한 태도를 말하는 것이므로 이 둘은 모순관계가 아니다. 따라서 흐름이 유창하면서도, 태도는 진지한 글을 쓰는 훈련이 필요하다.

유창성을 갖추기 위해서는 무엇보다 의미의 묶음이 분명한 글을 쓰는 태도가 필요하다. 예를 들어 "요즘의 젊은 여성은 남성보다 경제적 자립에 더 큰 관심을 가지고 있다"는 문장은 두 가지 의미로 받아들여질 수 있다. 하나는 "요즈음 젊은 여성들은 경제적 자립이라는 문제에 대해, 남성들이 관심을 갖는 것보다도 더 큰 관심을 갖고 있다."는 의미로, 다른 하나는 "요즈음 젊은 여성들의 관심의 대상은 젊은 남성 제군이 아니라 바로 경제적 자립이라는 문제"라는 의미로 각각 해석이 가능하다. 이처럼 애매한 문장을 가능한 한 쓰지 않도록 해야 한다.

또한 단문과 복문을 적절하게 사용하는 것이 글의 유창성을 살리는 방법이 되기도 한다. 다음에서처럼 단문의 연속으로 이루어진 (1)의 경우보다는 적절히 복문화한 (2)의 경우가 좀 더 매끄럽게 잘 읽히고 의미의 전달도 분명해지게 된다.

(1) 그는 키가 크다. 그는 너무 크다. 키가 너무 커서 자기 발이 잘 보이지 않았다.

(2) 그는 키가 너무 큰 나머지 자기 발을 잘 볼 수가 없었다.

그렇다면, 다음의 〈예시2〉에서 제시한 두 글의 경우에는 어떠할까? 각자 비교 작업을 행하고 그 차이점을 찾아보자.

〈예시 2〉

(1) 나는 직접 희생자가 생기지 않는 범죄행위라 할지라도 처벌되어야 한다고 생각한다. 그래야만 사람들은 그들 자신은 물론이고 남까지도 해치는 일을 그만두게 될 것이다. 취중 운전은 때때로 사고를 불러일으킨다. 교통사고의 원인이 되기도 한다. 노름은 큰 사건이 아닐지 모른다. 그러나 그것은 근절되어야 한다. 산골의 개울에 버려진 비닐껍데기 때문에 직접 상처를 입는 사람은 없다. 그러나 오물이 쌓이면 국민 전체의 생명에 위협이 가해질 수 있다.

(2) 이른바 희생자 없는 범법행위라 할지라도 사실상 희생자가 따를 수 있기 때문에 마땅히 처벌되어야 한다. 그러한 행위를 저지름으로써 사람들은 그 자신을 해치는가 하면 남까지도 해치는 일이 허다함을 우리는 보아왔다. 가령 취중 운전은 교통사고를 불러일으킬 것이 뻔하고 그냥 놀이에 불과한 노름도 피를 부르는 죄의 온상이 되기도 한다. 비닐껍데기가 몇 장 계곡 속에 버려졌다 해도 당장은 눈에 거슬릴 정도의 피해 밖에는 없을 듯하지만, 그것은 상수도원인 하천 오염의 원인의 하나가 되어 국민 생명을 직접 노리고 있는 독약인 것이다.

셋째, 참신성을 갖출 수 있도록 노력한다. 이를 위해서는 무엇보다 새로운 관점에서 문제를 바라보고 글을 쓰는 태도가 필요하다. 글은 생각의 과정이 언어로 나타난 것이므로 글의 참신성은 곧 생각이 새로워야만 가능하다. 그리고 생각이 새로우려면 남들이 보지 않는 새로운 관점에서 사물을 바라볼 수 있어야 한다.

그리고 새로운 관점에서 바라본 것을 글로 표현하면 그 소재도 새로운 것이 된다. 영국의 시인 엘리어트가 '4월은 잔인한 달' 이라고 쓴 것은 그 참신성만으로도 당시 사람들을 사로잡기에 충분했다. 이런 것을 가리켜 '낯설게 하기' 라고 하는데, 이미 친숙해져 있는 소재마저도 그 상투성에서 벗어나 새로운 느낌을 주도록 한다는 것이다.

그렇기 때문에, 가을을 나타내는 상투적인 소재로 다음과 같은 것들을 들게 되는데 자신의 입장에서 좀 더 새로운 소재를 찾아보는 연습이 필요하다.

낙엽, 천고마비, 코스모스, 국화, 황금들판, 기러기, 독서의 계절, 귀뚜라미

덧붙여, 표현의 측면에서도 참신성을 갖출 수 있도록 의미감각을 키우는 것이 필요하다. 의미감각은 여러 가지 수사법을 자유롭게 구사하는 능력을 말한다. 어떤 현상이나 사물을 표현하는데 있어서 이를 곧바로 말하지 않고, 그와 비슷한 성질을 가진 다른 사물이나 현상에 빗대어 표현하는 비유법, 문장의 인상을 강하게 만드는 강조법, 단조로운 문장에 변화를 주어 주의를 높이는 변화법 등 수사법은 한정될 수 있는 표현의 범위를 한 층 넓게 만들어준다. 여기에 동의어나 반의어, 유의어 등의 공부가 수반된다면 현재의 문장력보다 발전된 표현력을 지닐 수 있을 것이다.

예를 들어, 〈예시3〉에 제시된 문장들도 의미감각을 발휘하면 여러 개의 참신한 표현으로 변주가 가능해진다.

〈예시 3〉

① 야, 15분만 시간 낼 수 있니?

② 값이 너무 비싸다고 생각하지 않니?

③ 당신은 늘 내 속을 뒤집어놔요.

④ 나를 탓하지 마라.

⑤ 순희가 아기를 가졌대.

⑥ 오늘 저녁 식사는 정말 형편이 없었다.

⑦ 그 사건에 대한 그의 기억은 뚜렷하다.

우리가 글을 쓸 때 명작 속의 어떤 구절이나 격언을 인용한다든지 속담을 사용한다든지 비유를 끌어온다든지 하면 글이 훨씬 달라 보일 것이다. 때로는 엉뚱하게 들리거나 기발한 생각을 한두 문장으로 표현하는 훈련을 하여 상상력의 계발과 참신한 수사의 발견에 도움이 되도록 하자. 이를 연습하기 위해 〈예시4〉에 제시된 단어로 시작되는 기발한 문장들을 2개씩 만들어보자.

〈예시 4〉

① 사랑은 -

② 어젯밤 -

③ 술이 나를 -

④ 나는 밤새워 공부하다 -

⑤ 그는 인간적이고 -

⑥ 우리 엄마는 -

⑦ 내가 만약 시인이라면 -

⑧ 살다보면 -

2. 글쓰기 감각 발휘하기

글을 쓸 때 여러 가지로 생각나는 것은 많은데 정작 어떤 말로 운을 떼야 할지 난감했던 경우나, 문장을 이어가는데 적절한 표현이 딱히 떠오르지 않아 어려움을 겪은 경험은 흔히 있는 일이다. 어떤 글을 쓰든지 탁월한 언어감각을 지니고 있으면 좋은 글을 쓰는데 많은 도움이 되는 게 사실이다. 언어감각은 그만큼 글쓰기 감각과 직결되기 때문이다.

이 장에서는 글쓰기 감각을 발휘하기 위하여 우리에게 필요한 두 가지 사항에 대하여 설명하고자 한다. 그 하나는 단어 감각이고, 다른 하나는 문법 감각이다. 앞선 장에서 배운 바 있는 정확한 문장쓰기의 기본을 살리면서 글쓰기 감각을 발휘하면 개성적인 표현이 가능해지리라 믿는다.

(1) 단어 감각

단어 감각이란, 단어들을 놓고 그 단어의 여러 가지 다른 뜻에 대해 예리한 분별력을 갖추는 것을 말한다. 예컨대, '생각, 사고, 사색, 사유, 사변' 등의 동의어들을 문맥에 따라 다양하게 사용할 줄 아는 능력을 들 수 있다.

모든 글은 단어로 이루어져 있다. 따라서 글의 잘 되고 못 되고는 어떤 단어들이 선택되었으며 또 그 단어들이 어떻게 짜여져 있는가에 달려있다고 해도 지나치지 않다. 뜻이 비슷한 단어라도 최적의 것을 골라 써야 하는 까닭이 여기 있다. 적절한 단어를 적절한 장소에 골라 쓰기 위해서는 평소에 가능한 한 많은 단어들을 익혀두고 그 단어들이 어떻게 사용되는지 그 용례와 어감까지도 알아두어야 할 것이다.

단어 감각을 키우기 위해 필요한 몇 가지 사항을 정리하면 다음과 같다.

첫째, 지시어와 함축어에 대한 것이다. 어떤 단어는 사물을 지적함과 동시에 그 안에 암시적인 의미를 내포할 수 있다. 예를 들어, '철봉'이라는 단어는 '운동기구의 한 종류'라는 의미로 사용될 수도 있고, '무섭고 재미없는 물건'이라는 의미로도 사용될 수 있다. 전자의 경우 '철봉'이라는 단어는 누구에게나 공통적인 의미를 지시하여 주는 지시적 의미를 지니게 된다. 반면, 어렸을 때 철봉놀이를 하다가 몹시 다친 경험이 있는 사람에게는 '철봉'이라는 단어가 '재미없고 무섭기까지 한 물건'이라는 함축적 의미를 지니게 된다.

이처럼 어떤 단어는 개인에 따라 서로 다른 의미를 지니는가 하면, 한편으로는 한 사회 전체, 또는 그 언어를 사용하는 사람들 전체가 공유하는 함축적 의미도 있을 수 있다. 예를 들어, '여우, 호박, 간덩이, 뒤' 등의 말은 그것이 지시하는 의미 외에 한국어를 사용하고 이해하는 사람이면 누구나 연상되는 또 하나의 의미를 가지고 있다. 그러므로 같은 단어라도 문맥에 따라 서로 다른 의미를 지닐 수 있음을 늘 염두에 두고 글을 쓰도록 한다.

그렇다면, 다음의 〈예시1〉에서처럼 같은 지시적 의미를 가졌지만 다른 함축적 의미를 가진 단어를 찾아보는 것은 어떨까? 그리고 각 단어들의 의미의 차이를 이야기해 보자.

〈예시 1〉

① 위 - 배 - 복부

② 외딴 - 구석진 - 으슥한

③ 남자 - 사나이 - 대장부

④ 먹이 - 밥 - 진지

⑤ 벗 - 친구 - 동무

⑥ 변소 - 뒷간 - 화장실

⑦ 처녀 - 아가씨 - 규수

둘째, 구체어와 추상어에 대한 것이다. 추상어는 구체어에 비해 관념적인 면이 두드러지는 단어들로, 주로 논리적인 글에서 많이 사용된다. 구체어는 일정한 대상이나 행동을 가리키는 말들이다. '정신, 사랑, 이상' 등이 추상어라면, '낙엽, 연필, 하늘'은 구체어에 해당된다. 추상어가 남용되면 지나치게 관념적인 글이 되어버리므로, 일반적인 글을 쓸 경우에는 가능한 한 추상어의 사용을 자제하고 구체어로 분명하게 표현하는 것이 좋다.

다음의 〈예시2〉를 보면, '믿는다'라는 표현은 같지만 말의 의미는 같지 않다. 의미의 차이를 비교하고, 다른 단어로 바꾸어보자.

〈예시 2〉

① 나는 너를 믿는다.

② 나는 민주주의를 믿는다.

③ 나는 산타 할아버지가 실제로 존재한다고 믿는다.

셋째, 일반어와 특수어에 대한 것이다. 일반어는 논리적으로 볼 때 특수어의 상위개념이다. 예를 들어, '과일'은 '사과, 배, 딸기'에 비해 일반적인 단어다. 반면, 같은 일반어라도 수식어가 붙어 그 적용되는 범위가 한정되면 특수어로 바뀐다. '기관차'에 대해 '증기 기관차'나 '디젤 기관차'는 특수어가 되는 셈이다. 대체로 설명문이나 논설문에서는 일반어가 많이 쓰이고 수필이나 감상문 등에서는 특수어가 많이 쓰인다.

다음에 제시한 〈예시3〉의 단어마다에 수식어를 첨가하여 특수어화하고, 그것을 가지고 한 문단 쓰기 연습을 해보자.

〈예시 3〉

① 얼굴

② 사랑

③ 계절

④ 돈

⑤ 말

(2) 문법 감각

문법 감각은 문장의 호응관계를 바탕으로 문법적으로 정확한 문장을 구사하기 위한 능력을 말한다. 특히 우리말은 주체나 대상을 표시하는 말이 생략되는 경우가 많고 어순의 변용이 비교적 자유스럽기 때문에 주의를 요한다. 생략이나 변화가 함축, 여운, 정감 등의 효과를 나타내기는 하지만, 다른 측면에서 볼 때 객관성을 잃게 될 우려도 있기 때문이다.

정확한 문법 감각은 문장의 전달력이나 호소력, 내용상의 포용력이나 확산의 힘에 있어서 커다란 도움이 된다. 정확한 문법과 문법의 운용에 대한 훈련된 능력은 문장이 지니는 의미나 흐름을 확실하게 나타내주는 기능을 한다고 볼 수 있다. 그러나 정확한 문장이 곧 훌륭한 문장이 되는 것은 아니다. 문장은 문법이라는 보편성과는 별도로 '표현'의 측면에 의해 생생하게 살아있는 느낌이 전달되기 때문이다.

예를 들어, 다음의 〈예시1〉은 주변에서 흔히 볼 수 있는 글이기도 한데, 표면상으로는 문법상 아무런 하자가 없는 훌륭한 논설문처럼 보이는 게 첫 인상이다. 하지만, '교육'이라는 단어를 '정치'나 '경제', 혹은 '민주주의' 등의 단어로 바꾸어서 읽어봐도 문맥이 같아진다는 점에서 이 글은 진부하고 단순한 단어의 반복과 상투적인 표현들로 이루어져 있음을 알 수 있다. 이러한 상투적인 글쓰기와 표현 방식에서 벗어나려면 문법 감각을 재충전하는 수밖에 없다. 문법은 우리가 갖추어야 할 가장 기본이 되는 요건이지만, 거기에서 그칠 것이 아니라 플러스 알파의 요소로 표현의 측면을 첨가시키는 것이 반드시 필요하기 때문이다.

〈예시 1〉

교육은 오늘날 현대 사회의 중요한 문제점이다. 많은 이들이 교육 문제에 대해 관심을 갖고 개선을 추구하고 있다. 필자 역시 교육문제에 늘 관심을 기울여 왔다. "어떻게 하면 우리의 교육을 발달시킬 것인가?"라고 고민해 오면서 나는 교육문제의 많은 해결책이 존재함을 알게 되었다.

문법적으로 정확한 문장을 구사하고 있더라도 같은 구조의 문장이 계속 반복되면 글은 지루해지고 흐름이 깨어진다. 의미가 변화하지 않는 범위 내에서 다양하고 적절하게 문장들을 선택하고 결합하고 배열하도록 하는 훈련이 필요하다.

첫째, 문장의 결합에 신경 쓴다. 일반적으로 문장은 짧고 간결하게 쓰는 것이 좋다. 그렇다고 모든 경우에 짧은 문장이 긴 문장보다 낫다는 의미는 아니다. 가장 중요한 것은 경우에 따라 짧은 문장과 긴 문장을 자유자재로 구사할 수 있는 능력이다.

이런 맥락에서 다음 〈예시2〉의 (1)과 (2)를 비교해보자.

〈예시 2〉

(1) 신화의 세계는 환상의 세계이다. 그 환상은 원시 사회의 생활환경에서 생겼다. 고대인은 자연의 힘에 대해 두려움을 느꼈다. 만물에는 영혼이 있다. 고대인은 육체의 힘을 벗어난 영혼이 독립적으로 존재할 수 있다고 생각했다. 고대인은 어려움이 있으면 그 영혼에게 도움을 청하려고 했다. 고대인은 영혼의 힘이 숭배했다. 그래서 신화가 생겼다.

(2) 신화의 세계는 환상의 세계이다. 그런데 그 환상이란 원시 사회의 생활환경에서 생겨난 것이다. 고대인은 자연의 힘에 대해 두려움을 느꼈으며, 만물에는 영혼이 있어 육체를 벗어난 영혼이 독립적으로 존재할 수 있다고 생각했다. 그러므로 어려움이 있으면 자연을 주재하는 영혼에게 도움을 청하려고 했던 것이다. 이렇듯 영혼의 위력을 숭배했기 때문에 신화가 생겨나게 되었다.

〈예시2〉의 (1)은 짧은 단문들로 이루어진 글이다. (2)는 (1)의 의미를 다치지 않는 범위 내에서 적절하게 문장들을 결합시킨 글인데, 의미의 전달에 있어서나 글의 격(格)에 있어서 훨씬 나아졌음을 느낄 수 있다. 물론 (1)은 (2) 말고도 다른 방법으로 변형이 가능하다. 어떠한 문장 결합 방식이 가장 좋은가 하는 것은 필자의 의도나 문맥, 독자의 성격 등에 따라 달라질 것이다.

둘째, 종결어의 표현 기능에 유의한다. 학생들의 글에서 흔히 발견되는 사례가 같은 종결어의 반복된 사용인데, 다음을 참고하여 글을 쓰도록 하자.

- 확실성을 나타내고자 할 때
  - · 확신 : - 임에 틀림없다, - 라고 믿는다, - 임을 안다.
  - · 추측 : - 라고 생각한다, - 일 것이다, - 일 수도 있다.
  - · 의심 : - 할 것 같지는 않다, - 일지 의심스럽다.
- 의도나 책임을 나타내고자 할 때
  - · 의도 : - 하고자 한다, - 하겠다.
  - · 책임 : - 해야 한다, - 할 필요가 있다.
- 평가나 허가를 나타내고자 할 때
  - · 평가 : - 하는 것이 좋다, - 하는 편이 옳다.
  - · 허가 : - 해도 좋다.
- 권유나 명령을 나타내고자 할 때
  - · 권유 : - 하라고 권한다, - 하라고 권유하는 바이다.
  - · 명령 : - 임을 촉구한다, - 하라고 촉구한다.

셋째, 구두점의 활용을 명확히 한다. 구두점은 단순한 규칙의 문제가 아니라 읽는 사람들에게 어떤 통제력을 가하고 문장 표현에 있어서 중요한 의미를 지니게 해준다. 왜냐하면, 다음에서처럼 구두점의 있고 없음이 글의 분위기에 생동감을 주기도 하고, 그 반대로 글의 분위기를 가라앉히기도 하기 때문이다.

〈예시 3〉

(1) 조그만 개가 웅덩이를 가로질러 뛰어갔다. 개의 꼬리는 공중을 향해 치켜들려

있었다.

(2) 조그만 개-그 꼬리가 공중을 향해 치켜 들려져 있는-가 웅덩이를 가로질러 뛰어갔다.

(3) 꼬리가 공중을 향해 치켜 들려져 있는, 조그만 개가 웅덩이를 가로질러 뛰어갔다.

(4) 조그만 개가 웅덩이를 가로질러 뛰어갔는데, 그 꼬리가 공중을 향해 치켜들려 있었다.

그렇다면, 다음의 〈예시4〉는 각각 어떤 차이가 있을까? 차분히 두 문장의 의미상 차이를 비교하는 연습을 하여보자.

〈예시 4〉

① - 나는 조금 재미난 이야기를 들었다.
- 나는 조금, 재미난 이야기를 들었다.

② - 나는 너 같이 술을 좋아하지 않는다.
- 나는 너 같이, 술을 좋아하지는 않는다.

③ - 나의 사랑하는 친구의 딸 연아!
- 나의 사랑하는, 친구의 딸 연아!

3. 표현 능력 키우기

현대사회를 살아가면서 자신의 생각이나 감정을 글로 나타내야 하는 경우는 의외로 많다. 매번 부딪치는 글쓰기 상황임에도 늘 어렵고 힘들기는 마찬가지라 하겠지만, 글쓰기의 기본기를 다졌다고 해도 특히 어려운 부분은 아마도 표현의 측면이 아닐까 한다. 글쓰기 연습을 거듭할수록 표현 능력의 부족으로 겪는 어려움이 더더욱 커지게 마련인데, 다음은 그러한 고충을 토로한 것들이다.

- 내 생각을 문장으로 표현하는 것이 쉬워 보였는데, 막상 해보려니 의외로 어려웠다. 좋은 생각을 가지고 있음에도 그것을 문장으로 표현하지 못하다니, 답답했다.
- 내 글을 남들에게 명확하게 전달할 수 있는 자신감이 부족해서인지 내가 하고자 하는 말을 빙빙 돌려서 전개하는 경향이 있다. '~인 것 같다', '~라고 생각한다' 등의 표현을 쓰다 보니 내가 하고자 하는 말이 간단명료하게 전달되기 보다는 굉장히 장황하게 늘어지게 된다.
- 단어의 쓰임이 적절한지, 바른 표현인지, 불필요한 요소가 중복이 되는지에 대한 강박관념이 커서 글을 쓸 때마다 두려움을 느끼게 되었다.
- 같은 뜻의 문장을 여러 번 반복하고, 문장을 억지로 만들어 전체적으로 어수선한 분위기가 연출된다.
- '아 다르고, 어 다르다'는 옛말도 있는데, 글을 쓸 때마다 어떤 어휘를 선택하고 사용할지 고민이 된다. 이런 부담 때문인지, 글을 쓸 때마다 괜히 어려운 말을 쓰거나 모르는 말을 사전에서 찾아 쓰는 경우가 많다.
- 글의 문맥을 충분히 이해하면서 쓰기보다는 무작정 써나가는 데 급급하다. 단어 하나만 바꿔도 글의 분위기가 달라지고 표현 하나에도 의미가 전혀 달라질 수 있을 텐데, 매번 이런 사실을 잊어버려 비슷한 내용에 비슷한 표현의 글이 되어버리는 것 같아 속상하다.

이렇게 글쓰기에서 표현의 어려움과 두려움에 힘들어하는 게 우리의 실상이기는 하지만, 이러한 어려움을 극복하고 좀 더 발전하는 면모를 보이기 위해 여러 가지 조언을 찾는 것도 우리들의 모습이다. 다음과 같은 조언들은 반복적으로 들어온 글쓰기에 관한 조언이자 원론적 방법이기도 하다.

- 상투적인 표현은 최대한 삼가고 정확하고 구체적인 표현과 쉽고 집중적인 표현을 쓰는 것이 좋으며, 상상력을 활용하여 생생한 표현을 하는 것이 좋다.
- 단어에 대한 정의와 개념을 정확하게 익히고, 동의어 · 반의어 · 유의어를 잘 분별해서 사용해야 좋은 글이 될 수 있다.
- 좋은 글을 쓰기 위해서는 어려운 단어를 쓰는 것보다는 누구나 봐도 알 수 있도

록 쉬운 단어를 선택하는 것이 좋다.

- 문법에 맞게 쉽게 써야 자신의 생각을 논리적으로 표현할 수 있고 읽는 이를 쉽게 이해시킬 수 있다.
- 효과적인 글을 쓰려면 다양하고 적절한 어휘와 수식어, 수사법의 사용 등을 통해 내가 쓰는 글이 한 단계 더 세련되고 풍부한 표현력을 갖출 수 있게 노력하는 것이 요구된다.

표현 능력을 제대로 발휘하지 못하는 것은 창의력과 아이디어가 부족하고, 더불어 개성적으로 표현하는 실제적 연습이 부족하기 때문이다.

먼저, 창의력과 아이디어 부족은 브레인스토밍을 통해 훈련할 수 있기도 하다. 브레인스토밍은 1950년대 중반 미국의 광고회사 경영자였던 알렉스 오스본의 베스트셀러인 『상상력의 응용』을 통해 널리 알려진 개념이다. 그가 제시한 브레인스토밍의 기본 규칙의 첫 번째는 비판을 배제하는 것으로, 자유로운 아이디어 제시와 이전의 기억들을 가볍게 끌어올리는 역할을 한다. 두 번째 원칙은 자유로운 의견 개진을 환영하는 것으로, 아이디어가 터무니없을 수록 좋고 오히려 터무니없는 아이디어를 깎아 다듬는 과정에서 새로운 아이디어가 창출된다는 의미이다. 마지막 원칙으로, 아이디어는 질보다는 양이고, 여러 아이디어의 조합은 더 좋은 아이디어를 창출할 수 있음을 강조하고 있다. 일상생활에서도 흔히 사용되는 브레인스토밍 훈련은 참신한 발상과 표현을 창출한다는 점에서 글쓴이의 개성을 발휘하는 데 도움을 줄 것이다. 아이디어와 창의력이 개성적인 글을 쓰는 데 중요한 역할을 한다는 사실을 기억하기 바란다.

다음으로, 실제적인 글쓰기에서 보다 효율적으로 표현 능력을 발휘하기 위해서는 다음과 같은 사항을 강조하는 연습이 우선적으로 필요하다.

첫째, 모방과 창조의 관계를 생각해보는 것이다. 글을 쓸 때 떠오르는 생각이나 감정들을 막상 종이 위에 펼쳐 놓으려면 막막한 기분을 느끼는 수가 종종 있다. 이것은 머릿속에 들어있는 생각의 편린이나 복잡한 이미지의 덩어리를 조직적인 '글'이라는 형태로 옮기는 일이 그리 쉽지 않기 때문이다.

글 뿐 아니라 다른 모든 기술에 있어서, 초보적인 단계에 있는 사람들이 할 수 있는 가장 좋은 방법의 하나는 보다 숙달된 사람들의 기술을 '모방'하는 것이다. 탁구를 처음 배우려는 사람은 코치의 자세와 손놀림을 유의해서 보고 그대로 따라 하려고 하며, 자동차 운전을 시작하는 사람들 역시 보다 익숙한 주변의 지인들이 하는 것을 보고 필요한 기술이나 조작법을 배우게 된다. 따라서 모방하기는 모든 종류의 기술을 습득하는 기본적인 방법이라고 할 수 있다.

글에 있어서도 문체상의 모방은 수사학적 전통의 하나로 간주된다. 글을 쓰는 모든 사람의 최종적인 목표는 개성적이고 창조적인, 자기만의 스타일로 쓸 수 있게 되는 것이겠지만, 그와 같은 '개성'과 '창조'는 숙련된 문장가들의 문장을 모방하는 데서부터 시작한다고 해도 과언이 아니기 때문이다. 기존의 문장들을 모방하는 것에서 시작하여, 점차로 자신의 개성적인 부분을 키워나가고, 차차 모방에서 탈피하여 결국에는 창조적인 수준에 이를 수 있게 되는 것이다.

그렇다면 다음과 같은 문장들을 모방하여 문장 만들기 연습을 하면 어떨까? 〈예시 1〉을 보다 효율적이고 참신한 표현들로 바꾸어보면서, 개성적인 문장 쓰기의 실마리들을 찾아보기 바란다. 물론, 제시된 것 외에 다른 표현들을 대상으로 해도 좋다.

〈예시 1〉

① 두렵기 때문에 협상하지는 맙시다. 그러나 협상하기를 두려워하지는 맙시다.

② 영원한 좌절은 있을 수 없습니다. 영원한 절망도 있을 수 없습니다. 오직 일곱 번 넘어져도 여덟 번째는 일어나는 새로운 전진만을 꾀하여야 합니다. 역사에는 영광도 있고, 치욕도 있고, 긍정도 있고, 승리도 있고, 탈선도 있고, 기쁨도 있고, 슬픔도 있습니다.

③ 여러분은 오거스트 빌머가 일찍이 말한 바 있듯이, 솔로몬의 지혜, 다윗의 용기, 삼손의 힘, 나사렛 목수의 관용을 가지고 이 나라의 선택된 젊은이로 선택받지 못한 사람들의 성실한 심부름꾼이 되기 위해 노력합시다.

④ 바보처럼 공부하고 천재처럼 꿈꾸어라.

⑤ 꿈은 누구에게나 기회를 주는 대신 아무에게나 길을 열어주지는 않습니다.

둘째, 기교와 무기교의 관계를 생각해보는 것이다. 누구나 글이 구비해야 할 기본적인 요건들만 갖추면 어느 정도 수준의 글을 쓸 수 있다. 그러나 보다 나은 글을 쓰기 위해서는 계속적인 노력이 필요한데, 그 방법 중의 하나가 바로 '효과적인 표현'이다. 같은 내용이라도 보다 참신하고 명료하게, 같은 말이라도 좀 더 세련되게 표현하고자 하는 것이다.

그렇다고 해서 무턱대고 기교를 부려보라거나 무조건 수식을 많이 하라는 말은 아니다. 다음의 〈예시2〉에서는 기교와 관련하여 '분명하게 깊게 생각하기'의 중요성을 강조하고 있다.

〈예시 2〉

글쓰기에 관련해서 세상에 널리 퍼진 오해가 하나 있는 듯하다. 좋은 글은 그럴듯하게 멋을 부려야 한다는 식의 오해가 그것이다. 나도 한참 그런 오해에 빠졌던 때가 있었다. 남의 글을 베끼고 흉내내는 동안에도 그러했고, 내 나름으로 글을 쓴답시고 내 길을 찾을 때도 멋을 내느라 분주했던 기억이 있다.

멋이래야 별건가. "노을"이니 "촛불"이니 이런 단어가 멋이 있는 것 같았고 내용도 어딘지 우수에 젖어서 촉촉한 느낌을 주어야 하는 것 같았고, 생각을 하더라도 우울증 환자 비슷한 그런 풍을 닮아야 하는 것처럼 착각하고 살았다. 이런 일이 어찌 그 시절 나만의 착각이겠는가. 지금도 책방에 가면 알맹이는 없는데 후줄근하게 젖어 있는 책들이 베스트셀러라는 이름으로 팔리는 것을 더러 본다. 그런 책들은 마치 여름철 지하실에서 꺼내 온 것처럼 눅눅하게 젖어 있다. 그것은 하이얀 벽으로 둘러싸인 병실에 입원해 봤으면 하는 환상에 젖어 말초 신경을 자극하는 것 이상의 의미는 없을 것이다.

아니면 휘황한 단어의 범람이다. 뜻도 모르는 단어를 그저 그럴싸하게 늘어놓고 있는 것을, 멋있는 글이라고 착각하는 병폐가 아직도 끊이지 않는 것이 현실이다. 나도 "저 푸른 창공"이라고 써 놓고 우쭐하다가, '창공'이라는 말이 이미 '푸른 하늘'이라는 뜻을 지니고 있으니 같은 말을 되풀이하는 것은 낭비라는 지적을 받았던 참혹한 기억이 있다.

그러니 글을 잘 쓰는 길은 멋 부리기를 내던지는 일이다. 멋을 부리다 보면 글은 조잡해진다. 덕지덕지 화장품을 짓이겨 바른 얼굴에서 아름다움을 느낄 수 없듯이, 교묘하게 꾸민 글은 감동을 줄 수 없다. (김대행, "분명하게 깊게 생각하기")

〈예시2〉에서 지적한 바와 같이 기교는 꼭 필요한 것에 필요한 만큼만 사용되어야 하는 것이다. 아주 정교하게 꾸며진 조화(造花)에서보다 길가에 핀 들꽃 한 송이가 우리에게 더 큰 감동을 주듯, 무조건 꾸미기만 한다고 좋은 글이 되는 것은 아니다. 좋은 글은 '자연스러운' 글이다. 자연스러운 글을 쓰기 위해서는 우선 내용이 진실해야 하고, 가식이 없어야 하며, 묘사 또한 솔직해야 한다.

그런 의미에서 다음의 〈예시3〉은 삶이라는 매우 커다란 문제를 다루고 있지만, '허구성, 본질, 기만, 고상, 아연, 포로' 등 거창한 단어의 나열로 정작 나타내야 할 글쓴이 자신의 진지한 고민의 흔적은 생략되어 있어 아쉽다.

〈예시 3〉

산다는 것에 있어서의 허구성이 자꾸만 나를 무기력하게 만들고 있지만 그 허구성 때문에 더욱 본질을 찾으려 애쓰고 있음이 요즈음 나의 초라한 모습 중의 하나이다. 허구, 허구, 허구 속에 묻혀 죽을 것만 같다. 결국 사람의 삶은 그렇게밖에 될 수 없다는, 그 이상의 고상하고 우아한 것을 바라는 건 자신을 기만하는 행위이고 스스로의 자리에서 땅 속 깊이 파고 들어가 자신의 무덤을 자신이 마들고야 만다는 끔찍한 결론에 도달하면서 아연해 한다. 솔직히 두렵다. 사람답게 살 수 있을는지 두려운 마음이 나를 사로잡아 꼼짝 못하게 포로로 만든다.

좋은 글을 쓰려면 근사한 단어들을 가져다가 멋있는 표현을 하려 할 것이 아니라 하고자 하는 이야기를 진솔하게 펼쳐놓는 것이 우선되어야 한다. 기교나 수식은 그 다음 단계의 작업으로 표현을 다듬을 때 고려해야 할 요소이기 때문이다. 그런 의미에서 위의 글을 좀 더 솔직하고 진실한 내용으로 고쳐 쓰는 연습을 해보면 어떨까?

셋째, 글쓰기 습관과 환경을 바꾸는 것도 필요하다. 자신의 글쓰기 습관을 돌아보고 부족한 부분을 찾아내는 진단 작업은 글쓰기의 효율성을 극대화하는 환경의 변화와도 연결된다. 원론적인 방법이기는 하지만, 어휘력을 키우려면 가까운 곳에 사전을 두고 모르는 단어가 있으면 찾아서 알고 지나가야 한다. 읽다가 눈에 드는 단어나 표현은 따로 정리하고, 쓰다가 막힌 단어나 표현 역시 사전을 통해 해결하고 넘어가는 습관을 붙이는 것이 필요하다. 어휘력이 부족하면 문장 표현능력이 떨어질 것이며 의사소통에서도 능동적인 언어생활을 하기가 어려울 것이다.

다양한 글을 많이 읽으면서 단어들이 어떻게 쓰이는지 많이 접하면 어휘력이 늘 게 마련이므로, 독서의 습관도 중요하다. 책을 많이 읽는다는 것은 많은 문장들을 접하는 것이며 그 후에 글을 쓴다면 훨씬 문장이 자연스러워질 것이다. 더욱이 스스로의 글쓰기에서 배경지식이 부족하다고 느낀다면 꾸준히 다양한 종류의 책을 읽는 것이 필요하다. 대학생의 사회적 역할을 생각한다면 신문을 꼼꼼히 읽는 것도 권장할 만한 좋은 방법이다.

무엇보다 표현 능력을 제대로 키우려면 제대로, 많이 써보는 것이 가장 효과적이다. 많이 쓰다보면 처음에는 짧았던 문장도 점점 길어질 것이고, 이런 과정을 반복하면서 글쓰기에 익숙해지면 보다 효율적이고 개성적인 표현에도 눈을 돌릴 수 있게 되기 때문이다. 실제적인 글쓰기 연습을 위해 일기쓰기를 권하는 이유가 바로 여기에 있다. 일기 쓰기는 나만의 표현력을 가지게 하는 방법으로, 아이디어를 시험하게 해 줄뿐만 아니라 자기만의 생활이나 즐거움을 표현할 수 있는 기록이 된다.

평소에 메모하는 습관조차도 표현 능력을 기르는 데 도움이 된다 하니, 좋은 글을 많이 읽어 보는 것도 중요하지만 자신에게 충실한 글을 매일 쓸 수 있는 방법을 찾아 실천할 수 있는 환경을 만드는 게 더 중요하지 않을까?

참고문헌

강미은.『논리적이면서도 매력적인 글쓰기의 기술』. 원앤원북스, 2006.

강신재.『좋은 글, 잘된 문장은 이렇게 쓴다』, 문학사상사, 1993.

강은교 · 이국환.『쓰기와 읽기』. 동아대 출판부, 2001.

강준만.『대학생 글쓰기 특강』. 인물과사상사, 2005.

강현화 외.『창의적 사고와 효과적 표현』. 경희대 출판국, 2004.

고려대 사고와표현 편찬위원회.『새로운 논문작성법』. 고려대 출판부, 2002.

교재편찬위원회,『다매체시대의 글쓰기』. 세종출판사, 1998.

교양교재편찬위원회.『대학 작문』. 건국대 출판부, 1992.

교양교재편찬위원회.『글과 표현』. 명지대 출판부, 2000.

국어교육위원회.『글쓰기와 삶』. 연세대 출판부, 1992.

권영민.『우리 문장 강의』. 신구문화사, 2003.

글쓰기교재편찬위원회.『글쓰기의 이론과 실제』. 경희대 출판국, 2004.

김경원 · 김철호.『국어 실력이 밥 먹여준다』. 유토피아, 2005.

김경훤 외.『창조적 사고 개성적 글쓰기』. 성균관대 출판부, 2005.

김두한.『실용문 작성법』. 학문사, 2005.

김병원.『글의 비밀』. 보성사, 1988.

김수중 외.『삶과 글』. 조선대 출판부, 2002.

김슬옹.『통합교육을 위한 삶쓰기 논술교육』. 인간과자연사, 2000.

김신영 · 임인재.『논문작성법』. 서울대 출판부, 2006.

김열규.『어떻게 읽고 쓸 것인가』. 기린원, 1988.

김영진 외.『자기표현과 글쓰기』. 한올출판사, 2006.

김영채.『생각하는 독서』. 박영사, 2005.

김용구.『문장의 이론과 실제』. 청문각, 1996.
김용술.『손에 잡히는 구조논술』. 열린교육, 2003.
김의숙 외.『경영 · 사회과학도를 위한 글쓰기』. 북스힐, 2005.
김재욱.『논술의 기본, 한글 맞춤법과 띄어쓰기』. 북피아, 2006.
김종구.『언어와 생활』. 보고사, 2005.
김종하.『대학생활의 길잡이-리포트 · 논문쓰기 편』. 아침이슬, 2001.
김 훈 외.『인문학 글쓰기』. 북스힐, 2005.
김희보.『논술 리포트 논문 바로쓰기』. 가람기획, 2000.
박동규.『글쓰기를 두려워 말라』. 문학사상사, 1997.
박아르마 · 이찬규.『글쓰기란 무엇인가』. 여름언덕, 2004.
배상복.『문장 기술』. 랜덤하우스 중앙, 2004.
배순자.『교수님 따라 논문, 리포트 바로 쓰기』. 전주대 출판부, 1999.
서강대 교양국어 교재편찬위원회.『이공계열 움직이는 글쓰기』. 서강대 출판부, 2006.
서울시립대 교양도서편찬위원회.『新 대학인의 글쓰기』. 새문사, 2005.
서정곤 외.『글쓰기 여행, 토막글에서 통글까지』. 역락, 2005.
서정수.『생각하는 힘을 기르는 문장력 향상의 길잡이』. 사닥다리, 1994.
성지기.『생활속의 맞춤법 이야기』. 역락, 2003.
송재희.『논술의 바이블』. 경당, 2005.
송준호.『문장부터 바로 쓰자』. 태학사, 1996.
심윤종,『바른말 좋은글』. 성균관대 출판부, 2001.
안기수.『글쓰기의 멋과 표현』. 보고사, 2005.
안상헌.『어느 독서광의 생산적 책읽기 50』. 북포스, 2005.
안정효.『글쓰기 만보』. 모멘토, 2006.
유종국.『도내체 무엇을 어떻게 쓸 것인가』. 형설출판사, 1998.
육재용.『실용문 작법』. 학문사, 2003.
이강룡.『인터넷 시대의 글읽기 블로그시대의 글쓰기』. KT 문화재단, 2005.
이기문.『당신의 우리말 실력은』. 태학사, 2001.
이병모.『글짓기, 이렇게 하자』. 박이정, 2006.

이성복.『쉬운 문장 좋은 글』. 한국경제서적, 1999.
이오덕.『글쓰기 어떻게 가르칠까』. 보리, 1993.
이외수.『글쓰기의 공중 부양』. 동방미디어, 2006.
이재성.『4천만의 국어책』. 들녘. 2006.
이정자.『논술문과 논문 작성법』. 새미, 2004.
이지호.『글쓰기와 글쓰기 교육』. 서울대 출판부, 2001.
임영환 외.『작문의 이론과 실제』. 집문당, 1998.
임인재 · 김신영.『논문 작성법』. 서울대 출판부, 2006.
임재춘.『한국의 이공계는 글쓰기가 두렵다』. 마이넌, 2003.
장하늘.『글 고치기 전략』. 다산초당, 2006.
전남대 교육발전연구센터.『글쓰기』. 전남대 출판부, 2005.
정기철.『문장의 기초』. 도서출판 역락, 2001.
정호경.『좋은 글 쓰기의 힘』. 도서출판 운디네, 2006.
정희모 · 이재성.『글쓰기의 전략』. 들녘, 2005.
최규수.『대학생을 위한 학술적 글쓰기의 실제』. 보고사, 2006.
최기호 외.『인터넷 글쓰기의 달인』. 세종서적, 2005.
최덕성.『빛나는 논지 신나는 논문쓰기』. 본문과현장사이, 2000.
최미숙 외.『사회계열 직업세계와 맞춤형 글쓰기』. 영남대 출판부, 2004.
최병선.『말하기로 배우는 글쓰기』. 차림, 2004.
최상규.『글, 어떻게 쓸 것인가』. 예림기획, 1999.
최현섭 외.『(자기주도 쓰기 학습을 위한)과정 중심의 글쓰기 워크숍』. 역락, 2000.
탁석산.『탁석산의 글짓는 도서관』. 김영사, 2005.
편찬위원회.『우리 시대의 글쓰기』. 국민대 출판부, 2006.
한국외대 한국어교육과.『글쓰기의 이론과 실제』. 한국외대 출판부, 2007.
한기호.『글쓰기의 힘』. 한국출판마케팅 연구소. 2005.
한성우.『경계를 넘는 글쓰기』. 월인, 2006.
한양대학교 국어교육위원회.『글과 생각』. 한양대 출판부, 2002.
한효석.『이렇게 해야 바로 쓴다』. 한겨레신문사, 1996.

허병두.『글쓰기 열두 마당』. 고려원미디어, 1996.
허재영.『교양인과 글쓰기 기술』. 박이정, 2000.
홍순성.『문장 표현론』. 계명대 출판부, 2004.
황성근.『미디어 글쓰기』. 박이정, 2005.
황성근.『(너무나도 쉬운)비즈니스 글쓰기』. 한겨레출판, 2006.
황소웅.『바른 글 좋은 글』. 랜덤하우스 중앙, 2005.

골드버그 나탈리.『뼛속까지 내려가서 써라』. 권진욱 옮김. 한문화, 2000.
로버타 진 브라이언트.『누구나 글을 잘 쓸 수 있다』. 승영조 옮김. 예담, 2004.
루츠 폰 베르더 외.『즐거운 글쓰기』. 김동희 옮김. 도서출판 들녘, 2004.
모티머 애들러 · 찰스반 도렌.『논리적 독서법』. 오연희 옮김. 예림기획, 1997.
몬티 슐츠 · 바나비 콘라드.『스누피의 글쓰기 완전 정복』. 김연수 옮김. 한문화, 2006.
민토 바바라.『민토 피라미드로 배우는 논리적 글쓰기』. 이진원 옮김. 더난, 2005.
번즈 마리린.『생각에도 연습이 필요해』. 홍윤기 옮김. 예림당, 1994.
빌렘 플루서.『디지털시대의 글쓰기』. 윤종석 옮김. 문예출판사, 1998.
사와다 아키오.『논문과 리포트 잘 쓰는 법』. 이명실 옮김. 들린 아침, 2005.
사이토 다카시.『원고지 10장을 쓰는 힘』. 황혜숙 옮김. 루비박스, 2005.
스티븐 킹.『유혹하는 글쓰기』. 김신준 옮김. 김영사, 2002.
앤 라모트.『글쓰기 잘쓰기』. 송정희 옮김. 중앙일보사, 1996.
올리비에 르불.『수사학』. 박인철 옮김. 한길사, 1999.
움베르토 에코.『논문 잘 쓰는 방법』. 김운찬 옮김. 열린책들, 2006.
케슬린 설리번.『작문 · 단문 쓰기로 익히기』. 최현섭 · 위정호 옮김. 삼영사, 2000.
패트릭 하트웰.『글을 어떻게 쓸 것인가』. 경문사, 1985.
필리스 크림 · 메리 리.『작눈신공 』. 강주헌 옮김. 효형출판, 2006.
헤르만 헤세.『헤르만 헤세의 독서의 기술』. 김지선 옮김. 뜨인돌, 2006.

최 규 수 崔圭穗

1963년 서울생
이화여자대학교 국문과 및 동 대학원 졸업(문학박사)
현재 명지대학교 방목기초교육대학 부교수

주요 논저로
『고전시가 연구의 전망과 모색』
『대학생을 위한 학술적 글쓰기의 실제』
『19세기 시조 대중화론』
『송강 정철 시가의 수용사적 탐색』
『규방가사의 작품세계와 미학』(공저)
『대학생을 위한 고전시가 교육의 몇 가지 키워드』등이 있다.

choiks@mju.ac.kr

대학에서 글쓰기를 어떻게 할 것인가 값 14,000원

2008年 2月 20日 초판발행
2013年 8月 25日 5판 발행

저 자 : 최 규 수
발행인 : 유 병 진

명지대학교 출판부
MYONGJI UNIVERSITY PRESS

서울특별시 서대문구 거북골로 34
전화 (02) 300-1740
팩스 (02) 300-1742
등록 제 9-25호 1969.10.15.
인쇄 · 제본 네오프린텍(주)

ISBN 978-89-7335-334-7-03890